教育部哲学社会科学系列发展报告
MOE Serial Reports on Developments in Humanities and Social Sciences

中国中小企业发展报告2017

China Small and Medium Enterprises
Development Report 2017

主　编　林汉川　秦志辉　池仁勇
副主编　李安渝　李兴旺　黄鹏章

北京大学出版社
PEKING UNIVERSITY PRESS

图书在版编目(CIP)数据

中国中小企业发展报告.2017/林汉川,秦志辉,池仁勇主编.—北京:北京大学出版社,2017.10

(教育部哲学社会科学系列发展报告)

ISBN 978-7-301-28826-9

Ⅰ.①中… Ⅱ.①林… ②秦… ③池… Ⅲ.①中小企业—经济发展—研究报告—中国—2017 Ⅳ.①F279.243

中国版本图书馆 CIP 数据核字(2017)第 243398 号

书　　　名	中国中小企业发展报告 2017 ZHONGGUO ZHONGXIAO QIYE FAZHAN BAOGAO 2017
著作责任者	林汉川　秦志辉　池仁勇　主编　李安渝　李兴旺　黄鹏章　副主编
责任编辑	杨潇宇　郝小楠
标准书号	ISBN 978-7-301-28826-9
出版发行	北京大学出版社
地　　　址	北京市海淀区成府路 205 号　100871
网　　　址	http://www.pup.cn
电子信箱	em@pup.cn　　QQ:552063295
新浪微博	@北京大学出版社　@北京大学出版社经管图书
电　　　话	邮购部 62752015　发行部 62750672　编辑部 62752926
印　刷　者	北京宏伟双华印刷有限公司
经　销　者	新华书店 730 毫米×980 毫米　16 开本　26.75 印张　495 千字 2017 年 10 月第 1 版　2017 年 10 月第 1 次印刷
定　　　价	79.00 元

未经许可，不得以任何方式复制或抄袭本书之部分或全部内容。

版权所有，侵权必究

举报电话：010-62752024　电子信箱：fd@pup.pku.edu.cn

图书如有印装质量问题，请与出版部联系，电话：010-62756370

基 金 支 持

教育部哲学社会科学发展报告资助项目(编号:13JBG001)

浙江工业大学中国中小企业研究院资助项目

对外经济贸易大学中小企业研究中心资助项目

工信部中小企业发展促进中心资助项目

对外经济贸易大学北京企业国际化经营研究基地资助项目

顾问委员会

主　　任：李子彬　郑　昕　郭跃进
副 主 任：李鲁阳　王建翔　高鹰忠

编辑委员会

主　　　编：林汉川　秦志辉　池仁勇
副 主 编：李安渝　李兴旺　黄鹏章
常 务 编 委（以姓氏拼音为序）：
　　　　　　冯德连　何　杰　姜旭朝　揭筱纹　林仲豪　刘道学
　　　　　　梅　强　邱　红　尚会永　史世伟　陶秋燕　肖　文
　　　　　　杨　俊　叶红雨　张明龙　赵　敏
编辑部主任：陈　廉　赵　敏　倪嘉成
编 写 成 员（以姓氏拼音为序）：
　　　　　　陈侃翔　陈　廉　程宣梅　池仁勇　黄鹏章　黄增瑞
　　　　　　揭筱纹　李安渝　李　翱　李亚慧　李兴旺　林汉川
　　　　　　刘道学　刘淑春　刘媛媛　倪嘉成　潘家栋　汤临佳
　　　　　　肖　文　谢洪明　张　昭　赵　敏　周君芝　周　礼
　　　　　　朱峻萱

总　　序

哲学社会科学的发展水平,体现着一个国家和民族的思维能力、精神状态与文明素质,反映了一个国家的综合国力和国际竞争力。在社会发展历史进程中,哲学社会科学往往是社会变革、制度创新的理论先导,特别是在社会发展的关键时期,哲学社会科学的地位和作用就更加突出。在我国从大国走向强国的过程中,繁荣发展哲学社会科学,不仅关系到我国经济、政治、文化、社会建设以及生态文明建设的全面协调发展,而且关系到社会主义核心价值体系的构建,关系到全民族的思想道德素质和科学文化素质的提高,关系到国家文化软实力的增强。

党的十六大以来,党中央高度重视哲学社会科学,从中国特色社会主义发展全局的战略高度,把繁荣发展哲学社会科学作为重大而紧迫的任务进行谋划部署。2004年,中共中央下发《关于进一步繁荣发展哲学社会科学的意见》,明确了21世纪繁荣发展哲学社会科学的指导方针、总体目标和主要任务。党的十七大报告明确指出:"繁荣发展哲学社会科学,推进学科体系、学术观点、科研方法创新,鼓励哲学社会科学界为党和人民事业发挥思想库作用,推动我国哲学社会科学优秀成果和优秀人才走向世界。"2011年,党的十七届六中全会审议通过的《中共中央关于深化文化体制改革、推动社会主义文化大发展大繁荣若干重大问题的决定》,把繁荣发展哲学社会科学作为推动社会主义文化大发展大繁荣、建设社会主义文化强国的一项重要内容,深刻阐述了繁荣发展哲学社会科学一系列带有方向性、根本性、战略性的问题。这些重要思想和论断,集中体现了我们党对哲学社会科学工作的高度重视,为哲学社会科学繁荣发展指明了方向,提供了根本保证和强大动力。

为学习贯彻党的十七届六中全会精神,教育部于2011年11月17日在北京召开了全国高等学校哲学社会科学工作会议。中共中央办公厅、国务院办公厅转发《教育部关于深入推进高等学校哲学社会科学繁荣发展的意见》,明确提出到2020年基本建成高校哲学社会科学创新体系的奋斗目标。教育部、财政部联合印发了《高等学校哲学社会科学繁荣计划(2011—2020年)》,教育部下发了《关于进一步改进高等学校哲学社会科学研究评价的意见》《高等学校哲学社会科学"走出去"

计划》《高等学校人文社会科学重点研究基地建设计划》等系列文件,启动了新一轮"高校哲学社会科学繁荣计划"。未来十年,高校哲学社会科学将着力构建九大体系,即学科和教材体系、创新平台体系、科研项目体系、社会服务体系、条件支撑体系、人才队伍体系、现代科研管理体系和学风建设工作体系等,同时,大力实施高校哲学社会科学"走出去"计划,提升国际学术影响力和话语权。

当今世界正处在大发展大变革大调整时期,我国已进入全面建设小康社会的关键时期和深化改革开放、加快转变经济发展方式的攻坚时期。站在新的历史起点上,高校哲学社会科学面临难得的发展机遇和有利的发展条件。高等学校作为我国哲学社会科学事业的主力军,必须充分发挥人才密集、力量雄厚、学科齐全等优势,坚持马克思主义立场观点方法,以重大理论和实际问题为主攻方向,立足中国特色社会主义伟大实践进行新的理论创造,形成中国方案和中国建议,为国家发展提供战略性、前瞻性、全局性的政策咨询、理论依据和精神动力。

自2010年始,教育部启动哲学社会科学研究发展报告资助项目。发展报告项目以服务国家战略、满足社会需求为导向,以数据库建设为支撑,以推进协同创新为手段,通过组建跨学科研究团队,与各级政府部门、企事业单位、校内外科研机构等建立学术战略联盟,围绕改革开放和社会主义现代化建设的重点领域与重大问题开展长期跟踪研究,努力推出一批具有重要咨询作用的对策性、前瞻性研究成果。发展报告必须扎根社会实践、立足实际问题,对所研究对象的发展状况、发展趋势等进行持续研究,强化数据采集分析,重视定量研究,力求有总结、有分析、有预测。发展报告按照"统一标识、统一封面、统一版式、统一标准"纳入"教育部哲学社会科学发展报告文库"集中出版。计划经过五年左右,最终稳定支持百余种发展报告,有力支撑了"高校哲学社会科学社会服务体系"建设。

展望未来,夺取全面建设小康社会新胜利、谱写人民美好生活新篇章的宏伟目标和崇高使命,呼唤着每一位高校哲学社会科学工作者的热情和智慧。我们要不断增强使命感和责任感,立足新实践,适应新要求,以建设具有中国特色、中国风格、中国气派的哲学社会科学为根本任务,大力推进学科体系、学术观点、科研方法创新,加快建设高校哲学社会科学创新体系,更好地发挥哲学社会科学认识世界、传承文明、创新理论、咨政育人、服务社会的重要功能,为全面建设小康社会、推进社会主义现代化、实现中华民族伟大复兴做出新的更大的贡献。

教育部社会科学司

前　言

2016年，工商登记制度改革不断深化，进一步降低了市场准入的制度性成本，促进了营商环境不断地改善。改革的宏观效应持续释放，激发了百姓投资创业的热情，促进了市场主体的快速增长。国家工商总局相关数据显示，全年新登记1651.3万户，平均每天新登记4.51万户。至2016年年底，全国实际拥有各类市场主体8705.4万户，其中，企业2596.1万户，个体工商户5930万户，农民专业合作社179.4万户。工商总局百县万家新设小微企业周年活跃度调查表明，小微企业发展总体良好。主要特点：一是新设小微企业表现较为活跃；二是近八成开业企业实现营业收入，开业企业近半实现纳税，创新和触网小微企业盈利比例高；三是新设小微企业带动就业作用显著；四是大学生新创小微企业偏好现代服务业，经营活动较为积极。工商登记制度改革持续推进，得到社会高度评价。2016年，企业名称自主申报制度、企业登记全程电子化、"五证合一"等改革举措也获得较高评价，满意度分别为97.65、96.23和94.35，广大创业者切实感受到改革带来的好处。

编写《中国中小企业发展报告2017》的目的，旨在加深对2016年我国中小企业的发展现状、变化趋势、政策取向的了解，并以2016年我国中小企业各种数据变化为基础，探讨我国中小微企业发展的总体态势、政策取向、技术创新、融资模式、地区动态以及服务体系等重点事件和热点问题，促进我国中小企业的持续、健康、快速发展。在我国，以中小企业发展为重点展开系统地分析与评价的年度发展研究报告，这在国内高校还是少有的。本报告正是为解决这些难题而设置的。

本报告由六篇共二十五章内容组成。第一篇是2016年中国中小企业发展总体评述，包括2016年中小企业发展概况；2016年促进中小企业发展的政策与法规综述；中小企业经营活跃度影响因素研究报告；中小企业跨国并购战略机遇与运作模式研究报告。第二篇是2016年中国中小企业景气指数调研报告，包括中小企业景气指数的评价流程与方法；2016年中国中小企业景气指数测评结果分析；中国中小企业景气指数变动趋势分析（2012—2016年）；2016年中国主要城市中小企业景气指数测评。第三篇是2016年中国中小企业创业创新模式研究报告，包括中小企业创新平台聚合模式研究报告;中小企业创业生态系统模式研究报告;中小企业"众创空间"模式研究报告;中小企业"众筹"模式研究报告。第四篇是2016年中国中小企业热点问题专题研究报告,包括空间集聚下协同创新模式及中小企业参与机制研究报告;化解企业资金链与担保链风险的研究报告;加快推进"浙江制造"标准国际化的研究报告;内蒙古红太阳食品有限公司营销管理的研究报告。第五篇是2016年中国地区中小企业发展专题调研报告,包括西部地区制造业中小企业绿色发展的研究报告;河北省中小企业发展的研究报告;浙江省民营企业"走出去"的研究报告;呼和浩特市中小企业经营状况的调研报告。第六篇是2016年中小企业创业创新扶持政策的国际经验研究报告,包括美国中小企业创业创新扶持政策;德国中小企业创业创新扶持政策;日本中小企业创业创新扶持政策;韩国中小企业创业创新扶持政策;发达国家中小企业创业创新扶持政策比较及启示。此外,还有2016年中国中小企业大事记等内容。

本报告是教育部哲学社会科学发展报告资助项目、浙江工业大学中国中小企业研究院资助项目、对外经济贸易大学中小企业研究中心资助项目、工信部中小企业发展促进中心资助项目、对外经济贸易大学北京企业国际化经营研究基地资助项目的年度性研究成果。本年度研究报告由林汉川、秦志辉、池仁勇任主编,李安渝、李兴旺、黄鹏章任副主编,陈廉、赵敏、倪嘉成任编辑部主任。他们负责全书的设计、组织与统撰工作。具体参加本报告撰写的成员有(以章节为序):前言林汉川,第一章赵敏,第二章陈廉、倪嘉成,第三章李安渝、张昭、朱峻萱,第四章程宣梅、周礼、谢洪明,第五章池仁勇、刘道学,第六章刘道学、池仁勇,第七章池仁勇、刘道学,第八章刘道学、池仁勇,第九章程宣梅、陈侃翔、刘淑春、林汉川,第十章陈侃翔、程宣梅、刘淑春、池仁勇,第十一章程宣梅、刘淑春、陈侃翔、林汉川,第十二章程宣梅、陈侃翔,第十三章汤临佳、池仁勇、李翱,第十四章刘淑春、林汉川,第十五章刘淑春、程宣梅、池仁勇、林汉川,第十六章刘媛媛、李兴旺,第十七章揭筱纹,第十八章黄增瑞、黄鹏章,第十九章肖文、周君芝、潘家栋,第二十章李亚慧、李兴旺,第二十一章陈侃翔、程宣梅,第二十二章程宣梅、陈侃翔,第二十三章陈侃翔、程宣梅,第二十四章程宣梅、陈侃翔,第二十五章陈侃翔、程宣梅,大事记赵敏等同志。

依据教育部社科司对高校编写哲学社会科学发展报告的新精神,在撰写《中国中小企业发展报告2016》《中国中小企业发展报告2015》《中国中小企业发展报告2014》《中国中小企业发展研究报告2013》《中国中小企业发展研究报告2012》《中国中小企业发展研究报告2011》等六部研究报告的基础上,对外经济贸易大学中小企业研究中心、工信部中小企业发展促进中心、浙江工业大学中国中小企业研究院、联合中国社会科学院中小企业研究中心、四川大学、浙江大学、中南财经政法大学、暨南大学、武汉科技大学、安徽省社会科学院、河北大学、内蒙古财经大学、浙江大学宁波理工学院、安徽财经大学、西安邮电大学、温州大学、北京联合大学、河北省民营经济研究中心等高校（或研究所）中小企业研究的专家、学者以及北京市工商联课题组等相关组织，共同撰写完成了《中国中小企业发展报告2017》。可以说，本报告是全国许多高校中小企业组织的学者以及相关部门联合攻关的结晶。

本报告在研究和撰写过程中，一直得到教育部社科司、中国中小企业协会、工信部中小企业司、工信部中小企业发展促进中心、商务部中小企业办公室、浙江省中小企业局、北京市经济与信息化委员会中小企业处、湖北省工商行政管理局等有关部门与领导的指导与关怀，特别是中国中小企业协会李子彬会长、李鲁阳副秘书长、工信部中小企业司郑昕司长、王建翔副司长、湖北省政协郭跃进副主席、浙江省中小企业局高鹰忠局长等同志，他们不仅给本报告的许多关键问题给予了大力支持与帮助，还欣然同意担任本报告的顾问，使得本报告内容充实、数据准确、资料丰富，在此一并表示诚挚地感谢！

尽管参加撰写本报告的专家、学者以及实际部门的工作者都对自己撰写的内容进行了专门的调查研究，但由于面临许多新问题，加之时间紧，水平有限，因此，本报告中难免不妥之处，敬请各位读者批评指正。

编委会
2017 年 5 月

目 录

第一篇 2016年中国中小企业发展总体评述

第一章 2016年中小企业发展概况 (3)
- 第一节 中小企业实有户数情况 (3)
- 第二节 全国重要省份中小企业发展概况 (7)
- 第三节 新三板挂牌公司情况 (13)
- 第四节 中小企业指数变化情况 (16)

第二章 2016年促进中小企业发展的政策与法规综述 (21)
- 第一节 国家部委中小企业扶持政策 (21)
- 第二节 各地中小微企业扶持政策措施 (28)
- 第三节 解读《促进中小企业发展规划(2016—2020年)》 (47)

第三章 中小企业经营活跃度影响因素研究报告 (51)
- 第一节 中小企业经营活跃度影响因素之一:能力剥夺 (52)
- 第二节 中小企业经营活跃度影响因素之二:资源约束 (53)
- 第三节 中小企业经营活跃度影响因素之三:社会排斥 (53)
- 第四节 中小企业经营活跃度影响因素之四:信息不对称 (54)
- 第五节 中小企业活跃度影响因素的应用价值 (54)

第四章 中小企业跨国并购战略机遇与运作模式研究报告 (56)
- 第一节 中小企业跨国并购的政策背景 (56)
- 第二节 中小企业跨国并购战略机遇的特征分析 (58)
- 第三节 导致中小企业跨国并购风险的原因分析 (60)

第四节 对策与建议 …………………………………………………… (62)

第二篇 2016年中国中小企业景气指数调研报告

第五章 中小企业景气指数的评价流程与方法 …………………………… (69)
  第一节 国外景气指数研究动态 ……………………………………… (69)
  第二节 国内景气指数研究动态 ……………………………………… (72)
  第三节 中国中小企业景气指数研究的意义 ………………………… (75)
  第四节 中小企业景气指数编制流程及评价方法 …………………… (77)

第六章 2016年中国中小企业景气指数测评结果分析 …………………… (81)
  第一节 2016年中国工业中小企业景气指数测评 …………………… (81)
  第二节 2016年中国上市中小企业景气指数测评 …………………… (88)
  第三节 2016年中国中小企业比较景气指数测评 …………………… (93)
  第四节 2016年中国中小企业综合景气指数测评 …………………… (95)

第七章 中国中小企业景气指数变动趋势分析(2012—2016年) ………… (99)
  第一节 省际中小企业景气指数变动趋势分析 ……………………… (99)
  第二节 七大地区中小企业景气变动趋势 …………………………… (115)
  第三节 2016年中国中小企业景气状况综合分析 …………………… (118)

第八章 2016年中国主要城市中小企业景气指数测评 …………………… (123)
  第一节 评价对象与评价方法 ………………………………………… (123)
  第二节 样本的选取与指标体系 ……………………………………… (123)
  第三节 分项指数与综合指数的计算结果 …………………………… (124)
  第四节 主要城市中小企业景气指数测评结果 ……………………… (127)

第三篇 2016年中国中小企业创业创新模式研究报告

第九章 中小企业创新平台聚合模式研究报告 …………………………… (141)
  第一节 创新平台聚合模式的内涵与构成要素 ……………………… (141)
  第二节 国外创新聚合发展平台的建设经验介绍 …………………… (143)
  第三节 欧美创新聚合发展模式的共性启示 ………………………… (151)
  第四节 对策与建议 …………………………………………………… (154)

第十章 中小企业创业生态系统模式研究报告 …………………………… (156)
  第一节 创业生态系统的构成要素及国内外经验 …………………… (156)
  第二节 构建区域创业生态系统的问题分析 ………………………… (158)

第三节　对策与建议 …………………………………………………（160）

第十一章　中小企业众创空间模式研究报告 ………………………………（163）
　　　第一节　众创空间的内涵与构成要素 ………………………………（163）
　　　第二节　国外众创空间发展模式的案例分析 ………………………（165）
　　　第三节　对策与建议 …………………………………………………（167）

第十二章　中小企业众筹模式研究报告 ……………………………………（172）
　　　第一节　众筹模式的内涵与影响因素研究 …………………………（172）
　　　第二节　众筹发展内在机制的案例分析 ……………………………（174）
　　　第三节　对策与建议 …………………………………………………（175）

第四篇　2016年中国中小企业热点问题专题研究报告

第十三章　空间集聚下协同创新模式及中小企业参与机制研究报告 ……（179）
　　　第一节　空间集聚理论和协同创新理论的理论交集 ………………（179）
　　　第二节　创新走廊的发展模式研究 …………………………………（182）
　　　第三节　特色小镇的建设思路和重要举措 …………………………（191）

第十四章　化解企业资金链与担保链风险的研究报告 ……………………（206）
　　　第一节　企业"两链"风险演化态势 …………………………………（206）
　　　第二节　化解企业"两链"风险的问题分析 …………………………（208）
　　　第三节　对策与建议 …………………………………………………（210）

第十五章　加快推进"浙江制造"标准国际化的研究报告 ………………（214）
　　　第一节　加快推进"浙江制造"标准国际化的时代背景 ……………（214）
　　　第二节　"浙江制造"标准国际化的问题分析 ………………………（214）
　　　第三节　对策与建议 …………………………………………………（216）

第十六章　内蒙古红太阳食品有限公司营销管理的研究报告 ……………（218）
　　　第一节　内蒙古红太阳食品有限公司营销管理的发展现状 ………（218）
　　　第二节　内蒙古红太阳食品有限公司营销管理的问题分析 ………（221）
　　　第三节　对策与建议 …………………………………………………（222）

第五篇　2016年中国地区中小企业发展专题调研报告

第十七章　西部地区制造业中小企业绿色发展的研究报告 ………………（227）
　　　第一节　西部地区制造业的发展概况 ………………………………（227）
　　　第二节　西部地区制造业中小企业的发展现状 ……………………（236）

第三节 西部地区制造业中小企业绿色发展的问题分析 …………… (239)
 第四节 对策与建议 ………………………………………………… (242)
第十八章 河北省中小企业发展的研究报告 ………………………………… (246)
 第一节 河北省中小企业发展现状 ………………………………… (246)
 第二节 河北省中小企业发展的问题分析 ………………………… (252)
 第三节 对策与建议 ………………………………………………… (256)
第十九章 浙江省民营企业"走出去"的研究报告 ………………………… (265)
 第一节 浙江省民营企业"走出去"特征分析 …………………… (265)
 第二节 浙江省民营企业"走出去"的原因分析 ………………… (269)
 第三节 对策与建议 ………………………………………………… (272)
第二十章 呼和浩特市中小企业经营状况的调研报告 …………………… (274)
 第一节 呼和浩特市中小企业发展现状 …………………………… (275)
 第二节 呼和浩特市中小企业经营管理的问题分析 ……………… (284)
 第三节 对策与建议 ………………………………………………… (288)

第六篇 2016中小企业创业创新扶持政策的国际经验研究报告

第二十一章 美国中小企业创业创新扶持政策 ……………………………… (301)
 第一节 中小企业创业创新扶持政策体系及主要演变趋势 ……… (301)
 第二节 美国创新生态系统的构建及扶持政策 …………………… (312)
 第三节 实施先进制造业国家战略计划扶持中小企业创业创新 …… (317)
 第四节 借鉴与启示 ………………………………………………… (321)
第二十二章 德国中小企业创业创新扶持政策 ……………………………… (324)
 第一节 中小企业创业创新扶持政策体系及主要演变趋势 ……… (324)
 第二节 培育中小微企业专业领域的隐形冠军 …………………… (331)
 第三节 重点扶持智能制造领域的中小微企业创业创新 ………… (336)
 第四节 借鉴与启示 ………………………………………………… (339)
第二十三章 日本中小企业创业创新扶持政策 ……………………………… (342)
 第一节 中小企业创业创新扶持政策体系及主要演变趋势 ……… (342)
 第二节 日本国家创新战略对中小企业创业创新的整体性扶持 …… (351)
 第三节 日本机器人新战略对中小企业的扶持作用 ……………… (355)
 第四节 借鉴与启示 ………………………………………………… (357)

第二十四章　韩国中小企业创业创新扶持政策 …………………………（359）
　　第一节　中小企业创业创新扶持政策体系及主要演变趋势 …………（359）
　　第二节　创造经济革新中心：韩国中小企业新型孵化器 ………………（364）
　　第三节　借鉴与启示 ……………………………………………………（367）
第二十五章　发达国家中小企业创业创新扶持政策比较及启示 …………（371）
　　第一节　中小企业创业创新扶持政策演变趋势的国际比较 …………（371）
　　第二节　国内外中小企业创业创新扶持政策的比较 …………………（375）
　　第三节　借鉴与启示 ……………………………………………………（379）
2016年中小企业大事记 ………………………………………………………（383）
参考文献 ………………………………………………………………………（396）

第一篇
2016年中国中小企业发展总体评述

第一章 2016年中小企业发展概况

2016年是"十三五"规划的开局之年,国内外经济发展形势错综复杂。世界经济复苏乏力,出口增长放缓,中小企业外贸形势严峻。国内经济下行压力较大,投资增速放缓,经济增长速度转为中高速增长,经济增长方式由粗放型转向集约型增长,经济发展进入新常态。国内外经济形势对中小企业的发展带来了挑战,中小企业依然面临较大经济压力,资本、土地、人力等成本居高不下,融资问题依然突出,传统产业领域的中小企业多处于产业链的中低端,转型升级问题亟待解决。

在面临重重困难的同时,中小企业也面临难得的机遇。随着改革的深化,新型工业化、城镇化、信息化、农业现代化持续推进,"大众创业、万众创新""中国制造2025""互联网+""一带一路"等重大战略举措加速实施,中小企业发展形势总体向好。2016年商事制度改革进一步深化,各项中小企业扶持政策进一步落地,中小企业发展的市场环境、政策环境和服务环境将更加优化。以互联网为核心的信息技术与各行各业深度融合,为中小企业转型升级和持续发展提供了创新空间。

2016年是承上启下的重要一年,也是中小企业机遇与挑战并存的重要一年。随着商事制度深化改革等重要举措的进一步推进,中小企业在重重困境中寻求机遇,在创新环境中谋求机遇与发展,中小企业发展总体向好。

第一节 中小企业实有户数情况

一、实有企业总体概况

2016年商事制度改革持续深化并实现多点突破,全面实施"五证合一""两证整合"改革,全国市场主体保持快速增长,市场准入环境持续改善。国家工商总局数据显示(见图1-1和表1-1),截至2016年年底,全国实有各类市场主体8705.4万户,较2015年增长12.37%。其中,企业2596万户(含内资企业、外商投资企业),个体工商户5930万户,农民专业合作社179.4万户。

表 1-1　2016 年全国各类市场主体实有户数及注册资本情况

	企业	个体工商户	农民专业合作社	总计
数量(万户)	2 596	5 930	179.4	8 705.4

资料来源：根据国家工商总局资料整理。

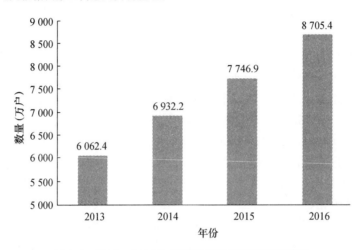

图 1-1　2013—2016 年全国市场主体实有基本情况
资料来源：根据国家工商总局资料整理。

从各类市场主体实有户数结构来看(见图 1-2)，个体工商户仍是第一大市场主体，占比 68%，较 2015 年的 71% 下降 3 个百分点；企业占比 30%，较 2015 年的 27% 上升 3 个百分点；农民专业合作社占比 2%，与 2015 年基本持平。随着商事制度改革的深入推进，市场主体结构悄然发生变化，企业快速发展，私营企业发展尤为迅速。截至 2016 年 6 月底，全国实有私营企业数量在内资企业中的占比首次超过 90%。

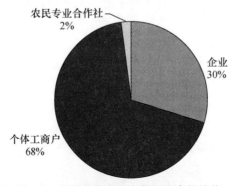

图 1-2　全国各类市场主体实有户数结构
资料来源：根据国家工商总局资料整理。

二、新注册登记市场主体

(一) 总体情况

2016年,商事制度改革持续深化,全面实施"五证合一""两证整合"改革,全面推进工商登记注册便利化和"先照后证"改革,试点支持小微企业发展并完善企业退出机制,进一步降低了市场准入的制度性成本,促进了营商环境的不断改善,市场主体保持快速发展。

根据国家工商总局发布的《2016年度全国市场主体发展、市场竞争环境和市场消费环境有关情况》,2016年新登记1651.3万户,较2015年增长11.6%,平均每天新登记4.51万户(见图1-3)。

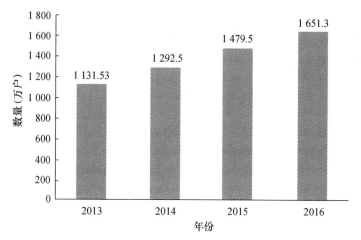

图1-3 2013—2016年全国新登记市场主体基本情况
资料来源:根据国家工商总局资料整理。

2016年第一至第四季度,全国新登记市场主体分别同比增长10.7%、14.8%、14.8%、6.1%。2016年第四季度,新登记企业继续保持较快增长势头,特别是11月、12月分别新登记53.6万户、51.3万户,成为2016年的两个最高点。全年新登记552.8万户,同比增长24.5%,平均每天新登记企业1.51万户(见图1-4)。

(二) 分布情况

2016年,我国第三产业发展较快,第二产业趋于回暖。截至2016年年底,服务业新登记企业446万户,同比增长24.7%,占新登记企业总数的80.7%;服务业实有企业1972万户,占企业总数的76%,比2015年年底提高1.2个百分点。其中,教育、文化体育和娱乐业、科学研究和技术服务业、信息传输软件和信息技术服务业仍是大众创业的热门行业,同比增速分别为54.5%、39.7%、36.2%和30.5%(见图1-5)。众创空间、孵化器等新兴服务业也呈现快速增长态势,同比增长分别

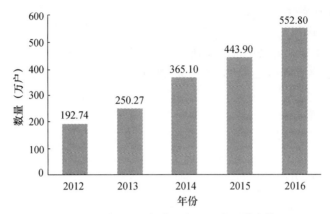

图 1-4　2012—2016 年全国新登记企业基本情况
资料来源:根据国家工商总局资料整理。

为 47.3%、40.9%(见图 1-5),为创新创业提供了良好的发展环境。广告业快速发展,全国实有广告经营单位 87.5 万户,同比增长 30.3%;广告从业人员 390 万人,增长 26.9%;广告经营额 6 489.1 亿元,增长 8.6%。

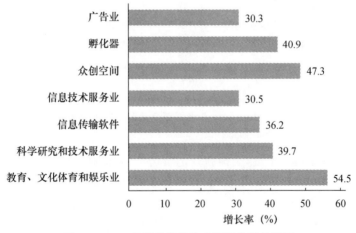

图 1-5　2016 年现代服务业主要行业增长情况
资料来源:根据国家工商总局资料整理。

制造业趋于回暖。2016 年,制造业新登记企业持续较快增长,第一至第四季度分别同比增长 11.9%、19.9%、18.7%、15.8%。全年新登记 44.6 万户,同比增长 16.9%,与 2015 年增速 5.8%相比有了明显提高。其中,医药制造业,家具制造业,计算机、通信和其他电子设备制造业增长显著,同比增速分别为 30.9%、24.4%、21.3%。

房地产业较快增长。2016 年,受去库存政策及房地产销售火热的影响,房地产业新登记企业快速增长,第一至第四季度同比增速分别为32.4%、51.9%、53%、58.3%,呈现加速增长态势。全年新登记13万户,同比增长50%。

金融企业呈现逐步下降趋势。2016年,受金融监管不断加强以及去杠杆政策效应的影响,金融业新登记企业发展持续趋缓,第一季度同比增长20%,第二、三、四季度分别同比下降3.7%、42.2%、48.4%,呈现加速下降趋势。全年新登记5.6万户,同比下降23.9%。

(三)吊销、注销市场主体情况

根据国家工商总局发布的《2016年度全国市场主体发展、市场竞争环境和市场消费环境有关情况》,2016年清理僵尸企业成效显著,"去产能""去库存"政策效应存在一定差异。配合"去产能""去库存"等结构调整工作,加大对僵尸企业清理力度,与税务总局联合在全国清理长期停业未经营未纳税的企业。2016年,全国注吊销企业共计138.6万户,同比增长70.2%。其中,吊销41.1万户,是2015的15.8倍;注销97.5万户,同比增长23.6%。

"去产能"工作稳步推进。2016年,钢铁、煤炭、水泥、电解铝、平板玻璃、船舶等6个产能过剩行业,注销企业3 063户,同比下降39.3%;吊销企业2 375户,同比增长3.3倍,其中钢铁和煤炭分别增长4.7倍和2.2倍。但受政策和市场因素的影响,产能过剩行业新登记企业小幅增长,全年新登记7 421户,同比增长13.2%,其中煤炭和钢铁行业分别同比增长15.4%和5.2%。

三、从业人员和吸纳就业情况

根据国家工商总局发布的《2016年度全国市场主体发展、市场竞争环境和市场消费环境有关情况》,个体私营经济从业人员稳步增长,新设小微企业发展活跃。2016年,党和国家对个体私营经济扶持力度进一步加大。截至2016年年底,全国个体私营经济从业人员实有3.1亿人,比2015年年底增加2 782.1万人。其中,第三产业个体私营经济从业人员最多,实有2.3亿人,比2015年年底增加2 313.4万人,占增加总量的83.2%。

第二节 全国重要省份[①]中小企业发展概况

一、广东省

2016年,广东省实有各类市场主体总量896.63万户,较2015年增长15.55%;注册资本27.56万亿元,同比增长45.24%。其中,实有企业351.31万户,同比增长45.53%。每千人拥有企业达32万户,与国际相比,该项指标已经跨

---

① 为了表述方便,下文中省、自治区、直辖市均用省份代称。

越中等发达经济体最高水平,向发达经济体不断靠近。内资企业(非私营)22.17万户,同比增长10.71%,注册资本4.52万亿元,同比增长22.26%;私营企业317.17万户,同比增长27.83%,注册资本19.30万亿元,同比增长53.7%;外商投资企业11.97万户,同比增长7.66%,注册资本5 085.88亿美元,同比增长30.2%。实有个体工商户541.17万户,同比增长9.78%,资金数额1 891.45亿元,同比增长19.04%。实有农民专业合作社4.15万户,同比增长11.92%,出资总额573.8亿元,同比增长19.09%(见表1-2)。

表1-2　2016年广东省各类市场主体实有户数及注册资本情况

	实有企业			个体工商户	农民专业合作社
	内资(非私营)	私营企业	外商投资		
企业数量(万户)	22.17	317.17	11.97	541.17	4.15
注册资本(万亿元)	4.52	19.30	0.51	0.19	0.06

资料来源:根据广东省工商局数据整理。

2016年,广东省新登记市场主体161.58万户,较2015年增长16.45%,注册资本7.19万亿元,同比增长39.61%。新登记各类企业79.05万户,同比增长29.38%,注册资本7.13万亿元,同比增长39.98%。日均新登记企业12 160户,较2015年同比增长29.03%,约占全国日均新登记企业的15%。其中,内资企业26 684户,同比增长45.89%;私营企业75.16万户,同比增长28.86%;外商投资企业12 279户,同比增长29.61%。新登记个体工商户82.04万户,新登记农民专业合作社4 901户。

二、江苏省

2016年,江苏省累计实有各类市场主体698.18万户,累计注册资金203 171.98亿元。2016年,江苏省新登记各类市场主体133.14万户,同比增长25%;新增注册资金29 575.23亿元,同比增长45.2%。其中,新登记企业类市场主体54.86万户,同比增长30.4%;新登记个体工商户77.6万户,同比增长21.8%;新登记农民专业合作社0.68万户,同比下降11.7%。

如图1-6所示,2016年全省新登记的企业中,第一产业企业0.90万户,在新登记企业中占比1.6%,较2015年下降0.8个百分点;第二产业企业9.70万户,占比17.7%,较2015年下降1.3个百分点;第三产业企业44.26万户,占比80.7%,较2015年上升2.1个百分点,产业结构继续调整优化。除农林牧渔业、采矿业、金融业新登记企业户数不及2015年外,其余行业新登记企业数均呈增长态势,登记户数居前三位的行业为租赁和商务服务业(16.68万户)、批发零售业(15.33万户)、制造业(6.3万户),增长幅度居前三位的是文化体育和娱乐业(63.5%)、卫生和社会工作业(58.4%)、房地产业(58.1%)。

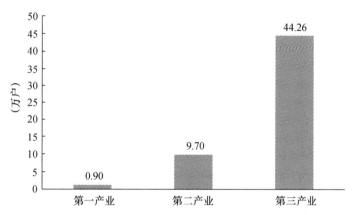

图 1-6　2016 年江苏省新登记企业产业分布
资料来源:根据江苏省工商局资料整理。

三、山东省

2016 年,山东省实有市场主体达到 710.0 万户,与 2013 年商事制度改革前相比增加了 297.4 万户,增长 72.1%。然而,从市场主体发展质量上看,山东省与广东省、江苏省、浙江省的差距改善进展较慢。其中,各类企业 190.8 万户,同比增长 27.4%,占市场主体总量的 26.9%,提高 2.6 个百分点;实有企业注册资本(金)11.6 万亿元,同比增长 40.0%。实有公司制企业 154.8 万户,同比增长 26.7%,占企业总量的 81.1%。以小微企业为主的私营企业实有 174.9 万户,同比增长 30.2%,占企业总量的 91.7%,提高 2.0 个百分点。

从企业发展情况来看,2016 年,山东省新登记各类企业 51.3 万户,同比增长 26.8%,高于全国平均水平 2.3 个百分点,注册资本(金)2.6 万亿元,同比增长 75.6%;新登记企业占新登记市场主体总量的 35.8%,创历史最高水平,比 2015 年同期提高 9.5 个百分点。日均登记企业 1 425 户,同比增加 301 户,比 2013 年增加 1 028 户,增长 2.6 倍。

从万人创业率看,创业空间差距较大。将市场主体或企业总量与人口数量相比较计算万人创业率,2016 年山东省平均每万人创办市场主体 721 户,而浙江省为 950 户,比山东省多 229 户;江苏省 875 户,比山东省多 154 户;广东省 826 户,多出 105 户。与 2015 年同期相比,山东省与三省差距分别扩大了 10 户、30 户和 13 户。山东省每万人创办企业 194 户,广东省、江苏省、浙江省分别为 324 户、313 户和 302 户,分别比山东省多 130 户、119 户和 108 户,与 2015 年同期相比,山东省与广东省、江苏省差距扩大了 22 户和 15 户,仅相当于广东省、江苏省、浙江省的 59.9%、61.9% 和 64.2%。如果按照江苏省的万人创业率计算,山东省市场主体

和企业数量仍有154万户、119万户的发展空间。

从注册资本(金)数量看,市场主体实力偏弱。到2016年年底,山东省实有市场主体注册资本(金)仅相当于广东省的45.1%、江苏省的61.2%和浙江省的91.5%;与2015年同期相比,与江苏省差距缩小4.9个百分点,与广东省、浙江省差距加大1.8个和2.9个百分点。山东省市场主体户均注册资本(金)174.9万元,广东省为307.1万元、江苏省为290.7万元、浙江省为257.8万元,山东省仅相当于广东省的56.9%、江苏省的60.2%和浙江省的67.8%,与2015年同期相比,与江苏省差距缩小5.5个百分点,与广东省、浙江省差距扩大1.9个百分点和3.7个百分点。

从市场主体结构看,企业占比较小。山东省实有企业户数居全国第三位,但仅相当于广东省的54.3%、江苏省的76.4%,差距虽与2015年相比缩小0.7个百分点和3.3个百分点,但仍较为明显;山东省实有企业占市场主体总量的26.9%,广东省、江苏省、浙江省分别为39.2%、35.8%和31.8%,分别比山东省高了12.3个百分点、8.9个百分点和4.9个百分点。

四、浙江省

2016年,浙江省在册市场主体528.6万户,其中,企业168.4万户。2016年新登记市场主体95.8万户,其中,新登记企业30.8万户,比2015年增长21.3%;新登记个体工商户64.5万户,增长16.2%。

《2016年浙江省小微企业成长指数报告》显示,截至2016年年底,浙江省小微企业总数(不含个体工商户)139.7万户,从业人员1 114.5万人,占全省从业人员总数的29.9%;新增小微企业25.91万户,新增"小升规"企业4 431户,"限下"升"限上"2 488户。2016年,浙江省小微企业成长指数上升趋势明显,综合贡献力、核心竞争力、成长活跃度、制度供给力指数均有不俗表现。2016年浙江省小微企业成长总指数较2014年增加11.08个百分点,与2015年相比增长7.37%。其中,综合贡献力指数增长尤为明显,增长率达18.88%。2016年,浙江省八大万亿产业小微企业的成长指数中旅游、信息经济和金融业领跑其他产业,全省11个市中杭州市夺冠。

五、辽宁省

2016年,辽宁省市场主体总量296.8万户,注册资本(金)6.4万亿元,比2015年同期分别增长9.9%和27.3%。企业总量突破70.4万户,个体工商户总量超过220.7万户。新登记各类市场主体48.1万户,创历史新高,私营企业继续保持较快增长态势。2016年,辽宁省平均日增市场主体1 318户,平均日增企业341户。

从市场主体总量结构上看,企业和农民专业合作社比重持续增长,个体工商户比重有所下降；在企业的经济属性上，私营企业比重上升。公有制企业、私营企业主体结构比例，由 2015 年年底的 14.41∶85.59，变为 2016 年年底的 13.57∶86.43。

截至 2016 年年底，辽宁省企业实有数量排名前五的行业是批发和零售业、制造业、租赁和商务服务业、建筑业、科学研究和技术服务业；企业新登记数量排名前五的行业为批发零售业、租赁和商务服务业、科学研究和技术服务业、制造业和建筑业。

六、河北省

2016 年，河北省市场主体总量达 405.8 万户，居全国第七位。新增市场主体 102.4 万户，同比增长 38.64%，平均日增 2806 户，增速位居全国第一。随着市场主体数量明显增长，河北省万人拥有市场主体数量达 547 户，比 2015 年年底增加 104 户。新登记市场主体中，民营经济占 98.72%，第三产业占 83%。据测算，通过大力发展市场主体，2016 年河北省新创造就业岗位 157 万个。

随着商事制度改革的不断深化，河北省实施了工商营业执照、组织机构代码证、税务登记证、统计登记证、公章刻制备案和社会保险登记证的"六证合一、一照一码"改革，截至 2016 年年底，河北省共发放"一照一码"营业执照 69 万份。

在降低市场准入门槛的同时，河北省还持续加强事中、事后监管。2016 年，河北省积极开展市场主体年报信息公示，市场主体年报公示率达 86.76%，在全国名列前茅，行政处罚信息公示率、及时率、准确率均居全国首位。

七、河南省

2016 年，河南省新设立各类市场主体 99.1 万户，同比增长 20.7%，其中新设立企业 24.6 万户，同比增长 29.8%。新设立企业中，创业企业近 20 万户，创业者超过 26 万人，均再创新高。2016 年，河南省创业指数达到 29.2，较 2015 年提升了 5.6，是商事制度改革前的 2.6 倍。截至 2016 年 12 月底，河南省创业企业数量居全国第五位、中部六省第一位，创业人数居全国第六位、中部六省第一位。

创业企业主要集中于第三产业（服务业），其中批发和零售业、租赁和商务服务业、制造业合计 12.18 万户，占创业企业的 63.6%。现代制造业和现代服务业创业企业同比分别增长 89.8%和 27.1%；区域创业活力差距增幅收窄，郑州创业最"扎堆"，2016 年创业指数为 86.4，是排名第二位许昌的 2.7 倍；超九成创业企业为小微企业，全省各地上报 2015 年度年报的创业企业中，小微企业共计 47.73 万户，占创业企业总量的 97.4%。截至 2016 年 10 月底，河南省实有创新型创业企业 53.81 万户，占创业企业总量的 5.4%，共拥有有效创新成果 14.68 万件。商事制度改革以来，申请创新成果的创业企业数量呈现高速增长态势，2016 年 1—10 月共 2.04 万户，连续 3 年增速超过 38%。

八、安徽省

截至2016年11月,安徽省实有各类市场主体超过320.43万户,同比增长18.15%。其中,实有各类企业80.12万户,同比增长26.33%。新登记各类市场主体52.97万户,同比增长26.82%。其中,新登记企业16.57万户,同比增长29.96%。在新登记的市场主体中,民营经济占比超过90%,第三产业超过80%,新创造就业岗位近90万个。市场主体继续保持增长态势。

从2016年9月1日起,安徽省在"三证合一"改革的基础上,整合社保登记证和统计登记证,实现"五证合一、一照一码",比全国统一部署要求提前了一个月。截至2016年12月1日,全省共发放"五证合一"营业执照64.29万份,其中新设立23.04万户,换照41.25万户。

九、陕西省

2016年,陕西省新登记市场主体38.65万户,同比增长7.95%,在全国排第16位,与2015年同期相比上升了1个位次。截至2016年12月25日,陕西省实有市场主体总量达到211.26万户,累计登记注册市场主体总量与2015年同期相比增长19.72%。

从市场主体区域增长态势来看,渭南市、杨凌示范区、西咸新区、安康市和汉中市新登记市场主体同比增幅分别达到11.85%、11.56%、9.76%、9.05%和8.19%,均高于全省平均水平。

从产业增长态势来看,交通运输仓储和邮政业、教育、科研服务业、建筑业、电力热力燃气及水生产和供应业保持高速增长,新登记户数同比分别增长137.84%、104.36%、84.89%、44.37%和40.0%。

陕西省工商和市场监管部门积极配合"去产能"工作,有效推进供给侧结构性改革,清理长期停业未经营的市场主体。2016年全省共吊销、注销各类市场主体22.90万户。

十、内蒙古

2016年,内蒙古通过深化商事制度改革不断优化市场准入环境,市场主体数量持续增长,新登记市场主体36.77万户,平均每天新登记1 007户。内蒙古市场主体达174.66万户,注册资本(金)3.75万亿元,第三产业新增市场主体占新增总量的89.09%。

十一、青海省

2016年,青海省新增市场主体7.3万户,同比增长15.7%,全省新增市场主体已超过50%,累计提供就业岗位47.7万个,为企业减负近7亿元。商事制度改革以来,青海省发放"五证合一"营业执照共计5 797份,"两证整合"营业执照9 287份,企业新版营业执照换发率达76.15%。

十二、甘肃省

截至2016年9月,甘肃省市场主体137.25万户,注册资本(金)2.17万亿元。私营企业和个体工商户累计从业人员达403.34万人。自2014年3月商事制度改革实施到2016年9月,甘肃省新增市场主体62.66万户,注册资本(金)9641.28亿元,其中私营企业14.1万户、个体工商户43.84万户。私营企业和个体工商户新增从业人员184.01万人。

2016年前三季度,甘肃省新增市场主体19.59万户,注册资本(金)3637.03亿元,比2015年同期分别增长11.75%、48.34%。其中,新增私营企业4.86万户,比2015年同期增长28.23%;新增个体工商户13.15万户,比2015年同期增长4.7%。私营企业和个体工商户新增从业人员57.96万人,比2015年同期增长12.64%。同时,市场主体转型升级加快,2016年1—9月甘肃省新增"个转企"企业5202户,占全年任务的130.05%。

第三节 新三板挂牌公司情况

新三板,全国中小企业股份转让系统,是主要针对中小微企业的全国性非上市股份有限公司股权交易平台。新三板数据能有效地反映我国中小微企业经营情况、资本运作情况、活跃程度等。

一、总体概况

截至2016年12月,新三板挂牌公司达10163家,总股本达5851.55亿股,总市值高达40558.11亿元,市盈率为28.71,具体见表1-3和表1-4。

表1-3 全国股份转让系统概况(截至2016年12月30日)

项目	按转让方式		按市场分层		合计
	做市转让	协议转让	基础层	创新层	
挂牌公司家数	1654	8509	9211	952	10163
总股本(亿股)	1550.16	4301.39	4829.06	1022.49	5851.55
流通股本(亿股)	853.44	1533.36	1816.58	570.23	2386.81

资料来源:全国中小企业股份转让系统网。

表 1-4 全国股份转让系统 2016 年各月统计表

日期	挂牌公司股本（亿股）			总市值（亿元）	股票平均市盈率（倍）	挂牌公司家数	
	总股本	无限售条件股份	有限售条件股份			本月新增家数	月末家数
201601	3 260.39	1 144.35	2 116.04	25 013.47	37.90	494	5 623
201602	3 386.20	1 195.57	2 190.63	25 712.04	37.45	203	5 826
201603	3 738.04	1 337.41	2 400.64	28 936.12	39.63	523	6 349
201604	4 035.91	1 426.79	2 609.12	30 599.84	39.12	596	6 945
201605	4 433.01	1 602.92	2 830.09	30 376.42	26.40	491	7 436
201606	4 634.93	1 696.17	2 938.75	31 081.90	26.54	249	7 685
201607	4 773.13	1 791.82	2 981.30	31 673.00	26.51	232	7 917
201608	5 115.81	1 893.68	3 222.13	33 899.61	26.57	978	8 895
201609	5 251.19	2 026.97	3 224.22	35 430.21	26.86	227	9 122
201610	5 389.71	2 124.80	3 264.90	36 131.18	26.97	202	9 324
201611	5 569.31	2 250.26	3 319.05	37 451.18	27.59	440	9 764
201612	5 851.55	2 386.81	3 464.74	40 558.11	28.71	399	10 163

资料来源：全国中小企业股份转让系统网。

二、盈利情况

2016 年年报显示，新三板挂牌公司整体实现创新驱动发展，保持收入和利润的较快增长。2016 年，新三板挂牌公司共实现营业收入 1.74 万亿元，同比增长 17.4%；实现净利润 1 160.66 亿元，同比增长 7.33%；公司盈利面达到 79.83%。其中，非金融挂牌公司的增速更为突出，其营业收入和净利润分别达到 1.68 万亿元和 1 025.70 亿元，同比增速分别为 18.02%、17.49%。

2016 年净利润超过 3 000 万的挂牌公司共计 1 098 家，净资产收益率为 13.69%。其中，净利润过亿的 68 家制造业挂牌公司整体净利润增长 43.58%，净资产收益率达到 17.94%。这类公司经营稳健、增速稳定，近两年规模、收入和利润增幅都超过了 20%。

三、规模分布及升级情况

从新三板挂牌公司规模来看（见图 1-7），大型企业数量占比 6%，这类企业整体发展速度快、经营稳定，2015 年盈利面超过 90%；中型企业占比 31%，这类企业整体处于业绩释放的高速成长期，净利润增速高于营收增速；小型企业占比超过 60%，这类企业具有研发投入大但盈利能力尚不稳定的创新创业企业的特征，其研发强度达到 5.71%，盈利面达到 77%。

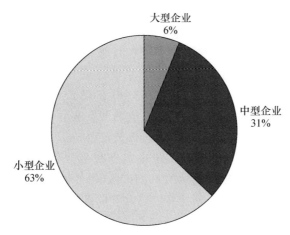

图 1-7 2016 年新三板挂牌公司规模分布
资料来源：根据新三板 2016 年年报数据整理。

新三板市场的培育功能在进一步显现，规模升级企业增多。2016 年挂牌公司总资产和净资产分别为 2.83 万亿元和 1.28 万亿元，同比增长 20.31% 和 25.50%。按照国家统计局划型标准，832 家公司挂牌后实现了规模升级，其中 66 家微型企业成长为中、小型企业，632 家小型企业成长为大、中型企业，134 家中型企业成长为大型企业。这些公司的平均挂牌年限接近 2 年，挂牌时间大多集中在 2014 年和 2015 年上半年。

四、行业分布

从行业特点看，先进制造业挂牌公司的增长势头十分明显。2016 年，新三板 5 336 家制造业公司共实现营业收入 8 483.74 亿元、净利润 608.51 亿元，近两年其营业收入和净利润年复合增长率分别达到 10.32% 和 29.50%。

同时，2 092 家信息技术类公司实现营业收入 2 431.86 亿元，同比增长 41%，远高于市场整体水平；其中，30 家净利润超过 3 000 万元的小型企业表现尤为突出，其连续两年的营收和净利润增幅均接近或超过 100%。

部分新业态企业，由于研发和业务布局导致大量投入，利润暂时无法释放，虽仍处于亏损阶段，但其业务模式已经赢得了投资者的认同。

五、公司治理及社会责任

2016 年，挂牌公司规范意识和社会责任意识提升。在挂牌前，新三板挂牌公司往往具有股权集中度高、内部控制强、经营管理相对不透明的特点；挂牌后，公司面临更高的规范性要求，其公司治理水平、社会责任意识都在逐步提升。

年报统计数据显示，占比约七成的挂牌公司在 2016 年度建立了新的公司治理制度，占比约 55% 的公司建立了年度报告重大差错责任追究制度。同时，725

家公司聘任了独立董事,665家公司管理层引入了职业经理人;存在资金占用现象的公司约为18.23%,较2015年大幅下降了23.57个百分点。

新三板挂牌公司获得的政策支持力度不断加强,经营环境也逐步改善。依托新三板,2016年共有5 771家公司通过专项金融产品等方式获得银行贷款4 871.27亿元,9 459家公司获得政府补贴206.86亿元。

同时,新三板公司积极承担社会责任,成熟型企业回报股东的力度相对较大。统计显示,2016年年报中,共有2 350家挂牌公司公布了分红预案,占已披露年报挂牌公司家数的22.27%。其中,1 734家实施现金分红,拟发放现金股利合计239.82亿元,占其2016年度净利润的47.40%。另外,8 084家挂牌公司披露了扶贫与社会责任事项,其中2 151家挂牌公司响应号召,积极投入扶贫工作。

六、创新研发

新三板挂牌公司的整体研发强度仍然维持在较高水平。2016年,挂牌公司研发投入合计622.30亿元,同比增长10.78%,整体研发强度为3.60%,较全社会研发强度高出1.53个百分点。

第四节 中小企业指数变化情况

一、中小企业发展指数

2016年中小企业发展指数(SMEDI)总体平稳,波动不大,运行区间为92—93(见图1-8)。

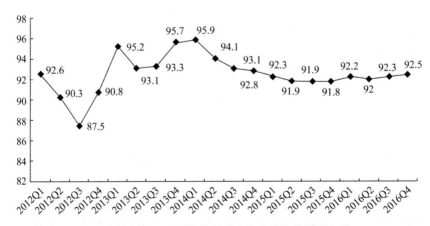

图1-8 2012—2016年中国中小企业发展指数运行图

第一季度

2016年第一季度中小企业发展指数为92.2,比上季度上升0.4,是自2014年第二季度以来首次反弹。

分行业指数中,6项上升2项下降,分项指数中7项上升1项下降,下降的面有所收窄,分行业和分项指数的升降幅度都不大,成为突出的特点。

其中,工业、交通运输邮政仓储业和住宿餐饮业指数分别为91.8、85.5和75.9,分别上升0.3、0.7和0.6;房地产指数为98.8,由平转升,上升0.4;批发零售业和社会服务业指数分别为91.9和95.4,分别上升0.8和0.7。下降的是建筑业指数、信息传输计算机服务软件业指数,分别下降0.7和0.5。

多数行业的资金状况相对好一些,劳动力的供求状况有所改善。多数行业的成本状况相对差一些,原材料购进价格和人力成本上升比较突出。企业对于生产要素的需求不大,对于生产经营的投入也不大,生产经营的活力不足。目前经济下行压力仍然较大,企业特别是小微企业虽然总体发展比较平稳,但生产经营的活力不足,面临较大的困难,中小企业发展指数低位趋稳的态势将持续。

第二季度

2016年第二季度中国中小企业发展指数为92.0,转升为降,比上季度降低0.2。

分行业指数中,4项上升4项下降,分项指数中3项上升5项下降,下降的面略多于上季度,分行业和分项指数的升降幅度都不大的特点,比上季度更为突出。房地产业、批发零售业和住宿餐饮业指数分别为98.9、92.0和76.2,继续上升。建筑业指数为96.0,由降转升,上升0.2。工业、交通运输邮政仓储业和社会服务业指数分别为91.6、85.2和95.1,由升转降,分别下降0.2、0.3和0.3。信息传输计算机服务软件业指数为92.4,连续三个季度下降,下降0.3;8个分行业指数均位于景气临界值100以下。

多数行业的资金状况相对较好,特别是企业的应收账款,除房地产业和社会服务业外,均有所下降。多数行业的市场、投入、效益状况相对较差,多数行业的企业订单下降,突出的是企业投资意愿不强,除房地产业外,其他行业的投资均下降。导致本季度劳动力指数由升转降的主要因素是劳动力需求不旺。

目前企业特别是小微企业虽然总体比较平稳,但经济下行压力仍然较大,中小企业发展指数平稳探底的态势将持续。

第三季度

2016年第三季度中国中小企业发展指数为92.3,由降转升,比上季度上升0.3点。分行业指数6项上升2项下降,分项指数7项上升1项下降,下降的面比上季度明显缩小,升降幅度不大的特点继续保持。

大部分行业对宏观经济、行业总体运行和企业经营状况的感受趋好,融资和效益状况有所改善,特别是8个行业的投资意愿都较以前有所增强。大部分行业的生产经营成本和应收账款有所上升,突出的是 8 个行业的人力成本都有所上升,劳动力供不应求。目前经济下行的压力仍然较大,企业特别是小微企业发展虽然总体平稳趋强,但中小企业发展指数低位小幅波动的态势将持续。

房地产业指数连续三个季度上升,仍然保持 8 个分行业指数的最高位。反映企业综合生产经营状况的企业综合经营指数上升 0.8 点;反映市场状况的新开工面积指数上升 0.9 点,完成土地开发面积指数上升 0.7 点,商品房平均销售价格指数上升 0.7 点;流动资金指数、融资指数均上升 0.2 点;固定资产投资指数上升 0.4 点;盈亏指数上升 0.9 点。但是,反映市场状况的房屋竣工面积指数下降 0.5 点;反映成本状况的竞拍土地价格上升,指数下降 0.3 点;员工平均薪酬上升,指数下降 0.7 点。

另外,第三季度东、中、西部和东北地区指数分别为 95.7、84.9、89.9 和 79.9,其中,中部地区指数比上季度明显回落,东北地区指数处于最低位。

第四季度

2016 年第四季度中国中小企业发展指数为 92.5,继续缓升,比上季度略升 0.2 点。分行业指数 5 项上升 2 项下降 1 项持平,分项指数 4 项上升 4 项下降,上升的面有所收窄,继续第三个季度保持了升降幅度不大的特点,趋稳的基础进一步巩固。在新年初始,经济发展的总体状况不会有大的改变,中小企业发展指数将持续目前的态势。

分行业指数 5 项上升 2 项下降 1 项持平。工业指数连续两个季度上升,建筑业指数在连续两个季度上升后持平,交通运输邮政仓储业指数连续两个季度上升,房地产业指数连续三个季度上升后,本季度下降,但保持 8 个分行业指数的最高位,批发零售业指数连续五个季度上升,社会服务业指数在连续两个季度下降后回升,信息传输计算机服务软件业指数由升转降,降幅最大,住宿餐饮业指数由降转升,但仍处于 8 个分行业指数的最低位。总体来看,行业的效益和市场状况相对好一些,但在 4 个行业中,除工业外其他 3 个行业的库存景气度较差。成本和资金景气度相对差一些,特别是 6 个行业的人力成本、5 个行业的流动资金、4 个行业的应收账款景气度较差。

分项指数 4 项上升 4 项下降,宏观经济感受指数由升转降,综合经营指数继续上升,市场指数继续上升,成本指数继续下降,资金指数由升转降,投入指数和效益指数继续上升,效益指数一直处于 8 个分项指数的最低位。劳动力指数由升转降,但仍处于 8 个分项指数的最高位。

本季度东、中、西部和东北地区指数分别为 95.2、90.5、90.6 和 85.4,东北地区指数继续处于最低位。从指数变动来看,仅东部地区指数较上季度有所回落。

二、企业景气指数

第一季度

第一季度中经工业景气指数为91.9,与2015年第四季度基本持平,在连续六个季度下滑后出现相对平稳的运行态势。所监测的11个重点产业,能源、原材料行业延续回落走势,装备类行业发展相对稳定,而消费类行业内部差异较大,文体娱乐用品制造业表现最为抢眼,其景气指数比2015年第四季度上升1.0。

从指数运行情况看,传统行业调整任务依然艰巨,"去产能""去库存"将会是传统行业发展的主线。经过初步季节调整,第一季度煤炭、粗钢产量同比下降6.4%和5.7%,十种有色金属产量2010年以来首次出现同比下降;钢铁和有色金属行业利润总额同比下降72.9%和12.4%,煤炭行业出现2002年以来首次行业整体亏损。三个行业投资继续低迷,其中煤炭行业固定资产投资同比降幅达到30.1%。

当前工业经济两极分化明显,资源型行业产能过剩问题依然突出,而信息化、智能化等新产业、新模式正在加速成长。分行业来看,利润增长较快的行业是与消费升级相关的食品、纺织服装、家具等制造业以及与产业升级相关的和技术密集型的医药、废弃资源综合利用业等制造业。2016年第一季度服装行业主营业务收入同比增长6.0%,在连续八个季度持续小幅下降后首度出现回升;医药行业工业增加值同比增长8%,在各工业大类中位居前列;IT设备行业主营业务收入同比增长2.5%,国内需求仍然平稳增长。

与国内需求回暖形成鲜明对比,出口形势较为严峻。第一季度工业企业出口交货值同比下降4.8%,降幅继续扩大。服装出口额同比下降16.7%,降幅比2015年第四季度扩大5.8个百分点;装备制造业出口交货值同比下降6.5%,降幅扩大6.0个百分点;IT设备出口额同比下降16.6%,降幅扩大12.6个百分点;化工产品出口额同比下降16.5%,降幅扩大8个百分点。

第二季度

第二季度中经工业景气指数为92.8,在连续三年逐季回落后首次出现小幅回升。但受到固定资产投资增速明显放缓的影响,中经工业预警指数为70,比上季度下降3.3点,市场信心仍有待恢复,工业长期发展面临挑战。

原材料及能源行业出现"分化"。煤炭行业形势依然严峻,钢铁、有色金属、化工、电力行业景气状况则趋于好转。第二季度中经钢铁产业景气指数为95.8,比上季度上升1.2点,中经钢铁产业预警指数由"浅蓝灯"区进入"绿灯"区运行。第二季度中经电力产业景气指数、中经有色金属产业景气指数、中经化工产业景气指数分别比第一季度提高0.5点、0.9点和0.6点。

装备制造和消费品行业稳中有升。第二季度中经装备制造业景气指数、中经

IT设备制造业景气指数、中经医药产业景气指数分别比第一季度提高0.2点、0.1点和0.8点。中经服装产业景气指数与上季度持平,延续了平稳运行的态势;文体娱乐用品制造业景气指数虽然比上季度下降0.2点,但仍处于较高水平。

第三季度

2016年第三季度中经工业景气指数为92.5,运行相当平稳,连续五个季度波动幅度在0.1点范围内。剔除政策等随机因素之后,中经工业景气指数降低2.2点,两者之差比上季度略扩大0.2点,稳增长政策在工业平稳运行中发挥了积极的作用。就中经工业预警指数而言,仍然在偏冷的"浅蓝灯区"运行。

第三季度全国规模以上工业增加值同比增长6.1%,与第二季度持平;前三季度累计增长6.0%,增速与上半年相同;第三季度各月份工业生产增长速度分别为6.0%、6.3%和6.1%,运行也相当平稳。2016年第一至三季度GDP同比增速均为6.7%,经过三月份的反弹之后,工业增速保持稳定,对于宏观经济平稳运行发挥了重要作用。

工业内部存在明显差异。在监测的行业中,钢铁、煤炭、IT设备制造、有色金属行业景气指数均出现了上升,特别是煤炭行业景气指数比第二季度上升0.9点,对于工业景气指数平稳发挥了积极作用。相比较而言,石油、文娱用品、医药和服装行业景气指数有所下降。

第四季度

2016年第四季度中经工业景气指数为92.5,呈现温和上升的态势,达到2016年最高水平。经初步季节调整,第四季度工业企业主营业务收入同比增长6.3%,增速比第三季度提高1.6个百分点,连续四个季度持续回升。最新数据显示,2016年最后三个月中国制造业采购经理指数分别为51.2、51.7和51.4,均处于扩张区间,整体为年内最高水平。

第四季度工业收入增速加快是在出口增速减缓的条件下实现的,一方面,第四季度工业企业出口交货值同比仅增长0.1%,增速环比下降2.4个百分点,工业增长的内在支撑愈发明显。另一方面,剔除随机因素之后,中经工业景气指数比未剔除随机因素的指数值低2.1点,两者之差比上季度略扩大0.1点,进一步说明相关政策在稳定工业发展中发挥了积极作用。

在工业增速趋稳的同时,继续延续动能转换趋势。经初步季节调整,第四季度装备制造业生产合成指数为109.3,较上季度提高0.3点,比全部工业平均水平高出3.3个百分点,实现连续四个季度上升;医药行业工业增加值同比增长10.8%,增速连续三个季度上升,在工业大类中位居前列;IT设备行业工业增加值同比增长9.6%,增速虽略有回落,但比全部工业平均增速高3.6个百分点。

第二章 2016年促进中小企业发展的政策与法规综述

2016年是全面建成小康社会决胜阶段的开局之年,是推进结构性改革的攻坚之年,也是中小微企业发展的关键一年。近年来,国务院、工业和信息化部、国家发展和改革委员会、国家工商总局、中国银监会、科技部、中国人民银行等多个部门出台了一系列促进中小微企业发展的管理办法和实施意见等政策性文件,而与往年政策相比,2016年的政策更侧重于推动中小微企业创新创业,并在金融、财税、商事制度等方面提供政策支持。2016年6月28日,工业和信息化部出台《关于印发促进中小企业发展规划(2016—2020年)的通知》,优化中小企业发展环境,推进供给侧结构性改革和大众创业万众创新,有力地促进了中小企业持续健康发展。

2016年国家部委共出台26项重要政策扶持中小微企业的发展,其中综合性政策7项,金融政策2项,财税政策2项,创新创业政策10项,商事制度政策5项,充分说明国家扶持中小微企业健康发展的决心之坚、行动力之强。

第一节 国家部委中小企业扶持政策

一、综合性政策

2016年,中小企业面临更加复杂的国际国内形势,其中既有扶持政策累积释放、金融环境改善等有利因素,又有世界经济复苏乏力、国内宏观经济下行压力加大等不利因素。中小企业成本上升和需求下降仍将持续,进一步挤压利润空间。由于资金瓶颈、人才匮乏、环境恶化和创新不足等要素的制约日益凸显,"三期叠加"阵痛短期内依然存在,中小企业亟须进一步加快转型升级步伐。而且,创业文化培育尚处于起步阶段,尊重创业、保护创业、包容创业失败的创业文化尚未形成,制约了大众创业动能的释放。表2-1列示了2016年国家部委颁布的综合性政策相关内容。

表 2-1　2016 年国家部委颁布的综合性政策

出台时间	政策措施	部门	文号
1月5日	关于支持中小外贸企业提升国际化经营能力的通知	商务部、中国出口信用保险公司	商财函〔2016〕6号
1月13日	简政放权改革措施;确定完善高新技术企业认定办法	国务院	
3月8日	全面推开"营改增"试点	国务院	
4月6日	推进"互联网＋流通"行动	国务院	
4月15日	关于深入实施"互联网＋流通"行动计划的意见	国务院	国办发〔2016〕24号
6月28日	关于印发促进中小企业发展规划（2016—2020年）的通知	工业和信息化部	工信部规〔2016〕223号
7月27日	关于印发《专利收费减缴办法》的通知	财政部、国家发展和改革委员会	财税〔2016〕78号

资料来源:根据中国中小企业信息网资料整理。

为了进一步完善外经贸发展专项资金政策,支持中小外贸企业出口信用保险,提升国际化经营能力,加快培育我国外贸竞争优势,商务部和中国出口信用保险公司于 2016 年 1 月 5 日印发《关于支持中小外贸企业提升国际化经营能力的通知》。《通知》提出四点要求:一是支持中小外贸企业提高经营管理的信息化水平;二是支持中小外贸企业提高经营管理的科学决策水平;三是支持中小外贸企业增强全面风险管理的能力;四是支持中小外贸企业培育竞争新优势。2016 年 1 月 13 日,国务院总理李克强主持召开国务院常务会议,决定再推出一批简政放权的改革措施,持续为企业松绑减负,为大众创业、万众创新清障搭台,是继续推进供给侧结构性改革、扩大有效需求的重要举措。会议还认为,通过完善高新技术企业认定办法,加大对科技企业特别是中小企业的普惠性政策扶持,激励市场主体增加研发投入,可以有力推动"双创",培育创造新技术、新业态和提供新供给的生力军,促进经济升级发展。2016 年 3 月 8 日,国务院总理李克强主持召开国务院常务会议,部署全面推开"营改增"试点,进一步减轻企业税负。预计 2016 年"营改增"将减轻企业税负 5 000 多亿元。2016 年 4 月 6 日,国务院总理李克强主持召开国务院常务会议,部署推进"互联网＋流通"行动,促进降成本、扩内需、增就业的实现。会议指出,实施"互联网＋流通"行动,是推动流通革命,促进大众创业、万众创新,发展新经济的重要举措,有利于降本增效,拉动消费和就业。

为了贯彻落实《中华人民共和国中小企业促进法》《中华人民共和国国民经济和社会发展第十三个五年规划纲要》,推进供给侧结构性改革,优化发展环境,推动大众创业万众创新,促进中小企业实现持续健康发展,工业和信息化部于 2016 年 6 月 28 日编制了《促进中小企业发展规划(2016—2020 年)》。《规划》从推进创业兴业、提升创新能力、转型升级、拓展内外市场、职能转变等五个方面提出了促进中小企业发展的主要任务。为了更好地支持我国专利事业发展,减轻企业和个人专利申请与维护负担,2016年7月27日,财政部、国家发展和改革委员会联合印发《专利收费减缴办法》。据财政部初步测算,新《办法》实施后,每年可减轻申请人或专利权人负担约41亿元。

二、金融政策

融资难、融资贵一直是制约中小微企业发展的瓶颈。在推动中小微金融改革、破解小微企业融资困境方面,2016年国家部委主要针对科技创新企业、小微企业、战略性新兴产业等融资困难企业积极提出新的金融服务措施和模式。表2-2列示了2016年国家部委颁布的金融政策。

表2-2 2016年国家部委颁布的金融政策

出台时间	政策措施	部门	文号
4月15日	关于支持银行业金融机构加大创新力度开展科创企业投贷联动试点的指导意见	中国银监会、科技部、中国人民银行	银监发〔2016〕14号
7月27日	有针对性加强小微企业金融服务的措施	国务院	

资料来源:根据中国中小企业信息网资料整理。

为完善科技金融服务模式,支持科技创新创业企业发展,中国银监会、科技部、中国人民银行于2016年4月15日印发《关于支持银行业金融机构加大创新力度开展科创企业投贷联动试点的指导意见》,旨在加快实施创新驱动发展战略,大力推进大众创业、万众创新,充分发挥银行业金融机构的积极作用,坚持改革驱动,努力探索符合中国国情、适合科创企业发展的金融服务模式。

2016年7月27日,国务院总理李克强主持召开国务院常务会议,确定有针对性地加强小微企业金融服务的措施,缓解融资难、融资贵的局面。会议指出,缓解小微企业融资难、融资贵,更好地服务"三农",是金融支持实体经济的重要任务,有利于推动大众创业、万众创新,促进扩大就业。

2016年10月13日,保监会主席项俊波在"第三届北京保险国际论坛"上表示,保险业新"国十条"已经把保险的发展从行业意愿上升为国家意志,保险业与国家对经济社会发展的谋划大局密切相关。要积极引导保险业服务"双引擎",促进经济增长、大众创业,支持保险资金投资科技型企业、小微企业、战略性新兴产业及新型城镇化等国家重大战略,更好地发挥金融服务实体经济的作用。

三、财税政策

财税政策在国家促进中小企业发展的一揽子政策体系中具有重要地位。多年来,财政部门认真贯彻落实党中央、国务院的决策部署,在进一步深化税收制度改革、建立完善公共财政体系的同时,不断加大对中小企业发展的支持力度,促进中小企业发展的财税政策措施也日益丰富完善,形成了以税费优惠政策、资金支持、公共服务等为主要内容的促进中小企业发展的财税政策体系。表2-3列示了2016年国家部委颁布的财税政策。

表2-3 2016年国家部委颁布的财税政策

出台时间	政策措施	部门	文号
4月29日	关于做好全面推开营改增试点工作的通知	国务院	国发明电〔2016〕1号
11月22日	关于落实降低企业杠杆率税收支持政策的通知	财政部、国家税务总局	财税〔2016〕125号

资料来源:根据中国中小企业信息网资料整理。

全面推进"营改增"试点将于2016年5月1日实施,为切实做好试点各项工作,2016年4月29日,国务院发布《关于做好全面推开营改增试点工作的通知》,在组织领导、政策解读、舆论引导和强化责任等事项上做出详细部署。

近年来,我国企业杠杆率高企,债务规模增长过快,企业债务负担不断加重。党中央、国务院从战略高度对降低企业杠杆率工作做出决策部署,把"去杠杆"列为供给侧结构性改革"三去一降一补"的五大任务之一。财政部、国家税务总局于2016年11月22日印发《关于落实降低企业杠杆率税收支持政策的通知》,对落实好降杠杆相关税收支持政策做出八项具体的安排。

四、创新创业政策

推进大众创业、万众创新,对于推动经济结构调整、打造中小微企业发展新引擎、增强中小微企业发展新动力具有重要意义。2016年,国务院、工业和信息化部、国家发展和改革委员会、财政部、教育部等国家部委密集出台一系列创新创业政策(见表2-4),极大地促进了中小微企业的健康发展。

表2-4 2016年国家部委颁布的创新创业政策

出台时间	政策措施	部门	文号
2月3日	建设双创基地发展众创空间	国务院	
2月14日	关于加快众创空间发展服务实体经济转型升级的指导意见	国务院	国办发〔2016〕7号
3月17日	关于开展中小企业与高校毕业生创业就业对接服务工作的通知	工业和信息化部办公厅、教育部办公厅	工信厅联企业〔2016〕194号
4月20日	建设一批大众创业、万众创新示范基地	国务院	

(续表)

出台时间	政策措施	部门	文号
5月8日	关于建设大众创业万众创新示范基地的实施意见	国务院	国办发〔2016〕35号
6月2日	关于印发《国家小型微型企业创业创新示范基地建设管理办法》的通知	工业和信息化部	工信部企业〔2016〕194号
6月8日	关于支持2016年高校毕业生就业创业促进中小企业创新发展的通知	工业和信息化部	工信部企业函〔2016〕214号
9月1日	促进创业投资发展的政策措施	国务院	
9月16日	关于促进创业投资持续健康发展的若干意见	国务院	国发〔2016〕53号
12月5日	关于推动小型微型企业创业创新基地发展的指导意见	工业和信息化部、国家发展和改革委员会、财政部、国土资源部、国家税务总局	工信部联企业〔2016〕394号

资料来源：根据中国中小企业信息网资料整理。

2016年2月3日，国务院总理李克强主持召开国务院常务会议，部署建设双创基地发展众创空间，加快培育新动能。会议指出，建设新型创业创新平台，为更好实施创新驱动发展战略、推进大众创业万众创新提供低成本、全方位、专业化的服务，可以更大释放全社会创业创新活力，增强实体经济发展新动能，增加就业岗位，为化解过剩产能创造条件。国务院在2月14日出台《关于加快众创空间发展服务实体经济转型升级的指导意见》，强调在制造业、现代服务业等重点产业领域强化企业、科研机构和高校的协同创新，加快建设一批众创空间。

李克强总理曾批示指出，大学生是实施创新驱动发展战略和推进大众创业、万众创新的生力军。因此，国家部委高度重视高校毕业生就业创业促进中小企业创新发展。2016年3月17日，工业和信息化部办公厅和教育部办公厅联合印发《关于开展中小企业与高校毕业生创业就业对接服务工作的通知》。《通知》就做好高校毕业生创业就业工作、优化中小企业人才结构、推动大众创业万众创新、开展中小企业与高校毕业生创业就业对接服务有关工作做出八项详细安排。2016年6月8日，工业和信息化部再次印发《关于支持2016年高校毕业生就业创业促进中小企业创新发展的通知》，对促进高校毕业生就业创业工作的八项主要任务提出具体要求。

为了在更大范围、更高层次、更深程度上推进大众创业万众创新,加快发展新经济、培育发展新动能、打造发展新引擎,国务院总理李克强于2016年4月20日主持召开国务院常务会议,决定建设一批大众创业万众创新示范基地。2016年5月8日,国务院办公厅出台《关于建设大众创业万众创新示范基地的实施意见》。《意见》强调重点围绕创业创新重点改革领域开展试点示范,并提出建设大众创业万众创新示范基地的总体思路、示范布局、改革举措、建设任务及步骤安排。

为深入贯彻落实国务院关于促进小型微型企业发展的政策措施,加快小型微型企业创业创新基地的发展步伐,优化小型微型企业创业创新环境,工业和信息化部于2016年6月2日制定了《国家小型微型企业创业创新示范基地建设管理办法》。《办法》从营造氛围、优化环境、规范服务、构建生态等角度推动小微企业创业创新基地的升级,实现平台化、智慧化和生态化,进一步推动双创向更大范围、更高层次、更深程度发展。半年后,工业和信息化部、国家发展和改革委员会、财政部、国土资源部和国家税务总局五部委于2016年12月5日联合印发《关于推动小型微型企业创业创新基地发展的指导意见》。《意见》从构建创业创新生态、优化创业创新环境、营造创业创新氛围的角度推动小微企业创业创新基地的智慧发展、平台发展、生态发展,借基地之力创新模式、汇集众智,持续提高小微企业的竞争力,不断挖掘经济发展新动能,实现经济发展模式的转型升级。

2016年9月1日,国务院总理李克强主持召开国务院常务会议,确定促进创业投资发展的政策措施,释放社会投资潜力助力实体经济。为促进我国创业投资行业在新起点上的持续健康发展,2016年9月16日,国务院出台《关于促进创业投资持续健康发展的若干意见》。《意见》从十个方面明确了全面推进创业投资体制建设的新要求:一是适应新的时代背景,提出持续健康发展的总体要求;二是培育多元创业投资主体,赋予天使投资人作为个人创业投资的主体地位;三是股债联动,多渠道拓宽创业投资的资金来源;四是加大政策扶持力度,强调投资方向引导;五是着力构建法律保障体系,完善相关法律法规;六是更好地发挥资本市场功能,完善创业投资退出机制;七是四措并举,全面优化创业投资市场环境;八是推动双向开放,着力培育创业投资行业国际竞争力;九是加强创业投资行业自律,健全相关服务体系;十是注重政策顶层设计,强调各方统筹协调。

五、商事制度政策

推进商事制度改革,将有效激发广大群体的创造力和市场经济的内在活力,为公平竞争搭好舞台,为经济发展提供有力支撑。通过深化商事制度改革,推进行政审批、投资审批、财税、金融等方面的改革,中小企业发展的市场环境、政策环境和服务环境将更加优化。表2-5列示了2016年国家部委颁布的一系列商事制度政策。

表 2-5 2016 年国家部委颁布的商事制度政策

出台时间	政策措施	部门	文号
4月20日	持续推进商事制度改革的措施	国务院	
6月30日	关于加快推进"五证合一、一照一码"登记制度改革的通知	国务院	国办发〔2016〕53号
7月14日	关于大力推进商标注册便利化改革的意见	国家工商行政管理总局商标局	工商标字〔2016〕139号
8月29日	关于实施个体工商户营业执照和税务登记证"两证整合"的意见	国家工商行政管理总局、国家税务总局、国家发展和改革委员会、国务院法制办公室	工商个字〔2016〕167号
10月14日	持续深化商事制度改革	国务院	

资料来源:根据中国中小企业信息网资料整理。

2016年5月8日,国务院总理李克强主持召开国务院常务会议,确定持续推进商事制度改革的措施,营造有利于创业创新的市场环境。2016年10月14日,李克强总理再次主持召开国务院常务会议,部署持续深化商事制度改革,更大程度地降低创业创新的制度性成本。会议认为,在2016年10月起全面实施"五证合一、一照一码"登记制度改革的基础上,进一步深化商事制度改革,扫除妨碍创业创新的制度羁绊,可以更大激发社会创造活力,促进扩大就业。

在具体措施方面,国务院办公厅于2016年6月30日印发《关于加快推进"五证合一、一照一码"登记制度改革的通知》。这是在全面实施工商营业执照、组织机构代码证、税务登记证"三证合一"登记制度改革的基础上,再整合社会保险登记证和统计登记证,实现"五证合一、一照一码",是继续深化商事制度改革、优化营商环境、推动大众创业万众创新的重要举措。为落实国务院关于简政放权、放管结合、优化服务的部署和要求,国家工商总局商标局于2016年7月14日印发《关于大力推进商标注册便利化改革的意见》。《意见》以解决商标注册和管理存在的问题为导向,以实现商标注册便利化为主线,采取拓展商标申请渠道、简化手续优化流程、完善商标审查机制、加强商标信用监管等多种手段的改革方式,进一步方便申请人申请注册商标,不断地提升商标公共服务水平。2016年8月29日,国家工商行政管理总局、国家税务总局、国家发展和改革委员会等四部门联合印发《关于实施个体工商户营业执照和税务登记证"两证整合"的意见》。《意见》重点阐释个体工商户"两证整合"登记制度改革的背景和意义、个体工商户"两证整合"登记制度改革问题以及个体工商户"两证整合"登记制度改革给经营者及社会各界带来的变化。

第二节 各地中小微企业扶持政策措施

2016年,国家各部委针对中小微企业发展连出政策组合拳,多层面、全方位推动中小微企业健康发展。为了贯彻中央精神,落实中央扶助中小微企业各项政策,各地纷纷落实扶持工作,在中小微企业综合扶持、减税降负、缓解融资难、拓宽融资渠道、加大资金补贴幅度、推动创新创业等方面出台多项条例、意见、通知、管理办法等规章制度,多举措、系统化地推动中小微企业发展。2016年各地中小微企业扶持政策措施中,在财税和创业创新方面纷纷出重拳,进一步为中小企业完善发展环境,扩宽融资渠道,加大补贴支持力度。

一、中小微企业扶持措施

在中小微企业综合扶持措施方面,甘肃、贵州、山西、辽宁、吉林、四川、北京、河北、重庆、江西、天津、浙江、宁夏、海南、福建、陕西、河南等地争相出台规章制度、政策措施,与国家部委各项扶持政策相呼应(见表2-6)。

表2-6 2016年各地法规扶持中小微企业政策汇总

地区	扶持举措
甘肃	《甘肃省中小企业发展基金管理办法》
	《2016年扶助小微企业专项行动实施方案》
贵州	中小企业公共服务平台网络上线
山西	《山西省中小企业局关于进一步加强和完善全省中小企业重点监测工作的通知》
辽宁	举办大小企业协作配套对接活动
	《辽宁省人民政府办公厅关于建设全省小微企业名录促进小微企业加快发展的意见》
吉林	《关于进一步促进全省民营经济加快发展的实施意见》
四川	《四川省政府采购促进中小企业发展的若干规定》
	《2016年推进中小企业加快发展重点工作》
北京	开展"专家问诊中小企业劳动关系"专项服务活动
	中小企业"云端计划"
河北	《科技型中小企业成长计划(2016—2020年)》
	《关于降低实体经济企业成本若干政策的通知》
重庆	中小企业服务云平台上线
	《重庆市政府采购促进中小企业发展若干规定》
江西	《江西省"专精特新"中小企业认定管理暂行办法》
	修订《江西省省级小微企业创业园认定管理办法》
天津	《科技小巨人"走出去"战略实施方案》

(续表)

地区	扶持举措
浙江	《浙江省中小企业发展"十三五"规划》
	《关于补齐科技创新短板的若干意见》
	推进"小微企业三年成长计划"
宁夏	开通公共服务平台,为中小企业提供普惠式支持
海南	中小企业公共服务平台启动
	《关于申报2016年海南省中小企业成长性奖励资金的通知》
福建	中小企业公共服务平台正式开通
陕西	中小企业电子商务导师团
河南	《关于建立小微企业名录实行信息互联互通的意见》
	《关于扶持小微企业发展的意见》

资料来源:根据中国中小企业信息网资料整理。

河南省人民政府于2016年1月出台的《关于扶持小微企业发展的意见》中提出,放宽对经营场所的限制,申请人提交住所(经营场所)合法使用证明即可予以登记,允许"一址多照"和"一照多址";浙江省工商局持续发力、加码推进"小微企业三年成长计划",具体十项举措为:试点小微企业工位号注册;放宽小微企业经营范围;推行创客创业全程帮办;开辟小微品牌培育直通车;启动市场小微电商行动计划;实施小微企业知识产权保护行动;组织万家百场小微企业培训;组织小微企业专业服务套餐;发布小微企业成长指数;深化小个专非公党建。

2016年2月,河南省工商局和中国工商银行河南省分行签署了助推小微企业发展全面战略合作协议,对河南省331万户小微企业释放多种利好。根据协议,双方将在符合国家及中国工商银行河南省分行信贷政策的前提下,筛选一批符合国家产业政策,有发展潜力,信誉良好的小微企业,由中国工商银行精准为其提供八大产品融资服务,每年对小微企业累计投放不低于500亿元的信贷支持。2月,《辽宁省人民政府办公厅关于建设全省小微企业名录促进小微企业加快发展的意见》出台,进一步推动小微企业政策扶持的全面落实。名录对涉及小微企业的各类扶持政策,按照财政资金支持、税收优惠、金融支持等进行分类,简明展示其核心内容及办理流程,方便小微企业知晓、享受相关扶持政策,提高政策实施精准度。

2016年3月,重庆市小微企业大数据监测中心(一期)建成上线,将通过大数据的构建、运用,实现精准帮扶。重庆市小微企业大数据监测中心(一期)通过构建大数据体系实现小微企业信息整合,运用大数据挖掘与分析,形成地域、行业、人群、带动投资、吸纳就业等多维度可视化数据产品,为提高小微企业扶持准确度,科学分析小微企业发展状况,提供了数据基础。3月,河北省政府印发《关于降低实体经济企业成本若干政策的通知》。在落实小微企业税收优惠政策方面,对月销售额或营业额不超过3万元的小微企业免征增值税和营业税的政策,将延续执行到2017年12月31日。自2015年10月1日起至2017年12月31日,对年应纳税所得额在30万元(含30万元)以下的小型微利企业,其所得减按50%计入应纳税所得额,并按20%的税率缴纳企业所得税。

2016年4月,河南省政府办公厅下发《关于建立小微企业名录实行信息互联互通的意见》,实现小微企业扶持政策信息集中公示、申请扶持导航、享受扶持信息公示等功能。海南省工信厅、省财政厅、省国家税务局、省地方税务局联合下发了《关于申报2016年海南省中小企业成长性奖励资金的通知》,将利用中小企业成长性奖励资金奖励中小企业,符合条件的企业可提出资金申请。

2016年5月,重庆市将运用互联网、大数据、云计算等信息技术,加快推进小微企业名录建设,构建信息互联互通机制,推动小微企业各项扶持政策全面落实。重庆市财政局等三家单位联合修订出台《重庆市政府采购促进中小企业发展若干规定》,通过鼓励小微企业与大中型企业组成联合体进行投标,并且享受相关优惠政策等,切实促进中小企业的发展。黑龙江省与瑞士西北应用科学与艺术大学签署合作备忘录,继续开展为期五年的中小企业培训。未来五年,瑞士将为黑龙江省培养至少500名中小企业管理者。黑龙江省将紧紧围绕"大众创业、万众创新"的主题,根据黑龙江省资源禀赋、重点产业发展需要和高新技术产业的创新需求,科学设定培训主题,合理安排教学内容,提高培训的针对性和实用性,把这批学员培养成黑龙江省中小企业发展的领军人物和带路人。

为促进中小企业交流与合作,2016年6月28日,陕西省中小企业促进局与韩国世宗市来陕访问团举行了中小企业交流洽谈会,签订了经济合作意向书,决定相互提供招商引资项目,组织企业进行项目洽谈和对接;鼓励双方社会经济团体间的交流合作,并对合作项目给予必要支持;积极参加由对方主办和赞助的经济领域活动,开展双方企业间互访、学习、考察和交流活动。甘肃省出台《2016年扶助小微企业专项行动实施方案》,进一步释放政策红利。2016年甘肃省开展以"激发创业创新活力、提升企业内在素质"为主题,以"政策落实、优化环境、贴近服务、交流合作"为重点的扶助小微企业专项行动。

2016年7月,江西省出台《江西省"专精特新"中小企业认定管理暂行办法》,鼓励引导中小企业走专业化、精细化、特色化、新颖化的发展道路,促进企业结构调整和转型升级。被认定为"专精特新"中小企业的,将得到技改、融资等专项资金和公共服务资源的重点扶持。浙江省促进中小企业发展工作领导小组办公室、浙江省经济和信息化委员会正式发布《浙江省中小企业发展"十三五"规划》,提出今后五年的主要目标、重点任务与工程。《规划》具有可持续、可操作、可落地等特点,全面深化落实"创新、协调、绿色、开放、共享"五大发展理念,对促进浙江省中小企业转型升级、打造全国中小企业创业创新示范区具有重要的指导意义。

2016年8月,工业和信息化部正式批复,同意安徽省设立中德(芜湖)中小企业合作区,这是继太仓市、连云港市、揭阳市后获批的国内第四家、中部地区首家国家级中德合作区。该合作区由工信部和安徽省共建,将立足芜湖市实际,突出德国元素,高起点规划,高标准建设。重庆市中小企业服务云平台8月上线投入试运行,标志着重庆中小企业服务迈入云时代。服务云平台采用云计算、大数据等先进技术,以市场需求为导向,集聚重庆全市各类服务和产品资源,搭建为中小企业提供各类专业服务和产品的"云服务超市",实现全价值链业务的整合。服务云平台包括四个核心模块:企业信息化(即"找软件")、企业服务(即"找服务")、企业协同(即"找资源")、政策咨询(即"找政策")。

2016年9月,为了全面、及时、准确地反映全省中小企业经济运行状况,根据近日发布的《山西省中小企业局关于进一步加强和完善全省中小企业重点监测工作的通知》,山西省将完善中小企业重点监测范围。9月18日,《甘肃省中小企业发展基金管理办法》正式下发,标志着甘肃省将正式设立中小企业发展基金,发挥财政资金的引导作用,拓宽企业融资渠道。为优化投资和营商环境,吉林省政府出台了《关于进一步促进全省民营经济加快发展的实施意见》。该意见支持民间资本进入金融领域。鼓励民间资本发起设立民营银行,鼓励符合条件的民间资本参与金融租赁公司和消费金融公司等金融机构的设立。支持民营企业参与地方银行业金融机构的设立和增资扩股,参与县级农信社改制或农村商业银行增资扩股。鼓励民间资本参与村镇银行发起设立或增资扩股。四川省财政厅、四川省经济和信息化委员会、中国人民银行成都分行近日联合印发《四川省政府采购促进中小企业发展的若干规定》,要求采购人、采购代理机构应当积极支持中小企业自由进入本地区和本行业的政府采购市场,同时强调30%以上政府采购项目预算专门面向中小企业,并引入信用担保手段为中小企业提供专业化的融资担保服务。

2016年10月,甘肃省中小企业发展基金成立,该基金由甘肃省级财政和社会资本共同出资设立,按市场化方式运作,是支持甘肃省工业、农业、科技等各行业领域的中小企业发展的政府投资基金。甘肃省中小企业发展基金主要通过政府出资、争取国家中小企业发展基金参股、募集社会资本、参股子基金等方式筹集。基金的存续期为10年。10月26日,贵州省中小企业公共服务平台网络正式上线。该平台已聚集了贵州省10个市州、6个产业共16个窗口平台、100多家机构的服务资源,使之成为一个体系,使中小企业无须东奔西走就能集中获得所需的各种服务,未来优质资源还将持续扩充。10月,重庆市针对中小企业服务云平台

签约服务机构的补助资金发放工作启动。按服务机构投入费用的50%给予补助,最高不超过1.5万元。符合条件的服务机构,须在11月10日前携带相关材料向市中小企业局提出申报。

2016年11月,为推动山东省更多小微企业成长为高新技术企业,山东省财政厅、省科技厅印发《山东省小微企业升级高新技术企业财政补助资金管理办法》,对通过省高新技术企业认定管理机构认定、符合条件的小微企业(含期满3年重新认定的小微企业),给予一次性补助10万元,主要用于企业研究开发活动。山东省中小企业对外交流合作平台由山东省外办与省中小企业局共同搭建,目前已与欧盟、美国、英国等境外中小企业中介机构广泛建立工作联系。中小企业想通过该平台获得与国外的交流合作信息和机会,主要有两种途径:一是登录山东省中小企业公共服务平台的"对外合作"板块;二是参与平台组织的省内和境外的经贸交流活动。

2016年12月,首个中非产业孵化器项目于12月18日在肯尼亚首都内罗毕出口加工区正式启动,项目建成后将为中国中小企业进入非洲市场搭建便利平台和通道。中非产业孵化器为中国中小企业在肯尼亚落地提供良好土壤,有助于加强中非企业间合作。12月,黑龙江省工商行政管理局建设的小微企业名录正式上线运行。这一名录建设旨在更好地服务小微企业发展。陕西省国税局、地税局、银监局与中小企业局联合启动陕西省"银税互动助力小微"活动,首场活动与中国农业银行陕西省分行、中国建设银行陕西省分行、招商银行西安分行、中信银行西安分行、西安银行、陕西省农村信用社联合社、秦农银行等七家商业银行签订了"征信互认银税互动"合作协议。

二、财税扶持措施

2016年各地扶持中小微企业的各项措施中,财税政策扶持成为亮点。各地纷纷从减轻企业税负、专项资金补贴等方面,全面缓解中小微企业资金问题(见表2-7)。

表2-7　2016年各地扶持中小微企业的财税政策

地区	扶持举措
河南	《关于促进创业投资和产业投资基金发展的通知》
上海	8项税收政策"自享清单"企业可自主申报
天津	推"政策红包",降低实体经济企业成本
重庆	新增32类中小微企业可享税收返还
山东	《关于减轻税费负担降低企业财务成本的意见》
天津	《天津市降低实体经济企业成本第一批政策措施》
重庆	《关于软件和集成电路产业企业所得税优惠政策有关问题的通知》
内蒙古	《关于认真落实"三去一降一补"五大任务有关税费优惠政策的通知》

(续表)

地区	扶持举措
陕西	《关于总分支机构纳税人增值税汇总管理有关事项的通知》
沈阳	《关于全面推开营改增试点有关事项的通知》
	"银税互动"为中小企业放贷近4000万元
江西	九江市国税局直属税务分局助推小微企业发展

资料来源:根据中国中小企业信息网资料整理。

2016年1月,河南省政府办公厅印发了《关于促进创业投资和产业投资基金发展的通知》,其中,创业投资企业投资中小微企业,符合税法规定的投资额可以抵税。创业投资企业采取股权投资方式投资未上市的中小高新技术企业两年(24个月)以上,符合税法规定的,可按照其对中小高新技术企业投资额的70%,在股权持有期满两年的当年,抵扣该创业投资企业的应纳税所得额;当年不足抵扣的,可在以后纳税年度结转抵扣。

2016年2月,福建省福州市劳动密集型小企业可享受贷款贴息,期限不超过两年,贴息比例均按中国人民银行公布的同期贷款基准利率的50%,由财政给予据实贴息。河南省创业投资企业投资中小微企业,符合税法规定的投资额可以抵税;天津市对高新技术企业中的中小企业、科技小巨人企业、出口型外贸中小企业和涉农中小微企业的信用贷款本金损失,将风险补偿比例由50%提高至70%。为降低企业税费负担,天津市将全面实施"营改增"。落实国家扩大"营改增"试点政策,把试点范围扩展至建筑业、房地产业、金融业和生活性服务业,实现增值税全面替代营业税。落实固定资产加速折旧企业所得税优惠政策。严格执行小微企业税收优惠政策。免征部分行政事业性收费。

2016年3月,重庆市将新增32大行业的中小微企业,获取税收返回的政策优惠;厦门市3月1日起,纳税信用A级纳税人取得销售方使用"增值税发票系统(升级版)"开具的增值税发票(包括增值税专用发票、货物运输业增值税专用发票、机动车销售统一发票),可以不再进行扫描认证。

2016年4月,黑龙江省哈尔滨市综合保税区将享有税收优惠、贸易管制、保税监管、外汇等四方面的优惠政策,预计保税区一期在年底投入使用;山东省政府出台《关于减轻税费负担降低企业财务成本的意见》,围绕降低企业税费负担、社会保障性支出、创业创新成本、融资成本和优化产能支出等五个方面,制定了30条政策措施。初步测算,这些政策的实施可减轻全省企业负担500亿元左右。

2016年6月,从天津市财政局获悉,自实施《天津市降低实体经济企业成本第一批政策措施》以来,累计为企业减税降费95亿元,其中减税47.6亿元,取消涉企基金和收费0.7亿元,其他涉企成本46.7亿元。6月29日,为落实《关于软件和集成电路产业企业所得税优惠政策有关问题的通知》和工信部有关文件的要求,重庆市经济和信息委员会联合税务部门,共同组织召开了2016年重庆市软件和集成电路产业企业所得税优惠政策宣传贯彻工作会,明确了相关所得税的问题。

2016年7月,山东省聊城市对月销售额不超过3万元(按季纳税销售额不超过9万元)的增值税小规模纳税人(含个体工商户),暂免征收增值税。7月26日,内蒙古自治区地税局印发了《关于认真落实"三去一降一补"五大任务有关税费优惠政策的通知》,明确了6大类80条税收政策、服务措施,助力五大任务落实。

"银税互动"是税务部门与金融机构合作,将纳税人的纳税信用级别与企业融资有机结合,为诚信纳税的小微企业提供方便、快捷的融资服务。2016年,辽宁省沈阳市地税局联合沈阳市国税局分别与盛京银行股份有限公司、上海浦东发展银行股份有限公司签订了"银税互动"合作协议,推出"税贷通"金融产品,重点服务沈阳地区纳税信用好的小微企业,通过建立绿色审批通道、简化贷款要件、执行差别化利率定价等措施,为其提供更加快捷、完善的金融服务,有效地缓解了小微企业的融资难问题,2016年以来,税务部门与金融机构合作,共为全市31家中小企业发放贷款3 899万元。截至2016年11月底,江西省九江市国税局直属税务分局共免费赠发《税收优惠指南》500本、《营改增税收政策汇编》500本,上门税收宣传和辅导120多户次,为51户次中小企业办理出口退税免抵退税额2 287.11万元,2户办理即征即退增值税85.25万元,26户减免小型微利企业所得税20.18万元,认真做好中小企业税收优惠政策的宣传和辅导工作,帮助中小企业学好用好税收优惠政策,有力扶持和加快中小企业的发展。

三、金融扶持措施

融资问题成为中小微企业的发展瓶颈,破解"融资难、融资贵"问题成为推动中小微企业发展的关键。2016年,各级政府为解决中小微企业融资问题,纷纷从拓展融资渠道、完善信用担保体系等方面,全面缓解中小微企业的融资问题(见表2-8)。

表2-8 2016年各地扶持中小微企业的金融政策

地区	扶持举措
黑龙江	大学生创业担保平台实行无抵押纯信用放贷
天津	《中小微企业贷款风险补偿机制有关补充措施》
重庆	启动中小微企业转贷应急工作
	《重庆市小额贷款公司贷款风险分类指引》
	创业担保个人贷款上限增至15万元
	《关于进一步落实涉企政策促进经济平稳发展的意见》
	种子期创新型小微企业可获无息信用贷款
	推出政府采购"合同融资",扩宽中小企业融资通道
	"信用易融——中小企业信用信息服务平台"上线
	《重庆市小微企业贷款风险补偿暂行办法》

(续表)

地区	扶持举措
河南	《关于扶持小微企业发展的意见》
	推出股权质押"挂牌贷",中小企业再添融资新通道
	《河南省2016年企业服务工作实施方案》
	"大众创业惠民工程"
福建	小微企业挂牌交易最高补助30万元
山东	《山东省小额贷款保证保险试点资金管理暂行办法》
	搭建"政银保"贷款保证保险平台破解小微企业融资难
	建立"联动"机制,降低小微企业融资成本
陕西	多渠道破解中小型科技企业融资难
西藏	试点中小微企业小额贷款保证保险
江西	调整小微企业风险补偿金标准
青海	《关于进一步加强和改善小微企业金融服务的指导意见》
	设立12亿元中小企业发展基金
甘肃	《小微企业互助贷款风险补偿担保基金管理办法》
	《〈甘肃省小微企业互助担保贷款风险补偿基金管理办法〉实施细则》
宁夏	出台"外语+"创业担保贷款政策
	《自治区小微企业贷款风险补偿金管理实施细则》
	启动小微企业贷款风险补偿机制
	"股贷保"打破中小企业融资壁垒
河南	《2016年河南省助力大众创业工作方案》
	未来3年1720亿元授信科技型中小企业
贵州	诚信示范"红名单",解决中小企业融资难
	小微企业可凭"纳税信用"向银行申请贷款
安徽	《安徽省人民政府关于推进普惠金融发展的实施意见》
辽宁	《推进辽宁省中小企业信用体系建设合作协议》
	《"辽宁省中小微企业信用培育池"建设工作方案》
深圳	中小企业服务署谋划高端金融服务
北京	启动"政保贷"解决中小企业外贸融资难
浙江	成立中小企业担保服务联盟
新疆	出台风险补偿机制帮扶小微企业融资
	《"政银担"再担保合作协议》
福建	《关于建立健全政策性融资担保体系的若干意见》

资料来源:根据中国中小企业信息网资料整理。

2016年1月,重庆市中小企业局、财政局分别与中国工商银行重庆分行、重庆银行、光大银行重庆分行、重庆农村商业银行、招商银行重庆分行等五家银行签订合作协议,启动中小微企业转贷应急工作。重庆市金融办出台了《重庆市小额贷款公司贷款风险分类指引》的政策,提出要强化外部监管,监管部门对贷款风险实行异常波动预警,并开展适度现场检查。山东省出台《山东省小额贷款保证保险试点资金管理暂行办法》,安排专项资金用于对山东省全省各市开展小额贷款保证保险业务进行保费补贴和超赔风险补偿。天津市1月印发了《中小微企业贷款风险补偿机制有关补充措施》,打造了风险补偿机制的"升级版",对部分领域的风险补偿比例提高至70%,推广"银税互动"机制,等等。1月,河南省政府制定出台了《关于扶持小微企业发展的意见》,围绕鼓励大众创业、推动转型升级、提升创新能力、加大金融支持力度、降低企业融资成本、鼓励企业直接融资、发展壮大担保机构、构建公共服务体系、建立信息互联互通机制、帮助企业开拓市场、着力提升人员素质、加强企业用工保障、推进信息化应用、切实减轻企业负担、加大财税支持力度等15个方面,有针对性地提出了具体的支持措施。

2016年2月为解决中小企业融资抵押物不足打造的金融产品——"挂牌贷"上线,凡在中原股权交易中心挂牌或拟挂牌的企业通过股权质押审核后即可获得最高不超过500万元的贷款。这意味着河南中小企业再添融资新通道。此外,申请企业所得贷款仅可用于日常经营资金周转,不得用于固定资产投资。2月,重庆市创业担保个人贷款上限提至15万元,五类人群可在网上在线申请,最快7个工作日内可获贷款。重庆市小微担保公司还推出"政策性+商业性"的组合贷款模式,担保公司与银行共担贷款风险,提高创业者申贷获得率。其中,个人创业者最高可获30万元贷款,劳动密集型小微企业最高可获200万元贷款。为解决科技型中小企业融资难的问题,陕西省经过几年的探索实践,建立了全方位科技金融服务平台,为科技企业提供多渠道的金融服务。

内蒙古自治区从2016起开展小微企业贷款助贷和风险补偿试点,进一步发挥财政资金的杠杆效应,支持大众创业、万众创新;陕西省商务厅和中国出口信用保险公司陕西分公司3月签署了《陕西省小微企业信用保险"全风险覆盖"合作协议》,共同搭建支持小微企业拓展国际市场的政府统一投保平台。3月,重庆市出台了《关于进一步落实涉企政策促进经济平稳发展的意见》,要求有关部门全力落实中小微企业在区域性场外市场挂牌的相关奖励政策。按照《意见》,重庆市对符合国家和西部大开发鼓励类产业目录,且在重庆市区域性场外市场挂牌的企业,在其挂牌孵化板后将一次性奖励5万元;对挂牌成长板的企业,将一次性奖励25万元。

2016年4月,青海省银监局印发了《关于进一步加强和改善小微企业金融服务的指导意见》,青海省银监局将采取定期通报、约谈高管、现场交流、考核评比、检查督促等监管举措,指导银行业金融机构加大小微企业金融服务政策的执行力度。甘肃省政府办公厅印发了《甘肃省小微企业互助贷款风险补偿担保基金管理办法》。根据该《办法》,符合条件的小微企业无须担保即可获得贷款。江西省对"小微企业创业园创业风险补偿引导基金"进行了调整。其中,单个企业最高贷款额度从100万元提高到300万元。

2016年5月,甘肃省出台了《小微企业互助贷款风险补偿担保基金管理办法》,该办法明确,符合条件的小微企业在合作银行贷款,无须其他担保、抵押,即可获得最高1000万元、期限最长5年的互助担保贷款,利率浮动不超过基准利率的30%;河南省适度放开小额贷款公司经营区域限制,改变其"隔着一条马路,不能做对面业务"的经营尴尬。5月5日,宁夏回族自治区人社厅与石嘴山银行举行宁夏"外语+"复合型人才回乡创业"千百十"行动计划合作协议签约仪式。即日起,石嘴山银行将对宁夏回族自治区"外语+"复合型人才回乡创业给予贷款支持,财政部门对个人贷款给予据实全额贴息,对企业贷款按基准利率的50%给予贴息贷款。为促进中小企业发展,陕西省通过建立担保机构风险补助机制等多项措施,缓解中小企业融资难的压力。陕西省2016年通过省中小基金安排资金4500万元,支持担保机构壮大资本实力,鼓励担保机构为中小企业提供服务,缓解中小企业融资难的问题。

2016年6月,山东省面向小微企业的融资担保代偿补偿业务迎来了新动向。试点金融机构合作范围与小微企业覆盖范围将有所扩大。在与山东省企业融资担保有限公司合作的基础上,逐步强化与再担保体系其他担保机构成员的比例分险合作。加速齐商银行、齐鲁银行、青岛银行等合作银行的业务推进。同时,加大向试点合作金融机构业务模式推荐力度,拓宽代偿补偿业务与担保、金融机构的合作范围。安徽省政府印发了《安徽省人民政府关于推进普惠金融发展的实施意见》,引导金融机构更多地将信贷资源配置到小微企业、"三农"等领域,引导金融机构扩大涉农、小微信贷投放,降低社会融资成本。

2016年7月,宁夏回族自治区非公有制经济服务局与财政厅联合印发的《自治区小微企业贷款风险补偿金管理实施细则》,投入3000万元建立小微企业贷款风险补偿金,用于合作银行向小微企业贷款发生损失时的补偿。企业可通过提高资产抵押率、股权质押、保单增信等方式获得最高800万元的信贷资金,有效缓解企业无抵押或抵押物不足而贷款难的问题。未来五年,辽宁省将进一步完善创业扶持政策,通过发放创业担保贷款50亿元、降低市场准入门槛、消除限制创业的制度性障碍等多种手段,解决创业过程中融资难、门槛高、税负重等问题。7月27日,山东省财政厅联合泰山财产保险股份有限公司、信达财产保险股份有限公司山东省分公司以及11家银行,在济南市举办了山东省"政银保"贷款保证保险业务合作签约仪式,通过"政府+银行+保险"三方合作的形式,建立了三方参与、风险共担的小微企业贷款服务新模式。

2016年8月,为缓解中小微企业"融资难、融资贵、担保难"等问题,邮储银行贵州省分行在全省范围内推广了"税贷通"小企业信用担保贷款。税务机关或相关平台机构推荐的连续两年正常纳税且纳税信用级别为B级(含B级)以上的小微企业,邮储银行依据企业经营情况及近两年平均纳税总额向其发放短期流动资金贷款。由中国人民银行重庆市黔江中心支行指导第三方征信机构重庆云微信用管理有限公司开发的"信用易融——中小企业信用信息服务平台"于8月正式上线。中国人民银行黔江中心支行采用"行政指导+商业运转"的模式,由该行提供政策指导,重庆云微信用管理有限公司负责平台建设、运营和信用培育,金融机构和其他征信接入机构负责系统应用和融资对接。

2016年9月,河南省工商局与中国建设银行河南省分行围绕支持"双创"服务开展政银合作,以"河南省企业信用信息公示监管警示系统"为依托,共同搭建信息互联互通平台,在未来五年内,每年为小微企业提供不低于500亿元的贷款支持。辽宁省企业服务局与中国人民银行沈阳分行签订了《推进辽宁省中小微企业信用体系建设合作协议》,将联合建立"辽宁省中小微企业信用培育池",同时印发并实施了《"辽宁省中小微企业信用培育池"建设工作方案》。9月,深圳市中小企业服务署与投资控股公司签署了《战略合作框架协议》,建立了促进中小企业发展的全方位合作机制。

重庆市财政局、中小企业局、工商局联合发布了《重庆市小微企业贷款风险补偿暂行办法》,从公布之日起施行。该暂行办法提出了"政银担"合作模式,即小微企业贷款出现本金损失时,可由政府、担保方、银行三方共同承担。北京市中小企业出口金融服务平台"政保贷"于10月27日启动,50万美元首单融资款当日放出。"政保贷"是一个旨在通过简化评估手续、优化审批流程、提高企业资信、提升贷款额度,缓解中小企业"融资贵、融资难"等问题的金融服务平台。河南省科技金融战略合作协议签约仪式于10月25日在郑州举行,中国工商银行河南省分行、中国银行河南省分行等六家"科技贷"合作银行计划3年内累计向科技型中小企业提供1720亿元的授信支持,其中"科技贷"业务授信支持为170亿元。

2016年11月,重庆市通过制定农民工返乡创业重点企业贴息办法、创业担保贷款贴息办法等,累计对157家返乡创业企业贴息5000余万元;个人政策性贴息贷款金额从10万元提高到15万元,还可再申请20万元商业组合贷款。11月22日,青海省中小企业发展基金在西宁市设立,总资金规模为12亿元人民币。为缓解企业资金紧张的局面,新疆维吾尔自治区政府印发《自治区中小微企业"政银担"风险补偿资金管理暂行办法》,旨在完善小微企业贷款风险补偿机制,缓解小微企业融资难的问题。福建省政府出台的《关于建立健全政策性融资担保体系的若干意见》提出,2016年年底前,每个设区市(含平潭综合实验区)至少有1家资本金在5亿元以上的政策性融资担保机构;GDP总量达到或超过300亿元的县(市、区)至少有1家资本金在2亿元以上的政策性融资担保机构;到2018年年底,全省政策性融资担保机构或分支机构实现县域全覆盖。

2016年12月,北京市中小企业出口金融服务平台——"政保贷"正式启动,并为中小出口企业发放了第一笔贷款。作为服务业扩大开放综合试点的又一新举措,北京市在国内首创了专助中小出口企业的金融服务平台,为中小出口企业解决"融资难、融资贵"的问题。为贯彻落实工业和信息化部与中国银行总行联合制订的《促进中小企业国际化发展五年行动计划(2016—2020年)》。2016年12月28日,安徽省经济和信息化委员会与中国银行安徽省分行举行会谈及签约仪式,双方将加强政银合作、缓解中小企业融资难题、推动全省工业结构调整和转型升级。2016年,山东省在全省着力推动"投贷联动"政策。在齐鲁股权交易中心,省直投基金对176家新挂牌企业,给予每户平均300万元的股权投资支持。12月16日,福建省中小企业信用再担保有限责任公司、龙岩市龙盛融资担保有限责任公司和邮储银行龙岩市分行签订《"政银担"再担保合作协议》,约定今后在三方合作框架内的小微企业融资担保业务,由三方对项目按4∶4∶2的比例承担风险责任。这标志着福建省小微企业融资担保"442政银担"合作模式取得了实质性突破。为解决中小企业抵押物不足的难题,同时发挥保险的增信功能,宁夏回族自治区探索引入保险为企业增信,推出"股贷保"金融产品并正式上线,目前已有7家中小企业签订了产品承包、股权质押和放款合同。

四、创新创业政策

"大众创业、万众创新"成为中国的国家战略之后,在全国范围内掀起了一股创业创新的风潮。目前,从中央到地方政府陆续出台了一系列优惠政策支持创业创新(见表2-9)。

表2-9 2016年各地扶持中小微企业创新创业的政策

地区	扶持举措
黑龙江	《黑龙江省商务系统大众创业万众创新工作实施方案》
	《关于加强黑龙江省留学回国人员有关工作的通知》
吉林	《关于推进大众创业万众创新若干政策措施的实施意见》
	《关于进一步放活事业单位人才交流的意见(试行)》
北京	《北京市中小企业创业投资引导基金管理细则》
	大学生创业服务平台以及首次设立的大学生创业板正式启动
	《北京高校大学生就业创业项目管理办法》

(续表)

地区	扶持举措
海南	建立100个创业创新平台
	"以奖代补"奖励创业孵化基地
	《关于大力推进大众创业万众创新的实施意见》
	《海南省科技创新券试点方案》和《海南省科技创新券管理暂行办法》
贵州	实施"互联网＋"创业创新专项行动计划
河南	《关于促进创业投资和产业投资基金发展的通知》
	大力培育"专精特新"企业
	设立众创空间发展专项资金
	《关于加快科技服务业发展的若干意见》
	组建"河南省大众创业专家导师团"
	《2016年河南省助力大众创业工作方案》
	《关于支持农民工返乡创业的实施意见》
	《关于河南省高校科研院所等事业单位专业技术人员离岗创业有关人事管理问题的通知》
	《关于大力推进大众创业万众创新的实施意见》
山东	"创新券"助小微企业科研设备共享
	《关于深化科技体制改革加快创新发展的实施意见》
	《关于申报省级创业辅导基地和创客空间的通知》
云南	《关于发展众创空间推进大众创新创业的实施意见》
	《云南省众创空间认定管理办法》
	小微企业创新发展协会成立
	《云南省人民政府关于加快构建双创支撑平台的实施意见》
上海	《上海市天使投资风险补偿管理暂行办法》
	建立"专精特新"企业白名单
	《关于加强知识产权运用和保护支撑科技创新中心的实施意见》
福建	《培育科技小巨人领军企业行动计划(2016—2020年)》
	《关于做好2016年普通高等学校毕业生就业创业工作的通知》
	《福建省中小企业成长计划(2016—2018年)》
重庆	新建50个微企创业服务平台
	《促进农民工等人员返乡创业实施方案》
	《重庆市科技创新券实施管理办法(试行)》
辽宁	《辽宁省人民政府关于加快构建大众创业万众创新支撑平台的实施意见》
湖北	《关于支持农民工等人员返乡创业的实施意见》
天津	出台九项措施支持"双创特区"聚人才
	《天津市公安局关于服务双创特区建设发展落实就业即落户政策的实施意见》
	人才"金字塔"助力创新创业

(续表)

地区	扶持举措
四川	成立小微企业创业创新服务联盟
陕西	《关于大力推进大众创业万众创新工作的实施意见》
	全面启动小微企业创业创新市县示范工作
	全面推广企业内创、院所自创、高校众创的创新创业"三种模式"
	《陕西省人民政府办公厅关于做好"十三五"期间高校毕业生就业创业工作的意见》
	《关于发挥职能作用进一步做好高校毕业生就业创业工作的实施意见》
	《陕西省深化科技体制改革实施方案》
广西	《深化高等学校创新创业教育改革实施方案》
山西	鼓励煤炭职工自主创业，分流人员发稳岗补贴
	《关于组织做好2017年省级中小企业创业基地认定和项目申报工作的通知》
新疆	《关于进一步做好新形势下就业创业工作的实施意见》
河北	《科技型中小企业成长计划(2016—2020年)》
	《河北省万家中小工业企业转型升级行动实施方案(2016—2020年)》
甘肃	《甘肃省高校大学生创新创业专项资金管理办法》
京津冀	《京津冀留学人员(河北大学)创业园共建协议》

资料来源：根据中国中小企业信息网资料整理。

2016年1月，黑龙江省下发了《黑龙江省商务系统大众创业万众创新工作实施方案》，以创业带动创新、创新促进就业为重点，充分发挥商贸领域进入门槛低、就业空间广、投资少、成长空间大的优势，大力支持大学生、科研人员、农民等创业创新群体进入商贸领域，激发商贸领域创业创新热潮，推动商贸流通创新发展和转型升级。同月，黑龙江省下发了《关于加强黑龙江省留学回国人员有关工作的通知》，对黑龙江省留学回国人员的档案存放、用人单位接收手续等工作进行规定，同时明确留学回国人员可免费领取《就业创业证》，享受大学生创新创业优惠政策。北京市财政局、市经济和信息化委员会于1月联合发布了《北京市中小企业创业投资引导基金管理细则》。引导基金主要是通过参股方式，吸引社会资本共同发起设立创业投资企业，由参股创投企业向创业期的中小企业投资，以缓解融资难题，支持自主创新；此外，也将引导社会资本支持符合本市城市功能定位和相关产业政策导向的中小企业的发展。吉林省于1月出台了《关于推进大众创业万众创新若干政策措施的实施意见》，鼓励事业单位科研人员离岗创业以及高校实行弹性学制等。1月，贵州省出台了实施"互联网＋"创业创新专项行动计划。根据河南省政府办公厅1月下发的《关于促进创业投资和产业投资基金发展的通知》，为进一步促进创新创业，河南省从多个方面支持创业投资企业增加对中小微企业的投资。

2016年,河南省将突出中小企业和民营经济,壮大市场主体,实施千家"专精特新"中小企业培育服务工作,认定一批"专精特新"中小企业,推动"小升规、规改股、股上市"的实施。河南省政府于2月出台了《关于加快科技服务业发展的若干意见》,从大力培育研发设计服务新业态、努力提升技术转移服务水平、大力发展科技金融服务等14个方面提出了一系列政策措施,加快推动河南省科技服务业的发展。为打通创业服务的"最后一公里",2月,重庆市工商局已在6个区县试点建设微型企业创业服务平台,争取实现"学生创业不出校门、市民创业不出社区、农民创业不出村镇"的目标。上海市2016年将为"专精特新"企业建起"白名单"和数据库,精准支持在国际、国内细分市场上具有行业领导力、代表"上海制造"水平的中小企业。2月,辽宁省政府下发了《关于加快构建大众创业万众创新支撑平台的实施意见》,提出加快构建众创、众包、众扶、众筹等大众创业、万众创新支撑平台,培育"互联网+"新业态新模式,提高资源配置效率,促进创业创新。

2016年3月,湖北省政府办公厅公布了《关于支持农民工等人员返乡创业的实施意见》,提出今年起到2018年,实施七大行动计划,鼓励农民工、大学生和退役士兵等人员返乡创业。七大计划涉及提升基层创业服务能力、整合创业园区、开发农业农村资源、完善基础设施、电子商务进农村、创业培训、返乡创业与万众创新有序对接等方面。辽宁省发布了《辽宁省人民政府关于加快构建大众创业万众创新支持平台的实施意见》。《意见》提出,要大力发展专业空间众创,鼓励推进网络平台众创。天津市于3月出台了九项措施,通过实行特殊政策、特殊体制、特殊服务,支持"双创特区"加快集聚人才,在滨海新区率先建成人才改革试验区。四川省将成立小微企业创业创新服务联盟,在行业领军企业、高等院校、科研院所、行业协会中遴选一批重点服务机构,为广大中小微企业提供贴身服务。为促进"大众创业、万众创新",重庆市政府办公厅印发了《促进农民工等人员返乡创业实施方案》,从十个方面支持返乡农民工创业。

为加快众创空间进一步服务实体经济的发展,陕西省将全面推广企业内创促转型、院所自创促发展、高校众创促转化的三种创新创业模式。

海南省将通过"以奖代补"的形式对创业孵化基地进行奖励,对于评定为优秀、良好、中等、合格的孵化企业分别奖励5万元、3万元、2万元、1万元,每个创业孵化基地获得的"以奖代补"资金单次最多不超过100万元。江苏省南京市将制定奖励措施,推动公共科技资源和信息资源开放,推动高校和科研院所科研设施向小微企业和创业者开放。陕西省将抓紧部署一批专业化、细分化的众创空间,全面推广企业内创、院所自创、高校众创的创新创业"三种模式",推动众创空间多层次、全覆盖服务的实体经济发展。

2016年5月,河南省人力资源和社会保障厅公布了《2016年河南省助力大众创业工作方案》,河南省"大众创业、万众创新"迎来强劲东风。海南省政府出台了《关于大力推进大众创业万众创新的实施意见》,提出建立和完善创业创新生态体系,不断推进资源整合和政策集成,着力构建有利于创业创新的政策环境、制度环境和公共服务体系,加快形成大众创业、万众创新的新局面。5月10日,陕西省中小企业首批高校创业孵化基地授牌暨基地能力建设交流会在省中小企业服务平台举行。广西壮族自治区政府下发了《深化高等学校创新创业教育改革实施方案》,提出改革的任务措施,对主管部门、高校、师生均提出了相应要求。5月23日,山西省下发了《关于推进煤炭供给侧结构性改革工作第三批实施细则》。其中,很多事项与广大煤炭企业职工、家属的生活相关,并从实行内部退养、全力做好就业安置工作等方面做出了详细规定。

2016年6月,福建省政府办公厅下发了《关于做好2016年普通高等学校毕业生就业创业工作的通知》,扶持高校毕业生自主创业。宁夏回族自治区双创科技园及创客空间于6月在宁夏回族自治区创业谷中小企业产业新城落成,宁夏回族自治区中小企业"双创"从此有了自己的家。2016年以来,江西省坚持实施中小企业成长工程,结合"大众创业、万众创新"和"中国制造2025"的要求,优化发展环境,推进创新驱动,力争孵化万户小微企业、推动900户中小企业上规模,着力培育经济发展的新增量、新动能。河南省政府出台了《关于大力推进大众创业万众创新的实施意见》,提出到2020年河南省创新创业要从"小众"走向"大众",从"众创空间"走向"双创基地"、示范城市,成为全国重要的创新创业新高地。

2016年7月,北京市大学生创业服务平台以及首次设立的大学生创业板正式启动。这种"前有政府服务,后有市场承接"的工作模式在国内尚属首创,将为大学生打通创业的"最后一公里"。陕西省发布了《陕西省人民政府办公厅关于做好"十三五"期间高校毕业生的就业创业工作的意见》,提出要进一步拓宽陕西省高校毕业生的就业渠道、增大就业空间,增加到基层、小微企业、新型行业产业就业及自主创业的人数。

2016年8月,北京市教委联合市财政局公布了《北京高校大学生就业创业项目管理办法》,自2015年北京市出台多项措施支持大学生就业创业后,将有和北京地区高校就业创业有关的三个项目正式实施,按照每个创新创意实践团队支持额度不超过5万元、每个创业企业(团队)支持额度不超过20万元的标准补助。吉林省8月下发了《关于进一步放活事业单位人才交流的意见(试行)》,鼓励事业单位专业技术人员离岗创业。天津市人力资源和社会保障局,以下简称"人社局"通过加快构建"基础人才数量充足、技能人才结构合理、创新人才支撑有力、高端人才方向引领"的人才"金字塔"格局,利用创新引智引才的方法,为天津市创新驱动

发展提供人才支撑。8月6日,陕西省工商局出台了《关于发挥职能作用进一步做好高校毕业生就业创业工作的实施意见》,积极助推全省广大高校毕业生创业就业。河南省政府办公厅近日出台了《关于支持农民工返乡创业的实施意见》,从健全创业服务体系、完善创业政策体系、建立创业保障体系等方面,提出一系列"真金白银"的举措,全面激发农民工返乡的创业热情。

2016年9月,重庆市科学技术委员会同市财政局制定了《重庆市科技创新券实施管理办法(试行)》,重庆市将通过发放科技创新券的形式助推当地科技型中小企业的发展。9月,新疆维吾尔自治区就《关于进一步做好新形势下就业创业工作的实施意见》向社会发布。《实施意见》以坚持就业第一为核心,以突出新疆特点、解决就业难点为主线,提出实施统筹城乡大就业、精准扶贫就业、促进南疆就业和加强职业培训等8个方面31条政策措施,进一步扩充政策内涵,形成了更加完善、更具针对性的自治区就业创业政策体系。

2016年10月,为推动科技型中小企业裂变式增长,实现科技型中小企业数量、质量和结构的跨越式发展,河北省委办公厅、省政府办公厅联合印发了《河北省科技型中小企业成长计划》。为大力推进甘肃省高校大学生创新创业工作,2016年甘肃省省级财政设立大学生创新创业专项资金,重点支持高校大学生创新创业工作,用于大学生创新创业及就业机制和平台建设、师资培训培养、自主创业扶持等。山东省委、省政府印发了《关于深化科技体制改革加快创新发展的实施意见》。《意见》提出要"发挥财政支持科技创新的重要作用",主要有"四大亮点":整合优化财政科技资金、综合运用股权投资、风险补偿、贷款贴息、政府和社会资本合作等多种方式。

2016年11月,海南省决定实施科技创新券试点方案,政府向企业免费发放创新券,企业使用创新券向高校、科研院所、科技服务机构等单位和企业购买科研创新服务后,可持创新券到政府相关部门兑现。《陕西省深化科技体制改革实施方案》正式出台,陕西省将不断深化科技体制改革,通过多项措施推动建立技术创新市场导向机制。河北大学与北京市人社局、北京市石景山区常青藤创业研究中心签署了《京津冀留学人员(河北大学)创业园共建协议》,提出共建京津冀留学人员(河北大学)创业园,为在河北创业的京津冀留学回国人员提供新型创业服务。河南省发布了《关于河南省高校科研院所等事业单位专业技术人员离岗创业有关人事管理问题的通知》,支持事业单位科研人员创新创业,促进人才高效、规范、有序流动。

2016年12月,河北省工业和信息化厅印发了《河北省万家中小工业企业转型升级行动实施方案(2016—2020年)》,河北省将通过五年的努力,实现1万家以上中小工业企业的转型升级。12月8日,山东省中小企业局下发通知,公布了第十一批山东省小企业创业辅导基地和第一批创客空间,共有51家小企业创业辅导基地和33家创客空间符合要求,其中济南有7家小企业创业辅导基地及1家创客空间位列名单中。在最新支撑大众创业、万众创新的政策文件(《云南省人民政府关于加快构建双创支撑平台的实施意见》)中,大力发展众创、众包、众扶、众筹"四众平台"企业,将是今后"更大范围、更高层次、更深程度上推进大众创业、万众创新"的新方向。

五、外贸扶持政策

近年来,我国很多大企业已走出国门,但中小企业"走出去"却受到不少束缚。2016年,工业和信息化部联合中国银行制定的《促进中小企业国际化发展五年行动计划(2016—2020年)》提出了多项针对性措施,为中小企业融入全球市场解除了后顾之忧。各地积极制定促进中小微企业"走出去"、发展外贸的扶持政策(见表2-10)。

表2-10　2016年各地关于中小微企业的外贸扶持政策

地区	扶持举措
山东	淄博市向20多家企业发放展位补贴98.8万元
四川	《广安经济技术开发区外贸出口扶持激励政策(试行)》
	《广安经济技术开发区外贸企业出口退税和工业企业应急转贷专项资金使用管理办法(试行)》
安徽	《黄山市人民政府关于促进外贸稳增长调结构的实施意见》
	《关于促进外贸稳增长调结构加快培育竞争新优势的意见》
北京	《关于加快发展对外文化贸易的实施意见》
重庆	《关于免除查验没有问题外贸企业吊装移位仓储费用全面试点工作的通知》
江苏	《宿迁出入境检验检疫局关于支持外贸稳定增长和转型发展16项措施》
河南	《关于加快发展服务贸易的实施意见》
广东	《东莞市关于促进加工贸易创新发展全面提升外经贸水平的实施方案》
	珠海检验检疫局出台"四大举措"
	《顺德区推动外贸稳定增长和争创竞争新优势三年工作方案》
河南	《河南省人民政府办公厅关于进一步加强自由贸易协定实施和原产地签证工作的通知》
	焦作出入境检验检疫局八项惠企措施助力外贸"金钥匙"

资料来源:根据中国中小企业信息网资料整理。

为加大外贸稳增长调结构政策落实力度,提升贸易便利化水平,商务部会同海关总署发布公告,于2016年2月1日起,将自动进口许可证无纸化通关范围由目前的10个海关推广至全国所有海关。

受市场经济持续低迷影响,山东省淄博市外贸企业的进出口步伐一度放缓。面对"走出去"过程中困扰外贸企业的政策不清、信息不畅、唱独角戏等难题,2016年淄博市外经贸专项扶持资金由去年的1 400万元增加到5 000万元,推出"一揽子"外贸稳增长政策举措,全力助推企业"走出去"的策略。2016年,四川省广安市经济技术开发区出台了《广安经济技术开发区外贸出口扶持激励政策(试行)》和《广安经济技术开发区外贸企业出口退税和工业企业应急转贷专项资金使用管理办法(试行)》,帮助外贸企业解决生产经营中的实际困难,解决外贸企业出口退税缓冲期资金周转难题。

2016年3月,安徽省淮北市还对获得国家级"出口品牌""出口基地"及"出口基地企业"称号的企业,一次性给予10万元奖励;对获得"机电或高新技术产品出口基地""机电或高新技术产品出口基地企业"称号的企业,增加奖励5万元。为优化外贸发展结构,安徽省黄山市出台了《黄山市人民政府关于促进外贸稳增长调结构的实施意见》,加大对企业的支持力度,全面推进外贸企业服务。黄山市优化出口退(免)税服务,营造便利的通关环境,规范进出口环节收费。北京市政府办公厅发布《关于加快发展对外文化贸易的实施意见》,明确了加快推进国家对外文化贸易基地(北京)建设、支持文化企业开展对外文化贸易业务、充分发挥国际性文化展会平台作用、促进文化和科技融合发展、建立健全文化贸易标准体系五大重点任务,并对加大财税支持力度、拓展融资渠道、优先提供通关便利、完善服务保障等政策支持体系的构建进行了部署规范。

从2016年4月1日起,厦门口岸不再向报关行收取"报关数据传输费",不再向自理报检企业和报关行收取"报检平台使用费"等申报环节的报关报检经营性服务收费。根据重庆市财政局《关于免除查验没有问题外贸企业吊装移位仓储费用全面试点工作的通知》,从2016年4月起,海关查验没有问题的吊装移位仓储费用由中央财政支付,这将切实减轻外贸进出口企业的负担。为进一步做好支持宿迁外贸稳定增长和转型发展工作,江苏省研究制定了《宿迁出入境检验检疫局关于支持外贸稳定增长和转型发展16项措施》。

2016年6月23日,河南省政府出台《关于加快发展服务贸易的实施意见》,全面推动河南省服务贸易的发展。6月,安徽省安庆市政府出台了《关于促进外贸稳增长调结构加快培育竞争新优势的意见》。《意见》从保持外贸稳定增长、推动外贸结构优化调整、加快发展新型贸易方式、加大财税金融支持力度、提升口岸开放和通关便利化水平五个方面,提出了17条具体、可操作的政策措施。为了进一步提振企业信心,促进加工贸易的创新发展,2016年6月东莞市非公经济工作会议印发了《东莞市关于促进加工贸易创新发展全面提升外经贸水平的实施方案》。该方案包含45条措施,从科技创新、资本运营、质量建设、生产性服务业、贸易促进等五大方面,汇集了大量财政资金扶持或引导奖励条款。鉴于严峻复杂的外贸形势,珠海市检验检疫局在广泛调研和听取进出口企业意见的基础上,出台实施了四方面13项措施,发挥职能优势,改进监管方式,推动外贸向"优质优价、优进优出"方向的转变,为珠海外贸持续健康发展提供新支撑、注入新动力。6月,广东省发布《顺德区推动外贸稳定增长和争创竞争新优势三年工作方案》,积极推动顺德企业抱团走出去,布局"一带一路"沿线国家等新兴市场。为落实《河南省人民政府办公厅关于进一步加强自由贸易协定实施和原产地签证工作的通知》,最大限度地便利企业申报原产地证书,河南省焦作市出入境检验检疫局立足实际,主动服务,推出了自由贸易协定实施和原产地签证八项惠企措施。

为了进一步缓解中小外贸企业资金紧张,提供出口收汇风险保障,山东省政府于2016年出台政策,提出了建立省级外贸综合服务平台授信风险补偿机制,提高外贸综合服务企业的服务能力。2016年以来,福建省信保部门积极落实各级政府关于促进外贸业务增长的政策,加强与省内各设区市、商务部门和行业协会沟通,并通过政企联动搭建了中小外贸企业信用保险服务平台,有针对性地为辖区内各行业的中小企业客户量身定制信用保险方案。

第三节 解读《促进中小企业发展规划(2016—2020年)》[①]

2016年,国内外经济形势依然复杂严峻,中小企业仍面临资本、土地等要素成本持续维持高位、"融资难、融资贵"等难题。为促进中小企业在"十三五"期间持续、健康发展,工业和信息化部于2016年6月28日印发了《促进中小企业发展规划(2016—2020年)》(以下简称《规划》)。为了更好地理解《规划》的相关内容,根据工业和信息化部中小企业局副局长马向晖就《规划》有关内容做了进一步解读。

一、出台背景

在党中央、国务院的正确领导下,工业和信息化部顺利完成了"十二五"中小企业成长规划确定的主要目标和任务,取得了显著成绩。"十三五"时期,中小企业发展面临新的形势和任务。

当前,国内外经济发展形势依然错综复杂,世界经济深度调整、复苏乏力,外部环境的不稳定性不确定性因素增加,我国经济发展进入新常态,这给中小企业发展带来多重挑战。中小企业依然面临较大的经营压力,资本、土地等要素成本持续维持高位,招工难、用工贵以及"融资难、融资贵"等问题仍有待进一步缓解,

---

[①] 根据2016年7月5日工业和信息化部中小企业局副局长马向晖就《促进中小企业发展规划(2016—2020年)》相关解读内容整理。

传统产业领域中的大多数中小企业处于产业链中低端,存在高耗低效、产能过剩、产品同质化严重等问题,盈利能力依然较弱,转方式、调结构的任务十分艰巨。

"十三五"时期,中小企业发展也面临重大机遇。随着改革的深化,新型工业化、城镇化、信息化、农业现代化的推进,以及"大众创业、万众创新""中国制造2025""互联网+""一带一路"等重大战略举措的加速实施,中小企业发展环境将更加优化,中小企业发展基本面向好的势头更加巩固。以互联网为核心的信息技术与各行各业深度融合,日益增长的个性化、多样化的需求,不断催生新产品、新业态、新市场和新模式,为中小企业提供广阔的创新发展空间。《规划》在新的形势下提出了新的发展思路和主要任务。

二、发展思路

"十三五"时期,中小企业工作要牢固树立并切实贯彻创新、协调、绿色、开放、共享的发展理念,以提质增效为中心,以提升创业创新能力为主线,降成本、补短板,推进供给侧结构性改革,完善法律政策,改善公共服务,优化发展环境,推动大众创业万众创新,不断培育新增量、新动能,促进中小企业实现持续健康发展。

《规划》立足当前我国基本国情和中小企业发展实际,明确提出了坚持创业兴业,促进就业、坚持创新驱动,推动转型、坚持优化结构,提质增效、坚持推进改革,营造环境的工作原则。

三、发展目标

今后五年促进中小企业发展的目标包括:

(1)整体水平进一步提高。中小企业整体发展质量和效益稳步提高,对经济发展的支撑作用进一步巩固;结构进一步优化;年均吸纳新增就业800万人左右,吸纳就业能力进一步得到发挥。

(2)创新能力进一步增强。科技型中小企业的创新带动作用进一步增强。中小企业发明专利和新产品开发数量保持较快增长;新产品、新技术、新业态、新模式不断涌现;与大企业协同创新、协同制造的能力持续提高。培育一批可持续发展的"专精特新"中小企业。

(3)企业素质进一步提升。完成不少于5 000名中小企业经营管理领军人才、250万经营管理人员培训,培育一批具有企业家精神的经营管理者和一大批具有工匠精神的高素质企业员工。中小企业品牌影响力不断提升。

(4)发展环境进一步优化。简政放权、商事制度和财税金融改革等取得了显著成效,企业负担进一步减轻,市场准入环境更加宽松,经营环境更加公平,对外合作更加务实,政务服务更加高效。服务体系进一步完善,扶持和培育了300个国家小型微型企业创业创新示范基地,3 000个省级小型微型企业创业创新基地。

四、主要任务

"十三五"时期,促进中小企业发展的主要任务包括:

(1) 在推进创业兴业方面,重点从培育创业主体,促进中小企业成长壮大,加强创业载体建设,鼓励大企业提供创业支撑,加强创业服务等方面开展工作。

(2) 在提升创新能力方面,重点从推进中小企业创新发展,推进中小企业信息化应用,推动中小企业与大企业协同创新,构建以企业为主体的创新机制,加强中小企业知识产权服务等方面开展工作。

(3) 在转型升级改善供给方面,重点从推动中小企业提高产品和服务有效供给能力,推动中小企业"专精特新"发展,推动中小企业品牌建设,推动中小企业绿色发展,促进产业集群发展,推动中小企业协调发展等方面开展工作。

(4) 在拓展内外市场方面,重点从营造公平开放的市场环境,扩大开放领域,引导中小企业开拓市场,支持中小企业"走出去"和"引进来"等方面开展工作。

(5) 在职能转变改进服务方面,重点从转变政府职能,降低中小企业成本,改进政务服务,完善服务体系等方面开展工作。

五、《规划》亮点

《规划》的主要亮点是提出了"十三五"时期需要实施的六大关键工程与专项行动。

(1) 开展"互联网+"小微企业专项行动,重点从提升互联网和信息技术应用能力,推动发展新业态和新模式,加强互联网和信息技术服务支撑等方面落实工作。

(2) 开展"专精特新"中小企业培育工程,重点从鼓励专业化发展,鼓励精细化发展,支持特色化发展,支持新颖化发展等方面落实工作。

(3) 开展服务能力建设工程,重点从培育和支持小型微型企业创业创新基地建设,推动中小企业公共服务平台网络有效运转,提高中小企业公共服务平台的服务能力,创新中小企业公共服务实现方式,提升行业协会、服务联盟、综合性服务机构服务能力等方面落实工作。

(4) 开展产业集群发展能力提升工程,重点从优化产业集群发展环境,推动智慧集群建设和试点,提升产业集群协同创新能力,推动产业集群品牌建设等方面落实工作。

(5) 开展中小企业管理能力提升工程,重点从推动中小企业建立现代企业制度,推动开展中小企业管理咨询服务,推动中小企业管理创新,加强人才培养和引进等方面落实工作。

(6) 开展中小企业国际化促进专项行动,重点从发挥中小企业双边多边对外合作机制作用,加快中小企业"走出去"和"引进来"的步伐,鼓励和支持中小企业服务机构"走出去",推动开展展览展示活动等方面落实工作。

六、保障措施

为确保《规划》中各项工作的顺利开展,将采取五个方面的保障措施。

(1) 在组织领导方面,重点要发挥国务院促进中小企业发展工作领导小组及其办公室作用,完善跨部门协调联动工作机制,加强中小企业主管部门队伍建设以及规划宣传和工作指导。

(2) 在财税支持方面,重点要发挥国家中小企业发展基金的作用,鼓励有条件的省市设立地方中小企业发展基金,引导各类社会资金支持初创期中小企业的发展;各级财政统筹安排各类服务于中小企业发展的资金;继续完善促进中小企业发展的政府采购政策;加强中小企业税收优惠政策的支持。

(3) 在融资保障方面,重点要推动金融市场的发展,优化中小企业融资环境,推进中小企业信用担保体系建设,推动中小企业信用担保代偿补偿机制建设,鼓励和支持担保机构加强管理创新业务,提高担保能力,扩大低收费中小企业担保规模。

(4) 在服务支撑方面,重点要贯彻落实《中小企业促进法》,推动建立跨部门政策信息发布平台和政策服务机制,支持公共服务平台为中小企业提供一站式服务以及推动建立中小企业维权机制。

(5) 在运行监测方面,重点要推动建立和完善中小企业的分类统计、监测、分析和发布体系,逐步建立中小企业市场监测、风险防范和预警机制,以及利用互联网、大数据等手段对中小企业发展态势及时进行研判、科学预警。

第三章　中小企业经营活跃度影响因素研究报告

伴随着中国经济进入中高速增长的新常态,依托"创新驱动"拉动经济发展的模式逐步取代了以往的发展模式。互联网信息技术作为科技进步的集中反映,借助"互联网＋"技术进行创业和企业的生产及运用管理是网络时代提升企业竞争能力的重要手段。在"互联网＋"环境下,企业在整个生产和管理链条中都或多或少地受到"互联网＋"模式的影响,这使得企业内部的经营管理和同外部的市场活动变得越来越频繁,在很大程度上提高了企业的活跃程度。企业活跃度这一概念是由李克强总理于 2015 年 3 月率领国家发展和改革委员会、工信部等 14 个部委负责人赴国家工商总局调研时提出的,总理指出,应当想办法提高企业的活跃度。

作为衡量"互联网＋"环境下企业活跃程度的一个指标,企业活跃度测算分析工作已经开始受到政府部门的重视。根据 2016 年 4 月 27 日《中国工商报》的报道,国家工商总局曾指定上海市工商局、广东省工商局、陕西省工商局和四川省成都市工商局对本地企业活跃度进行分析,但关于企业活跃度分析的相关工作还依然处于积极的探索、试点和完善阶段。然而,需要指出的是,虽然企业活跃度指标已经开始作为政府部门检测市场主体活动强度的指标,但企业活跃度的有关理论基础还有待进一步的探索和明确,这既有利于从理论上客观认识企业活跃度的科学价值,也有助于建立可行有效的企业活跃度指标,进而对政府部门的市场管理和企业自身经营能力的提升提供参考。

虽然"活跃企业"并非与"僵尸企业"是一对完全相对的概念,但企业经营活跃度作为一个宏观指标亦是对大量微观市场主体运行状况的一个综合反映。因此,有必要对企业经营活跃度进行科学的分析和细化。从已有的文献来看,可以从能力剥夺、资源约束、社会排斥和信息不对称等因素的角度分析企业是否活跃以及建立企业经营活跃度的理论基础。图 3-1 可以简要地说明企业经营活跃度的理论基础。

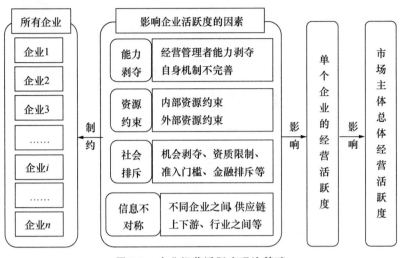

图 3-1　企业经营活跃度理论基础

第一节　中小企业经营活跃度影响因素之一：能力剥夺

能力剥夺因素源自阿玛蒂亚·森的可行能力理论。森认为，个体的贫困在于其包含衣食住行在内的基本可行能力的剥夺。实际上企业的发展也存在能力剥夺问题，虽然在发展中国家企业是减少剥夺的重要途径（Southern，2011），但企业在市场中的适应和竞争能力的剥夺也会影响企业自身的发展和市场活跃程度。企业的经营管理者是人，人的知识储备、经营能力、运营观念等方面的多寡，在很大程度上会影响其所管理的企业在市场中适应能力的强弱，因此企业运营者的能力剥夺是影响企业经营活跃度的一个重要因素。此外，企业自身所形成的运营管理机制（包括硬性的规章制度和软性的非正式组织企业文化等）是其重要的内源发展能力，也是企业市场竞争能力的体现，这方面的不完善（即剥夺）也可能是影响企业的经营活跃程度的又一重要因素。

在信息时代，企业应用"互联网＋"资源进行经营管理，经营管理者具备相关的知识技能和企业自身客观的运营管理机制是重要的支撑，将直接影响其活跃程度。

第二节 中小企业经营活跃度影响
因素之二：资源约束

资源约束也可能制约企业的经营活跃度。企业经营管理所面临的资源包括两大类：一类是企业内部可以直接使用的资源，包括人、财、物和信息等，另一类是企业同外部市场的市场活动中可以间接使用的资源，包括与上下游供应商的关系、与政府部门的合作关系、社会影响力等。企业内部的资源会制约企业自身的生产、运营和管理的效率，进而影响其经营的活跃程度；企业在市场活动中面临的间接资源约束会影响其与上游的原材料供应商和下游的产品需求商的互动关系，因而也能影响其经营的活跃程度。因此，从资源约束角度来看，企业可以整合并利用的内部资源和外部资源是制约其市场适应能力与竞争能力的重要因素。

此外，也有学者指出，企业面临的资源约束包括消耗性资源约束和可更新资源约束（李星梅等，2016）。随着互联网经济的发展，以"互联网＋"为核心的信息技术是重要的可更新资源，企业在整个生产运营链条中使用"互联网＋"资源的广度和深度将在很大程度上影响其边际成本和产出效率，进而影响其经营管理的活跃程度。

第三节 中小企业经营活跃度影响
因素之三：社会排斥

社会排斥是影响企业经营活跃度的外部因素。社会排斥虽然也常用于个体贫困的相关分析当中（阿特金森，2005），但这一理念亦可延伸到企业的经营管理当中。广义上讲，社会排斥意味着资格或机会的剥夺（Burchardt，1999），当企业的发展遇到诸多条条框框的限制时，其进行各项市场活动的积极性会受到限制，进而影响到经营活跃程度。例如，在企业初创过程中，各项前置审批的存在在很大程度上限制了创业者的市场准入，成为影响企业经营活跃度的一个机会成本，当企业成立之后，面临的各项不必要的证照资质的限制和多头监管也可能降低其经营的活跃度。再如，金融排斥是一种重要的社会排斥，金融机构出于规避风险的考虑，往往倾向于把资金借给高抵押、低风险的企业（Cecchetti and Kharroubi，2015），使得很多低抵押、高风险的企业丧失了发展的机会，进而影响其经营的活跃程度。

在"互联网＋"环境下，源自政府部门网络营商环境的构建和源自市场的网络经济发展都是影响企业活跃程度的社会排斥因素。

第四节 中小企业经营活跃度影响因素之四：信息不对称

随着经济社会发展进入信息时代，信息是重要的资源，信息不对称也会影响企业的经营活跃度。信息不对称的存在会导致逆向选择和道德风险等现象的产生，进而提高了企业进行市场活动的成本，迫使企业不得不采取一些谨慎行为来规避风险，从而影响企业的经营活跃程度。以下几种信息不对称行为很可能影响企业的经营活跃度：

一是不同企业之间的信息不对称。不同企业在规模、所有权属性、社会关系等方面的差异很可能影响其经营管理行为。例如，大型企业在"互联网＋"资源占用方面的优势强于小微企业，因而其使用"互联网＋"技术的范围和深度也是小微企业所不能比拟的。

二是供应链上下游企业之间的信息不对称。例如，质量信息的不对称会导致最终产品市场的萎缩（林毅夫和潘士远，2006），进而使得上游企业在研发和生产方面投入的积极性减弱而影响其经营管理的活跃程度。

三是不同行业之间的信息不对称。不同行业的企业之间因发展模式、经营理念等的不同，企业经营的活跃程度也存在差异。例如，网络经济时代很多新业态（网店、微信营销等）对"互联网＋"技术与资源的依赖和使用频率要明显高于传统企业。

此外，还需要说明的是，以上影响企业活跃程度的因素并不是单独发挥作用的，一个企业的经营活跃程度很可能同时受到其中多种因素的影响，综合影响了整个市场的企业经营活跃度。

第五节 中小企业活跃度影响因素的应用价值

对于企业活跃度理论基础的探索，不仅可以不断完善其应有的内涵和外延，还有助于拓展其应用价值。具体而言，企业活跃度的应用价值至少体现在以下三个方面：

一是推进政府部门市场主体监测进入新的阶段。企业活跃度综合了企业的各项经营管理数据，是对企业市场综合表现的集中体现。因此，不断完善企业活跃度理论，有助于为政府部门在市场监测方面提供科学的参考依据。此外，通过对企业活跃度的动态监测，既可以评估商事制度改革的成效，也可以发现制约企业活跃度的潜在因素,进而为政府部门的进一步改革提供参考方向。

二是为第三方机构的市场观测提供科学手段。随着商事制度改革的不断推进,政府部门在一些监管领域的逐步退出需要相应的专业监督机构来弥补。因此,在"互联网+"时代,行业协会、征信机构、第三方评估机构等在"社会共治"方面大有可为。建立系统、科学、全面的企业活跃度理论,可以为第三方机构在行业发展评估、第三方征信、企业舆情监测等方面提供科学、有效的手段。

三是为各类企业主体自身的发展提供参考。目前,各类良莠不齐的信息充斥于"互联网+"时代,这使得很多企业在经营管理方面难以做出有效的判断。通过对不同行业、不同地区、不同维度的企业活跃度进行检测,不同类型的企业能够认识到自身发展的优势和劣势,从而进行有效的自我革新。从这个意义上讲,企业活跃度理论的探索也可以为企业的创新发展提供思路。

第四章 中小企业跨国并购战略机遇与运作模式研究报告

当前全球经济格局的深度调整和国内经济环境的剧烈变化为浙江省中小微企业的跨国并购带来了全新的机遇和挑战。针对并购过程中出现的新情况和新问题,结合124宗浙江省中小企业跨国并购案例,通过深入相关企业访谈,对浙江省中小企业的跨国并购提出了新建议。

第一节 中小企业跨国并购的政策背景

中小企业"走出去"对于经济发展和产业转型升级具有重要作用。根据中国对外直接投资统计公报,中小企业对外直接投资流量增速迅猛,数量与规模领军全国。以浙江省为例,2012年与2003年相比,对外直接投资流量增长58倍,大大超过全国平均水平。截至2012年年底,浙江省经审批核准的境外企业和机构已有5 827家,中方累计投资额149亿美元,覆盖141个国家和地区,数量规模均位居全国内地省市前列。其中,中小微企业则成为浙江省企业"走出去"的主力军,占68%。中小企业"走出去"有利于企业提升自主创新能力、实施品牌战略、拓展销售渠道,延伸了浙江省企业的产业链,加速了企业在全球整合资源和提升竞争力,从而在产业层面推动了经济转型升级。

党的十八届三中全会《关于全面深化改革若干重大问题的决定》提出,要深化投资体制改革,确立企业投资主体地位,改革涉外投资审批体系。之后,国务院又公布了《政府核准的投资项目目录(2013年本)》。境外投资体制改革力度空前,这为中小企业的国际化布局带来了新的战略机遇,同时也对政府职能转变提出了更高的要求。

国务院公布的《政府核准的投资项目目录(2013年本)》剖析了目前中小企业境外投资审批制度改革的空间和可能进一步释放的改革红利,提出了关于进一步改革完善中小微企业境外投资审批制度的若干建议。

一、境外投资审批新政传递出"审批便利化"的强烈信号

《关于全面深化改革若干重大问题的决定》明确要求,"深化投资体制改革,确

立企业投资主体地位。企业投资项目,除关系国家安全和生态安全、涉及全国重大生产力布局、战略性资源开发和重大公共利益等项目外,一律由企业依法依规自主决策,政府不再审批"。《国务院机构改革和职能转变方案》也明确要求最大限度地减少和下放投资审批事项,切实落实企业投资自主权。《政府核准的投资项目目录(2013年本)》是在贯彻落实上述精神的背景下出台的。

深入研究国务院正式颁布的《政府核准的投资项目目录(2013年本)》(以下简称2013年目录)关于境外投资项目的核准规定,并与此前颁布的《政府核准的投资项目目录(2004年本)》(以下简称2004年目录)相比较,以下两个变化非常值得关注:

一是境外投资项目的核准及备案范围均大幅度缩小。2004年投资目录规定,3 000万美元以上资源类境外投资和1 000万美元及以上的非资源类境外投资均需国家发改委核准,其他非央企投资的项目由地方政府核准。而2013年目录指出,中方投资10亿美元及以上的项目,涉及敏感国家和地区、敏感行业的项目,由国家发改委核准,央企和地方企业投资3亿美元及以上项目报国家发改委备案。而3亿美元以下的地方企业投资项目是否需要备案,2013年目录并未做出明确规定。根据《关于全面深化改革若干重大问题的决定》和《国务院机构改革和职能转变方案》的精神,从最大限度地减少和下放投资审批事项,切实落实企业投资自主权角度,我们有理由推断,3亿美元以下的地方企业投资项目不需要再备案。

二是进一步下放了审批的权限和转变境外投资审批管理方式。此次投资目录的修改进一步下放了审批权限,从项目核准角度,从2004年目录规定的"1 000万美元的国家发改委核准"权限提升到2013年目录规定的"10亿美元";从对外投资企业审批的角度,将2004年目录规定的国内企业对外投资开办企业一律由商务部核准改为2013年目录规定的除"涉及敏感国家和地区、敏感行业由商务部核准外,央企报商务部备案,地方企业报省级政府备案"。此外,2013年目录在境外投资审批管理方式上也呈现出明显的转变。除境外项目审批由一律实行核准制改为区别不同情况实行核准制或备案制,境外企业的审批由一律实行核准制改为非敏感地区及行业全部实行备案制外,2013年目录将管理界限从原来的"资源类非资源类对外投资"转变为"是否涉及敏感国家和地区、敏感行业",这也从另一方面体现出审批把关范围已缩小到"国家安全和生态安全"的底线,以及由此传递出的"最大限度地减少和下放投资审批事项,切实落实企业投资自主权"的信号。

二、中小企业境外投资审批体制的改革空间和改革红利

国家境外投资审批体制改革力度空前,这为中小企业的国际化布局又带来了新的战略机遇,同时也对政府职能转变提出了更高要求。境外投资审批体制改革,有利于进一步调动企业投资的自主权和积极性,激发经济发展的内生动力,进

一步释放改革红利,具体如下:

第一,现行的审批体制由于多头审批,手续复杂,期限过长,导致中小企业错失投资良机甚至以非正规渠道对外投资,使得政府难以全面掌握企业境外投资的实际情况,不利于引导指导和规范管理。现行的审批体制中既有项目核准,又有企业核准,中小企业境外投资必须要经过发改委、商务部的分别审批,而且还有市级、省级、国家级的逐级上报层次,多元(多层次、多部门)审批增加了企业负担,审批时间长,难以满足企业并购过程中的时效要求,审批中的随意性也增加了企业投资的不确定性,许多企业的对外投资因此而错失良机,导致了企业的畏难情绪和非正规渠道的对外投资,这不仅增加了企业对外投资的风险,也使得政府难以全面掌握企业境外投资的实际情况,从而不利于对企业的引导指导和规范管理。

第二,进一步放宽对中小企业境外投资的审批不仅对于经济发展可能产生的负面影响很小,反而会因为审批的弱化而进一步释放改革红利。考虑到国际收支双顺差的格局在短期内很难改变、资本项目开放进度不断加快等因素,进一步放宽对中小企业跨国并购的审批对于经济发展可能产生的负面影响很小;同时,企业的境外投资行为本身是自负盈亏、自担风险,美国、日本等发达国家对企业实施境外并购的管制也是非常宽松的,部分行业甚至不需要获得政府批准。放宽对科技型民营企业"走出去"的审批制度,可以进一步有效促进外贸发展方式转变、推动产业结构调整和技术升级,缓解资源不足、资产过剩、就业压力等难题。

第二节　中小企业跨国并购战略机遇的特征分析

中小企业跨国并购正在形成一波新高潮,如何把握这一重大战略机遇,培育世界水平的本土跨国公司,构建未来经济发展的新引擎是当前的重大课题。通过对浙江省124家实施跨国并购的中小企业进行深入访谈调研,我们发现中小企业跨国并购正面临着重要的战略机遇。

一、跨国并购呈现新特征

企业海外并购的对象多为发达国家海外制造行业的战略资产,并购主体多为发展瓶颈显现的成熟行业的企业,并购形式多为产业链上下游纵向控股型并购,获取和整合海外优质战略性资产意图明显。

特征一:并购规模方面,总体强劲,单个较小,并购对象多为海外战略资产

近年来浙江省中小企业跨国并购涉及金额总体呈快速上升趋势。据分析,2005—2012年浙江省中小企业跨国并购的新增并购金额增长了7000%以上,年均增长70.5%。相比总金额,浙江省中小企业实施的跨国并购大多是规模比较小的并购,整体上热衷于收购廉价资产。一方面是由于浙江省中小企业整体上规模还较小,对运营状况良好、价格高昂的潜在收购对象望而却步;另一方面也反映了浙江省多数中小企业通过跨国并购实施全球化战略的学习和试水心态。

特征二:并购主体方面,地区差异显著,成熟企业为主,企业发展瓶颈显现,海外扩张需求迫切

从并购企业的年限特征上看,浙江省中小企业在进行跨国并购时,其成立年限主要集中在11—20年(占42.5%),6—10年、21—30年和30年以上的分别占到16.7%、15.8%和13.3%。调研发现,这受国内市场饱和、生产要素成本不断攀升的影响,这些企业发展遭遇天花板,迫切需要通过国际并购突破发展瓶颈。预计未来若干年,随着企业的不断发展和壮大,国内资源和发展瓶颈的制约及后金融危机触发的并购机遇的推动,浙江省中小企业跨国并购的发展将出现新的并购高潮。

在跨国并购主体来源地区分布上,浙江省十一个地市中小企业跨国并购的发展很不均衡。并购数量上,杭州、宁波、绍兴位列前三;并购金额上,台州、杭州、绍兴位列前三。

特征三:行业区位方面,制造业纵向并购,集聚发达经济体,控股倾向强烈,获取和整合海外优质战略资产意图明显

从跨国并购投资的区位看,浙江省中小企业跨国并购主要集中在发达国家(美国、德国、日本分别位居前三)。从海外投资企业行业看,浙江省中小企业跨国并购集中在制造业,尤其是汽车及其零部件制造业,占73%左右,其次是信息软件行业。通过进一步分析发现,行业差异呈现了明显的地区产业集群特征。杭州中小企业制造业跨国并购主要集中在通用设备制造业和电气机械制造业,宁波集中在化学原料、化学制品制造业和交通运输设备制造业。

调查发现,浙江省中小企业倾向于沿着产业链上下游,在经济技术发达的国家和地区进行纵向并购(占56.47%),以获取目标企业的核心技术、品牌、国际市场网络及研发能力等优势资源,从而控制包括高附加值环节的完整产业价值链,提高产品附加值、升级价值链的内生性需求迫切。分析证实浙江省44%的企业跨国并购的动机是获取目标市场,31%的企业跨国并购的目标是获取先进技术,19%是获得知名品牌,6%是获取自然资源等,而几乎所有(92%)的企业都有以海外并购推进全球布局,作为企业国际化跳板的动机。并且,浙江省中小企业在跨国并购过程中倾向于对并购企业控股。其中,57.5%对并购企业实现了100%控股,20%对并购企业实现了50%以上的控股,这有利于中小企业对并购标的进行有效的整合,带动本土相关业务发展。

二、跨国并购效益显著

跨国并购效益不仅表现在部分企业快速获得了战略性资源,更重要的是凸显了其对于培育世界水平的本土跨国公司的战略价值,是浙江省经济未来发展的新引擎。

透过强劲的中小企业跨国并购的增长趋势,调研发现,浙江省中小企业的跨国并购具有显著的并购效益和重要的战略价值:

首先,中小企业通过跨国并购快速获取了品牌、技术、市场、渠道等战略性资产,为其在全球价值链的升级奠定了重要基础。吉利等中小企业通过跨国并购获得了目标企业的国际知名品牌的使用权,然后利用知名品牌的市场影响力、分销网络以及整合进来的生产体系,迅速增加了母国企业产品在海外市场的销售量,促使海外业务量占企业总业务量的比重迅速上升;万向等中小企业通过跨国并购获得了先进技术、研发资源和研发团队,提升了技术水平和研发能力,取得了相应技术上的协同效应;宁波市华翔等中小企业通过跨国并购推进了分销渠道、客户关系、供应链等方面的全球布局,并通过整合全球供应链,降低了采购成本和运营成本;卧龙等中小企业在并购扩张中形成了独特的"反向OEM模式",即收购国外知名品牌,把产品转移到国内生产,再贴上所收购的品牌返销国际市场,实现了供应链的升级。

其次,跨国并购带动了中小企业家国际化经营理念的转变,推动了中小企业与国际惯例、国际规则的接轨,有利于打破中小企业的发展瓶颈,是培育世界水平的本土跨国公司的必经之路,更是浙江省经济未来领跑全国的新增长引擎。本土中小企业成长到一定阶段后,内部资源和能力难以满足企业继续成长的需求,企业发展也会陷入停滞。若要突破发展的"天花板",中小企业必须通过外部扩张获取所需的资源和技术,以打破企业发展瓶颈,促进企业的进一步成长。通过跨国并购,中小企业不仅获得了海外并购的实体和相应的战略性资产,更倒逼企业转变国际化观念、思维和经营理念,强迫企业与国际惯例和国际规则接轨,快速网罗全球人才。从培育世界水平的本土跨国公司的角度,在当前经济全球化的背景下,只有实行跨国并购,才能快速实现全球布局、全球资源配置和全球市场拓展,使企业真正成为有国际竞争力的跨国公司。通过海外并购,企业不断改进其技术水平、组织设计和管理技能,而当这些知识和技能传递到国内并扩散至本土产业集群的时候,区域产业整体层面的竞争力就将得到提升,因此跨国并购将是未来浙江省经济领跑全国的新增长引擎。

第三节 导致中小企业跨国并购风险的原因分析

通过企业调研我们发现,自身条件限制,国内市场配套不到位,国际环境持续恶化等因素造成了目前中小企业跨国并购运作和整合过程中的巨大风险。

一、中小企业自身：规模、技术、人才和治理等方面的局限是抑制中小企业开展跨国并购和进行有效整合的巨大障碍

制度不完善，管理水平低。浙江省中小企业大多是家族制企业，很多中小企业相对注重设备和技术的提升而忽略了对公司内部治理的考虑，企业缺乏良好的管理体制和监督机制。企业制度缺位，管理水平不高，影响了中小企业整体实力的发展，也制约了企业实施跨国并购的步伐。

信息不对称，并购风险大。并购过程中的信息不对称往往是导致并购失败的致命风险。特别是中小企业在实施跨国并购时，要获取标的企业的准确信息更是难上加难。很多中小企业自身缺乏进行海外调研的能力，过分依赖国外中介机构，即使进行了长时间的认真调查，也只能取得"相对翔实"的信息，真正的"价值底牌"永远攥在被并购方手中。

专业人才少，经营管理难。跨国并购是一项复杂的系统工程，涉及国际投资、国际金融、国际会计、国际法规和惯例以及东道国的政治法律、社会制度、文化风俗等许多领域的知识，但中小企业大都缺乏这方面的人才，以致在跨国并购过程中经常处于被动的地位。而且，并购后的整合也需要能够胜任跨国经验的管理人才。省内中小企业在成功收购国外企业后，一般都是在国外聘请专业经理人进行管理。因为中小企业内部，很难选派通晓外语、熟悉国际惯例、有良好经营策略和胆识的高级管理综合型人才。

二、市场配套：国内中介机构、金融服务等配套的发展还远远跟不上中小企业跨国并购的需求增长

国内中介机构乏力。整个跨国并购的过程，从咨询、融资到评估等都离不开中介机构的参与。但是国内中介机构无论是实力还是经验都明显欠缺，部分甚至还从未接触过跨国并购业务。目前绝大多数中小企业跨国并购都过度依赖于国外中介机构。这些外资中介机构虽然具有专业化资质及丰富的跨国并购经验，但本土化水平不高，无法从中国经济发展的角度出发，而且也不排除国外中介机构出于本国利益的考虑，而将自身经营存在问题的企业介绍给中国中小企业。

缺乏配套金融保险服务。关于跨国并购中的贷款融资、投资保险、信用担保等重要环节，国内相关的配套金融机构还很缺乏，服务效率普遍较低。特别是在贷款融资方面，要受国内贷款担保额度的限制，特别是外币贷款不仅要受国内贷款额度的限制，还要受特定外汇额度的限制。这在很大程度上限制了中小企业的融资能力，无法为境外并购项目提供强有力的资金支持。并且，跨国并购比国内并购要面临更多的不确定性，需要建立境外投资保证制度来协助企业规避风险。但国内的境外投资保险尚处于试验阶段，难以满足中小企业跨国并购的需求。

三、国际环境：战略并购资产的经营困境和不断恶化的国际经济环境对中小企业跨国并购后的整合提出了严峻挑战

国际经济环境的不断恶化，海外市场的不断萎缩，汇率市场的剧烈波动，对于并购企业的海外经营是一个巨大的挑战。而与国际上第五次跨国并购潮"强强联合"的主流不同，浙江省中小企业的跨国并购对象常常是陷入经营困境的企业。由于我国中小企业发展水平相对国外较为落后，其所急需的战略资产也带有一定特殊性，比如在发达国家已经落后但却在国内十分稀缺的技术专利等。另外就是壳公司。由于在国内上市比较困难，中小企业也倾向于通过跨国并购借壳上市。比如，万向集团通过收购美国UAI公司，间接获取了上市融资能力。

尽管金融危机令许多西方企业资产大幅贬值，但金融危机本身是一个很好的淘汰机制，市场竞争作为一个优胜劣汰的过程，那些经不起金融危机考验的企业，很可能在基本面上出现了问题，或者由于不能适应后金融危机时代的竞争环境，本身已面临衰亡的命运。此外，如果经营管理水平更高的西方发达国家企业都难以整合，我国中小微企业要带其走出经营困境，其难度无疑是更加巨大。

四、政策制度：中小企业对于政府在支持政策和监管制度上进一步扶持中小企业跨国并购有着强烈诉求

审批程序相对复杂。虽然国家对中小企业跨国并购的审批较以前有所放松，审批权也不断下放，但调研中企业普遍反映目前的审批规定对于中小企业跨国并购上市融资、市场准入、外汇管理等方面仍然存在较大的限制，审批程序持续时间较长。这些政策在很大程度上限制了中小企业跨国并购的步伐。特别是在上市融资和外汇管理等方面的歧视性规定，成为中小企业跨国并购之路上的阻碍。

支持政策不完善。调研过程中很多并购企业对于政府政策层面出台相应的税收优惠政策、海外并购企业回归的落地支持、土地支持等政策有着强烈的诉求，提出希望政府给予跨国并购企业与引进的外资企业相同的税收优惠政策，在企业并购后，支持企业将并购海外企业在本土落地，在土地政策等方面支持企业将海外研发基地、生产基地等移到本土，帮助企业降低生产成本，有效整合全球供应链。

第四节 对策与建议

境外审批制度改革红利巨大，这将为中小企业的发展带来新的战略机遇。建议各级政府进一步解放思想，先行先试，简化境外投资的审批手续，进一步改善企业境外投资服务。

一、针对政府层面的对策建议

首先,改变目前境外投资多头审批的框架,建议对科技型民营企业境外投资实施单部门备案制,即地方对外投资企业报省级政府备案即可,对外投资项目不再进行备案。根据2013版目录规定,地方企业投资3亿美元及以上项目需报国家发改委核准或备案,而对于3亿美元以下的地方企业投资项目是否需要备案,目录并未做出明确规定。如果对3亿美元以下的投资项目仍需实行省级发改委备案,在现行的制度框架内,不改变前置备案的政策流程,即使核准制改为备案制后的文件材料有所减少,但前置备案的流程和期限不会减少,企业在境外投资的多头审批格局并未真正落实,审批便利化和企业投资自主权并未得到真正落实。建议各级政府解放思想,先行先试,对科技型民营企业境外投资实施单部门备案制,即地方对外投资企业报省级政府商务部门备案即可,省级商务部门通过公开平台发布备案信息,而对外投资项目不再进行备案,切实实现民营企业境外投资的便利化。

其次,重新定位政府职能,变审批为服务,变前置备案为全程服务,协助企业系统谋划统筹利用全球创新要素资源,促进产业升级和经济发展。当前中小企业在"走出去"过程中仍面临不少问题和困难,有些问题并非企业一己之力可以解决,需要政府和企业齐心协力攻克难关,系统谋划统筹利用国际国内两个市场、两种资源。一是要加强对外投资保护,保障海外利益。积极利用我国政府与其他国家(地区)政府之间的多边高层交往和对话磋商机制为民营企业的境外投资创造有利的经济、法律和政治环境,从法律制度上充分保障海外利益。二是要改善企业对外投资服务,加强对外投资信息、法律、融资、保险等服务。为中小微企业提供境外投资东道国(地区)的经济、政治和法律等相关信息服务,在民营企业境外投资过程中的行业和地区选择上给予必要的政策指导和支持,必要时在投资集中的区域支持民间机构建立专业的中介服务机构。三是进一步为中小微企业的海外部门(子公司)与国内部门(子公司)之间物流、人流、信息流、资金流等提供制度支持,以利于企业在全球整合资源,提升竞争力。

最后,要以对外投资审批制度改革为切入点,充分调动中小企业对外投资的积极性和自主性,以企业走出去为抓手,从制度层面制定和实施培育本土跨国公司的扶持政策,打造世界水平的跨国公司。重视民营企业在对外投资中所扮演的作用,政府部门要以对外投资审批制度改革为切入点,充分调动中小企业对外投资的积极性和自主性,根据企业发展优势,顶层设计民营企业对外投资战略定位和长期规划,系统制定本土跨国企业培育的扶持政策,充分盘活民营企业的存量资源,结合通过"走出去"所获得的外部资源进一步提高民营企业在生产经营方面的互补优势,充分利用东道国企业在全球营销网络、产品市场上的品牌优势和市场号召力,整合全球战略性要素资源,拓展中小微企业的海外市场空间,全面参与全球生产体系和市场竞争,进而实现民营企业的国际化发展策略,打造世界级民营跨国企业。

二、针对企业层面的对策建议

政府政策支持对于中小企业跨国并购的运作和整合具有重要的制度影响力。如何进一步推动浙江省中小企业跨国并购的发展,培育世界水平的本土跨国公司,支持中小企业在全球整合资源并反哺国内、回归国内是当前的政策重点。

(一)针对宏观层面的政策建议

中小企业毫无疑问是国际跨国并购市场竞争中的新玩家,传统跨国并购理论和方法常常难以指导当前的并购实践,政府在指导和管理中小企业跨国并购活动时也面临巨大的挑战。项目建议由主管部门牵头,协同相关学术研究机构开展专题中小企业跨国并购研究,加强对国外发达国家跨国并购经验的系统梳理,开展对典型中小企业跨国并购的跟踪研究,不断完善和更新国外不同地区的投资环境及产业匹配等信息,不断总结发现企业跨国并购过程中出现的新问题、新情况,为政府决策和企业实践提供有益参考。同时,为避免中小企业在跨国并购实践过程中由于缺乏经验而频频碰壁,建议构建企业间并购经验交流和分享的平台,设立促进并购企业经验交流的激励机制,加强并购企业团队和专业管理人才的定期和不定期的学习和培训,进一步形成企业间知识或经验共享的机制。

(二)针对微观层面的政策建议

浙江省金融办于2007年开始对在浙江省开展IPO、再融资和上市公司重组并购等业务的中介机构进行信誉评价,并对部分优秀中介机构进行表彰。虽然浙江省非常注重为上市企业打造优质中介服务体系,但鲜有省内机构提供专业的跨国并购中介服务。省内企业跨国并购过程中,往往只能依赖于国外中介机构。因此,要大力发展和完善跨国并购相关的本土中介服务,为企业境外投资提供资信调查、信用评级、行业风险分析、国别信息信用管理咨询与培训等服务。培育面向企业境外投资和跨国经营的社会化服务机构,鼓励服务机构"走出去"设立境外服务站点,加强信息、法律、维权等境外服务。

(三)扶持中小企业组建集团,推进跨国并购,培育世界级跨国公司

浙江省以中小企业为主,比较缺乏能带动中小企业"走出去"的领军企业。建议浙江省在有跨国经营需求并具备很强规模实力的本土企业中,选择一批企业予以重点扶持,引导企业加快制定实施品牌、资本、市场、人才、技术国际化战略和跨国经营发展计划,加强对跨国经营的领军企业的培育,重点联系和大力支持,实施发展领军型中小企业跨国公司的激励政策,支持金融、保险、中介服务机构等各类企业通过契约、协议等形式结成风险共担的跨国并购联合体或战略联盟,组建集团公司推进跨国并购,增强规模优势,共同开发市场,培育世界水平的本土跨国公司。

(四)支持被并购企业回归国内,反哺国内,支持企业在全球整合资源,构建新的价值链

政府努力搭建回归发展平台,出台系列政策支持和鼓励跨国并购企业回归浙江、反哺浙江。建议省政府依托产业集聚区和各类国家级、省级经济开发区(园区)以及青山湖科技城、未来科技城等平台,主动引回一批拥有国际品牌、掌握核心技术的企业投资高端制造业、战略性新兴产业和现代服务业,发展集"研发设计、运营管理、集成制造、营销服务"为一体的总部经济,进而推动浙江省企业转型升级和产业整体价值链的提升。给予跨国并购企业与引进的外资企业相同的优惠政策,支持企业将并购海外企业在本土落地,有效整合全球资源,在全球重构企业的价值链,不断培育新的利润来源,以及成长、发展空间。

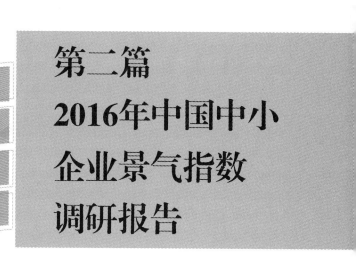

第二篇
2016年中国中小企业景气指数调研报告

第五章 中小企业景气指数的评价流程与方法

景气指数(Climate Index)是用来衡量经济发展状况的"晴雨表"。企业景气指数是指对企业景气调查所得到的企业家关于本企业生产经营状况及对本行业景况的定性判断和预期结果的定量描述,用以反映企业生产经营和行业发展所处的景气状况和发展变化趋势。在企业景气调查和指数编制方面,自德国伊弗(IFO)研究所于1949年正式开始实施以来,在世界发达市场经济国家已有半个世纪以上的理论研究和实践经验。中国国家统计局在1998年将企业景气调查纳入了统计制度,但从政府机构和学术界对企业景气指数的研究和应用来看,大都以工业企业和大中型企业为对象。在企业的运行监测和管理方面,2004年中国农业部开始建立全国乡镇企业信息直报系统,2009年国家工业和信息化部也在全国建立了中小企业生产经营运行监测平台,使中国中小企业景气监测和预警机制逐步得以确立。但从目前的监测企业数量和类型等来看,还不能充分客观地反映中国中小企业发展的景气特征。本章首先跟踪国内外有关景气指数研究的理论前沿和最新动态,其次阐述分析中国中小企业景气指数研究的意义,最后介绍本研究报告采用的中小企业景气指数编制流程及评价方法。

第一节 国外景气指数研究动态

一、经济周期波动与景气指数研究

经济周期波动是经济发展过程中难以回避的一个重要现象。在20世纪初,对于经济周期波动的研究首先在欧美各国的学术界引起普遍重视,相关机构及学者提出了各种定量方法来测量经济的周期性波动。1909年,美国巴布森统计公司(Babson)发布了巴布森经济活动指数,这是最早的较为完整的提出景气指数分析的经济预测和评价活动。早期研究中影响最大的是哈佛大学于1917年开始编制的哈佛指数,其在编制过程中广泛收集了美国经济发展的历史数据,选取了与经济周期波动在时间上存在明确对应关系的17项经济指标,在三个合成指数的基础上,利用它们之间存在的时差关系来判断经济周期的波动方向并预测其转折点,对20世纪以来美国的四次经济波动都做出了较好的反映。哈佛指数从1919年起一直定期发布。此后,欧洲各国涌现出了许多类型指数研究小组,从不同的角度分析经济、产业与市场等的运行状况。

Mitchell(1927)总结了历史上对经济景气指数以及经济周期波动测定等方面的一些结果,从理论上讨论了利用经济景气指标对宏观经济进行监测的可能性,提出了经济变量之间可能存在的时间变动关系,并由此来超前反映经济景气波动的可能性。这些理论的提出为 Mitchell and Burns(1938)初步尝试构建先行景气指数提供了基础,他们从 500 个经济指标中选择了 21 个构成超前指示器的经济指标,最终正确地预测出经济周期转折点出现的时间。1929 年美国华尔街金融危机爆发后,学术界认为仅凭借单个或几个指标已经难以全面、准确地反映整个经济的运行状况,由此季节调整成为经济监测的基本方法。

在对经济周期进行系统性的研究后,Mitchell and Burns(1946)在 *Measuring Business Cycles* 一书中提出了一个关于经济周期的定义:"一个周期包括同时发生在许多经济活动中的扩张、衰退、紧缩和复苏,复苏又溶入下一个周期的扩张之中,这一系列的变化是周期性的,但并不是定期的。在持续时间上各周期不同"。这一定义成为西方经济学界普遍接受的经典定义,并一直作为美国国家经济研究局(NBER)判断经济周期的标准,也为企业景气指数的研究提供了理论支撑。

从 1950 年开始,NBER 经济统计学家 Moore 的研究团队从近千个统计指标的时间序列中选择了 21 个具有代表性的先行、一致和滞后三类指标,开发了扩散指数(Diffusion Index,DI),其中先行扩散指数在当时能提前 6 个月对经济周期的衰退进行预警。虽然扩散指数能够很好地对经济周期波动的转折点出现的时间进行预测,却不能表示经济周期波动的幅度,没能反映宏观经济运行的效率与趋势,这使得扩散指数的推广和应用受到了一定的限制。为了弥补这一缺陷,Shiskin and Moore(1968)合作编制了合成指数(CI),并且在 1968 年开始正式使用。合成指数有效地克服了扩散指数的不足,不仅能够很好地预测经济周期的转折点,而且能够指出经济周期波动的强度。其中,经济周期波动振幅的标准化是构建合成指数的最核心问题,不同的经济周期波动振幅标准化后获得的合成指数也不相同。合成指数为经济周期波动的度量提供了一个有力的工具,至今广泛应用于世界各国的景气指数评价研究之中。

由于指标选取会直接影响到最终构建的景气指数,一些经济学家开始尝试利用严谨的数学模型作为分析工具,利用多元统计分析中的主成分分析法来合成景气指数,以此尽量减少信息损失。Stock and Watson(1988,1989)还利用状态空间模型和卡尔曼滤波建立了 S—W 型景气指数,这种指数方法也被许多国家用来监测宏观经济周期的波动状况。

二、企业与行业景气研究

经济衰退或经济增长过快都会影响到企业的运营与行业发展。而客观地判断企业与行业发展的景气状况主要是通过企业景气指数分析来实现的。企业景气指数是对企业景气监测调查所得到的企业家关于本企业生产经营状况及对本行业景况判断和预期结果的定量描述，用以反映企业生产经营和行业发展所处的景气状况及发展趋势。1949年，德国伊弗研究所首次实施了企业景气调查（IFO Business Climate Index），对包括制造业、建筑业及零售业等各产业部门的约7 000家企业进行了月度调查，主要依据企业评估目前的处境状况、短期内企业的计划及对未来半年的看法等编制指数。这种企业景气指数的评价方法很快被法国、意大利及欧共体（EEC）等采用，并受到包括日本、韩国与马来西亚等亚洲国家的重视。

日本是世界上中小企业景气调查机制最为健全完善的国家之一。日本在1957年以后实行了两种调查，即17项判断调查和定量调查。日本的权威性企业景气动向调查主要有日本银行的企业短期经济观测调查（5 500家样本企业）、经济企划厅的企业经营者观点调查和中小企业厅的中小企业景况调查。其中，中小企业景况调查和指数编制及研究始于1980年，其会同中小企业基盘整备机构，依靠全国533个商工会、152个商工会议所的经营调查员、指导员及中小企业团体中央会的调查员，对全日本约19 000家中小企业（2011年度）分工业、建筑业、批发业、零售业、服务业五大行业按季度进行访问调查，并通过实地获取调查问卷来实施。在2004年以后日本还从全国420万家中小企业中选出11万家，细分10个行业，在每年8月进行定期调查，并发布研究报告。

此外，美国独立企业联合会（NFIB）自1986年开始面向全美47万家小企业每月编制发布小企业乐观程度指数（The Index of Small Business Optimism），该指数目前仍为反映美国小企业景气状况的"晴雨表"。

三、景气监测预警研究

经济预警（Economic Early Warning）基于经济景气分析，但比景气分析预测更加鲜明，属于经济突变论的概念范畴。其最早的应用可追溯到1888年巴黎统计学大会上发表的以不同色彩评价经济状态的论文。但经济预警机制的确立是在20世纪30年代第一次世界经济危机之后。20世纪60年代引入合成指数和景气调查方法之后，美国商务部开始定期发表NBER经济预警系统的输出信息（顾海兵，1997）。具有评价功能的预警信号指数始于法国政府制定的"景气政策信号制度"，其借助不同颜色的信号灯对宏观经济状态做出了简明直观的评价。

1968年，日本经济企划厅也发布了"日本经济警告指数"，分别以红、黄、蓝等颜色对日本宏观经济做出评价。1970年，联邦德国编制了类似的警告指数。1979年，美国建立了"国际经济指标系统"（IEI）来监测西方主要工业国家的景气动向，这标志着经济监测预警系统研究开始走向国际化。到20世纪80年代中期，印度尼西亚、泰国、新加坡等国家和中国台湾、香港地区先后将景气预警作为宏观经济的政策支持基础。

作为反映国际间贸易情况的领先指数,波罗的海干散货运价指数(BDI)近年来日益受到企业和行业的重视(卿倩、赵一飞,2012)。该指数是目前世界上衡量国际海运情况的权威指数,由若干条传统的干散货船航线的运价,按照各自在航运市场上的重要程度和所占比重构成的综合性指数,包括波罗的海海岬型指数(BCI)、巴拿马型指数(BPI)和波罗的海轻便型指数(BHMI)三个分类指数,由波罗的海航交所向全球发布。其预警功能表现为,如果该指数出现显著的上扬,说明各国经济情况良好,国际间贸易频繁。

在中国经济进入新常态后,国际干散货运输市场的反弹力度、持续时间均受到抑制。整体经济稳增长政策下生产面延续疲软态势,发电量同比跌幅扩大,产能利用率延续下行态势,宽松政策未能有效推动生产面的改善。虽然房地产销售面积大幅改观,但向投资传导的作用并不明显,固定资产投资增速仍然维持弱势,经济下行压力依然延续。即使基建投资明显回升,对下游的拉动作用受产能过剩及高库存的影响,对航运的支撑作用有限。根据上海国际航运研究中心发布的《2015年国际干散货运输市场半年报》显示,2015年上半年油价、汇率变动加剧全球经济分化,大宗商品动荡显颓势。其中,发达经济体国家经贸发展整体出现下行趋势;以亚洲为主的新兴市场国家经济发展减速增长,需求疲软带来的商品价格下降不断施压航运市场;"印度制造"全面推进印度城市化进程,铁矿石需求大幅上升,煤炭产消差距拉大有望促使印度煤炭进口赶超中国;中国固定资产投资数据疲弱不堪,难以带动上游增量需求;海岬型市场后期大幅反弹,市场整体低谷震荡;煤炭谷物运输需求稳定,巴拿马型船市场活跃;新造船市场持续低迷,控制运力计划有序进行;市场低迷再现联盟,中巴全方位合作助力大船靠泊;在现有商品和航运市场供需格局翻转的情况下,厄尔尼诺对运价的影响更加呈短期化,影响力也逐步减弱。

第二节 国内景气指数研究动态

一、宏观经济景气循环研究

在中国,吉林大学董文泉(1987)的研究团队与国家经委合作首次开展了中国经济周期的波动测定、分析和预测工作,编制了中国宏观经济增长率周期波动的先行、一致和滞后扩散指数和合成指数。后来,国家统计局、国家信息中心等政府机构也开始了这方面的研究并于90年代初正式投入应用(朱军和王长胜,1993;李文溥等,2001)。陈磊等(1993,1997)通过多元统计分析中的主成分分析方法,构建了先行、一致两组指标组的主成分分析来判断中国当时的经济景气循环特征。高铁梅等(1994、1995)通过运用S—W型景气指数很好地反映了中国当时的经济运行状况。

毕大川和刘树成(1990)、董文泉等(1998)、张洋(2005)等全面系统地总结了国际上研究经济周期波动的各种实用的经济计量方法,并利用这些方法筛选的指标合成适合中国的景气指数和宏观经济预警机制。李晓芳等(2001)利用HP滤波方法和阶段平均法对中国的经济指标进行了趋势分解,利用剔除趋势因素的一致经济指标构造了中国增长循环的合成指数,并与增长率循环进行了比较。阮俊豪(2013)实证研究了BDI指数风险测度及其与宏观经济景气指数的关系。陈乐一等(2014)运用合成指数法分析了当前中国经济景气走势。史亚楠(2014)基于扩散指数对中国宏观经济景气进行了预测分析。顾海兵、张帅(2016)通过建立国家经济安全指标体系来预测分析"十三五时期"中国经济的安全水平。近年来,不少研究者从投资、物价、消费、就业和外贸等宏观经济的主要领域,对转型期中国产业经济的周期波动进行了实证研究(高铁梅等,2009;许谏,2013;许洲,2013;王亚南,2013;冯明、刘淳,2013;谌新民等,2013;陆静丹等,2014;胡培兆等,2016;丁勇等,2016)。还有学者研究"新常态"下中国宏观经济的波动趋势及消费者景气指数(国家信息中心,2015;国家开发银行研究院等,2015;王桂虎,2015;吴君等,2015;李斯,2015;赵军利,2015;张彦等,2015;张同斌,2015;于德泉,2016;杨晓光,2016;刘元春等,2016)。

二、企业与行业景气研究

中国人民银行1991年正式建立5 000户工业企业景气调查制度,但所选企业以国有大、中型工业生产企业为主。1994年8月,国家统计局开始进行企业景气调查工作,调查主要是借助信息公司的技术力量,开展对工业和建筑业企业直接的问卷调查。到1998年,国家统计局在全国开展企业景气调查,编制了企业家信心指数和企业景气指数,分别按月度和季度在国家统计局官网发布。

1997年,王恩德对企业景气调查方法进行了改进,设计了对问卷调查结果进行统计和分析的计算机软件,对得到的结果进行定性、定量分析,使问卷调查法更加严谨、科学。同年,国家统计局建立了一套专门针对中国房地产发展动态趋势和变化程度的"国房景气指数"。从2001年开始,国家统计局又根据对商品与服务价格进行抽样调查的结果,编制发布了全国居民消费价格指数(CPI)。王呈斌(2009)基于问卷调查分析民营企业景气状况及其特征,浙江省工商局2010年结合抽样调查、相关部门的代表性经济指标,运用国际通行的合成指数法编制发布了全国首个民营企业景气指数。黄晓波、曹春嫚、朱鹏(2013)基于2007—2012年中国上市公司的会计数据信息研究了企业景气指数。中国社会科学院金融研究所企业金融研究室尝试开发编制中国上市公司景气指数。浙江工商大学开发编制了义乌中国小商品指数。中国国际电子商务中心中国流通产业网开发编制了中国大宗商品价格指数。迄今国内学术界对中小企业景气指数的研究大都集中在工业企业领域。其他相关指数有中国中小企业国际合作协会与南开大学编制的中国中小企业经济发展指数、复旦大学编制的中小企业成长指数、中国中小企业协会编制的中小企业发展指数、中国企业评价协会编制的中小企业实力指数、浙江省浙商研究中心编制的浙商发展指数、阿里巴巴为中小微企业用户提供行业价格、供应及采购趋势的阿里指数以及百度推出的百度经济指数等。

伴随景气指数分析的进一步深入，关于景气指数的评价对象也逐渐出现了分化，目前更多的研究则将景气指数评价应用于某一具体区域、具体行业、领域的企业及其他组织的分析。中国学术界迄今对行业和企业监测预警的研究大都集中在工矿业(中国化工经济技术发展中心行业景气指数课题组，2016；张艳芳等，2015；任旭东，2015；屈魁等，2015；庞淑娟；2015)，房地产业(张红、孙煦，2014；张宇青等，2014；崔霞等，2013；张斌，2012；朱雅菊，2011；陈峰，2008；隋新玉，2008；王鑫等，2007；李崇明等，2005)，旅游业(孙赫、王晨光，2015；何勇，2014；刘晓明，2011；倪晓宁、戴斌，2007；梁留科等，2006)，金融证券及财富(肖欢明，2015；交通银行，2015；国家开发银行研究院等，2015；徐国祥、郑雯，2013；刘恩猛等，2011；薛磊，2010；周世友，2009；陈守东等，2006；吴军，2005)，商业、互联网及其他服务业(曹继军等，2015；何翠婵，2015；黄隽，2015；邬关荣等，2015；中国出版传媒商报专题调查组，2015；张伟等，2009；李朝鲜，2004)，海洋航运及进出口贸易(上海国际航运研究中心，2016；王伟民，2016；中国轻工业信息中心，2015；周德全，2013；殷克东等，2013；朱敏等，2008；苏春玲，2007)，资源及能源业(余韵，2015；彭元正，2015；肖欢明等，2015；支小军等，2013；刘元明等，2012；李灵英，2008)，及其他特定行业与企业(许慧楠等，2016；赵陈诗卉等，2016；杨婷，2016；霍晨，2015；中国柯桥纺织指数编制办公室，2015；刘存信，2015；孙延芳等，2015；霍晨，2015；张炜等，2015；陈文博等，2015；李平，2015；北京通联国际展览公司，2015；唐福勇，2015)等。

三、景气监测预警研究

1988年以前，中国经济预警研究主要侧重于经济周期和宏观经济问题的研究(石良平，1991)，最早由国家经委委托吉林大学系统工程研究所撰写中国经济循环的测定和预测报告，而首次宏观经济预警研讨会是由东北财经大学受国家统计局委托于1987年9月以全国青年统计科学讨论会为名召开的(龚盈盈，2005)。

1988年以后，中国学者更多地关注先行指标，在引入西方景气循环指数和经济波动周期理论研究成果的基础上，将预测重点从长期波动向短期变化转变。中国经济体制改革研究所(1989)在月度经济指标中选出先行、一致和滞后指标,并利用扩散指数法进行计算,找出三组指标分别对应的基准循环日期。同年,国家统计局也研制了六组综合监测预警指数,并利用五种不同颜色的灯区来代表指数不同的运行区间,从而更直观地表示经济循环波动的冷热状态。

相关早期研究方面,毕大川(1990)首次从理论到应用层面对中国宏观经济周期波动进行了全面分析,顾海兵、俞丽亚(1993)从农业经济、固定资产投资、通货膨胀、粮食生产和财政问题等五个方面进行了预警讨论。吴明录、贺剑敏(1994)利用经济扩散指数和经济综合指数设计了适合中国经济短期波动的监测预警系统,并对近年来中国经济波动状况进行了简要评价。谢佳斌、王斌会(2007)系统地介绍了中国宏观经济景气监测的预警体系的建立、统计数据的处理和经济景气度的确定以及描绘等,从总体上客观、灵敏、形象地反映中国经济运行态势。除此之外,还有学者构建了基于 BP 神经网络的经济周期波动监测预警模型系统,并进行了仿真预测和预警(张新红、刘文利,2008),在实证应用方面产生了较大影响。

新近的区域景气监测预警研究方面,池仁勇、刘道学等(2012;2013;2014;2015)连续五年基于浙江省中小企业景气监测数据对浙江 11 个地市中小企业的综合景气及主要行业景气指数进行了研究分析;王亚南(2013)对湖北 20 年文化消费需求景气状况进行了测评;何勇等(2014)探讨了海南省旅游景气指数的构建;肖欢明等(2014)基于产业链视角专门研究了浙江纺织业景气预警;吴凤菊(2016)专门研究了江苏省中小企业政策景气指数;庄幼绯、卢为民等(2016)基于景气循环理论及基本规律,结合上海实际,提出影响上海土地市场景气的指标因素,在此基础上构建了上海土地市场当前景气指数、未来景气指数和综合景气指数,并通过主客观赋权法进行赋权;武鹏等(2016)在原来 FCI 指数的基础上构建了金融风险指数 FRI。

在应用大数据进行景气监测预测方面,百度在 2014 年推出了百度经济指数,包括中小企业景气指数和宏观经济指数。其中,中小企业景气指数(STBEI)采用 Stock-Watson 型景气指数模型,计算数据来自百度海量搜索数据,这些数据蕴含了大量企业需求和用户行为信息,对于研究分析中小企业景气状况提供了新的参照系。

第三节　中国中小企业景气指数研究的意义

一、中国中小企业的重要地位与发展困境

中小企业是中国数量最大、最具活力的企业群体,是吸纳社会就业的主渠道,是技术创新和商业模式创新的重要承担者。但在转型期,中国宏观经济运行的波

动规律愈发复杂和难以把握。近年来，企业、特别是中小微企业，仍未摆脱"用工贵、用料贵、融资贵、费用贵"与"订单难、转型难、生存难"这"四贵三难"的发展困境，中小微企业所面临的经营风险和不确定性日趋增加。

在中小企业管理方面，中国长期以来实行"五龙治水"，即工信部负责中小企业政策制定与落实，商务部负责企业国际化，农业部乡镇企业局负责乡镇企业发展，工商管理部门负责企业工商登记，统计局主要负责统计规模以上企业，而占企业总数97%以上的小微企业总体在政府统计跟踪范围之外。这样，各部门数据统计指标不统一，数据不共享，统计方法各异，经常存在数据不全及数据交叉的混乱状况，缺乏统一的数据口径。这使得现行数据既不能客观地反映中小微企业的景气现状，也难以用来做科学预测预警，这影响到制定政策的前瞻性和针对性及政策实施效果的评价，也会影响到小微企业的健康持续发展。

中国中小企业信息不对称、缺乏科学的监测预警和决策支持系统是当前政产学研共同关注和亟待解决的理论与现实课题。尤其是随着中国中小企业面临的区域性、系统性风险的增大，今后有关区域中小企业和行业景气监测预警的研究更具有重要的学术价值与现实意义。

二、中国中小企业景气指数研究的理论意义与应用价值

如前所述，在经济发达国家，客观地判断企业发展景气状况主要是通过企业景气监测预警分析来实现的。在企业景气指数编制方面，世界上自1949年德国先行实施以来已有60多年的研究与应用历史。在企业景气指数预警理论及应用研究上，目前国际通用的扩散指数（DI）和合成指数（CI）受到了广泛应用，各个国家和地区越来越重视先行指数和一致指数的指导作用，这也说明了这两种经典的指数分析方法的可靠性。随着景气指数研究的深入，世界上对中小企业景气指数的评价也日益成为经济景气研究领域的重要内容。

从预警方法看来，基于计量经济学的指标方法、模型方法和基于景气指数监测的景气预警法是三种比较有效的方法。其中，计量经济学方法是政府部门使用一定的数学计量方法对统计数据进行测算，从而向公众发布对经济前景具有指导性作用的信息；而景气预警方法是利用结构性模型的构建，以及它们之间相关联的关系来推测出经济发展可能位于的区间。目前，研究宏观经济和企业运行监测预警过程，多是两种方法相结合。

中国自1998年起正式将企业景气调查纳入国家统计调查制度。近年来，中国政府部门、科研机构、金融机构等虽然在经济景气预警方面的研究比较多，但政府和学术界对企业景气指数的研究和应用受长期以来抓大放小的影响，主要以特定行业为对象，而对企业特别是中小微企业的景气波动过程少有系统研究，对于中小企业的监测预警研究更少，大多数研究还停留在理论探索阶段，还没有形成较成熟的理论与实证分析模型,特别是对小微企业发展景气预警进行全面系统的研究基本上还是空白。

本研究报告正是基于上述国内外研究现状,旨在建立和完善中国中小微企业景气指数与预警评价体系,并开展区域中小微企业发展的实证研究。课题研究既跟踪国内外企业景气监测预警理论前沿,又直接应用于中国区域中小微企业发展的实践,因此研究具有理论意义和现实应用价值。

三、中国中小企业景气指数评价的经济意义

相对于大型企业而言,中小企业一般是指规模较小,处于成长或创业阶段的企业。中小企业景气指数是对中小企业景气调查所得到的企业家关于本企业生产经营状况以及对本行业发展景气状况的定性判断和预期结果的定量描述,用以反映中小企业生产经营和行业发展的景气程度,并预测未来的发展趋势。由于中国中小企业量大面广,为了尽可能全面地反映中国中小企业的景气状况,本研究报告以中国规模以上工业中小企业、中小板、创业板和新三板上市企业及重点监测调查的中小微企业为评价对象,先根据数据指标的特性基于扩散指数及合成指数的方法分别计算出分类指数,然后基于主成分分析法及专家咨询法等确定各分类指数的权重,最后进行加权计算,合成得到中国中小企业综合景气指数。

中国中小企业综合景气指数的取值范围在 0 至 200 之间,景气预警评价以 100 为临界值。100 上方为景气区间,100 下方为不景气区间,100 上下方又根据指数值的高低分别细分"微景气/微弱不景气"区间、"相对景气/不景气"区间、"较为景气/不景气"区间、"较强景气/较重不景气"区间及"非常景气/严重不景气"区间。

第四节　中小企业景气指数编制流程及评价方法

编制景气指数评价是一项系统工程。本研究报告的中小企业景气指数编制流程包括以下四个步骤:一是确定评价对象;二是构建分类指数指标体系;三是数据收集、选取及预处理;四是综合景气指数计算与评价。本报告构建的中国中小企业景气指数的评价体系如图 5-1 所示。

需要特别指出的是,本研究报告在对中国中小企业景气状况进行分析时,是依据上一年度各省级行政区或地区的中小企业景气指数值作为当年度景气测评依据的。本课题组按以下四个步骤来计算中国中小企业景气指数。

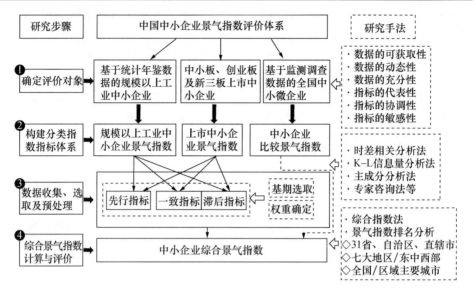

图 5-1　中国中小企业景气指数编制流程

一、确定评价对象

中小企业是指与所在行业的大企业相比人员规模、资产规模与经营规模都比较小的经济单位。中国中小企业量大面广,为了客观全面地反映中小企业景气状况,本研究报告根据数据的可获取性、动态性及充分性等原则,确定三类中小企业作为评价分析的对象:(1)规模以上工业中小企业(2010年以前主营业务收入达到500万元及以上,2011年以后同标准提高到2 000万元及以上);(2)中小板、创业板及新三板上市企业;(3)重点监测调查的中小微企业。

本研究报告根据这三类评价对象分别构建分类指数指标体系,再根据各类数据指标的特性,基于扩散指数及合成指数的方法分别计算出分类指数,然后用主成分分析法及专家咨询法等确定各分类指数的权重,最后进行加权计算得到中国中小企业综合景气指数(Composite Climate index of Chinese SMEs,CCSMECI)。

二、构建分类指数指标体系

本研究报告基于数据的代表性、协调性及对于经济波动的敏感性原则,采用定量与定性相结合、宏观和微观相结合、官方统计和非官方调研相结合的方法,构建中国中小企业景气评价各分类指数指标体系(见表5-1)。

表 5-1 中国中小企业景气指数分类指数指标及样本数据

分类指数	主要数据指标项目	样本的选取与数据来源
规模以上工业中小企业景气指数	流动资产 流动负债 财务费用 总资产 主营业务收入 税金总额 利润总额 工业总产值 企业单位数 固定资产 负债合计 所有者权益合计 全部从业人员平均人数 企业综合生产经营指数 企业家信心指数等	样本企业:全国规模以上工业中小企业 21 000 家 数据来源: • 国家统计局 • 各省市统计局 • 中小企业年鉴等
中小板、创业板及新三板上市企业景气指数	流动资产 流动负债 财务费用 总资产 主营业务收入 税金总额 利润总额 存货 固定资产合计 负债合计 股东权益合计等	样本企业:全国上市中小企业约 1 000 家 数据来源: • 深圳证券交易所 • 全国中小企业股份转让系统(NEEQ) • 上市中小企业动态信息资料等
中小企业比较景气指数	财务指标约 30 项(月/季度) 产品产销存指标 3 项(月/季度) 景气调查问卷 15 项(年度)	样本企业:全国中小微企业约 4 万家 数据来源: • 中国中小企业生产经营运行监测平台(工信部) • 中国中小企业动态数据库景气监测平台(中国中小企业研究院) • 其他非官方监测调查数据(百度、阿里研究院等)

其中,规模以上工业中小企业景气指数(Climate Index of Manufacturing SMEs,ISMECI)基于统计年鉴数据,主要选取反映工业中小企业经营现状和未来发展潜力的 13 项指标;中小板、创业板及新三板上市企业景气指数(Climate Index of SMEs Board、ChiNext Board & the New Third Board,SCNBCI)基于深交所上

市及NEEQ挂牌交易的中小企业数据,主要选取反映中小板、创业板及新三板上市企业发展景气状况及特征的11项指标;重点监测调查的中小企业比较景气指数(Comparison Climate Index,CCI)基于非官方和研究机构的中小微企业景气监测调查数据,本年度报告选取百度中小企业景气指数和中国中小企业研究院的景气调查问卷数据2项指标计算了该分类合成指数。

三、数据收集、选取与预处理

2016年版研究报告课题组收集了中国大陆31个省、自治区、直辖市的2万余家工业中小企业数据,时间跨度为2001—2016年度;收集了全国1000余家中小板、创业板及新三板上市企业财务数据,全国近2万家重点监测调查的中小微企业运行及景气监测调查数据,时间跨度为2011—2016年第一季度。

由于数据庞大,有些年份和地区的数据存在缺失。另外,不同指标的数据在数量级上的级差也较大。因此,课题组对收集到的年度数据分别进行了预处理,主要包括无量纲化、消除季节性因素以及剔除非常规数据等。

对于工业中小企业和三个板块上市企业景气指数,本研究报告根据前述指标权重的确定方法,选择使用主成分分析法,通过SPSS软件实现。首先,将原有指标标准化;其次,计算各指标之间的相关矩阵、矩阵特征根以及特征向量;最后,将特征根从大到小排列,并分别计算出其对应的主成分。本研究报告关于中小企业比较景气指数的权重采用专家咨询法来确定。而对于中小企业综合景气指数,课题组运用AHP法来确定工业中小企业景气指数、上市中小企业景气指数和中小企业比较景气指数的权重。

四、景气指数的计算与评价

本研究报告的考察对象期间,中国经济处于低速增长的新常态阶段,经济周期性并是很明显,因此,在后续运用合成指数计算时,课题组将经济周期对于工业中小企业景气指数的影响要因做了忽略处理。

课题组根据各类指数指标的特性,先基于扩散指数及合成指数的方法分别计算出各分类指数。具体计算过程中,使用时差相关分析法、K-L信息量法等并结合咨询专家意见,分别确定了各分类指数的先行指标(流动资产、资本、存货、企业数量等)、一致指标(总资产、产值、利税、费用等)和滞后指标(固定资产、负债、所有者权益、从业员人数等),根据主成分分析法求出先行指标组、一致指标组和滞后指标组各小类指标的权重,再确定各大类指标的权重,最后进行加权计算,合成得到中国中小企业综合景气指数(CCSMECI)。

中国中小企业综合景气指数采用纯正数形式表示,取值范围在0至200之间,景气预警评价以100为临界值。此外,为了基于可获得的最新数据进行不同区域的横向比较,以相应年份的地区GDP为权重分别计算得到了近五年来区域中小企业景气指数的加权平均指数,并与各地区历年平均指数进行纵向比较和科学分析。

第六章 2016年中国中小企业景气指数测评结果分析

第一节 2016年中国工业中小企业景气指数测评

工业中小企业景气指数计算以中国31个省级行政区统计年鉴数据为基础,在对中国各省、自治区、直辖市中小企业发展情况进行定量描述的基础上,计算各省、自治区和直辖市的合成指数。

一、评价指标的选取

工业中小企业景气指数的计算基于中小企业统计整理汇总数据。本报告根据经济的重要性和统计的可行性选取了以下指标(见表6-1):

表6-1 工业中小企业景气指标选取指标

指标类型	指标项目
反映工业中小企业内部资源的指标	总资产
	流动资产
	固定资产
反映工业中小企业股东状况的指标	所有者权益
	国家资本
反映工业中小企业财务状况的指标	税金
	负债
	利息支出
反映工业中小企业经营状况的指标	主营业务收入
	利润
反映工业中小企业经营规模的指标	总资产
	企业数量
	从业人员数

(一)反映工业中小企业内部资源的指标

具体包括三项指标:(1)总资产,反映企业综合实力;(2)流动资产,体现企业短期变现能力,确保企业资金链;(3)固定资产,反映企业设备投资及其他固定资产的投资状况。

(二) 反映工业中小企业股东状况的指标

具体包括两项指标:(1) 所有者权益,反映资产扣除负债后由所有者享有的剩余利益,即股东所拥有或可控制的具有未来经济利益资源的净额;(2) 国家资本,反映了工业中小企业得到国家投资的政府部门或机构以国有资产投入的资本,体现了国家对中小企业的扶持力。

(三) 反映工业中小企业财务状况的指标

具体包括三项指标:(1) 税金,包括主营业务税金及附加和应交增值税,主要体现企业支付的生产成本,影响企业收入和利润;(2) 负债,影响企业的资金结构,反映企业运行的风险或发展的条件和机遇;(3) 利息支出,作为财务费用的主要组成部分,反映企业的负债成本。

(四) 反映工业中小企业经营状况的指标

具体包括两项指标:(1) 主营业务收入,即企业经常性的、主要业务所产生的基本收入,直接反映了一个企业的生产经营状况;(2) 利润,直接反映企业生产能力的发挥和市场实现情况,也显示了企业下期生产能力和投资能力。

(五) 反映工业中小企业经营规模的指标

具体包括三项指标:(1) 总产值,体现企业创造的社会财富,直接反映出区域中小企业的发展程度;(2) 企业数量,直接反映了中小企业的在一个区域的聚集程度;(3) 从业人员数,反映企业吸纳社会劳动力的贡献率和企业繁荣程度。

二、数据收集及预处理

工业中小企业景气指数计算数据来自国家及各地的统计年鉴及工业经济统计年鉴。最新年鉴为2015年版,实际统计时间跨度为2008—2014年,在指标信息齐全和不含异常数据的基本原则下采集数据。课题组先收集了中国大陆31个省、自治区和直辖市的工业中小企业数据,然后按七大行政区域,即东北、华北、华东、华中、华南、西南和西北地区分别进行了汇总整理(见表6-2)。

表6-2 工业中小企业景气数据样本的地区分布

地 区	省、自治区、直辖市名称	省份数量
东北	黑龙江、吉林、辽宁	3
华北	北京、天津、河北、山西、内蒙古	5
华东	山东、江苏、安徽、浙江、江西、福建、上海	7
华中	河南、湖北、湖南	3
华南	广东、海南、广西	3
西南	四川、云南、贵州、重庆、西藏	5
西北	陕西、甘肃、青海、宁夏、新疆	5
全国		31

由于基于统计年鉴所获得的数据较为庞大,有些省份和年份的数据存在缺失值。另外,不同指标的数据在数量级上的级差较大,为了保证后续数据分析和数据挖掘的顺利进行,对收集到的年度数据分别进行了预处理,包括无量纲化、消除季节性因素以及剔除非常规数据等。一方面,尽量保证数据的完整性,避免缺失年份或省份的数据的存在;另一方面,考虑到中国各地区经济发展差异性较大,在数据处理过程中,本报告还关注到数据样本中孤立数据与极端数值的影响。

三、指标体系及权重的确定

为了确定指标体系,首先对指标进行分类。在计算工业中小企业景气指数时主要采用时差相关系数法,首先确定一个能敏感地反映工业中小企业经济活动的重要指标作为基准指标。最能反映工业中小企业的经济状况的指标确定为工业增加值增长率。同时采用工业中小企业的总产值作为基准指标,并考察了全国工业中小企业总产值与GDP、第二产业产值和工业总产值之间的相关性,具体实证结果如表6-3所示。

表6-3 工业中小企业景气指数基准指标

相关性	GDP	第二产业总产值	工业总产值
工业中小企业总产值	0.998**	0.998**	0.997**

注:相关分析时间为2001—2014年;** 表示在0.01水平(双侧)上显著。
资料来源:根据《中国统计年鉴》和《中国工业经济统计年鉴》各年度数据整理计算。

实证结果表明,工业中小企业总产值基本和整个经济循环波动保持一致,这种相关性很好地反映了工业中小企业的发展状况。因此,综合考虑重要性、适时性和与景气波动的对应性,这里选取工业中小企业总产值作为基准指标。

根据时差相关系数分析法计算出了各指标与总产值的时差相关系数和先行、滞后、一致的期数指标,结果如表6-4所示。

表6-4 工业中小企业景气指标类型时差分析结果

指标	企业单位数	资产合计	流动资产	固定资产合计
期数	0	0	Lead4	Lag3
相关系数	0.987	0.996	0.992	0.999
指标	负债合计	所有者权益	国家资本	主营业务收入
期数	Lag4	Lag4	Lead4	0
相关系数	0.995	0.995	0.920	0.999
指标	税金	利息支出	利润总额	全部从业人员年
期数	0	0	0	Lag4
相关系数	0.997	0.991	0.997	0.963

注:期数栏中Lag表示滞后指标,Lead表示先行指标,0表示一致指标。

另外，课题组还使用 K-L 信息量法、文献综述法、马场法、聚类分析法、定性分析法等，并咨询了专家意见，综合考察了各类先行、一致和滞后指标的选取方法，确定了中国工业中小企业的先行、一致和滞后指标，并根据主成分分析法求出先行指标组、一致指标组和滞后指标组小类指标的权重；然后利用全国规模以上工业中小企业数据，具体计算出了各分类项目评价指标的权重；最后为了改善迄今基于单一的一致指标计算工业企业景气指数的计算方法，采用专家咨询法首次确定了先行指标组、一致指标组和滞后指标组大类指标的权重，结果如表 6-5 所示。

表 6-5 工业中小企业景气评价指标的权重

指标类别	指标项目名称	小类指标权重	大类指标权重
先行指标组	流动资产合计	0.339	0.30
	国家资本	0.322	
	利息支出	0.339	
一致指标组	工业总产值	0.167	0.50
	企业单位数	0.166	
	资产总计	0.167	
	主营业务收入	0.167	
	利润总额	0.166	
	税金总额	0.167	
滞后指标组	固定资产合计	0.250	0.20
	负债合计	0.250	
	所有者权益合计	0.250	
	全部从业人员平均人数	0.250	
合计			1.00

四、2016 年中国省际工业中小企业景气指数计算结果及排名

为了使各省、自治区和直辖市的工业中小企业景气指数波动控制在 0—200 的取值范围之间，2016 年工业中小企业景气指数计算以 2007 年的全国平均值作为基年数据。由于实际统计的 2007—2014 年没有明显多个经济周期循环，因而本研究报告在运用合成指数算法进行计算时省略了趋势调整。经过计算，分别获得了中国省际与地区工业中小企业先行、一致与滞后合成指数，并按三组大类指标的权重（见表 6-5），最终合成计算省际和地区工业中小企业综合景气指数。

由于各省工业中小企业景气指数受各省企业数量影响较大，因此本报告在计算景气指数的过程中考虑到企业数量因素，通过无量纲化处理等进行了修正调整。具体步骤和方法是，首先采用 Min-max 标准化将企业数量进行无量纲化处理，其次根据专家咨询法获得修正调整前的景气指数和企业数量的权重，并与其相对应的权重相乘,最后将获得的乘数相加得到各省工业中小企业景气指数值。

为了获得2016年工业中小企业景气指数,本研究报告基于历年数据运用最小二乘法对2015年省际工业中小企业景气指数进行预测,并以2015年度的预测值作为2016年度工业中小企业景气指数评价数据。表6-6及图6-1显示了2016年中国省际工业中小企业景气指数评价结果及排名状况。

表6-6 2016年中国省际工业中小企业景气指数

省份	先行指数	一致指数	滞后指数	工业企业景气指数(ISMECI)	排名
江苏	141.27	123.39	128.07	129.69	1
广东	139.01	114.35	126.96	124.27	2
浙江	128.16	110.26	116.38	116.85	3
山东	116.88	94.47	99.24	102.15	4
河南	72.03	52.86	56.50	59.34	5
辽宁	64.00	37.89	45.31	47.21	6
河北	58.92	38.98	43.43	45.85	7
福建	49.77	40.46	43.06	43.77	8
湖北	48.83	37.45	39.74	41.32	9
安徽	43.92	36.22	38.23	38.93	10
四川	46.14	30.78	35.27	36.29	11
上海	39.58	32.94	35.42	35.43	12
湖南	40.48	31.64	33.65	34.69	13
江西	26.58	19.72	20.81	21.99	14
天津	24.45	17.94	19.04	20.11	15
北京	25.35	14.32	17.57	18.28	16
山西	26.43	12.86	18.17	17.99	17
广西	25.79	13.75	16.33	17.88	18
陕西	25.91	13.00	16.98	17.67	19
吉林	22.49	13.59	16.83	16.91	20
重庆	20.89	13.91	15.88	16.40	21
云南	24.10	10.22	13.90	15.12	22
黑龙江	18.94	11.46	13.72	14.15	23
内蒙古	20.86	10.36	13.19	14.07	24
贵州	17.27	9.86	11.04	12.32	25
新疆	20.27	6.91	10.69	11.67	26
甘肃	14.06	7.96	8.53	9.91	27
宁夏	3.93	2.37	2.77	2.92	28
海南	4.95	1.63	2.55	2.81	29
青海	2.93	1.49	2.10	2.05	30
西藏	2.12	0.66	0.92	1.15	31

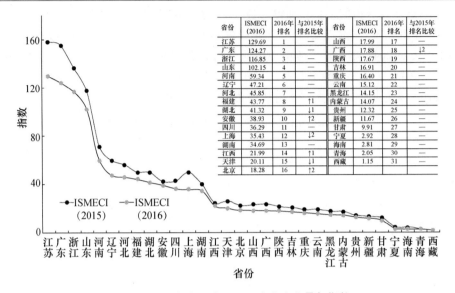

图 6-1 2016 年中国省际工业中小企业景气指数

注:"与 2015 年排名比较"栏中,"—"表示与 2015 年持平,"↑""↓"及其后数字分别表示与 2015 年相比升降的位数。

2016 年中国省际工业中小企业景气指数波动趋势具有以下特点:

(1)反映 2016 年区域中小企业发展的最新现状,江苏省的工业中小企业景气指数继续保持上年领先优势,排名全国第一,广东和浙江分列第二和第三。

(2)2016 年工业中小企业景气指数的地区分布梯次感明显。2016 年的指数分布可划分四个梯队:江苏、广东、浙江、山东构成第一梯队,平均指数在 100 以上;河南、辽宁、河北、福建、湖北等 5 个省份的指数在 40 至 100 之间,构成第二梯队;安徽、四川、上海、湖南、江西等 5 个省份的指数在 20 至 40 之间,为第三梯队;天津、北京等其余 17 个省市为第四梯队,指数都低于 20。与 2015 年相比,四个梯队的指数都明显下滑(曲线总体下移),第二梯队、第三梯队省份明显减少,景气指数较低的第四梯队省份激增,反映出 2016 年中国工业经济形势严峻,工业景气提升任务艰巨。

(3)2016 年以工业总产值为权重的全国工业中小企业加权平均指数为 70.45,较 2015 年下降了 17%,经济下行趋势继续探底,表明全国工业中小企业总体上生产经营基本面困境局面仍然存在。除第一梯队外,全国大部分省市的中小工业企业景气指数均低于全国平均水平。

(4)2016 年四大直辖市的工业中小企业景气指数排名与 2015 年有一定变化。其中北京(18.28)排名较上年上升两位,上海市工业中小企业景气指数值虽然在直辖市中仍然是最高(35.43)的,但在全国排名较上年下滑了两位;天津(20.11)排名较上年下降一位,重庆(16.40)排名与上年相同。五个自治区中,2016年广西的工业中小企业景气排名下降两位但仍居于第三梯队,其他自治区工业中小企业景气排名总体靠后,与上年相比排名没有大的变化,西藏的工业中小企业景气指数继续全国垫底。

(5) 从2016年省际排名来看,第二、三梯队的部分省份的排名有些许微调,但各省份总体排名变化不大。总体看来,2016年中国省际工业中小企业景气指数差异仍然很大,最高的江苏(129.69)与最低的西藏(1.15)相差达113倍,较2015年省际间差距(118倍)略有缩小。

五、2016年七大地区工业中小企业景气指数计算结果及排名

根据表6-6,按中国七大地理分布地区划分进行数据整理,得到2016年中国七大地区工业中小企业景气指数评价结果及排名状况(见表6-7)。

表6-7 2016年中国七大地区工业中小企业景气指数

地区	先行指数	一致指数	滞后指数	工业企业景气指数	排名	与2015年排名比较
华东	133.71	114.45	120.06	121.35	1	—
华中	41.44	32.51	34.28	35.54	2	↑1
华南	37.67	29.02	32.62	32.34	3	↓1
华北	33.37	19.62	23.52	24.52	4	—
西南	22.55	12.50	15.13	16.04	5	↑1
东北	21.18	11.71	14.60	15.12	6	↓1
西北	16.51	8.65	10.75	11.43	7	

注:"与2015年排名比较"栏中,"—"表示与2015年持平,"↑""↓"及其后数字分别表示与2015年相比升降的位数。

从2016年七大地区的工业中小企业景气指数测评结果来看,华东地区一枝独秀,其他地区的指数值参差不齐,总体偏低。华东、华中与东北、西北地区的差距有加大趋势,反映了地区间工业中小企业发展很不平衡的现状。总体看来,华中和西南地区的工业中小企业景气指数有所上升,华南、东北地区受工业转型升级和供给侧结构性改革影响明显,景气指数同比有所下滑。

此外,与2015年相比,七大地区工业中小企业的景气曲线总体向左下方位移(见图6-2),表明受宏观经济下行影响,2016年中国大部分地区工业中小企业总体仍处于不景气区间低位运行。从地区协调发展的角度来看,目前华南、西北、东北的工业中小企业的发展景气状况有待进一步改善。

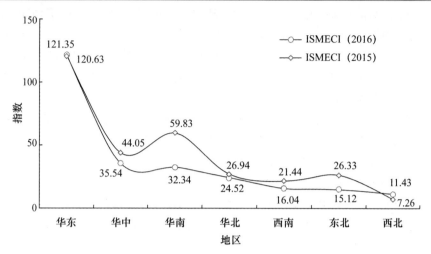

图 6-2 2016 年中国七大地区工业中小企业景气指数

第二节 2016 年中国上市中小企业景气指数测评

一、指标体系构建及评价方法

在上市中小企业景气指数测评方面,本年度报告的评价指标和评价方法沿用 2015 年度报告的指标体系及方法步骤,即继续加入新三板上市企业样本数据,数据预处理采用扩散指数(DI)的编制方法,最后运用权重法合成计算综合指数。

扩散指数是所研究的经济指标系列中某一时期扩张经济指标数的加权百分比,表达式为:

$$DI_t = \sum_{i=1}^{N} I_i = \sum W_i (X_i(t) \geqslant X_i(t-j)) \times 100\%$$

其中,DI_t 为 t 时刻的扩散指数;$X_i(t)$ 为第 i 个变量指数在 t 时刻的波动测定值;W_i 为第 i 个变量指标分配的权数;N 为变量指标总数;I 为示性函数;j 为两比较指标值的时间差。若权数相等,公式可简化为:

$$DI_t = \frac{t \text{时刻扩散指标数}}{\text{采用指标总数}} \times 100\% \quad (i = 1, 2, 3, \cdots, n)$$

扩散指数是相对较为简单的景气评价指数,具体按以下三个步骤推导计算:
(1)确定两个比较指标值的时间差 j,本报告中确定 $j = 1$,将各变量在 t 时刻和 $t-1$ 时刻的波动测定值进行比较,若 t 时刻的波动测定值大,则是扩张期,$I = 1$;若 $t-1$ 时刻的波动测定值大,则 $I = 0$;若两者基本处于相等水平,则 $I = 0.5$。
(2)将这些指标值升降状态所得的数值相加,即得到扩张指数指标,即在某一时段的扩张变量个数,并以扩张指数除以全部指标数,乘以100%,即得到扩散指数。
(3)绘制扩散指数变化图,即将各阶段的景气指数运用图形来表达。

由于部分创业板、中小板及新三板上市企业财务数据存在缺失,同时,为了使抽样企业样本更具科学性和代表性,2016年度研究报告基于深交所500指数收集了228家中小板企业数据、101家创业板企业数据,又基于全国中小企业股份转让系统(NEEQ)收集了115家新三板上市企业数据,共收集了444家上市中小企业的有效样本。

与计算工业中小企业景气指数一样,由于上市中小企业景气指数受企业数量影响也较大,因此,本研究报告计算上市中小企业景气指数时也将企业数量调整考虑在内。首先,采用Min-max标准化将企业数量进行无量纲化处理;其次,将合成的景气指数和企业数量与其相对应的权重相乘;最后,将获得的乘数相加作为反映上市中小企业景气指数的值。

二、2016年中国省际上市中小企业景气指数排名分析

测评结果显示,2016年上市中小企业景气指数同比总体有所下滑(见表6-8、图6-3)。具体分析其波动趋势具有以下特点:

表6-8 2016年中国省际上市中小企业景气指数

省份	先行指数	一致指数	滞后指数	上市企业景气指数	排名
广东	153.13	132.48	136.22	139.42	1
浙江	124.63	109.97	111.99	114.77	2
北京	123.04	107.97	111.98	113.29	3
江苏	93.28	80.78	84.17	85.21	4
上海	87.23	76.68	79.96	80.50	5
山东	85.89	74.38	76.98	78.35	6
湖南	84.57	66.92	71.55	73.14	7
四川	85.24	67.08	69.33	72.98	8
河南	84.56	64.48	64.84	70.58	9
安徽	79.57	65.79	67.79	70.33	10
辽宁	81.41	63.49	64.69	69.10	11
福建	78.47	59.80	62.86	66.01	12
天津	74.98	60.29	62.07	65.05	13
陕西	70.05	60.00	65.03	64.02	14
吉林	79.72	55.09	61.90	63.84	15
湖北	75.93	57.67	56.23	62.86	16
重庆	78.37	55.48	57.74	62.80	17

（续表）

省份	先行指数	一致指数	滞后指数	上市企业景气指数	排名
新疆	67.74	58.15	64.39	62.27	18
贵州	70.99	56.61	61.72	61.94	19
河北	64.77	62.69	55.29	61.84	20
甘肃	68.83	53.74	59.32	59.38	21
云南	55.21	55.67	59.78	56.36	22
西藏	61.24	52.05	57.99	56.00	23
海南	62.70	54.30	43.95	54.75	24
江西	56.57	52.39	51.79	53.53	25
山西	65.37	50.77	37.13	52.42	26
广西	60.80	45.96	49.23	51.07	27

注：因内蒙古、黑龙江、青海和宁夏四个省份上市企业数据存在缺失，本年度报告中未进行测评。

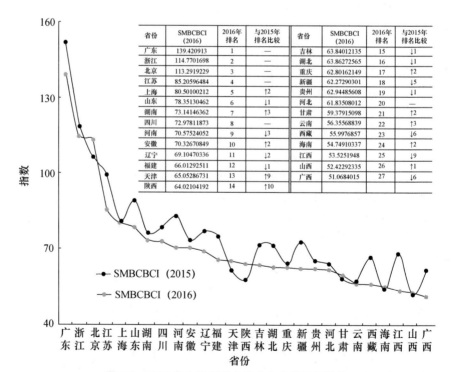

图6-3 2016年中国省际上市中小企业景气指数

注："与2015年排名比较"栏中，"—"表示与2015年持平，"↑""↓"及其后数字表示与2015年相比升降位数。内蒙古、黑龙江、青海和宁夏四个省份上市企业数据存在缺失，本年度报告中未进行测评。

(1) 上市中小企业景气指数与各地区上市中小企业的数量相关性较大。广东（430家，截至2016年5月，下同）、浙江（305家）、北京（268家）、江苏（280家）、上海（222家）、山东（163家）等省市的上市企业数量多，显示出这些地区发展潜力大、市场前景看好的成长型中小企业强大的内在活力。内蒙古、黑龙江、青海和宁夏四个省份的中小板、创业板及新三板上市企业数据缺失，本报告未进行相关评价。

(2) 2016年全国上市中小企业平均指数为71.18，比2015年下降了5.27。高于全国平均指数的省份为广东、浙江、北京、江苏、上海、山东、湖南、四川，其他大部分省份在平均指数以下。

(3) 上市中小企业景气分布有明显的层次感。其中，广东、浙江、北京处于第一层次，平均指数为122.49，整体排名没有变化，但广东突显上市中小企业优势，指数遥遥领先；江苏、上海、山东、湖南、四川、河南、安徽为第二层次，平均指数为75.87，其中排名变化不大，江苏、四川排名不变，上海、湖南、安徽排名上升，山东、湖南、河南下降；第三层次包括辽宁、福建、天津、陕西、吉林、湖北、重庆、新疆、贵州、河北，平均指数63.97，其中河北排名不变，辽宁、福建、湖北、新疆、贵州排名下降，天津、陕西、重庆排名上升，天津上升9位，陕西上升10位，变化幅度大。第四层次包括甘肃、云南、西藏、海南、江西、山西、广西，平均指数为54.79，其中山西上升1位，甘肃和海南上升2位，云南上升3位，西藏和广西下降6位，江西下降9位。

(4) 四大直辖市中，上市中小企业景气指数值最高的是北京（113.29），最低的是重庆（62.80）。五个自治区中，上市中小企业景气指数最高的是新疆（62.27），其次是西藏（56.00），从中国省级行政区域的整体排名来看，五个自治区的上市中小企业景气排名都较为靠后。

三、2016年七大地区上市中小企业景气指数排名分析

2016年中国七大地区中小板、创业板及新三板上市中小企业景气指数的计算结果如表6-9所示。具体分析其波动趋势，具有以下特点：

表6-9 2016年中国七大地区上市中小企业景气指数排名

地区	先行指数	一致指数	滞后指数	上市企业景气指数	排名	与2015年排名比较
华东	144.36	131.05	133.39	135.51	1	—
华南	102.04	87.15	86.43	91.47	2	—
华北	101.11	85.03	88.80	90.61	3	—

(续表)

地区	先行指数	一致指数	滞后指数	上市企业景气指数	排名	与2015年排名比较
华中	81.16	61.95	63.75	68.07	4	—
西南	75.79	62.93	66.90	67.58	5	—
西北	69.17	52.38	61.43	59.23	6	↑1
东北	68.69	51.53	56.26	57.62	7	↓1

注:"与2015年排名比较"一栏中,"—"表示与2015年排名持平,"↑""↓"及其后数字分别表示与2015年排名相比升降的位数。

(1) 东西部地区差异明显,最高的华东地区(135.51)与最低的东北地区(57.62)相差大于2倍。华东、华南、地区因中小板、创业板及新三板上市企业数量和发展质量较高,而在同类企业的区域景气指数排名中明显处于优势地位;华北地区较2015年(72.01)有所上升。东部省份中,广东省上市中小企业景气指数最高(139.42),中部省份中最高的是湖南省(73.14),而西部省份中指数最高的是四川省(72.98)。但总体上看,中部地区上市中小企业景气指数比西部各省、自治区和直辖市上市中小企业景气指数高出不是很多。

(2) 华中、西南、西北和东北4个地区依次递减,且这些地区之间的上市中小企业景气指数值的递减幅度差异不大。

(3) 总体来看,2016年中国七大地区上市中小企业景气指数差异较大。各地区上市企业发展仍不平衡,华东、华中、华南地区的中小板、创业板及新三板企业景气明显好于华北、西南、西北及东北地区。

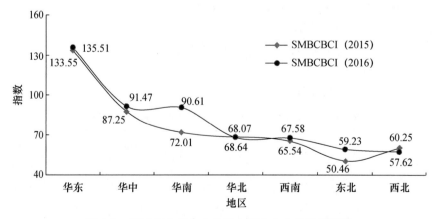

图6-4 2016年中国七大地区上市中小企业景气指数

第三节 2016年中国中小企业比较景气指数测评

一、2016年中国省际中小企业比较景气指数排名分析

中小企业比较景气指数(CCI)反映了中小企业家对当前微观经营状况的判断结果和预期宏观经济环境的信心等,是对基于统计年鉴的工业中小企业景气指数和基于上市公司数据的上市中小企业景气指数的补充。

为了获得2016年中小企业比较景气指数,课题组根据最新的大数据资料获得了31省市的中小企业发展指数;同时,面向中小企业家、创业者及中小企业研究专家等实施了中国中小企业景气问卷调查,然后根据专家权重法,合成计算得到2016年中国中小企业比较景气指数(见表6-10、图6-5)。

表6-10 2016年中国省级中小企业比较景气指数

省份	比较景气指数	排名	与2015年排名比较	省份	比较景气指数	排名	与2015年排名比较
浙江	104.11	1	—	广西	83.88	17	↓3
江苏	103.72	2	↑1	贵州	83.21	18	↑1
上海	98.85	3	↑1	云南	82.24	19	↑2
北京	98.26	4	↑2	海南	81.01	20	↓3
天津	95.92	5	↑3	山西	79.77	21	↑2
广东	94.75	6	↓4	内蒙古	76.77	22	↑5
福建	93.87	7	↓2	陕西	76.75	23	↓3
山东	91.77	8	↓1	辽宁	74.66	24	↓2
重庆	90.75	9	—	甘肃	73.75	25	↑1
湖北	90.02	10	↑2	吉林	73.22	26	↓1
四川	89.64	11	↓1	黑龙江	72.61	27	↑3
安徽	88.73	12	↑1	青海	71.75	28	↑1
河南	88.39	13	↑2	宁夏	70.75	29	↓1
湖南	86.64	14	↓3	新疆	68.75	30	↓6
河北	85.12	15	↑3	西藏	68.21	31	—
江西	84.88	16	—				

注:"与2015年排名比较"一栏中,"—"表示与2015年排名持平,"↑""↓"及其后数字分别表示与2015年排名相比升降的位数。

测评结果显示,2016年中国省际中小企业比较景气指数的波动幅度较2015年有所趋缓,但区域间仍存在着明显差异。浙江、重庆、江西、西藏的中小企业比较景气指数排名维持不变;内蒙古自治区的指数排名有大幅上升;江苏、上海、北

京、天津、湖北、河北、贵州等 14 个省排名有小幅上升;广东、福建、山东、湖南、新疆等省、自治区的指数排名有不同程度的下降,其中广东、新疆下降幅度较大。与 2015 年相比,2016 年中国上市中小企业市值缩水较大,广东、江苏、福建等上市企业集中的东南沿海省份的企业家信心有所下降,这也影响到这些省份中小企业比较景气指数出现下滑。

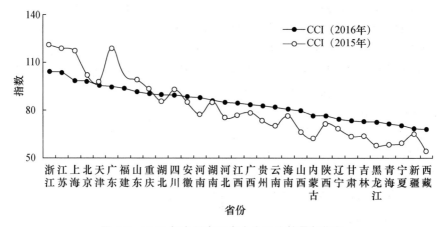

图 6-5　2016 年中国省际中小企业比较景气指数

二、2016 年中国七大地区中小企业比较景气指数排名分析

2016 年中国七大地区中小企业比较景气指数具有以下特点:

(1)华南地区的中小企业比较景气指数从 2015 年的第二位下滑到 2016 年的第四位,其他地区指数排名均在一位左右浮动,华东与西南地区指数排名不变。

表 6-11　2016 年中国七大地区中小企业比较景气指数排名

地区	比较景气指数(CCI)	排名	与 2015 年排名比较
华东	95.13	1	—
华中	88.35	2	↑1
华北	87.17	3	↑1
华南	86.55	4	↓2
西南	82.81	5	—
东北	73.50	6	↑1
西北	72.35	7	↓1

注:"与 2015 年排名比较"一栏中,"—"表示与 2015 年排名持平,"↑""↓"及其后数字分别表示与 2015 年排名相比升降的位数。

(2)中小企业比较景气指数区域之间存在差异。各区域不同的基础设施、环境条件以及中小企业公共服务水平有差距,导致各地区企业家对本地区发展预期和判断不同。但与 2015 年相比,2016 年各地区比较景气指数的差距均在缩小。

（3）2016年华东、华南地区的企业家信心有所下降。受上市公司市值下降的影响，浙江、福建、上海、广东等上市中小企业集中的地区比较景气指数总体有所下降。

第四节　2016年中国中小企业综合景气指数测评

一、计算与评价方法

鉴于数据的扩充和方法的完善，2016年度中国中小企业综合景气指数报告在评价2007—2009年中小企业的景气指数时，采用工业中小企业景气指数作为中小企业景气指数，在此基础上，2010年以后加入了中小板及创业板企业景气指数和中小企业比较景气指数，2015年中小企业景气指数基于工业中小企业、中小板、创业板及新三板上市中小企业和比较景气指数三部分指数，根据专家咨询法确定权重，最终按合成指数的计算方法进行综合测评。2016年中小企业景气指数沿用2015年的测评方法。

二、2016年中国省际中小企业综合景气指数排名分析

2016年中国省际中小企业综合景气指数（CCSMECI）的计算结果及景气排名见表6-12、图6-6和图6-7。

表6-12　2016年中国省际中小企业综合景气指数排名

省份	综合景气指数	排名	与2015年排名比较	省份	综合景气指数	排名	与2015年排名比较
广东	122.91	1	—	江西	44.03	17	↓1
浙江	113.68	2	↑1	陕西	43.39	18	↑2
江苏	111.15	3	↓1	吉林	42.25	19	—
山东	92.93	4	—	贵州	41.38	20	↑2
河南	68.52	5	—	广西	41.04	21	↓3
北京	62.78	6	↑5	云南	40.92	22	↑1
上海	61.63	7	↓1	山西	40.68	23	↑1
福建	60.46	8	↓1	新疆	38.27	24	↓3
辽宁	59.27	9	↓1	甘肃	37.52	25	—
河北	58.50	10	↑2	海南	34.03	26	—
安徽	58.31	11	↑2	西藏	31.02	27	—
四川	57.96	12	↓2	内蒙古	22.39	28	—
湖北	57.52	13	↓4	黑龙江	21.60	29	—
湖南	56.62	14	—	宁夏	15.61	30	—
天津	48.76	15	—	青海	15.37	31	—
重庆	45.19	16	↑1				

注："与2015年排名比较"一栏中，"—"表示与2015年排名持平，"↑""↓"及其后数字分别表示与2015年排名相比升降的位数。

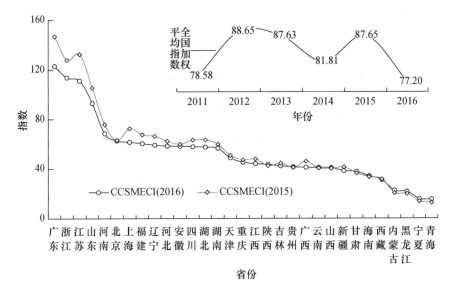

图 6-6 2016 年中国省际中小企业综合景气指数及平均指数

图 6-7 2016 年中国省际中小企业综合景气指数排名分布

分析最新综合指数波动的趋势，具有以下特点：

(1) 2016年，基于地区工业总产值加权计算的全国中小企业平均景气指数从2015年的87.65下降到77.20，降幅超过10%，为近五年最低景气水平。受工业生产增速和企业经营效益下降，中小板、创业板及新三板市值缩水，创业者、企业家信心下降等多重因素的影响，全国中小企业平均景气指数出现较大程度下滑。

(2) 省际景气排名上下波动趋缓。2016年中小企业综合景气指数广东、浙江、江苏蝉联前三甲，浙江超越江苏回到全国第二位；北京同比上升5位排名全国第六；湖北、广西分别下降4位、3位排名全国第13位和第21位；其他近半数以上的省份波动起伏不大，总体上省际景气排名上下波动趋缓。

(3) 景气指数的地区分布由沿海发达地区向内陆欠发达地区分层递减。第一层次为排名全国前四位的广东、浙江、江苏和山东四省，综合指数在80以上；第二层次为河南、北京、上海、福建、辽宁、河北、安徽、四川、湖北、湖南十省，综合指数在50至80之间；第三层次为天津、重庆、江西、陕西、吉林、贵州、广西、云南、山西九省，综合指数在40至50之间；第四层次为新疆、甘肃、海南、西藏、内蒙古、黑龙江、宁夏、青海八省，综合指数在40以下。东部省份中广东最高(122.91)，中部省份中河南最高(68.52)，西部省份中是四川最高(57.96)。最高的广东与最低的青海(15.37)相差近8倍，与上年相比省际综合指数区域差异有所缓和。

(4) 四大直辖市中，北京的中小企业综合景气指数最高(62.78)，重庆最低(45.19)。五个自治区的景气指数差距不大，排名都较为靠后，其中广西相对较高(41.04)，宁夏最低(15.61)。

三、2016年中国七大地区中小企业综合景气指数排名

根据表6-12整理计算出2016年中国七大地区中小企业综合景气指数并进行了排名，如表6-13、图6-8、图6-9所示。

表6-13 2016年中国七大地区中小企业综合景气排名

地区	指数	排名	与2015年排名比较
华东	120.35	1	—
华南	60.92	2	—
华北	56.88	3	↑1
华中	55.86	4	↓1
西南	44.86	5	—
东北	39.54	6	↑1
西北	37.95	7	↓1

注：排名比较一栏"—"表示与2015年排名持平，"↑""↓"及其后数字分别表示与2015年排名相比升降的位数。

测评结果显示,2016年,中国七大地区中小企业综合景气指数较2015年基本保持稳定。华东、华南、华北地区为中国中小企业发展最具活力的区域。华南地区的中小企业综合景气指数有明显下降,而东北地区则有明显的上升。华东地区中小企业综合景气指数值最高(120.35),与最低的西北地区(37.95)相差3倍以上,东西部区域有较大差距。此外,只有华东地区超过全国平均指数,多数地区在平均值以下,说明中国七大地区之间中小企业发展仍很不平衡。

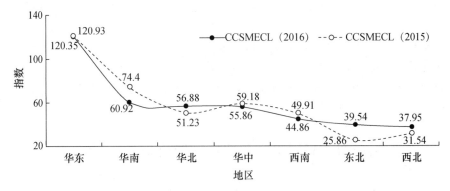

图6-8　2016年中国七大地区中小企业综合景气指数

图6-9　2016年中国七大地区中小企业综合景气指数排名分布

第七章 中国中小企业景气指数变动趋势分析(2012—2016年)

本章根据2016年中国31个省份和七大地区中小企业综合景气指数排名的先后顺序,具体分析中国中小企业综合景气指数的发展趋势,考察近五年中国内地各省份和各地区中小企业的发展动态,总结中国中小企业景气指数波动的规律与特征。

第一节 省际中小企业景气指数变动趋势分析

一、广东省

2016年,广东省中小企业综合景气指数连续6年位居全国榜首,远超全国平均水平。从分类指数来看,2016年其中小板、创业板及新三板上市企业景气指数仍保持强大优势,排名中国首位。工业中小企业景气指数全国排名仅次于江苏居全国第二,但该指数同比有所下滑。特别是受经济下行、出口不振、劳动力成本攀升等影响,企业家信心指数下滑较大,由此使其中小企业综合景气指数跌至近五年来最低点(见图7-1)。

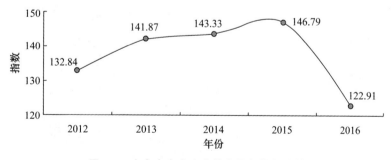

图7-1 广东省中小企业综合景气指数趋势

为了改善中小企业综合景气,近年来,广东省进一步激发大众创业、万众创新活力,积极培育市场主体,加强创业基地建设,促进中小微企业协调发展。同时,为切实减轻企业负担,广东省深入落实国家优惠政策,进一步清理压减涉企收费项目,完善服务体系,健全小微企业公共服务机制等。这些措施的实施,有利于广东省中小企业综合景气继续保持全国领先地位。

二、浙江省

2016年,浙江省中小企业综合景气指数赶超江苏省,全国排名第2位。从分类指数来看,其工业中小企业景气指数、上市中小企业景气指数全国排名均保持在前3位,但同比都有所回落,总体使其中小企业综合景气指数同比也呈下滑趋势(见图7-2)。但反映企业家信心的比较景气指数仍保持全国第1位,表明浙江省中小企业发展环境总体向好。

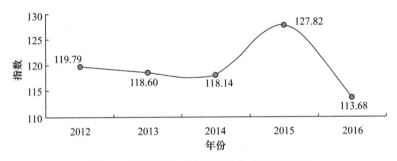

图7-2　浙江省中小企业综合景气指数趋势

几年来,浙江省推进"四张清单一张网",致力于打造"众创空间"、建设特色小镇等,为中小微企业创业创新提供了良好环境。以中小微企业为主体,新产业、新技术、新商业模式、新业态不断在浙江涌现和发展。特别是科技型企业、电商企业已经成为新常态下浙江新经济增长点和转型升级的主要推动力。此外,2016年在浙江杭州成功召开的G20峰会将加速浙江"一带一路"战略的实施和跨境电子商务的发展,进一步拓展中小企业海外投资空间与合作领域。随着浙江省中小企业发展"十三五"规划、浙江省"小微企业三年成长计划"、"十三五"浙江工业强省建设及"中国制造2025浙江行动纲要"等一系列重大战略举措的落地实施,预测浙江中小微企业综合景气指数近期有望实现回升。

三、江苏省

2016年,江苏省中小企业综合景气指数与上年相比下降1位,排名在广东、浙江之后居全国第3位。从分类指数来看,尽管其工业中小企业景气指数仍超过广东、浙江居全国首位,近年来企业家信心指数也有明显提升,但反映中小企业成长性指标的上市中小企业景气指数居广东、浙江和北京之后排全国第四位,从而相对拉低了其中小企业综合景气指数。此外,同全国多数省份类似,由于其主要分类指数同比有所下滑,其综合景气指数与上年相比也呈现下滑探底趋势,如图7-3所示。总体看来,江苏省工业中小企业景气指数坚挺,综合景气在合理区间波动。

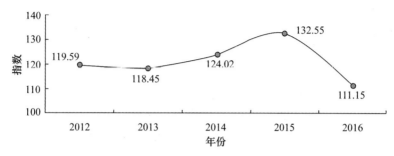

图 7-3　江苏省中小企业综合景气指数趋势

四、山东省

2016 年,山东省中小企业景气指数排名与 2015 年一致,位居全国第 4 位。近五年综合指数情况见图 7-4。其中,工业中小企业景气指数与上年持平(全国第 4 位),上市中小企业景气指数比上年下降 1 位居全国第 6 位,中小企业比较景气指数较上年下降 1 位,2016 年的综合景气指数比上年略有回落,但近几年总体呈现平稳波动的趋势。

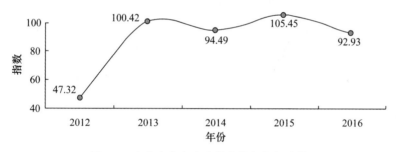

图 7-4　山东省中小企业综合景气指数趋势

五、河南省

2016 年,河南省中小企业综合景气指数值同比有所下降(如图 7-5 所示),排名与上年相同居全国第 5 位。三个分类指标中,工业中小企业景气指数排全国第 5 位,与上年持平;上市中小企业景气指数较上年下降 3 位,排名全国第 9 位;中小企业比较景气指数较上年排名上升 2 位,居全国第 13 位。河南省把 2016 年作为"企业金融服务年",完善中小企业网络融资服务平台,开展"银税春风行动"力助中小企业综合景气回升。

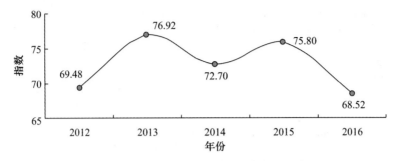

图 7-5　河南省中小企业综合景气指数趋势

六、北京市

2016 年,北京市中小企业综合景气指数排名上升 5 位,位居全国第 6 位。其中,工业中小企业景气指数排名上升 2 位,体现企业家信心与综合景气度的中小企业比较景气指数上升 2 位,上市中小企业景气指数也保持了全国第 3 位的高水准,显示出北京市中小企业发展总体具有良好的环境条件。近年来,北京市围绕建设全国科技创新中心,启动了科技型中小企业促进专项项目。根据北京市经信委的数据显示,2016 年第一季度,北京中小企业创业投资引导基金运行总规模为 61.7 亿元,其中引导基金协议出资额 15.4 亿元,合作创投机构协议出资 46.3 亿元,财政资金放大倍数超过 4 倍,为促进中小企业平稳发展提供了有力支持。总体看来,近几年北京市中小企业综合景气指数保持稳健上升趋势(见图 7-6)。

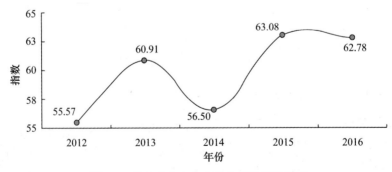

图 7-6　北京市中小企业综合景气指数趋势

七、上海市

2016 年,上海市中小企业综合景气指数排名居全国第 7 位,与上年相比下降 1 位。从分类指数来看,尽管上市中小企业景气指数与比较景气指数都有所提升,但受出口不振等的影响,工业中小企业景气指数排名下降了两位,从而使 2016 年综合指数出现了较大下滑(见图 7-7)。

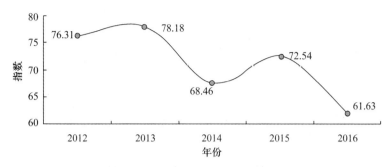

图 7-7　上海市中小企业综合景气指数趋势

八、福建省

2016 年,福建省中小企业综合景气指数排名下降 1 位,居全国第 8 位。从分类指数来看,工业中小企业景气指数排名上升 1 位,居全国第 8 位;但上市中小企业景气指数下降 1 位,居全国 12 位,反映企业家信心与总体景气度的比较景气指数同比下降 2 位,居全国第 7 位,使其中小企业综合景气指数总体呈现下滑态势(见图 7-8)。

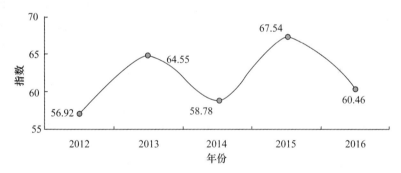

图 7-8　福建省中小企业综合景气指数趋势

九、辽宁省

2016 年,辽宁省中小企业综合景气指数较上年下降 1 位,排名全国第 9 位。从分类指数来看,工业中小企业景气指数与上年持平,居全国第 6 位。反映企业家信心的中小企业比较景气指数下降 2 位,排名全国第 24 位。上市企业指数较上年下降两位,排名全国第 11 位。总体看来,受区域宏观经济下滑的影响,近几年辽宁省中小企业综合景气指数呈现连续下滑态势(见图 7-9)。

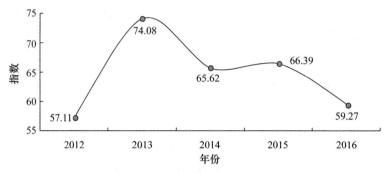

图 7-9　辽宁省中小企业综合景气指数趋势

十、河北省

2016 年,河北省中小企业综合景气指数排名全国第 10 位,比上年上升 2 位。从分类指数来看,中小企业比较景气指数排名上升 3 位,居全国 15 位,表明企业家信心有所提升,但其工业中小企业景气指数和上市中小企业景气指数没有明显提升。总体看来,近几年河北省中小企业综合景气指数呈现持续走低的趋势(见图 7-10)。

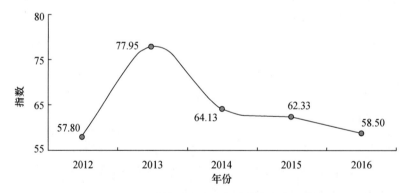

图 7-10　河北省中小企业综合景气指数趋势

十一、安徽省

2016 年,安徽省中小企业综合景气指数排名全国第 11 位,比上年上升 2 位。从分类指数来看,体现企业家信心的比较景气指数排名上升 1 位,居全国第 12 位。工业中小企业景气指数和上市中小企业景气指数排名均上升 2 位。虽然安徽省 2016 年中小企业综合景气指数同比稍有回落,但近几年总体呈现稳定发展态势(见图 7-11)。

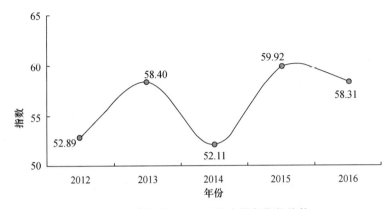

图7-11　安徽省中小企业综合景气指数趋势

十二、四川省

2016年,四川省中小企业综合景气指数排名全国第12位,较上年下降2位。从分类指数来看,工业中小企业景气指数和上市企业综合景气指数排名与上年持平,分别居全国第10位和第8位。体现企业家信心与总体景气度的中小企业比较景气指数下降1位,居全国第11位。近五年来四川省中小企业综合景气指数总体呈现M形的波动趋势(见图7-12)。

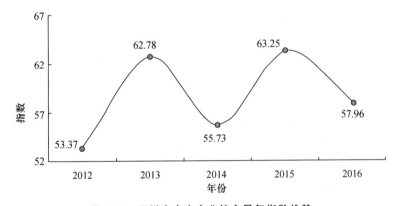

图7-12　四川省中小企业综合景气指数趋势

十三、湖北省

2016年,湖北省中小企业综合景气指数较上年下降4位,排名第13位。从分类指数来看,工业中小企业和上市中小企业景气指数排名都下降1位,分别居全国第9位和第16位。但比较景气指数排名上升2位,居全国第10位。总体看来,近五年来湖北省中小企业综合景气指数也呈M形上下波动(见图7-13)。

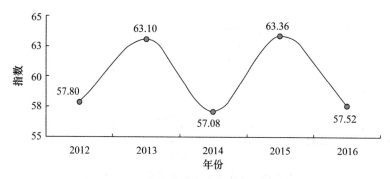

图 7-13　湖北省中小企业综合景气指数趋势

十四、湖南省

2016 年,湖南省中小企业综合景气指数排名全国第 14 位,与上年相同。反映企业家信心与综合景气度的中小企业比较景气指数在 2016 年有所下滑,由 2015 年的排名第 11 位降至第 14 位;工业中小企业景气指数与上年持平,居全国第 13 位;上市中小企业景气指数较上年上升 3 位,居全国第 7 位。总体来看,近五年湖南省中小企业景气指数在 50 至 60 之间平稳波动(见图 7-14)。

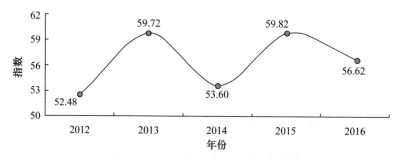

图 7-14　湖南省中小企业综合景气指数趋势

十五、天津市

2016 年,天津市中小企业综合景气指数排名全国第 15 位,与上年相同。从分类指数来看,上市中小企业景气指数上升 9 位,居全国第 13 位;体现中小企业综合经营状况和企业家信心的比较景气指数上升 3 位,居全国第 5 位;工业中小企业景气指数下降 1 位,居全国第 15 位。受工业企业景气回落影响,2016 年天津市中小企业综合景气指数稍有下滑,但总体来看,近几年天津市中小企业综合景气指数呈现稳健回升态势(见图 7-15)。

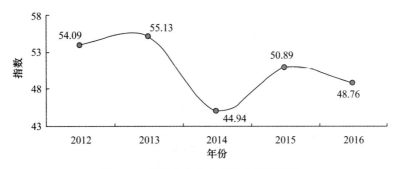

图 7-15　天津市中小企业综合景气指数

十六、重庆市

2016 年,重庆市中小企业综合景气指数排名全国第 16 位,较上年上升 1 位。其主要原因在于其上市中小企业景气指数排名有所提升,由 2015 年的全国第 23 位上升到第 21 位;工业中小企业景气指数和中小企业比较景气指数与上年持平,分别居全国第 21 位和第 9 位。从总体趋势来看,近两年天津市中小企业综合景气指数波动幅度不大(见图 7-16)。

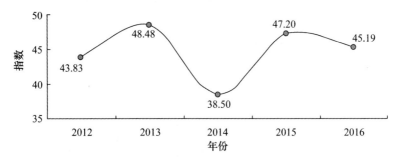

图 7-16　重庆市中小企业综合景气指数

十七、江西省

2016 年,江西省中小企业综合景气指数有所下降,排名第 17 位,较上年下降 1 位。尽管工业中小企业景气指数上升 1 位,但上市中小企业指数排名下降了 9 位,从而使综合景气指数出现较大下滑(见图 7-17)。近年来江西省重点孵化催生万家小微企业,鼓励小微企业创业园利用废旧厂房改造及建设标准厂房,力争扩大政策覆盖面,提升区域中小微企业发展景气。

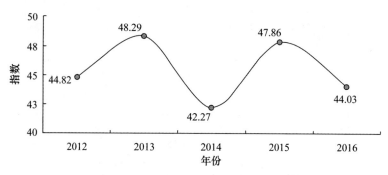

图 7-17　江西省中小企业综合景气指数

十八、陕西省

2016 年,陕西省中小企业综合景气指数排名全国第 18 位,较上年上升 2 位。虽然反映企业家信心和总体景气度的中小企业比较景气指数出现小幅下滑,但上市中小企业景气指数强力上升 10 位(居全国第 14 位),从而拉动了综合景气指数的提升(见图 7-18)。2016 年陕西省通过推动中小企业成长梯队建设,对创新能力强、市场前景好的中小企业进行重点培育,形成"雁阵"式发展格局,进一步增强了区域中小企业持续发展的后劲。

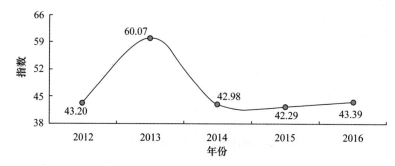

图 7-18　陕西省中小企业综合景气指数

十九、吉林省

2016 年,吉林省中小企业综合景气指数全国排名第 19 位,与上年相同。受区域宏观经济下行影响,工业中小企业景气改善迹象不明显,反映中小企业家信心与总体景气度的比较景气指数、上市中小企业景气指数均下降 1 位,中小企业综合景气指数持续走低(见图 7-19)。

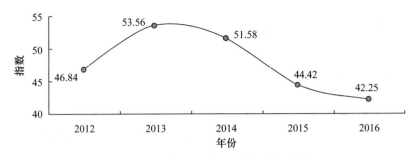

图 7-19　吉林省中小企业综合景气指数

二十、贵州省

2016年,贵州省中小企业综合景气指数全国排名第20位,与上年相比上升2位。从分类指数来看,工业中小企业景气指数与上年排名相同,上市中小企业景气指数排名下降1位,但体现企业家信心和综合景气度的比较景气指数较上年排名上升1位,特别是着力发展大数据产业、改善中小企业物流环境,使其综合景气指数呈现持续上升趋势(见图7-20)。

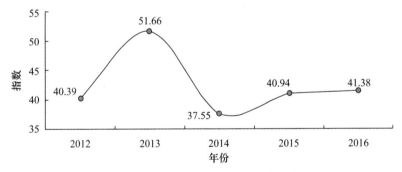

图 7-20　贵州省中小企业综合景气指数

二十一、广西壮族自治区

2016年,广西壮族自治区中小企业综合景气指数排名全国第21位,与上年相比下滑3位。从分类指数来看,工业中小企业气指数排名下滑2位,上市中小企业景气指数排名下滑6位,反映企业家信心和总体景气度的比较景气指数排名也下滑3位,从而使其中小企业综合景气指数继续下滑探底(见图7-21)。

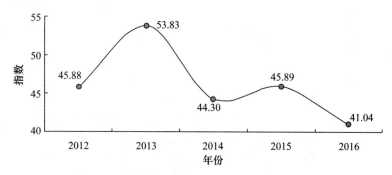

图 7-21 广西壮族自治区中小企业综合景气指数

二十二、云南省

2016 年,云南省中小企业综合景气指数排名全国第 22 位,较上年上升 1 位。从分类指数来看,工业中小企业景气指数与上年持平,上市中小企业景气指数及比较景气指数排名均上升 3 位,使其综合景气指数呈现微弱上升趋势(见图 7-22)。近年来,云南省贯彻"创新、协调、绿色、开放、共享"的发展理念,努力为中小微企业创业创新提供"找得着、用得起、有保证"的公共服务,以进一步提升中小企业发展景气。

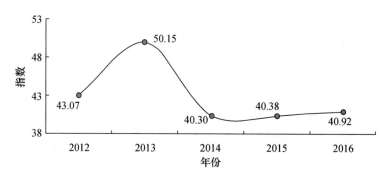

图 7-22 云南省中小企业综合景气指数

二十三、山西省

2016 年,山西省中小企业综合景气指数排名全国第 23 位,与上年相比上升 1 位。从分类指数来看,工业中小企业景气指数排名未变,但上市中小企业景气指数及比较景气指数排名均上升 1 位,从总体趋势看,综合景气指数同比略有提升,但尚未出现明显改善(见图 7-23)。

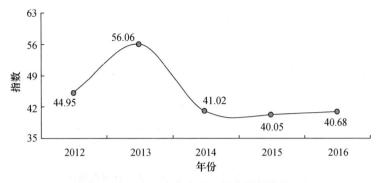

图 7-23　山西省中小企业综合景气指数

二十四、新疆维吾尔自治区

2016年,新疆中小企业综合景气指数排名全国第24位,较上年下降3位。主要是因为工业中小企业景气低迷,特别是受上市中小企业景气指数和中小企业比较景气指数大幅下滑的影响,综合景气指数下跌至近五年来最低点(见图7-24)。为提升中小企业发展景气,近年来新疆大力建设中小企业创业园,重点开展扶助小微企业专项行动。

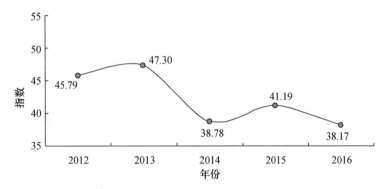

图 7-24　新疆维吾尔自治区中小企业综合景气指数

二十五、甘肃省

2016年,甘肃省中小企业综合景气指数排名全国第25位,与上年排名相同。从分类指数来看,工业中小企业景气指数排名未有变化,上市中小企业景气指数及比较景气指数排名分别上升2位和1位。总体来看,甘肃省中小企业发展景气基本持续低位运行(见图7-25)。近年来,甘肃省积极开展招商引资,充分发挥中小企业创业就业孵化示范基地的功能和作用,力助区域中小企业景气提升。

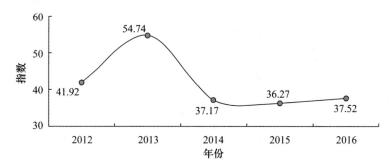

图 7-25　甘肃省中小企业综合景气指数

二十六、海南省

2016年,海南省中小企业综合景气指数排名全国第 26 位,与上年排名相同。从分类指数来看,上市中小企业景气指数上升 2 位排名全国第 24 位,但反映企业家信心和总体景气度的比较景气指数下滑 3 位。总体来看,海南省中小企业发展景气仍处于低位运行态势,未观察到明显上升趋势(见图 7-26)。

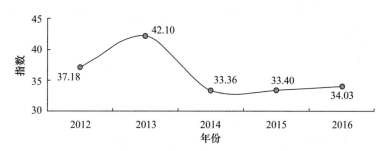

图 7-26　海南省中小企业综合景气指数

二十七、西藏自治区

2016年,西藏中小企业综合景气指数排名全国第 27 位,与上年相同。从分类指数来看,工业中小企业景气指数和比较景气指数排名仍居全国末位,上市中小企业景气指数全国排名下滑 6 位,中小企业综合景气呈现低位运行态势(见图 7-27)。为改善高原地区中小微企业投融资发展环境,西藏自治区推出了《中小微企业小额贷款保证保险管理试点暂行办法》,设立了中小企业发展专项资金,以切实促进资源型、科技型中小企业的健康发展。

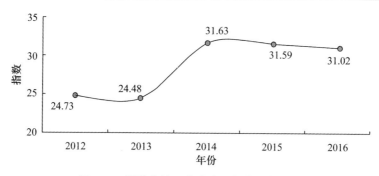

图 7-27　西藏自治区中小企业综合景气指数

二十八、内蒙古自治区

2016年,内蒙古自治区中小企业综合景气指数排名全国第28位,与上年排名相同。从分类指数来看,工业中小企业景气指数排名没有变化,上市中小企业景气指数排在全国后列,但反映企业家信心的比较景气指数排名上升5位,综合景气指数同比有所上升(见图7-28),但远远落后于东部中小企业发达省份。

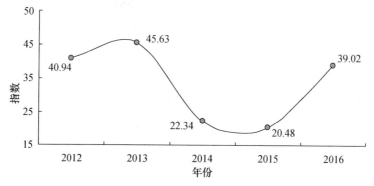

图 7-28　内蒙古自治区中小企业综合景气指数

二十九、黑龙江省

2016年,黑龙江省中小企业综合景气指数排名全国第29位,与上年排名相同。由于区域经济下行、上市企业数量较少,上市中小企业景气指数排在全国后列,工业中小企业景气指数排名与上年持平,但比较景气指数排名上升3位。从总体趋势看,综合景气指数略呈上升趋势,仍处于低位运行状态(见图7-29)。

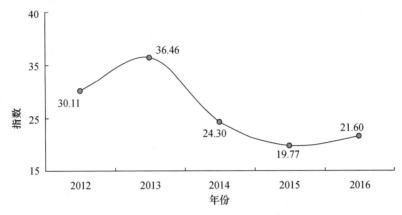

图 7-29 黑龙江省中小企业综合景气指数

三十、宁夏回族自治区

2016 年,宁夏回族自治区中小企业综合景气指数排名全国第 30 位,与上年排名相同。其中,反映企业家信心的比较景气指数下滑 1 位,上市中小企业景气指数位于全国后列,工业中小企业景气指数与上年持平。总体来看,其综合景气指数同比略有提升,但近几年平均指数在 20 以下的低位运行(见图 7-30)。

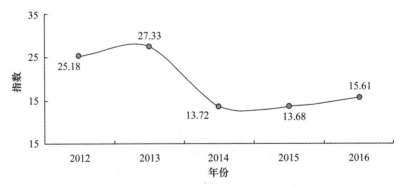

图 7-30 宁夏回族自治区中小企业综合景气指数

三十一、青海省

2016 年,青海省中小企业综合景气指数排名全国垫底。从分类指数来看,工业中小企业景气指数排名未变,上市中小企业景气指数位于全国后列,但比较景气指数排名上升 1 位,从总体趋势看,青海省综合景气指数同比略有提升,但近几年平均指数也在 20 以下,呈低位运行状态(见图 7-31)。

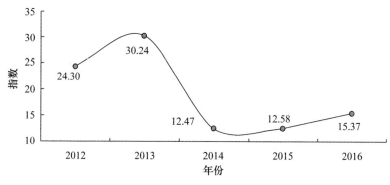

图 7-31　青海省中小企业综合景气指数

第二节　七大地区中小企业景气变动趋势

一、华东地区

华东地区包括上海市、江苏省、浙江省、山东省、福建省、江西省和安徽省,华东地区各省份的综合景气指数未见明显上升趋势(见图 7-32)。近五年来,该地区中小企业景气指数稳居全国七大地区首位,显示了长三角经济带中小企业的发展活力。新常态下长三角地区经济呈现出"经济中速增长、转型加快推进、质量效益提升"的特征,经济增长速度、效益仍领先于全国,对全国经济增长起到极大的支撑作用。

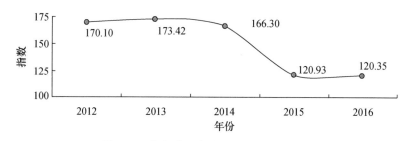

图 7-32　华东地区中小企业综合景气指数

二、华南地区

华南地区包括广东省、海南省和广西壮族自治区,其中小企业景气指数仅次于华东地区,排名全国第二。广东省仍是华南地区三个省份中小企业的支柱。受经济压力下行的影响,华南地区三个省份中小企业景气指数涨幅均不明显,华南地区总体景气指数处于低位运行态势,未见明显上升趋势(见图 7-33)。

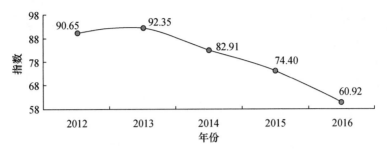

图 7-33　华南地区中小企业综合景气指数

三、华北地区

华北地区包括北京市、天津市、河北省和内蒙古自治区。2016年华北地区中小企业综合景气指数在全国七大地区排名上升1位。总体来看,除内蒙古自治区中小企业综合景气指数上升外,北京市、天津市和河北省综合景气指数均有不同幅度的下滑。受产业结构调整和转型升级的压力,该地区中小企业综合景气指数稍有回升,但仍处于低势运行状态(见图7-34)。

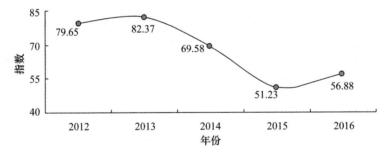

图 7-34　华北地区中小企业综合景气指数

四、华中地区

华中地区包括河南省、湖北省和湖南省。2016年,该地区在全国七大地区排名下降至第4位。中部地区发展动力不断增强,承接产业转移力度持续加大。面对世界经济复苏放缓、国内经济下行压力加大的复杂形势,大量中小企业仍面临转型升级的挑战。华中地区三个省份中小企业景气指数均处于下滑趋势,总体景气指数处于低位运行态势,下滑趋势仍较明显(见图7-35)。

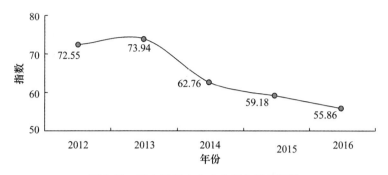

图 7-35　华中地区中小企业综合景气指数

五、西南地区

西南地区包括重庆市、四川省、贵州省、云南省和西藏自治区。2016 年西南地区中小企业综合景气指数在全国七大地区中排名第五,与上年持平。西部地区经济发展稳中有进,西藏、重庆、贵州工业增速继续位居全国前三位,工业下行压力依然较大,该地区资源型和劳动密集型的中小企业面临转型升级,总体综合景气指数仍处于下滑趋势(见图 7-36)。

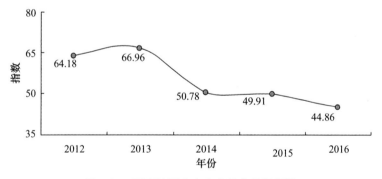

图 7-36　西南地区中小企业综合景气指数

六、东北地区

东北地区包括辽宁省、吉林省和黑龙江省三省。2016 年东北地区中小企业综合景气指数在全国七大地区中排名第五,较上年上升 1 位。东北地区经济指标低位徘徊,发展形势仍然严峻,但吉林、黑龙江地区出现回升苗头,主要经济指标较去年同期略有提高。总体来看,综合景气指数稍有回升(见图 7-37)。

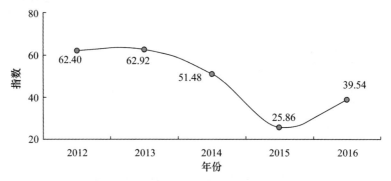

图 7-37　华北地区中小企业综合景气指数

七、西北地区

西北地区包括陕西省、甘肃省、青海省、宁夏回族自治区和新疆维吾尔自治区,是中国经济发展相对落后的地区。2016 年,中小企业综合景气指数在全国七大地区中排名末位,较上年下滑 1 位。西北五省积极推进"一带一路",但经济下行压力持续加大,综合景气指数未见明显上升趋势(见图 7-38)。

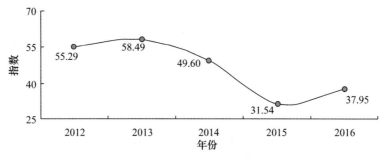

图 7-38　西北地区中小企业综合景气指数

第三节　2016 年中国中小企业景气状况综合分析

综合分析 2016 年中国中小企业景气指数的走势与特征后发现,中国中小企业在景气下行探底趋势下,创业创新激情高涨;智能制造和"互联网+"促进中小企业融入产业新生态;中小企业协同大企业参与"一带一路"建设,拓展了国际合作发展空间;供给侧结构性改革引领中小企业发展进入"新常态"。同时,研究表明,当前中国中小企业发展面临的宏观经济形势严峻,存在综合要素成本高企、融资难融资贵、"工匠精神"不足、区域发展不平衡等突出问题。最大限度地释放政策红利,切实缓解这些现实问题,是促进中国中小企业稳健发展的关键所在。

一、五大研究发现

(一) 中小企业景气下行探底

2016年,基于地区工业总产值加权计算的全国中小企业平均景气指数从2015年的87.65回落到77.20,降幅超过10%,跌至近五年来最低(见图7-39)。

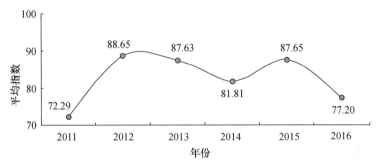

图7-39 中国中小企业景气平均指数的波动趋势

分析2016年全国中小企业景气下行探底的原因,除了持续受宏观经济企稳信号微弱、工业生产增速明显回落和企业经营效益显著下降的影响之外,中小板、创业板及新三板上市企业市值缩水,企业家信心不足等多重因素叠加,导致全国中小企业景气指数出现较大回落。

(二) 大众创业万众创新政策红利频发,创业创新激情高涨

2015年以来,中国在国家层面对于中小企业的重视程度之高、扶持力度之大可谓前所未有,这在一定程度上避免了中小企业景气出现更大断崖式的下跌,使中小企业景气总体维持在基本合理区间。最重要的政策红利体现在两大方面:

一是强力推动"双创"。为推动"大众创业、万众创新",国家和地方都先后出台了一系列扶持中小企业创业的政策措施。2016年5月,国务院办公厅印发了《关于建设大众创业万众创新示范基地的实施意见》,系统部署双创示范基地建设工作,同时设立国家新兴产业创业投资引导基金,助力创业创新和产业升级;各地从扶植创办小微企业,到打造"众创空间"等,也为改善中小企业创业创新环境等提出了具体有效的落实措施。"双创"还进一步推动了简政放权、以创业促进就业,激发了市场活力,为中小企业发展注入了新动能。

二是强力实施减税。一方面,国家自2015年1月1日至2017年12月31日,对年应纳税所得额低于20万元(含20万元)的小型微利企业,其所得按50%计入应纳税所得额,按20%税率缴纳企业所得税;同时,从2016年5月开始,全面推开营改增试点,将建筑业、房地产业、金融业、生活服务业等全部营业税纳税人纳入试点范围,通过强化结构性减税,降低小微企业的所得税税率,提高所得税和营业

税的起征点,减免个人在"新三板"所获得的股息红利所得。另一方面,结合 600 亿元规模的国家中小企业发展基金的运用,针对科技企业孵化器实施营业税优惠政策,推动财政资金流向优质中小企业群体,重点支持中小企业围绕电子信息、光机电一体化、资源与环境、新能源与高效节能、新材料、生物医药、现代农业及高技术服务等领域开展科技创新活动。同时,加大对薄弱环节的投入,突破制约中小企业发展的短板与瓶颈。这些力度更大的财税优惠政策的实施,进一步使中小企业减压松绑,专注成长与发展。

(三)"中国制造 2025""互联网+"促进中小企业融入产业生态

基于智能制造、互联网和大数据的"中国制造 2025"为中小企业创造了新的创新机遇,加速制造企业成本再造倒逼中小企业优胜劣汰。通过整合先进技术同传统产业的有机结合,积极引导中小企业参与智能制造产业链,推动中小企业生产制造过程的智能化和网络化,明显降低能耗,引导中小企业以需定产、提高质量品牌。中小企业成为配套支撑大企业生产、加快创新成果工程化、产业化和推广应用的黏合剂。大企业"搭台",中小企业协作创新与生产促成"大平台+小前端+富生态"的组织形态,一大批中小企业满足个性化需求成为小前端,融入"众包""云设计""生产性服务业"等新业态。

中小企业是互联网创业创新的主力军,也是新业态的大浪淘沙者。"互联网+创新"大大降低了创业门槛,新创中小企业积极活跃在创新发展一线。一方面,新注册中小企业数量激增。2016 年上半年,全国新登记企业 261.9 万户,同比增长 28.6%,平均每天新产生企业 1.4 万户。同期,全国注吊销企业总数约 87.82 万户,平均每天"死亡"企业 4800 多户。综合来看,上半年全国日均净增企业数量为 9 600 多户。新增企业继续向服务业倾斜,信息传输、软件和信息技术服务业、文化、体育和娱乐业、教育行业的新注册企业数量同比增速高达四成及以上。另一方面,2015 年以来,中小板、创业板上市和新三板挂牌企业数量同比都大幅增长。电子商务、"互联网+"持续成为中小企业融入新业态的主要途径。

(四)人民币汇率下滑,有利于中小企业国际成长空间

中小企业出口主要是服装、玩具、五金工具等轻工产品,属于劳动密集型技术含量低的产品。国内劳动力成本上升,降低了出口产品的竞争力。2016 年以来,人民币汇率彻底打破了单边升值预期,双向波动趋势更为明显。人民币汇率震荡走软,但对于全球主要非美货币及主要货币篮子的汇率指数总体保持稳健,这为中小企业扩大出口贸易创造了便利条件。此外,借助"一带一路"建设和出口退(免)税优惠政策等,中小企业通过同大企业合作的方式一起走出去,拓展了国际合作空间。

(五)深化供给侧结构性改革,中小企业发展进入"新常态"

随着国家供给侧结构性改革政策的落地,"去产能、去库存、去杠杆、降成本、补短板"促进中小企业加快进入"新常态",中小企业从数量扩张转向质量发展。企业利润正在被不断压缩,以往价格优势所带来的产品竞争力也将不复存在。人口红利的减少和工人数量的短缺对于中小企业特别是劳动密集型产业的影响巨大。依赖低廉劳动力优势的高速成长不可持续,劳动力成本上升成为新常态。不断优化产业分布结构、规模结构、组织结构、产品结构成为中小企业内涵式发展的新常态。仅靠要素驱动难以实现中小企业的持续发展,技术创新、管理创新、商业模式创新成为中小企业发展的新常态。

二、五大突出问题

本报告研究表明,中国中小企业的景气现状当前存在以下五大突出问题。切实解决这些问题,成为当前促进中国中小企业稳健发展的关键。

(一)要素成本上升,利润空间不断压缩

土地、劳动力、环境、水电等要素成本仍持续上升,进一步挤压了中小企业的利润空间。特别是劳动力对于工作环境、职业发展、薪酬待遇等的诉求更强,这从一个侧面拉高了劳动力成本,劳动力成本上升直接挤压了企业的利润空间。

(二)融资难融资贵问题仍旧存在,中小企业连环倒闭依然频发

金融体系深化改革进一步推动了中小企业融资环境趋好,但融资难融资贵问题仍旧存在。中小企业一般被要求通过联保互保方式申请贷款,融资成本一般比大企业高出50%—100%,并且银行对中小企业的抽贷、停贷等情况经常发生,中小企业往往通过民间高利贷融资。近年来由于互联互保引发的资金链断裂,进而引起的中小企业连环倒闭现象呈回潮多发态势。

(三)区域发展不平衡现象仍然普遍存在

研究结果显示,东部沿海地区中小企业发展活跃,中西部地区发展相对滞后。尽管与上年相比省际综合指数区域差异有所缓和,但指数排名第一位的广东与排名最低的青海相比差距仍高达8倍。此外,从区域中小企业综合景气指数来看,只有华东地区超过全国平均指数,多数地区在平均值以下,最高的华东地区与最低的西北地区也相差3倍以上,这说明中国地区之间中小企业发展仍很不平衡。

(四)工匠精神普遍不足,技术创新能力有待提升

中国中小企业"作坊式""短期经营行为""粗放式发展"等现象仍未得到根本转变,低技术、欠熟练、流动性大的外来务工者仍是中小企业技术工人的主力军,技术人才缺乏成为中小企业发展的一个重要瓶颈,工匠精神普遍不足,"专精特新"企业的行业分布较窄,而且多集中在产业链高端,这都阻碍了中小企业技术创

新能力的内部传承与总体提升。

（五）阻碍中小企业技术创新的体制机制因素没有根本消除

近年来,尽管各级政府出台负面清单制度,放松一些行业的市场准入门槛,但由于中小企业资源配置能力有限,仍受到大企业的排挤。一些地方过于跟风强调做大做强国有大企业,偏爱大项目投资拉动当地经济,而忽视民营中小企业的发展权益。中小企业仍难以进入垄断性行业,生存与成长空间受限。

第八章 2016年中国主要城市中小企业景气指数测评

编制中国主要城市中小企业景气指数是区域中小企业景气指数研究的重要课题。该研究对于分析把握中国主要城市中小企业发展的现状,探索中国区域中小企业发展的新规律和新课题,具有重要意义。

第一节 评价对象与评价方法

评价中国主要城市中小企业景气的思路和方法与研究省际中小企业综合景气基本相同,即根据主要城市工业中小企业景气指数、上市中小企业景气指数和比较景气指数三个分类指数进行加权来计算分析。

工业中小企业景气指数主要采用合成景气指数进行计算,评价对象是主要城市规模以上(主营业务收入达到2 000万元及以上)的工业中小企业。由于考察期间中国经济周期性并不是很明显,因此,在运用合成指数计算时忽略了经济周期对工业中小企业景气指数的影响,着重对一致指数进行计算与分析,以此来表示主要城市工业中小企业景气指数。

上市中小企业景气指数则采用主成分分析法、扩散指数法和合成指数法的方法,其评价对象为截至2015年12月30日在深交所上市的中小板和创业板企业,以及在全国中小企业股份转让系统(NEEQ)挂牌交易的新三板企业。

比较景气指数基于非官方和研究机构的中小微企业景气监测调查数据,本年度报告选取百度中小企业景气指数和中国中小企业研究院的景气调查问卷数据两项指标,据此计算出主要城市中小企业比较景气指数。

第二节 样本的选取与指标体系

一、样本选取

本章首先选取了中国四大直辖市以外的省会城市,如杭州、福州、成都等。其次,参考中小企业具体的分布情况,针对部分省份选取了中小企业数量多的主要工业城市,如江苏选取苏州代替省会城市南京,山东选取青岛代替省会城市济南,辽宁选取大连代替省会城市沈阳。由此最终确定了苏州、杭州、合肥、福州、青岛、郑州、武汉、长沙、广州、成都、贵阳、西安、乌鲁木齐、石家庄、大连、昆明16个主要城市。鉴于直辖市为省级行政单位,在中小企业数量、规模及发展水平上与一般的省级市和地级市没有可比性,所以未纳入本章的计算排名。

工业中小企业景气指数和比较景气指数主要是基于城市统计年鉴数据,其中,由于统计年鉴中未报告武汉和贵阳的相关企业调查数据,因此,在计算中小企业综合景气指数时根据统计原则做了部分忽略处理。

对于上市中小企业景气指数,选取深交所上市的1 098家上市中小企业中注册地址位于上述16个城市的261家企业(已去除部分数据严重缺乏的企业);对于新列入的新三板景气指数,主要根据新三板成分指数及做市指数样本库,选取了79家注册地址位于上述16个城市的新三板企业。对三个板块的上市企业数据进行计算分析,最终系统总结了中国主要城市中小企业的最新发展现状。

二、指标体系说明

1. 工业中小企业景气指数

主要城市工业中小企业景气指数的指标体系主要考虑一致指标的影响,即采用工业总产值、企业单位数、资产总计、主营业务收入、利润总额、税金总额来计算工业中小企业景气指数。先行指标和滞后指标仅作为参考。

2. 上市中小企业景气指数指标

同样主要考虑一致指标的影响,选取总资产、主营业务收入、财务费用、利润总额、税金总额这五个指标作为计算依据。先行指标和滞后指标仅用作参考。

3. 比较景气指数指标

主要选取百度中小企业景气指数和中国中小企业研究院的景气调查问卷数据两项指标,反映企业家信心及企业所在城市的总体景气度。

第三节 分项指数与综合指数的计算结果

一、计算方法

关于中国主要城市工业中小企业景气指数,由于报告采用合成指数法,最后需要进行基年调整,为了使各主要城市工业中小企业景气指数波动控制在0至200之间,本研究以2007年各城市的平均值作为基年数据。同时,由于本研究收集的数据是2005—2014年的年度数据,没有明显的多个经济周期循环,因此本报告在运用合成指数算法进行计算时省略了趋势调整的步骤。另外,由于本报告关注的是中国转型期工业中小企业景气指数状况,经过计算,获得了16个主要城市的 2006—2015 年工业中小企业一致合成指数。最后,对 2016 年主要城市工业中小企业景气指数运用最小二乘法进行了预测。

关于上市中小企业景气指数的计算,首先,将企业数量进行无量纲化处理;其次,将合成的景气指数和企业数量与其相对应的权重相乘;最后,将获得的乘数相加作为反映上市中小企业景气指数的值。

中小企业比较景气指数反映中小企业家的信心及样本企业所在城市的总体景气度。基于专家咨询法得到百度中小企业景气指数和中国中小企业研究院的中小微企业景气调查问卷数据两个分项指标的权重,最后合成为比较景气指数。

最后,本报告将工业中小企业景气指数、上市中小企业景气指数和中小企业比较景气指数进行综合,从而获得中小企业综合景气指数。由于计算各分类指数的时间跨度不尽相同,本章在测评计算时分为两个阶段进行数据处理。第一阶段为 2006—2009 年的中小企业景气指数,采用工业中小企业景气指数作为中小企业景气指数;第二阶段 2010—2016 年的中小企业景气指数,则综合了工业中小企业景气指数、上市中小企业景气指数和中小企业比较景气指数三个指数。

二、计算过程与结果

在具体计算过程中,由于上述两阶段的计算均涉及两种以上景气指数的合成,本报告关于中小企业景气指数的具体算法分为以下两步:

第一步,确定工业中小企业景气指数、上市中小企业景气指数以及中小企业比较景气指数在中国中小企业景气指数评价中的权重。首先,运用层次分析法,确定工业中小企业景气指数、上市中小企业景气指数和中小企业比较景气指数的权重;其次,在咨询了浙江工业大学中国中小企业研究院和国内相关专家及研究人员的意见后,结合本报告研究团队成员所获得的相关资料进行内部讨论;最后,确定中国工业中小企业景气指数、上市中小企业景气指数和中小企业比较景气指数的权重分别为 0.5、0.4、0.1。

第二步,计算不同阶段的中小企业景气指数。

根据以上计算方法及计算过程,2016 年中国主要城市中小企业景气指数分项数据及综合指数的计算结果如表 8-1 所示。

表 8-1　2016 年中国主要城市中小企业景气指数分项数据及综合数据

城市	工业中小企业景气指数	上市中小企业景气指数	中小企业比较景气指数	综合景气指数
苏州	152.29	126.94	103.72	137.29
杭州	126.03	121.71	104.11	122.11

(续表)

城市	工业中小企业景气指数	上市中小企业景气指数	中小企业比较景气指数	综合景气指数
广州	103.70	114.54	94.75	107.14
青岛	73.77	94.40	91.77	83.82
成都	39.60	97.70	89.64	67.85
郑州	39.75	93.51	88.39	66.12
福州	36.00	96.50	93.87	65.99
武汉	35.49	92.14	90.02	63.60
石家庄	38.78	88.80	85.12	63.42
大连	37.21	89.17	74.66	61.74
长沙	23.33	101.11	86.64	60.77
合肥	15.39	99.44	88.73	56.34
昆明	16.66	92.02	82.24	53.36
西安	14.40	95.65	76.75	53.13
贵阳	11.05	91.22	83.21	50.34
乌鲁木齐	6.87	97.24	68.75	49.21

三、主要城市中小企业景气指数综合评价

根据上述计算结果,2016 年,中国除直辖市以外的 16 个主要城市中小企业综合景气指数的排名状况如图 8-1 所示。

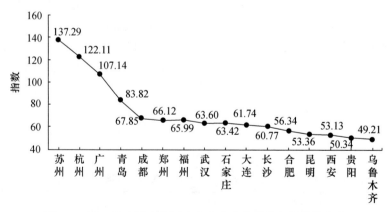

图 8-1　2016 年中国主要城市中小企业综合景气指数及排名

研究结果显示,2016 年,苏州、杭州和广州 3 市蝉联中国主要 16 城市中小企业综合景气指数前三甲。总体变动趋势有以下三个主要特点:

(1) 主要城市之间中小企业综合景气指数差异很大,但差距有缩小趋势。最

高的苏州与最低的乌鲁木齐相差约2.8倍,差距相比上年有所减小。如图8-1所示,2016年中国主要城市中小企业综合景气指数大体可划分为三个层次。第一层次包括苏州、杭州和广州,与上年一致,其平均指数为122.18,较上年有所下降;第二层次为青岛、成都、郑州、福州、武汉、石家庄、大连、长沙,平均指数为66.66,较上年有所提升;第三层次包括合肥、昆明、西安、贵阳和乌鲁木齐,平均指数为52.48,其中合肥所处层次呈现下降趋势,第三层次的平均指数较上年增幅较大。

(2)东部城市中小企业综合景气指数仍明显高于中部和西部城市。排名前5位的城市中,东部占据4个,前三甲都来自东部城市。而中部与西部城市中小企业综合景气指数近年来都有不同程度提升,中西部地区内部的差异不大。

(3)主要城市中小企业综合景气指数排名与前述省际中小企业综合景气指数的层次分布相对一致,但同年排名有错位之处。如第一层次都集中在华东、华南地区;与2016年省际排名比较,广东省排名第一,但广州在城市排名中仍居苏州和杭州之后居于第三位;苏州、成都、武汉、长沙和昆明等城市分别比江苏、四川、湖北、湖南和云南等2016年省际排名略显靠前;杭州市、青岛市与浙江省及山东省在各自的排名榜中位次相同,分别都为第二位、第四位。

第四节 主要城市中小企业景气指数测评结果

以下通过2012—2016年的时序分析,来把握16个主要城市中小企业综合景气指数测评结果和发展趋势。结果显示,上市中小企业景气指数和比较景气指数对于综合景气指数的修正作用较为显著。

一、苏州市

2016年,苏州市中小企业综合景气指数继续位居直辖市以外16个主要城市的第1位。2012—2015年,苏州中小企业景气指数在136至140之间波动,2016年较上年略微回升(见图8-2)。近年来,苏州中小企业发展迅速,正逐步由一般贸易转向加工贸易和电子商务,苏州100多家外贸中小企业计划通过2016年成立的苏州外贸中小企业促进会实现抱团发展,以顺应"互联网+"电商模式的加速发展。2016年4月,苏州成立股权交易中心,旨在促进中小企业与民资的快速融通,进一步解决中小企业融资难、融资贵的问题。此外,苏州市当前正着手建立"专精特新"中小企业库,并逐步推广分层管理,着力培养一批中小微企业"单打冠军"。目前,苏州市已经有13家企业获评省级科技小巨人,34类产品成为省中小企业"专精特新"产品,民营企业中的"单打冠军"不断涌现,创新活力持续进发。

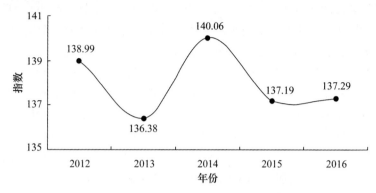

图 8-2 苏州市中小企业综合景气指数变化趋势

二、杭州市

2016年,杭州市中小企业综合景气指数排名维持在全国16个主要城市第2位的位置。2012—2013年,杭州中小企业综合景气指数有所下滑,2014—2015年指数稳步回升,2016年则又出现较大回落,且低于2013年景气水平(见图8-3)。当前,中小企业融资问题仍较为突出,围绕中小微企业"融资、转贷和信息不对称"等热点难点问题,杭州中小企业服务中心开设"金融超市"服务平台和"杭州市中小企业公共服务平台",通过"两大服务平台和两项惠企服务"全面推进中小企业金融服务工作。此外,为更好地服务杭州市中小微企业,集聚中介服务的优势资源,2016年4月杭州市中小企业服务联盟正式成立,通过搭建一站式的平台服务,为量大面广的中小企业提供全面系统的服务。2016年杭州通过举办G20峰会,推动国际贸易和投资,将极大地促进杭州外贸中小企业的发展。

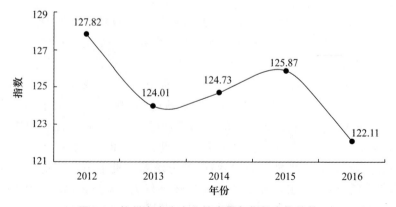

图 8-3 杭州市中小企业综合景气指数变化趋势

三、广州市

2016年,广州市中小企业综合景气指数排名居全国16个主要城市第3位。总体来看,2012—2013年广州中小企业综合景气指数下滑趋势明显,2014—2015年有所回升,2016年稍有回落(见图8-4)。2016年,广州工业中小企业景气指数较上年有所提高,但由于上市中小企业景气指数和比较景气指数有所下降,从而使得当年的综合景气指数出现下滑。为了突破经济国际化背景下中小企业发展环境模式亟待改善、融资难依然突出的困境,在广州市工信委的积极推动下,广州市产业园区商会联动市内相关机构,正式签署成立"中国(广州)中小企业先进制造业中外合作区战略合作发展联盟",加强与全球高科技创新源头国家的高校、科研机构、企业开展协同创新、协同制造、协同服务,力促国外最先进的研发、技术、产业与"广州制造"中小企业的有效嫁接,促进中小企业的发展。

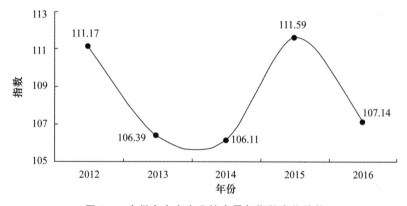

图8-4 广州市中小企业综合景气指数变化趋势

四、青岛市

2016年,青岛市中小企业综合景气指数排名与上年相同,居全国16个主要城市中的第4位。2012—2013年青岛中小企业综合景气指数比较平稳,2014—2015年小幅回升后回落,2016年同比有所上升(见图8-5)。在2016年青岛市扶助小微企业专项行动统一部署下,青岛市经信委于3月份集中组织开展了"2016全市中小企业政策巡回宣讲月"活动,促进青岛市中小企业深入理解和把握供给侧结构性改革的内涵,学透用好中小企业最新的扶持政策,加快创新转型的发展步伐。当前青岛市中小企业普遍面临订单不足、自身又无力"走出去"开拓市场的尴尬境地,为帮助青岛市中小企业应对经济增速下滑、市场需求低迷的严峻形势,创造更多贸易机会,青岛市经信委在上年成功举办首届中外采购洽谈会的基础上,2016年继续免费为企业搭建中外采购对接洽谈平台,致力于改善中小企业的经营环境。

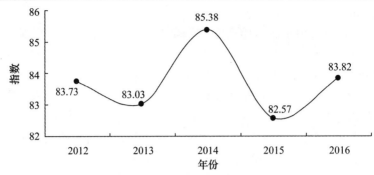

图 8-5　青岛市中小板企业综合景气指数变化趋势

五、成都市

2016 年,成都市中小企业综合景气指数排名居全国 16 个主要城市的第 5 位,排名与上年一致。如图 8-6 所示,2012—2013 年成都中小企业综合景气指数有所下降,2014—2015 年显著回升后有较大回落,2016 年指数仍呈下降态势。为支持和鼓励中小企业加快发展,2016 年成都市启动 2015 年新上规企业和规模企业上台阶奖励申报,对列入成都市规模企业培育计划及年度中小企业成长工程培育计划且 2015 年主营业务收入首次突破 10 亿元的规模以上企业将分别给予企业经营者 10 万元和 20 万元奖励。此外,通过组织参加 2016 年德国汉诺威工业博览会等,加快中小微企业"走出去"步伐,通过全方位拓展市场,引导企业生产,实现"消费促进、产品竞争力提升"的发展目标。

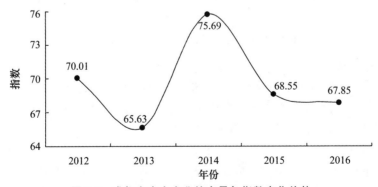

图 8-6　成都市中小企业综合景气指数变化趋势

六、郑州市

2016 年,郑州市中小企业综合景气指数处于全国 16 个主要城市的第 6 位,较上年上升 1 位。如图 8-7 所示,2012—2014 年,郑州市中小企业综合景气指数保持平稳增长,2015 年出现大幅上升,2016 年继续保持增长趋势。从分类指数看,2016 年郑州工业中小企业及上市中小企业景气指数较上年基本持平,但体现企业家信心与总体景气度的比较景气指数有显著提升。2015年,郑州市中小企业完成增加值4 840亿元,全市中小企业公共服务平台和"双创"基地累计组织服务4 000多场次,服务企业2.79万多家。同时,郑州市还通过降低企业制度性交易成本、税费、人工成本、水电气等要素价格以及物流等经营成本,帮助中小企业减负增效,促进了其中小企业景气水平的提升。

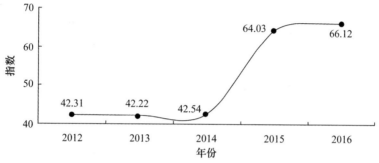

图8-7 郑州市中小企业综合景气指数变化趋势

七、福州市

2016年,福州市中小企业综合景气指数排名居全国16个主要城市的第7位,较上年下降1位。2012—2014年,福州市中小企业综合景气指数一直保持稳定增长态势,近两年受企业家信心指数回落等影响,综合景气指数出现小幅下降(见图8-8)。2016年3月,福州市中小企业公共服务网络平台正式开通运行,7万多家中小企业可通过网站和手机客户端享受到更为便捷的一站式综合服务。福州市中小企业公共服务网络平台按照"政府搭台、中介参与、市场化运作"的模式建立,可以为中小企业提供资金申报、公证服务、行政服务、知识产权服务、质检服务等多项便捷服务。

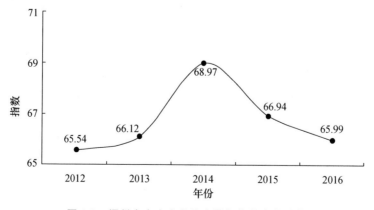

图8-8 福州市中小企业综合景气指数变化趋势

八、武汉市

2016年,武汉市中小企业综合景气指数排名居全国16个主要城市的第8位,与上年一致。2012—2014年,武汉市中小企业综合景气指数小幅上升后有较大回落,2015年开始呈攀升趋势,2016年指数保持增长态势(见图8-9)。当前小微企业面临的融资难、融资贵的问题尤为突出,2016年武汉市正式设立并启动小微企业融资应急资金。该资金由武汉市政府出资引导,解决小微企业在融资续贷过程中出现的周转不灵问题,帮助小微企业化解贷款到期而可能产生的企业资金链断裂风险,促进小微企业持续健康发展,从而进一步改善和提升综合景气指数。

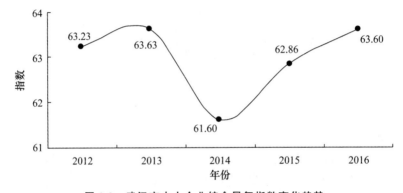

图8-9　武汉市中小企业综合景气指数变化趋势

九、石家庄市

2016年,石家庄市中小企业综合景气指数排名居全国16个主要城市的第9位,与上年一致。2012—2014年,石家庄市中小企业综合景气指数缓慢上升;2015年出现较大增幅,2016年继续呈现上升趋势,如图8-10所示。石家庄市围绕"双创"和创新驱动战略,采取一系列措施,设立了科技型中小企业技术创新资金,仅在2014年和2015年,就连续两年投入资金1 500多万元,支持科技型中小企业创新资金项目85个。此外,石家庄市各相关部门还积极帮助企业拓宽融资渠道,每年由市财政安排1亿元工业企业技改资金和2 000万元的中小企业发展专项资金,用于企业贷款贴息或无偿资助。其中,大部分项目主体为科技型中小微企业。2016年,石家庄市继续加强科技成果转化和技术转移平台建设,强化石家庄市科技大市场能力建设,建成"首都科技条件平台石家庄合作站",实现京津优质科技资源与该市技术需求的有效对接,推动石家庄市科技型中小企业提档升级。

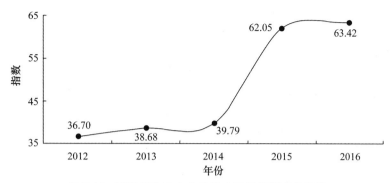

图 8-10 石家庄市中小企业综合景气指数变化趋势

十、大连市

2016 年,大连市中小企业综合景气指数排名与上年相同,居全国 16 个主要城市中的第 10 位。如图 8-11 所示,2012—2014 年大连市中小企业综合景气指数小幅上升后有所回落,2015 年开始出现回升,2016 年呈稳定增长态势。为加快构建众创、众包、众扶、众筹等"大众创业、万众创新"支撑平台,培育"互联网+"新业态新模式,提高资源配置效率,促进创业创新,2016 年大连市主动适应采用"四众"模式扶持小微企业发展,不断扩大政府购买服务范围。鼓励有条件的地区支持众创空间内创业企业及团队,对众创空间的房租、宽带接入费用、用于创业服务购置的公共软件、开发工具及举办各类创业活动等支出费用给予适当财政补贴。积极发展知识产权质押融资,设立风险补偿基金,缓解企业短期还贷压力。2016 年,大连市继续大力实施"育龙计划",以建设公共服务平台为抓手,实施专项行动,加大对中小企业创业基地培育力度,为小微企业营造良好的发展环境。

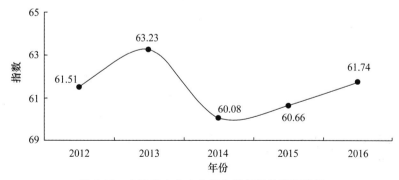

图 8-11 大连市中小企业综合景气指数变化趋势

十一、长沙市

2016 年,长沙市中小企业综合景气指数排名居全国 16 个主要城市的第 11 位,与上年一致。如图 8-12 所示,2012—2014 年长沙市中小企业综合景气指数保持稳定增长态势,2015年出现小幅下降,2016年有所回升。2015年,长沙市中小企业服务中心为帮助中小企业实现价值与市值的同步增长,推出了"产业明星培养计划":一方面,分析当前经营现状,对企业商业模式或产品进行创新升级,提升企业业绩,通过业绩提升企业价值,从上游市场及下游市场入手,实现精准融资,进而获得资本市场的认可,市值与业绩相得益彰;另一方面,通过资本市场充足的资本反哺产业,加强技术研发投资、品牌塑造投资,整合上下游,并购关联企业,形成规模效应,进一步提升企业价值,达到产业与资本的良性互动,力图使企业通过"产业持续创新"与"市值管理"的双引擎,实现企业价值最大化和长期有序的发展。

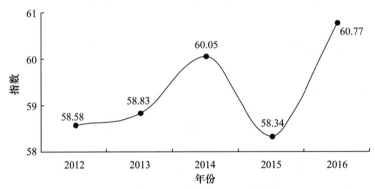

图 8-12　长沙市中小企业综合景气指数变化趋势

十二、合肥市

2016年,合肥市中小企业综合景气指数继续位居全国16个主要城市的第12位。从总体趋势看,近五年来合肥市中小企业综合景气指数呈现稳中有升的态势(见图8-13)。合肥市大力推进"专精特新"中小企业培育工程,推进合肥市国家小微企业创业创新基地城市示范的建设,抓住创新在推动小微企业转型升级中的要素作用,为小微企业发展提供了良好的环境和条件。

图 8-13　合肥市中小企业综合景气指数变化趋势

十三、昆明市

2016年,昆明市中小企业综合景气指数排名居全国16个主要城市的第13位,较上年上升1位。2012—2014年,昆明市中小企业综合景气指数值在24附近小幅波动,总体变化不大,2015年指数出现较大攀升,2016年保持稳定增长态势(见图8-14)。2016年,昆明市成立了高校发展合作联盟,通过搭建"沟通交流平台、资源共享平台、人才培养平台、创业就业平台、科技成果转移和转化平台"五大平台,进一步拓展了产学研协同创新发展的新路径。

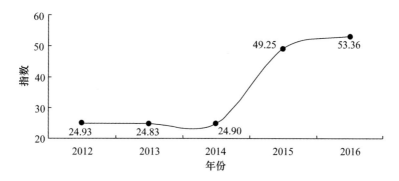

图8-14 昆明市中小企业综合景气指数变化趋势

十四、西安市

2016年,西安市中小企业综合景气指数排名居全国16个主要城市的第14位,较上年下降1位。如图8-15所示,2012—2013年,西安市中小企业综合景气保持平稳;2014—2016年,指数波动较大。2016年,西安市上市中小企业景气指数和反映企业家信心及总体景气度的比较景气指数较上年有所提高,使得综合景气指数较上年明显回升。为缓解中小企业融资压力,西安市政府出台了《关于支持中小微型企业健康发展的实施意见》等相关政策,鼓励信贷资金投向小微企业,加强融资性担保体系的建设,对于改善中小微企业发展环境起到了较大的推进作用。

十五、贵阳市

2016年,贵阳市中小企业综合景气指数排名居全国16个主要城市的第15位,与上年持平。2012—2014年,贵阳市中小企业综合景气指数低位徘徊;2015—2016年,因企业家信心指数有较大提升,从而拉动综合指数持续增长(见图8-16)。2016年,贵阳大数据交易所推出的十大战略,即"数据"星河战略、大数据交易高峰盛典、打造贵漂文化、大数据清洗基地、推行新规则、新标准、首创数据确

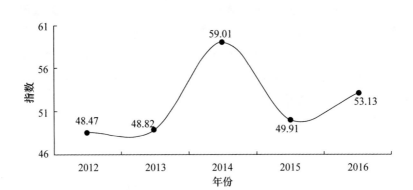

图 8-15　西安市中小企业综合景气指数变化趋势

权、中国大数据交易联合实验室、中国城市大数据发展联盟、黄果树指数以及大数据培训证书,一系列战略组合有望激活万亿数据资产价值,引导、支持中小微企业参与大数据产业发展。

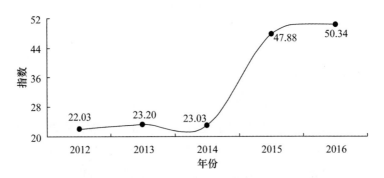

图 8-16　贵阳市中小企业综合景气指数变化趋势

十六、乌鲁木齐市

2016 年,乌鲁木齐市中小企业综合景气指数排名仍为全国 16 个主要城市的最后一位。2012—2014 年,乌鲁木齐市中小企业综合景气指数低位徘徊,2015 年出现大幅提升,2016 年继续保持增长态势(见图 8-17)。2016 年,乌鲁木齐市经济技术开发区(头屯河区)维泰甘泉堡中小微企业园项目正式启动,该项目将打造西北地区园区面积最大的"现代化花园式"中小微企业园区,集公共办公、公共研发、产业孵化培训等六大平台于一体,内设创客中心、小微企业孵化基地、新产品研发、产品展示中心和培训基地,运用低碳绿色环保技术打造新疆首个绿色低碳生态园区,并为乌鲁木齐市中小微企业提供专业化产品研发服务,加快乌鲁木齐市中小企业发展。

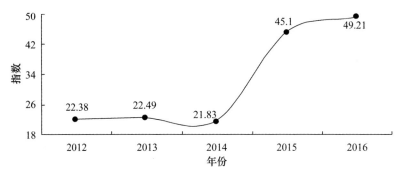

图 8-17　乌鲁木齐市中小企业综合景气指数变化趋势

第三篇
2016年中国中小企业创业创新模式研究报告

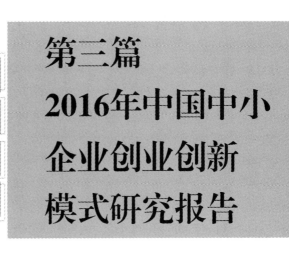

第九章　中小企业创新平台聚合模式研究报告

发达国家的经验表明,政府不仅要着力解决中小微企业在发展及创新中面临的资金、管理等方面的问题,更重要的是为中小微企业营造公平、透明、开放的竞争环境,构建有利于大中小微企业协同发展的产业组织结构,有利于小微企业创新成果产出的政产学研长期合作的制度环境,有利于创新成果快速商业化的创新聚合平台。

现代经济演化过程中,小镇经济独具魅力与特色,即便在城市化高度发达甚至已经走向逆城市化的欧美发达国家,小镇经济与都市经济依然并驾齐驱,是国外创新平台聚合的典范。英国几乎每个中心城市附近都有几个甚至十几个大小不同、规划精致、环境优美、设施完善、经济活跃的小镇,伦敦周边星罗棋布的小城镇和伦敦市区交相辉映。德国占全国70%的人口居住在2万人以下的小镇,建有一大批人文独特、历史悠久、富有活力的风情小镇。美国小镇人口占全国的70%,硅谷是"互联网+资本+技术"小镇,格林尼治小镇则集中了500多家对冲基金。法国、意大利、瑞士等国家都有很多世界知名小镇,吸引了全球目光。特色小镇是经济发展到一定阶段后差异化、特色化发展的必然,其特质在于"特色",魅力在于"特色",生命力同样在于"特色",这是国外创新平台聚合模式的核心。

第一节　创新平台聚合模式的内涵与构成要素

创新平台聚合模式是适应经济发展新常态和推动创新驱动发展的新型创新平台,是以市场为主导,多功能模块交互作用、多元化主体协同运作、多阶段模式共生竞合的模块网络化的创新模式。创新平台聚合模式的核心主体是企业,中小企业是其中最活跃、最积极的主体;聚合模式以市场为导向,所有的创新活动,涉及人才支撑、资金支持、技术配套、信息支持等,都围绕市场展开,以满足市场需求为主要目的;创新平台聚合模式的重要支撑是创新平台,主要的聚合模式包括创意获取、基础研究、应用研究、试验发展等,这些聚合模式根据用户、高等院校、科研机构、供应商、中介机构、风投机构及金融机构等创新主体的需求进行组合和演进,具体如图 9-1 所示。

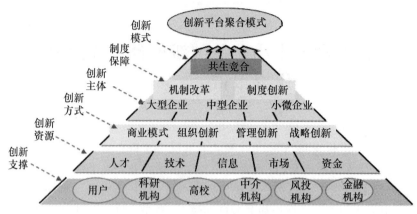

图 9-1　创新平台聚合模式

创新平台聚合模式是创新模块交互作用、创新主体协同运作、创新阶段共生竞合的集合,平台聚合模式由以下几方面要素构成:

一、创新模块交互作用是创新持续涌现的重要基础

创新聚合模块本质上强调从研究开发、试制生产到市场渗透的整个创新过程。随着开放式创新和全球化的发展,创新的内涵逐渐向创新模糊前端和创新商业化后端延展,包含了创意获取、基础研究、应用研究、试验发展、工艺开发、产品开发、生产制造、市场扩散、成果社会化等环环相扣的一系列功能活动。其中,创意获取、成果社会化是新时期创新持续涌现的重要基石。这些功能模块并不是从创意获取到成果社会化的简单线性关系,而是呈现出各功能模块交互作用、协同发展的非线性关系。创新聚合模式的交互发展,取决于上述各种功能模块健康平衡的发展和相互促进作用的实现。

二、创新主体协同运作是创新价值续衍发展的内在动力

创新活动是一个多投入、多产出、多环节的复杂过程,涉及众多利益相关者与复杂的关系网络。大中小企业是创新链的主体,在创新链中分别承担不同的功能与角色,并引导创新链各功能模块根据创新主体的需求进行组合和演进。而创新的参与者,包括供应商、经销商(或客户)、竞争性同类企业、科研机构、高等院校、政府部门、金融机构以及中介服务组织与风险投资机构等,这些利益相关者掌握着资金、技术、信息等不同的创新资源,对于创新效率与效果有着极其重要的影响。创新聚合模式是各参与主体的协同体,是通过价值链进行协同,沿着价值链进行分工,协调好各利益相关者之间的关系,实现创新要素的充分整合与共享,是实现创新价值增值和续衍发展的内在动力。

三、创新模式共生竞合是创新有序演化的关键路径

创新聚合模式具有一定的长度和宽度,即研究、应用、产业化多环节创新协作,并涉及多领域创新链交叉融合,形成了纵向和横向模块化的分解与集中,呈现出模块网络化链状结构。由于各创新主体在创新资源、创新环境等方面所占据的不同地位和功能,导致主要链条和辅助链条交叉融合,形成不同阶段模式共生竞合的局面。共生使不同创新主体通过资源整合、优势互补,带来创新成本和风险的降低,提高创新成功率和收益率,从而表现出更好的竞争能力和适应能力。竞争导致不同的创新主体通过改变资源利用方式或运作模式使自身产生相对优势,实现不同阶段创新链模式的调整和拓展,促进创新链不断向高阶循环演进。

第二节 国外创新聚合发展平台的建设经验介绍

适应经济新常态和创新驱动发展的创新平台聚合模式被赋予新的内涵,不仅具有系统性、开放性、动态性等基本特征,还呈现出嵌入性、共生性、自组织演进等独特特征。国外众多小镇在发展和建设的过程中,成为创新聚合发展的典范。

一、创新主体集聚、融合新兴业态的创新聚合平台

发达国家的创新平台偏安一隅却放眼全球,通过产业、文化、生态和政策的有机融合,以"产、城、人、文"的一体化吸引人才、留住人才,以持续专注的创新不断做强特色产业,拓展新兴产业。

(一)创新主体聚合——美国·格林尼治基金小镇

格林尼治(Greenwich)是美国康涅狄格州(Connecticut)的一个小镇,面积只有174平方公里,据美国人口普查局的统计,格林尼治现有人口7.2万多人。位于东海岸的康州南部,距离纽约曼哈顿仅40分钟的车程。小镇集中了五百多家对冲基金,全球前十大对冲基金中就有4家位于该镇,小镇的基金所管理的资产达到3 500亿美元,单单Bridge Water一家公司就掌管着1 500亿美元,被称为美国对冲基金大本营。

在被确定为纽约市的住宅卫星城镇后,小镇一边致力于解决城郊连接的交通问题,一边有步骤地拓展了新型城镇建设和宜居环境打造,先后实施了有利于郊区发展的住宅政策,推动商业网点和其他生活配套形成集聚,以及打造具备综合居住功能新城镇的扶持政策等,使其具有边缘城市的复合功能。互联网技术兴起后,由于小镇地处沿海,离海底光缆比较近,在此后对冲基金网速之争中也发挥出优势。

小镇拥有独一无二的人文环境,在格林尼治,无论私立或公立中小学都非常有名,周边坐落着著名的耶鲁、康州、费尔菲尔德大学等多所大学,受到许多从事

金融投资为主的财富人群和高端人才的青睐。其中包括摩根大通总裁之一 Steven Black,前百事集团两位总裁 Donald Kendall 和 Christopher Sinclair,花旗银行董事长 Sanford Weill,前高盛集团总裁 John Weinberg 等。

经过几十年的发展,美国格林尼治小镇已经初具规模,再加上它优惠的税收政策,吸引了大批的经纪人、对冲基金人才等进驻,其就业人数较 1990 年已经翻了好几倍。此外,格林尼治小镇地理位置优越,毗邻纽约,许多居住在纽约州的年轻人都选择在此工作,也为小镇的金融发展提供了源源不断的优秀人才。

格林尼治凭借毗邻纽约的"地域优势",税收优惠等的"政策优势",宜居环境的"生态优势",先进医疗、优质教育的"服务优势"吸引高端人才,实现了"富人集聚"+"财富集聚"的独特优势,吸引了大量风投资本和基金人才入驻,打造了一张"全球对冲基金之都"的金名片。

(二)创新模块交互——德国"阡陌小镇的全球创新巨擘"

德国的很多企业建立在远离市区的小镇,这其中不乏叱咤全球、屡创传奇的创新型企业,其中有相当一部分企业成为行业的"隐形冠军",比如印刷行业的大佬海德堡印刷公司位于海德堡古城,医疗器械的龙头企业西门子位于纽伦堡附近的厄尔兰根小镇,汽车全球领导企业奥迪总部就在巴伐利亚名不见经传的小镇英格尔斯塔特,拥有 177 年历史的润滑油制造企业卡尔倍可坐落在鲁尔区的边缘小镇哈根。

坐落在大概只有足球迷才知道的德国中部小镇凯泽斯劳滕的德国传统化工巨头巴斯夫,率先成为全球智能工厂的典范。巴斯夫位于凯泽斯劳滕小镇的试点智能工厂,生产的洗发水和洗手液已经完全实现自动化。通过射频码的利用,随着网上的测试订单下达,其生产流水线上的空洗手液瓶贴着的射频识别标签会自动与机器人进行通信,告知后者它需要何种肥皂、香料、瓶盖颜色和标记。在这样的流水线上,每一瓶洗手液都有可能跟传送带上的下一瓶全然不同。机器和产品通过无线网络完成所有的通信工作,唯一需要的人工输入就只是下达样本订单。

实践德国工业 4.0 的先驱,全球第一大汽车技术供应商——博世的伊门斯塔特工厂(Bosch Immenstadt Plant)就坐落在鲜为人知的阿尔卑斯山脚小镇布莱夏赫(Blaichach),给当地提供了 3 000 多个就业岗位的博世工厂依山而建,主要以生产汽车刹车系统和汽车燃油供给系统零配件为主,其生产流水线也正在向更加智能化的方向进发。

植根于小镇的德国企业,与当地的小镇经济和小镇社区融为一体,与当地政府、雇员互相依赖,互相支撑、长足发展。安静的小镇环境也有利于企业和员工静下心来,专注于产品创新、市场创新和组织创新。小镇企业凭借专注和持续的产品创新、技术创新、市场创新和组织创新,发展融合性的新业态、新模式,成为全球产业龙头。小镇成就企业,企业辉映小镇。

偏安一隅的德国企业却放眼全球。在技术日新月异的互联网时代,德国企业率先将传统制造技术与互联网、物联网集成为智能制造系统,在以智能制造为核心的工业4.0时代,阡陌小镇的德国企业正打造为全球创新巨擘!

(三)创新产业聚合——美国明尼阿波利斯"创新医疗产业中心"

明尼阿波利斯(Minneapolis)位于美国明尼苏达州东南部,明尼苏达河口附近,也是密西西比航线顶端的入口港,面积151.3平方公里,人口40.7万(2014年的数据),该城位列美国十大创新医疗器械产业中心前茅。

明尼阿波利斯一直以来都是医疗健康和生命科学领域的领导者,世界上最大的独立医疗器械巨头美敦力(Medrtnocis)、圣犹达、3M公司的总部都在此,波士顿科学公司(Boston Scientific)和柯惠医疗(Covidien)在此也都有较大的规模。全美最大的医疗保险机构 United Health 集团以及美国最大的远程医疗公司和远程放射学服务提供商 vRad(Virtual Radiologic)也都位于此。全美最好的医疗机构梅奥诊所距此仅1.5小时车程。

建立于1950年的美敦力(Medtronies)对产业的形成发挥了关键的作用,当地绝大部分中小医疗器械企业都是由美敦力直接或间接衍生而来的。在1994—1995年,明尼波利斯聚集了以专业化生产心血管疾病仪器、泌尿科疾病仪器以及诊断等医疗器械的50多家企业。除美敦力、3M等大型跨国公司外,集群内其余企业规模都在200人以下。

此外,明尼阿波利斯的科技环境对产业的形成和发展也有巨大的作用。据美国科普杂志《大众科学》统计,明尼阿波利斯的交通管理系统的科技含量、能源利用效率、教育系统的科技含量、医疗设备的科技含量等均超过50%。明尼阿波利斯的中央商业区位于密西西比河西岸,有57层的互联网数据中心(IDC)大楼,明尼苏达州大学也是一个科技创新中心,该校的公共科研项目排列全美前3名,已培养出14位诺贝尔奖得主,其在医学领域的研究也负有盛名。

美国阿波利斯以医疗产业为特色,通过文化、教育、产业配套全覆盖的路径,融合医疗产业的高端创新要素,不断巩固并拓展创新性医疗健康产业领域的权威和先锋地位;阿波利斯的科技环境、产业支撑对持续推动医疗产业往高端、创新、融合的方向发展起到了重要作用。

植根于小镇的企业,与当地的小镇经济和小镇社区融为一体,小镇和社区都获得了长足发展。此外,日本的大田汽车零部件小镇、德国斯图加特汽车城等小镇莫不是如此,成为持续创新的百年小镇。

二、彰显地域特色、大区聚合发展的创新聚合平台

在"大都市化"的历史背景之下,小城镇成为大都市区域和地方空间的交界点,扮演着枢纽角色,起到了衔接功能,小镇协同大城,融合大区共生发展,形成了由大学与科研机构、风险资本市场、综合服务机构、高端人才等构成的创业创新生态系统。

(一) 创造经济革新中心——韩国板桥科技谷

在韩国"创造经济"(Creative Economy)的创新战略下,政府实施的重要措施之一就是设立创造经济革新中心,即韩国版的众创空间。位于韩国板桥科技谷的京畿创造经济革新中心是该战略下最成功的典范。

京畿创造经济革新中心坐落在被称为韩国硅谷的京畿道盆唐区板桥科技谷产业园区,距离首尔市中心约26公里,坐地铁可直达,是众多韩国游戏、娱乐和技术公司的发源地,包括NHN娱乐、纳克森(NEXON)等韩国游戏界巨头和三星泰科光电公司在内的634家企业入驻于此。这里聚集着韩国尖端IT技术和融合技术研究机构。京畿道地区生产总值约占全国的20%,具有全国中小企业之21%(70 500个中小企业)和三星电子、LG、现代起亚车、SK、KT等韩国代表性企业,被称为"同伴成长"的核心地区。

创造经济革新中心由中央(韩国未来创造科学部)和地方两级政府与至少一家韩国大型企业合作设立,采取大企业集团和地方政府共同运营的模式。政府出政策、企业出资金和技术,共同扶持创新和初创企业,为创业者提供创业平台和成果转化平台。京畿创造经济革新中心由韩国电信巨头KT集团出资建设,中心的主要负责人均来自KT集团。京畿道政府和KT集团共同出资建立一个发展基金,基金用于对符合条件的初创企业进行投资。中央政府不参加基金的建设,主要负责整体推动中心的构建和运营。当入驻中心的初创企业中有商业创意,KT集团可以利用大企业的优势对其进行支持。比如,对它进行投资,与之共同开发,或者帮助初创企业与其他企业建立合作关系等。京畿道政府的支援方式,主要是为这些初创企业提供免费的办公场所。凡是认为自己有创意性产品或创业模式的人和团体,都可以把自己的想法以文件形式在网站上提交申请,被选中的项目策划人会获得中心给予的6—12个月的资金和技术、设施等方面的支援服务。

京畿创造经济革新中心重点培育游戏产业、金融科技和物联网产业等以软件业为基础的融合性新产业。入驻企业可免费享用工作区域和办公设备。除了硬件服务之外,来自政府和大型企业的金融、咨询、法律支援,都为"创客们"解决了在创业初期的各种困难。金融监督院、专利局等政府负责人常驻于京畿创造经济革新中心,因此"创客们"的构思在转化成商品的过程中出现问题的话,都可以在第一时间得到解决。

以尖端信息产业和技术研究设施聚集的板桥京畿创造经济革新中心正在打造以IT为基础的新型复合产业。

韩国板桥科技谷位于京畿道核心位置,毗邻首尔,地理位置独特,有助于其依托大城市,实现与世界经济中心的联系对接。政府和大企业搭建创新大平台,孵化、加速初创和小型企业,催生新产业、新业态、新模式,成为京畿道创新大区持续创新高产的源泉。

(二) 生态工业产业聚合——丹麦卡伦堡

卡伦堡(Kalundborg)地处丹麦北部,位于首都哥本哈根以西100公里,是个靠近海湾的小城,人口仅两万人。小城的产业形成了独特的产业共生状态,成为一个基于"商业契约型"的工业生态系统。卡伦堡生态系统发展于1960年,是世界最早的工业生态系统,被誉为生态工业发展领域的"丹麦童话"。

卡伦堡工业生态系统由一个煤电厂、Statoil炼油厂、Gyproc石膏厂、Novo Nordisk生物制药厂等组成。煤电厂、炼油厂、石膏厂、生物制药厂等的工业副产品在这个生态系统中循环利用,比如,煤电厂每年产生约17万吨煤灰和3万吨炉渣,销售给水泥制造商作为路面铺设的原料;发电余热为居民供热,满足该地90%的热能需求;Statoil炼油厂生产剩余的甲烷和乙烷混合气提供给Gyproc石膏板工厂作为燃气,满足该厂全年约11个月的用气需求;Novo Nordisk制药厂每天用原材料土豆粉、玉米淀粉发酵所产生的3 000立方废泥经杀菌消毒后免费提供给当地600户农民作为肥料等。

卡伦堡工业生态系统由社会网络支持运行,由企业和企业之间的"商业契约"建立联结。政府部门包含在卡伦堡工业生态系统中,但其职能仅限于提供城市水、电、热能输送等基础设施。政府不介入厂商和企业间的运营和合作协调事宜。卡伦堡没有一般工业园区常见的管委会,而只设置了一个协会(Kalundborg Symbiosis Institute),其职能更多地侧重于行业公关等。

卡伦堡小镇远离欧洲腹地,地处海湾之滨,是建立煤电站并且为欧洲腹地大城市供应能源的理想之地。然而,受生态承载能力的制约,以及当地居民对于居住环境高品质的要求,小镇发展出独特的生态工业模式。企业和企业、企业和社区之间实现了工业共生、资源再生和循环利用,为小镇和大区的共生发展提供了持久动力。

(三) 创新要素聚合——以色列硅谷赫兹利亚

赫兹利亚(Herzliya)小镇面积为26平方公里,位于创业者的天堂特拉维夫以北15公里,是一座充满科技和现代化的小城。小镇隶属特拉维夫区,处于以色列创业生态系统的核心地带——"硅壑"。很多在美国股票交易所上市的以色列软件公司和生物科技公司均坐落于此,包括惠普、Horizon Semiconductors、IBM、以色列柯达、摩托罗拉和德州仪器等。

小镇汇集了数量众多的全球顶级的创投加速器、企业孵化器、风险投资基金以及以色列首个私营非营利性高等教育学院——堪称以色列"麻省理工"的赫兹利亚跨学科研究中心(Inter Disciplinary Center, IDC)。微软在全球范围内的第一个创业孵化器，同时，微软全球三大研发中心之一的 The Windows Azure Accelerator 也在这里创立。该孵化器为创业者提供了850平方米的免费办公空间、30位创业导师、教练培训、法律支持等标准服务。此外，微软为初创企业免费提供两年高达6万美元的 Windows Azure 云平台接入服务。

此外，包括以色列顶尖风险投资基金，耶路撒冷风投合伙人基金(Jerusalem Venture Partners, JVP)等众多风险投资或私募基金都集中在这里。JVP本身就是个孵化器，能够快速孵化各种项目产品原型和模型。而在整个特拉维夫大区，大大小小的创业孵化器和加速器就有两百多个，形成了独特的创新生态环境。

赫兹利亚小镇受到特拉维夫创新大区辐射效应的显著影响，拥有地理位置优势，并在住房、教育、医疗、商业配套和娱乐等方面具有低生活成本的比较优势。在产业集聚效应的作用下，聚合了风险资本、创新加速器、创业孵化器等高端创新要素，形成了小镇创新经济强劲的推动力。

这些特色小镇往往形成于大都市区域和边缘空间的交界点，既能承担大小城市间的枢纽角色，又能通过所依托的大城市实现与世界经济相联系、相对接，大都市在医疗、教育、人才、资本和公共配套等方面给予这些特色小镇以极大倾斜，有利于实现小镇的人才集聚、产业优化和功能提升。此外，美国硅谷、芬兰于韦斯屈莱创新大区、加拿大伯恩赛德、日本筑波城等也都与之类似。

三、汇聚创新资源、深耕文化品牌的创新聚合平台

在国外特色小镇，制衣、制鞋、制表、制香等传统工艺代代相传，手工作坊长年积淀，深挖欧洲万种风情的历史文化，孕育了百年经典的奢侈品牌，使得小镇成为业内传奇。

(一)"香水摇篮的浪漫风情"——法国格拉斯

格拉斯位于法国东南部普罗旺斯—阿尔卑斯—蓝色海岸大区滨海阿尔卑斯省，是一座距离戛纳19公里、位于海拔325米高山之中的小镇。格拉斯是世界上最知名的香水摇篮，盛产茉莉、玫瑰和蔷薇，洋溢着迷人的地中海风情。

200年前第一家生产香精香料的工厂诞生于此，自那以后，香水制造业在这座小城扎根发芽。目前，格拉斯有40多家香水工厂，包括弗拉戈纳、戛里玛、莫利纳尔等知名香水制造厂，几乎80%的法国香水出自这块弹丸之地。小镇每年都要举行两次与花有关的节日庆典活动。其中，玫瑰花节在5月举行，茉莉花节在8月举行。

格拉斯位于地中海和南阿尔卑斯山之间的过渡地带，气候冬暖夏凉。山谷将融化的雪水和雨水汇集，为花卉种植提供了有利条件。得益于优越的地理位置、气候条件和丰富的花卉品种,小镇香料业发达。这里盛产的五月玫瑰和格拉斯茉莉都被专用于研发香水,曾让历史上许多伟大的调香师们灵光闪现。

在格拉斯,香水的浪漫文化是吸引游客的金字招牌。制造香水的"秘密"通过花宫娜(FRAGONARD)、嘉利玛(GALIMARD)以及莫利纳尔(MOLINARD)等香水制造企业面向好奇的游人开放。嘉利玛推出的游览服务包括:讲解香水制造的基础知识、提供各语种的免费导游。游客还有机会进入香味工作室去配制自己创制的香水。出于同样的想法,莫利纳尔香水制造厂推出了名为"香水大师"的旅游项目,向游客介绍提炼香精的"秘方"。花宫娜还向游客展示香薰给身体带来的好处,并采用香精油来给游客进行"香味理疗"。

如今,格拉斯因香水产业享誉全球。小镇每天都接待世界各地慕名而来的游客。游客们能在格拉斯的国际博物馆里找到四百多年来和香水有关的一切,甚至亲眼看到最古老的香水提取过程。

香水产业作为格拉斯的支柱产业,得益于小镇优越的地理位置、气候条件和丰富的制香原料,充分凸显了其"产业之特";小镇注重深入挖掘香水的文化内涵,注重香水的开放式体验,营造浪漫的香水文化,造就了格拉斯小镇"世界香水之都"的美名。

(二)"世界制表业的心脏"——瑞士拉绍德封

拉绍德封是瑞士西北部的一个小镇,隶属纳沙泰尔州,位于汝拉山区,距法国边境只有几公里,是连接纳沙泰尔、比尔和汝拉地区的交通枢纽。1000米的海拔使之成为欧洲海拔最高的城镇。这里聚集了一群精通机械、擅长制作机芯的钟表工匠,手表进出口贸易具有极大的优势。

拉绍德封小镇与制表业血脉相连,20世纪初便是世界制表业的心脏地带。1900年,小镇生产的手表已占世界手表市场的55%。这里有瑞士最大的钟表博物馆——国际钟表博物馆,从古老的日晷钟表到如今先进的精密钟表,小镇记录了钟表业发展的悠久历史。

在拉绍德封小镇,无论街道、建筑还是住宅、工厂,都是为了满足钟表业而规划。过去,人们在家庭作坊中生产手表。在没有大规模电力供应的时代,房屋的采光对制表师就显得尤为重要。一方面,宽阔的街道使住户不受彼此房屋阴影的影响,另一方面也能有效地防止火灾,城市布局就像棋盘一样整齐有序。

19世纪末,小镇制表业开始逐步转型,简陋的家庭作坊手工业渐渐为规模化的工厂所取代。最早期的制表厂都以钟表工匠的名字命名,如皮埃尔·雅克·德罗的雅克德罗(JacquetDroz)、让·佛朗西斯·维亚(Jean-Franois Bautte)和康斯坦特·吉哈特(Constant Girard)创办的芝柏(GirardPerregaux)。随后,越来越多的手表品牌选择在此设立工厂,包括卡地亚(Cartier)、尚维沙(Jean Richard)、百年灵(Breitling)、昆仑(Corum)、摩凡陀(Movado)、香奈儿(Chanel)等。

拉绍德封小镇汇集了钟表业最珍贵的大师和工艺,从造型到造芯,精心打磨,专心雕琢每一个零件、每一道工序、每一块手表,拉绍德封小镇成为世界级名表研发设计这顶王冠上的一颗宝石。

拉绍德封小镇制表历史源远流长,云集了一线的世界名表品牌,是顶级手工制表业的代名词。小镇的建设与规划紧密围绕制表产业的特点来布局和拓展。大师级制表工匠和手工制表品牌是小镇制表业经久不衰的奥秘。

(三)"站立在男人脚上的小镇"——英国北安普顿

北安普顿是位于英格兰中部的小镇。制鞋业能够发展成小镇的主要产业,离不开三种元素:牧场里的牛皮革、森林里的橡树树皮和流经小镇的尼利河(River Nene),后两者在皮革鞣制过程中不可或缺。

最初,小镇的鞋匠都是以家庭小作坊的形式纯手工制鞋,直到1857年,用于收拢鞋面的辛格缝纫机从美国引进,庞大且昂贵的机器难以在家中使用,那些历代在家中工作的鞋匠才陆续加入工厂。到20世纪40年代,北安普顿共有240家制鞋工厂,其中34位鞋匠拥有自己的品牌。

小镇是世界上的制鞋圣地之一,这座"站立在男人脚上的小镇"生产的皮鞋以过硬品质赢得了"值得穿一辈子"的美名。全球顶尖男鞋品牌Church's和John Lobb的全球总部都在这个小镇,每一双Church's皮鞋都要花费将近8周时间、250道手工工序才最终完工出厂;而John Lobb无论是皮革选择还是装配技术都严格遵循英伦美学,每双鞋履要经过一流工匠多达190道严谨的工序方可完成。

北安普顿博物馆还拥有世界上最大的鞋履收藏系列,展示了从古埃及到现代、由北安普顿鞋匠们参与设计的12 000双鞋子,包括维多利亚女王在婚礼上穿的白色锦缎婚鞋以及电影《红菱艳》中女主角莫伊拉·希勒的红色芭蕾舞鞋。

专著的工匠精神,精益求精的英伦美学态度,严格过硬的质量品质,是北安普顿小镇对传承传统产业的完美诠释。小镇制鞋业推陈出新,将传统工艺与现代化生产完美融合,成就了小镇皮鞋"值得穿一辈子"的美名。

(四)"葡萄美酒的古老文化"——法国科尔马小镇

科尔马(Colmar)小镇位于法国东北部阿尔萨斯,是法国最浪漫的小镇之一。科尔马是白葡萄酒的主要产区,最出名的有麝香(Muscat)、琼瑶浆(Gewurztraminer)、西万尼(Sylvaner)、雷司令(Riesling)、黑皮诺(Pinot Blanc)和白皮诺(Pinot Noir)。

科尔马镇是一个由许多不规则形状的广场组成的广阔步行区,广场之间的道路穿插着圣马丁教堂(La Collegiate Saint-Martin)、人头屋(Maison des Têtes)等历史名胜。伊尔河支流酪赫河从科尔马静静淌过,清清的河水荡涤了浮躁的尘埃。科尔马保留着16世纪的建筑风格——木筋屋,由木材搭建的多面形屋顶,独特的设计,每栋木筋屋皆具个人品位。一座座木屋使小城充满着浓郁的阿尔萨斯风情。可以说科尔马是阿尔萨斯的缩影,它有过辉煌的历史,城市充满着文化气息,懂得保存及发挥古老的文化遗产优势。

美丽的自然风光、神秘的酿酒工艺以及个性迥异的葡萄树,相映成趣。每年9月是为期两周最负盛名的科尔马酒节。运河、花船、别具一格的木屋是科尔马小镇的元素,古老的建筑搭配娇艳的鲜花洋溢着浓郁的法国小镇风情。在科尔马酒节,当地人们会穿着传统的节日盛装,伴着音乐跳着当地古老的舞蹈。人们在这里不仅可以饮酒狂欢,还能领略到酒乡真正的神韵。

科尔马充分利用独特的自然地理、气候优势以及迷人景致,将自然、历史、文化、旅游等诸多元素进行了有机融合,深度挖掘葡萄酒的历史文化元素,铸就了一个传统手工业与现代旅游文化完美结合的葡萄酒传奇。

这些以历史经典产业为特色的小镇,拥有悠久的手工业发展传统,前店后厂的作坊模式,执着专注的工匠精神,创造性、想象力与传统工艺融为一体的专业经验,造就了无法复制的手工作品的艺术价值。随着时代的不断发展,这些小镇不断传承并丰富传统产业的历史文化,深入挖掘文化元素,注重培育知名品牌,云集了产业内众多的知民企业,使小镇成为经久不衰、历久弥新、焕发独特魅力的传世小镇。此外,德国赫尔佐根赫若拉赫小镇、意大利威尼斯市北部的穆拉诺玻璃之城、瑞士的奶酪小镇、英国的皇室小镇等,莫不是如此。

第三节 欧美创新聚合发展模式的共性启示

特色小镇是国外创新平台聚合发展到一定阶段后差异化、特色化发展的必然,其特质在于特色,魅力在于特色,生命力同样在于特色,这是打造聚合平台的核心原则,也是欧美小镇的关键启示。

一、突出产业之特,特在精准聚焦、渊源悠久、独具优势

国外成熟的特色小镇启示我们,小镇的打造必须与产业规划统筹相结合,小镇的繁荣必须要有产业做支撑。在欧美小镇,制衣、制鞋、制表、制香等传统工艺代代相传,手工作坊长年积淀,孕育了百年经典的奢侈品牌,使得小镇成为业内传奇。

欧美特色小镇,聚焦历史悠久、底蕴深厚、独具优势的产业,产业之特、之悠久、之文化深厚,令人称奇。启示在于:

(1)主导产业一定要突出"特",力求特色化、专业化、高端化。欧美小镇的产业特色,独一无二、知名度甚高,而且持续创新,代代相承。特色小镇作为浙江新兴产业的新空间,在建设理念、机制和形态等方面,应与现有中心镇、风情小镇、小城市培育试点等有所不同,与开发区、集聚区、工业区、旅游度假区等有所不同,体现自身鲜明的产业特色。决定小镇增长的能力取决于小镇能否形成一种繁荣的主导产业,以及由这一产业派生出的新产业。这种累积和循环的产业发展过程将推动小镇成长发展。产业布局不能太杂,避免企业五花八门,工厂密密麻麻,必须突出主导产业,特色化、专业化、精细化,集聚最有优势、最具特色和成长性的产业。小镇的产业应与全省产业优势强关联,聚焦信息、环保、健康、旅游、时尚、金融、高端装备等七大产业和茶叶、丝绸、黄酒、中药、木雕、根雕、石刻、文房、青瓷、宝剑等十大历史经典产业,突出产业的创新性、引领性、融合性和可持续性。

(2) 产业细分一定要突出"精准",走在细分行业的尖端。很多国外小镇本质上是专业小镇,在所属领域找准了定位并站稳了脚跟,竞争力经久不衰。以往的开发区、工业园,往往产业同质、无序集聚、过度竞争,导致恶性循环、产业衰退、优势消减。小镇的产业定位一定要精准,细化定位,深挖优势,求专求精,错位发展,差异竞争,这样才能走在细分行业的尖端,在全国乃至全球细分领域具有竞争力。

(3) 产业项目要精挑细选,与小镇产业优势形成"强关联"。小镇不是"百货公司",不能"填鸭式"什么项目都装,也不能堆些传统产业的坛坛罐罐,应按照产业定位精准化招商,设定投资强度、亩产效益、耗能排污等门槛标准,执行产业投资强度、单位用地产值、产值能耗水耗等指标要求。细化分解产业链,绘出行业龙头企业布局图、关键共性技术需求图、重大项目开发作战图,找准产业链、创新链、价值链中关键性的"断链点",定向引进关联性强、辐射力强、带动力强的大项目好项目。

二、突出地域之特,特在因地制宜、风格迥异、错落有致

欧美风情小镇远离都市,却不乏韵味;偏居一隅,却不乏人气,历史悠久、文化独特、风景如画、景色动人。纵观这些风情小镇,因地制宜、风格迥异、错落有致是其鲜明特点。启示在于:

(1) "一镇一风格",因地制宜,彰显地域特色。不同区位、不同模式、不同功能的小镇,无论是硬件设施,还是软件配套,应保持风格的独特性、特色的唯一性,与地域风格相匹配,一镇一风格,不重复不趋同。挖掘传统元素,塑造集地理、生态、民族、历史内涵为一体,个性鲜明、魅力独特的风貌,形成地域性建筑风格和一镇一风貌的发展格局。深入挖掘区域特色资源,着眼于个性产业、山水风光、古居旧舍、地形地貌、风俗人情、镇街小巷、人文历史等,统筹谋划、有机结合,形成招引项目、集聚人才、吸引资本等高端要素的独特优势,在全省乃至全国范围内打造独特品质、个性魅力小镇。

(2) "一物一风情",加强个性化设计,彰显建筑艺术特色。欧美独特的民俗风

情和风格迥异的小镇已成为时尚旅游新潮流。小镇建设应坚持"一物一风情",多维展示地貌特色、建筑特色、艺术特色,实现独特的自然风光之美、错落的空间结构之美、多元的功能融合之美。根据地形地貌,科学规划和形象设计,确定小镇风情格调,避免冰冷的钢筋水泥堆砌,突出个性化和艺术化的特色元素和设计风格,让传统与现代、历史与时尚、自然与人文、艺术与科学在小镇得到体现。

(3)"产城一体",避免"孤岛式"开发,促进产业融合、产城融合。传统的工业区、开发区,产城不衔接,忙时成"堵城",闲时成"睡城";功能不配套,"白天热热闹闹、晚上冷冷清清"。特色小镇集生产、研发、商贸、旅游、居住及各类关联服务功能于一体,具有"产·城·人·文"深度融合的特点。要避免"孤岛式"开发路径,按照创新、协调、绿色、开放、共享发展理念,合理规划生产生活生态空间,挖掘特色优势、人文底蕴和生态禀赋,推动"产·城·人·文"功能融合。特别是应将产业融合、项目组合、资源整合作为特色小镇的重中之重,注重战略性新兴产业的集群培育和现代服务业的融合发展,推进互联网+实体经济、旅游+生态经济、文化+创新经济等融合发展。

三、突出生态之特,特在景色动人、人文感人、风情引人

许多欧美小镇人口密度低、亲近自然、气候宜人,以动人的风景、迷人的花香、沧桑的历史、活色生香的艺术,引得游人纷至沓来。从美国、法国、德国等特色小镇经验看,富有特色和品质的宜居环境是重要的前提。这些欧美小镇实现了"生态+旅游"的叠加,"自然生态风景+人文历史背景"的融合,"嵌入式开发+保护原生态"的结合。启示在于:

(1)绿色低碳,保持鲜明生态特色。与传统小镇相比,特色小镇的一个显著特点在于,它不是简单地作为一种聚居形态和生活模式而存在,而是一种宝贵的文化旅游资源和休闲、度假场所。浙江小镇众多,但生态功能定位不够清晰、小镇风貌特色不够明显、人文风情不够诱人、承载能力不够强,应加快从目前的生态物质游向生态文化游延伸,因地制宜地凸显每个小镇的不同生态特色。目前,国内的朱家角、乌镇、丽江、腾冲、贵州西江苗寨等小镇已经比较成功,应借鉴成功经验,从交通环境、建筑风貌,到功能布局、设施配套、文化融合,打造生态旅游小镇。

(2)"原生态",保持人文的鲜活性。只有外壳而无鲜活文化内涵的小镇是难有生命力的。欧美小镇不局限于自然风光,而是与文化旅游、生活体验结合起来。文化是小镇的内核,也是小镇魅力最持久的核心元素之一。应通过独特的自然风貌、生活习俗、传统历史文化等社会性元素,诠释小镇文化,体现文化的"原生性"和"鲜活性"。小镇要找准自己的文化定位,切忌文化的多元、过杂,聚焦单一文化元素,挖掘地域特色文化,保持和形成个性特色。依托历史文化名镇名村,打造个性鲜明的建筑风格、绿化景观和人文特色文化,为小镇发展注入文化元素,凸显文化产业价值。

（3）"嵌入式开发"，保留原汁原味的自然风貌。特色小镇建设不能盲目地建高楼大厦，要以小镇生态肌理、山水脉络、历史建筑为设计核心，通过路网、绿网、古街古道之间的互通，打造一个有机生态世界，让小镇与自然交相辉映。无论是环境设计、建筑外观、功能布局，还是生活设施、现代服务，都从现代化、人性化、低碳化的角度着手建设，保留原汁原味的自然风貌和古朴元素。

第四节　对策与建议

国外小镇凭借地域优势、政策优势、生态优势、文化优势吸引优秀人才、风险资本等各类高端创新要素，并通过专注和持续的产品创新、技术创新、市场创新和组织创新，发展融合性新业态、新模式。我国应充分借鉴国外经验，以创新和特色为导向，构建和发展中小企业聚合创新平台。

一、协同融合创新主体，做强特色产业

一是聚焦特色产业，打造全产业链集聚、全要素整合的产业高地。紧扣七大万亿级产业和十大历史经典产业，每个特色小镇找准、凸显、放大产业特色，形成特色产业聚合发展态势。二是打造产业引擎，产业链协同发展做强特色产业。建立基于产业链的协同发展计划，实现大中小微企业的共生发展。三是构筑"开放、共享、协作"的产业生态系统，提供行业社交网络、专业技术服务平台及产业链资源支持，形成自组织、自滋养、自成长、自壮大的产业生态圈。

二、集聚高端创新资源，助推企业持续成长

一是加速各类高端人才向特色小镇汇聚，吸引"国千式"产业领军人才、"工匠型"技能引领人才扎根于小镇；实施"百校百镇对接工程"和"百院百园对接工程"，鼓励高校和科研院所科研人员进入特色小镇"在岗创业"；在特色小镇开辟"众创学园"，实施大学生创新创业引领计划。二是面向小镇企业提供互联网＋、智能制造技术为引领的新型共性技术供给，建立科技创新服务平台、重点实验室和工程中心、科研院所、重点企业研究院等各类创新载体向企业开放共享的体制。三是打造小镇"众创空间"，根据产业特色、自然禀赋、发展定位，培育创新孵化器，集聚高端创新要素，构建"创新牧场——产业黑土——科技蓝天"创新生态圈，促进产业链、创新链、人才链、资金链的深度融合。

三、凸显地域特色，平台续衍发展

一是产业定位、生态人文、建筑风貌、社区环境等坚持"一镇一特"，差异定位、错位发展，不复制、不趋同、不雷同，体现独特性。二是坚持规划先行、多规融合。统筹发改委、规划、国土、建设、环保、科技、经信等部门的专项规划，合理界定小镇的人口承载力、资源承载力、环境承载力与产业支撑力,统筹考虑人口分布、生产力布局、国土空间利用和生态环境保护。三是产镇一体,结合地域资源禀赋条件,注重生产、生活、生态融合,工业化、信息化、城镇化同步建设。

四、平台打造生态社区和共享社区

一是使平台成为生态社区,注重全方位融入生态理念,推动产业与人居、产业与自然、产业与环境融合发展;二是将平台建成共享社区,应结合当地人文风情,利用当地的风俗风味、古村古居、人文历史等旅游资源,打造风情独特的小镇;三是注重"产·城·人·文"高度融合,将平台建成经济高度发达、社区繁荣昌盛、镇民安居乐业、生态良性循环的稳定、协调、持续发展的复合生态系统。

第十章　中小企业创业生态系统模式研究报告

　　信息经济时代,大数据、智能制造、移动互联和云计算技术的应用使产业经济形态和模式持续创新和变化。成熟的创业生态系统,对抢占新一轮经济发展制高点,培育创业创新企业具有重要支撑。

　　国内外创业创新生态系统构建的经验,给我们的启示是,在构建和完善良好的创业生态系统时,可从系统、制度、网络和文化四个方面入手:构建并完善"区域核心链"式的创业生态系统,增强系统的自组织功能,促进创业要素集聚和自由流动,"内孵"和"外引"持续推动系统的创新产出,从而加速区域的产业升级和经济转型。

　　近年来,伴随着国际经济进入深度转型和调整期,中国宏观经济也在经历着深刻变革。在持续三十多年的快速增长之后,中国经济站在了爬坡过坎、转型升级的关键点,从要素驱动、投资驱动转向创新驱动。长期以来,创业一直被认为是助推创新的重要力量。鼓励大众创业,实施创新驱动战略,是推动中国经济,同时也是推动浙江经济转型升级的动力源泉。浙江拥有创业创新的肥沃土壤。创业创新的过程不仅是创造财富的过程,也是推动经济、社会和文明前进的过程。在全民创业创新的大潮推动下,经济和社会必将快速发展。

　　进入信息经济时代,大数据、智能制造、移动互联和云计算技术的应用使产业经济形态和模式持续创新和变化。而成熟的创业生态系统,有助于创新资源的汇聚和重组、商业模式的创新、创业创新成本的显著下降、创业组织的健康成长以及各类创业创新成果的持续产出,对区域经济的可持续发展具有重要的支撑作用。构建成熟的创业生态系统,对抢占新一轮经济发展制高点,培育创新创业企业具有重要支撑。

第一节　创业生态系统的构成要素及国内外经验

　　在深入调研北京中关村、上海张江、武汉东湖、深圳4家国家级自主创新示范区建设情况的基础上,广泛研阅美国、加拿大、日本、欧洲和以色列等国创业生态系统建设经验,就如何构建和完善良好的创业生态系统,加速推动经济持续、向好、健康发展,提出一些思路和对策性的建议。

一、创业创新要素集聚,具有鲜明的共性特征

纵观国内外知名的创业生态系统的构建,创业创新要素集聚效应显著。美国硅谷形成了由大学与科研机构、风险资本机构、综合服务机构、人才库、创业精神和创业板市场构成的创业创新生态系统;巴黎大区创新中心将区域内的大学、科研院所和基础研究机构、标杆企业和中小微型工业企业系统整合,成为创新知识交互流动的创新生态系统(屠启宇、邓智团,2013);北京中关村也形成了包括领军企业、高校和科研机构、人才、科技资本、创业服务体系、创业文化等六要素构成的创业生态系统。一个运行成熟的创业生态系统具有以下特征:一是完善的风险资本支撑环境。美国硅谷集中了近1.5万个天使投资人。以色列特拉维夫集中了大量的风险投资,相当一部分属于纯风险投资,其中39%属于种子阶段和早期阶段的资金注入。二是创业创新繁荣,创新驱动效应显著。上海张江实施"聚焦张江"战略,园区集聚了中芯国际、辉瑞等近2000家科技型企业,科技中介服务机构56家,复旦大学等多所知名院校和研究机构,以及一批国家级、省市级的公共研发机构和评测平台。三是同类型或互补型产业的集聚。澳大利亚悉尼科技园、布里斯班科技园和墨尔本Latrob University R&D Park等(屠启宇、邓智团,2013),聚集了一大批以信息技术为代表的互补产业。

二、创新支持条件完备,拥有完善的服务和支撑体系

全方位、全过程、立体化的高质量配套支持体系,对于创业生态系统的高速运转是必要条件。一是激励创业创新的法律和政策环境完备。美国硅谷为创业创新构建了技术流动、技术许可、知识产权保护法、员工流动的劳动法、保护企业商业秘密等完善的法律保障环境;深圳市实施普惠式的小额担保贷款政策,并通过创业孵化园,提供创业社保补贴、场租补贴、税费补贴、首次创业补贴、带动就业奖励等一揽子资助政策。二是创业创新基础设施齐全。芬兰Jyvaskyla产业生态系统,边界与行政区边界一致,系统内的能源实现了以Rauhalhti电厂为源头的四层级式能源梯级利用系统;丹麦卡伦堡生态工业园Asns电厂和卡伦堡市政两个核心企业,为园区提供公共服务和能源供应。三是创业配套服务完善。为处于种子期、初创期的小微型企业和风险企业提供创新孵化和加速的设施完备。北京中关村拥有联想之星、创业邦、创业家、3W咖啡等众多创业孵化和服务机构,开展各类创业服务。加拿大达特默思市伯恩赛德工业园设置了工业效率中心,统一发布园区内物资流及企业信息,并为企业提供培训教育等综合性服务。

三、创业组织网络拓展,构成了生态化的组织形态

创业生态系统内部创业主体之间呈现出网络化、生态化的自组织特征。一是

开放式的网络连接结构。基于大数据、云计算的创新型经济正在崛起,亚马逊的 Amazon Web Service(AWS)云服务是云计算领域的领军型企业,同时也构建了一个独特的连接"线上"和"线下"的创业生态系统。其为创业企业提供虚拟机、计算、存储、网络、快速建立商业化应用、数据管理和拓展服务等。二是创业组织呈现产业链式连接。Facebook 生态系统内的创业企业呈现出产业链式的疯狂成长。其衍生的创业公司包括社交游戏公司 Zynga、广告公司 Wildfire、求职服务公司 BranchOut 以及商务网站 Payvment,这些企业都迅速在其生态系统中呈产业链式的扩张,相当一部分企业已经是准 IPO 级企业。三是创新要素自由流动。阿里巴巴目前是全球最大的在线电子商务企业。其通过电子商务生态系统,将金融资源、信息资源、实体制造业的商品资源、物流供应商和独立软件提供商服务资源有机融合在一个系统内。四是创新要素重组和价值创新。谷歌的创新是致力于打造一个创新的生态系统,包括谷歌、第三方创新者、广告商和用户,通过谷歌平台,共同开发出融合了谷歌功能元素的新型应有产品,并向用户测试和营销其产品。

四、创业创新内生动力强劲,推动系统可持续发展

一是青年创业人才集聚。硅谷、纽约、巴黎、新加坡四地的创业者平均年龄低于 35 岁,加拿大温哥华、圣地亚哥、巴西圣保罗、伦敦、以色列特拉维夫五地创业者的平均年龄也仅为 36 岁。二是毗邻创新源,受创新辐射效应影响显著。美国西雅图不仅拥有亚马逊、微软、Avalara、Zillow 等世界级企业巨头,而且毗邻硅谷,拥有地理位置优势,并在住房、教育、医疗、商业配套和娱乐等方面具有低生活成本的比较优势;日本筑波科技产业城,由以筑波大学城为中心和外围的六个技术园区组成。筑波大学城实施资源共享工程,设立科研机构的资讯交换中心,提供最新科研成果信息及知识产权交易等。三是形成了有型的创业创新文化。美国硅谷创业家的创业精神融汇、凝聚,形成了硅谷文化,其核心是崇尚创新、追求卓越、宽容失败。北京中关村经过 20 多年的积淀和传承,形成了"勇于创新,不惧风险,志在领先"的创业文化。四是创业创新培训、教育体系完善。新加坡自 20 世纪 70 年代,其经济发展局(EDB,Economic Development Board)就实施了青年海外培训计划即"职业化"创业教育。新加坡国立大学建立了国大开创网和国大创业中心等一批科研机构,承担国家的重点研究项目,直接服务于生产。

第二节 构建区域创业生态系统的问题分析

一、创业生态系统内部的组织非结构化和驱动力

一是浙江省创业生态系统内部已形成了基于地域空间的产业集聚区,但各产业集聚区呈现点式分布,布局分散。改革开放以来,浙江省 90% 以上的县(市区),

利用其有限的资源,形成了"一村一品、一地一业"特点明显、模式各异的块状经济。但是,这些产业集聚区不同程度地呈现出散点式布局、工业园区单向度发展、产城融合度低、资源集约化效率低等特点。从系统的角度来看,各产业集聚区应聚合发展为功能综合集成的现代产业集群。二是产业集聚区转型升级的驱动力不足,创新驱动效应有待增强。浙江多数"块状经济"还是以普通机械加工、轻工纺织等劳动密集型产业为主,存在缺少核心技术支撑、产业层次较低、创新较弱、品牌不强的问题,处于全球价值链的低端环节。最新发布的《中国区域创新能力报告2014》中,浙江省区域创新能力仅排名第五,企业创新能力、教育研发的投入对创新的支撑作用均有待提升。三是中小微企业资金不足,难以有效支撑高科技产业和战略型新型产业发展。浙江省民营经济活跃,但是和中小微企业相配套的金融服务没有跟上。中小微企业仍面临"融资难、融资贵"的发展困境。

二、创业生态系统的法制环境和制度支撑体系

一是扶持创新创业的法治环境和政策体系有待进一步完善。长期以来,浙江地方政府的"无为而治",有效释放了民间的创新创业激情。但是,在发展以互联网为核心的信息经济中,政府如何顺势而为,积极引导与支持？政府如何在市场机制失灵时,制定好规则、实施有效监管,尽可能地引入法律的手段和经济的办法,推动浙江省抢占新一轮经济发展的制高点,是浙江地方政府应该重点研究的课题。同时,针对中小微企业创新能力不足的现状,浙江省如何根据经济环境和经济目标,制定鼓励小微企业创新创业和可持续发展的政策也亟待破题。二是创新成果转化机制薄弱,科技成果转化平台投入不足。从需求的角度看,由于技术成果转化具有投资成本高、周期长、风险大的特点,而浙江大部分民营企业受制于人才和资金的限制,一方面,企业的创新成果转化资金主要来源于自筹及银行贷款,另一方面,企业缺乏专门的技术人才,因此,企业缺乏技术成果转化的内在动力;从供给的角度看,在知识产权缺乏保护的环境下,由于技术成果转化的激励机制不健全、缺乏成果转化的中介机构,科研成果转化效率不高。

三、创新要素与创新主体的网络化集聚程度

一是信息技术的嵌入和跃迁是浙江省创业生态系统实现网络化集成过程中的难题。浙江省的信息技术产业仍存在"缺芯少魂"的产业软肋,缺少一批关键控制芯片设计和研发企业。此外,如何将物联网、云计算、大数据等新一代信息技术有效地应用到智慧城市建设中,更好地促进城市经济的转型升级,仍面临一定的挑战。二是互通互联的基础仍需不断增强。互通互联的基础是标准统一、平台统一和安全体系的统一。浙江省已经实现了包括通信、交通、仓储物流和金融等基础设施领域的互通互联,但仍没有建立起网络化、标准化、智能化的公共信息资源平台。三是大型企业和中小微企业合理分工、功能互补、协同发展、网络化集聚的创业生态格局仍在建构过程中。有研究表明处于创业生态系统价值网络中的中小微企业存活率更高。中小微企业在创业生态系统的框架中,与销售渠道、服务网络、全价值链相结合形成统分结合的利益共同体。浙江省创业生态系统对于中小微创业的集聚能力有待进一步增强。尤其是,系统内部依托阿里巴巴等旗舰型的大型企业平台和综合服务平台,整合市场、管理、技术、人才和资金服务,集聚中小微创业企业的机制有待进一步完善。

四、促进系统可持续发展的孵化和保障机制

一是创新型的创业孵化机制初现端倪,尚不能满足实际需求。截至2014年,浙江省共有省级科技企业孵化器76家,国家级科技企业孵化器44家。其中,催生出一批如杭州市高科技企业孵化器、浙大科技园、杭州高新区(滨江)、杭州未来科技城(海创园)等特色鲜明的创新型孵化器。这些孵化器集聚了成功企业家、天使投资人、平台型企业等推动产业资源、创业资本、高端人才等的创新要素,以投资为主导,专业化服务为特色。然而,仍有大部分创业孵化器在浙江省发展时间尚短,经验还不够丰富,缺乏与专业技术相配套的专业化技术服务能力、投融资服务能力和组织管理能力,无法实现为在孵企业提供孵化前、孵化中以及延伸跟踪的服务。二是创业孵化器全程服务和综合保障机制有待完善,吸引以创新创业人才为核心的优质资源。与广东、上海、江苏相比,浙江省吸引集聚创新创业人才的区位优势、经济优势、体制机制先发优势呈弱化趋势。同时,浙江省大学名校少、大企业少,部分中心城市生活成本高,集聚创新创业人才的吸引力还不足。

第三节　对策与建议

在比较研究国内外创业生态系统模式的基础上,我们认为可以从如下四个方面设计、构建、完善并持续推动具有区域特色的创业生态系统建设工程。

一、从系统的角度,构建并完善"区域核心链"式的创业生态系统

首先,建立基于"大区域内协同"的创业生态系统。形成以"中心城市＋周边县市区"为格局的大区域内协同的创业生态系统;以"专业镇区"为要素单元,在大区域内合理布局构建创业企业群落、科研院所、产业共性技术平台、人才、风险资本、创业服务机构等产业生态系统的要素模块,继续深化完善以"专业镇区"为行政单位的创业生态系统要素模块的构建。其次,加强系统内"创新核心"要素的构建。鼓励和引导行业支柱企业和高等院校、公共研究机构联合成立产业共性技术研发和创新联盟,参与重大科技项目。针对电子、医药、通用设备、专用设备、电气机械、汽车、金属制品等产业领域,搭建基础材料、关键设备、核心元器件及软件工具等公共技术和产业服务平台,增强创业生态系统的自主创新能力。最后,完善

以"科技加金融"为重点的全产业链式配套服务体系。在创业生态系统中引进科技金融机构和科技中介机构，重点是引进科技银行、知识产权中介机构、技术转移、天使投资人、风投公司、创投基金、信用中介机构、产权交易机构等。

二、从制度的角度，增强创业生态系统的自组织功能

首先，建设"法制营商"环境，形成创业创新资源的集聚机制。构建省市区县，政策全方位、多角度、有效、协同的鼓励创新创业的政策支持体系。深化以"三张清单一张网"为抓手的网上政务改革，实施精兵简政。通过体制机制创新，健全法制建设，实施法制管理，建设"阳光、公平"的商业环境，促进创业创新要素加速向浙江集聚。其次，深化"财税政策"改革，促进创新要素自由流动。设立"创业风险投资引导基金"，为风险投资等社会资本匹配杠杆资金。建立商业化运行模式，吸引更多社会资本参与风险投资。政府加强监管，明确"支持"和"导向"的职能，细化投资对象、投资方式、基金运行规则等投资原则，引导基金健康运行。最后，加强"科技政策"创新，加速创新要素的价值再造与转化的机制，重点是知识产权保护、科技成果转化的创新政策。改革高校和科研院所的科技成果处置权管理、收益分配方式，设立科技成果转化岗等方式，加快推进高校科技成果转化和科技协同创新；提高科技服务业整体服务效率。引导企业与知识产权、科研成果中介组织建立创新成果的分享和交易网络，改善创新知识流动和产出效率（张明海，2014），提升创业生态系统的技术创新内生动力。

三、从网络的角度，促进创业创新要素集聚和自由流动

首先，重点突破"六维度"的信息技术领域，促进创业创新要素的网络聚集和流动。重点加强"物联网、智慧城市、跨境电子商务、互联网金融、数字内容产业、云计算和大数据"等六个信息技术领域的研发投入与应用推广。改变创业创新企业的空间（实体）集聚模式为虚拟集聚，通过互联网（虚拟）集聚创业创新企业。其次，依托"云平台"和"大数据"，建立"互通互联"开放式的创业生态系统。加强互联网络的基础应用设施的完善和升级，将互联网上的数据、信息、终端和人等创新要素有效连接起来，整合、汇聚、流通、衍生和创新信息资源。以阿里云等大数据平台为核心，建设"公共商业数据服务中心""工业经济信息网络平台"。最后，构建和谐的"大平台＋中小微网商"网络生态系统，促进创新要素的流动与重组。着重建立中小微网商促进中心，为中小微网商提供融资、法律、技术服务和政务服务等综合性服务，推动互联网产品、互联网应用服务的创新。

四、从文化的角度，持续推动创业生态系统的创新产出

首先，构建与完善教育体系。兴办创业型大学和创业型社区学院，培养具备"创业精神，创新能力"的创业创新人才。面向青年学生和社区大众开展创业创新教育，实施全民创业培训制度、创业咨询服务、创业导师和创业学徒制度等。将创

业创新教育融入基础教育、专业教育、实践教育和职业教育,推动技术创新、高新技术转化、创意型创新和社会创新。其次,建立创业创新价值的导向体系。倡导创业创新的价值观,激励创新,鼓励创业;创办创业创新类媒体,聚焦创业创新活动,传播创业创新的价值理念;通过举办创业创新大赛、讲座等,激发"大众创业,万众创新"的热情,推动创业创新氛围的形成;树立创业创新的标杆人物,宣传创业创新代表人物的创业创新经验和历程。最后,营造"鼓励创新,宽容失败,激励创业"的人文氛围,集聚创业创新人才。通过建立"零成本"的创业创新基地和创业园区,优化城市综合创业环境,降低创业成本。向创业者提供大量高质量的公共服务,配套低成本的居住、教育、医疗、娱乐、交通、办公服务,低价甚至免费的互联网接口,实现低成本甚至零成本创业,吸引国内外优秀人才来浙江创业,特别是互联网创业。

第十一章 中小企业众创空间模式研究报告

互联网无限延展了"众创空间",使得中小企业创新创业成为一种社区生活方式。众创空间(创客空间)作为一种新型的创新创业平台,自出现以来展现出了强大的生命力,在促进创新创业发展方面成绩显著。

众创空间是由国外的创客空间发展而来,而创客空间的发展脱胎于硬件领域的 DIY(Do It Yourself)运动。到 21 世纪,在新工具、社区、开源软硬件、众筹机制、创客文化的共同推动下,创客空间运动成为一股全球化浪潮。

平台创新是推动创业创新系统运行的重要创新方式。平台创新是指创业、创新具有开放特性和自组织特性,创新主体通过价值链的各功能模块的相互作用形成共生和协同,从而促进创新系统的循环演进。

随着市场竞争日趋激烈,企业之间的竞争态势已经从过去单个企业之间转变为整条供应链之间的竞争,其核心是价值链上各环节创新能力的较量,其实质是创新系统之间的博弈。面对快速变化的全球化市场,企业必须建立一种能够与相关企业、机构紧密合作的价值关系网络。

第一节 众创空间的内涵与构成要素

一、众创空间的内涵

众创空间是顺应创新 2.0 时代用户创新、开放创新、协同创新、大众创新的趋势,把握全球创客浪潮兴起的机遇,根据互联网及其应用深入发展、知识社会创新 2.0 环境下的创新创业特点和需求,通过市场化机制、专业化服务和资本化途径构建的低成本、便利化、全要素、开放式的新型创业服务平台的统称。

二、平台创新视角下众创空间的构成要素

1. 创业创新的多个主体

企业、供应商、客户、高等学校、科研机构、中介机构、风投机构、金融机构等构成了创新链的参与主体。其中,企业是创新链中的核心主体,其他主体可为创新活动提供必要的知识流、资金流、技术流、信息流等,企业将这些不同的要素流动

整合成有效的创新活动。在创新活动中,企业与其他创新主体间知识与信息的共享程度越高,企业产生创新的概率越大。发挥创新主体的反应性、学习性和适应性是促进企业多要素协同创新的关键所在。

2. 创业创新的多种资源

技术、市场、资金、信息、人力、战略和组织是影响创新链的关键资源要素。技术、市场、资金和信息是最活跃要素,战略、组织、人力要素相对而言是稳定性要素,各要素之间通过沟通、竞争与合作的方式实现协同创新,从而提高创新链协同演进的有效性和自组织效应。

三、平台创新视角下多主体共生协同创新的内在机理研究

如图 11-1 所示,通过不同中小企业的嵌入来优化整个平台的创新创业活动。从纵轴创新环境来看,价值链不完全是企业内部的,存在企业内外资源的整合,创新链的嵌入使得价值链从一个封闭式的环境向开放式的环境转型,实现价值增值的空间延展。从纵轴创新资源来看,初始价值互动的创新资源是离散的,且在创新的驱动下,创新资源开始向均衡方向延展,整合效率进一步提高。实际上,创新环境越开放,价值提升越快,但这只涉及企业内外部资源的整合问题,如果将价值链立体地往前推进,则还涉及整个创新体系的资源整合,从而使整个创新形成一个良好的生态。

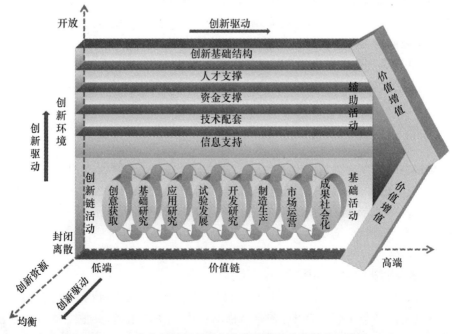

图 11-1 平台创新视角下多主体资源整合协同共生发展

有效运用创新要素实现创新链的价值增值,并以知识、技术、产品、服务为纽带形成多元创新主体的竞合共生,促进创新链的演进发展。随着科学技术的日新月异,尤其是信息通信技术的普及与快速发展,作为创新主体地位的企业,其创新模式发生了一系列变化:从企业创新1.0阶段(封闭式创新,创新源局限在企业内部),到2.0阶段(开放式创新,即"非此地发明",广泛获取来自企业外部的创新源),再到3.0阶段(嵌入/共生式创新,企业创新行为更加重视资源整合与共生发展)。封闭式创新强调企业建立研发机构进行自行研发,创新驱动力来自需求和科研的"双螺旋";开放式创新强调产学研协同以及政府、企业、大学科研院所的"三螺旋";而嵌入/共生式创新则进一步体现为产学研用的"共生"以及政府、企业、大学及科研院所、用户的"四螺旋"。

第二节 国外众创空间发展模式的案例分析

一、WeWork案例基本情况

在"互联网+"背景下,众创空间(创客空间)迅速成为各发达国家推动中小企业创业创新的新型平台,展现出了强大的生命力,在促进各国创新创业发展方面具有显著的效果。

美国知名的创客空间有TechShop、Noisebridge、FabLab等。TechShop是美国规模最大的创客空间,在七个城市开设连锁分店,通过会员费和收费课程盈利。与TechShop不同,Noisebridge是一个崇尚开放、自由、互助、无为而治的场所,无须缴纳会员费就可以进入其中,保留着原汁原味的创客文化。而近年来发展迅速的共享办公型创客空间WeWork,则凭借其独特的商业模式,取得了巨大的成功。

2010年,WeWork在纽约曼哈顿开始创业,2015年其估值已经达到50亿美元,在美国有29个工作地点,在欧洲和以色列也有布点。作为典型的共享办公型众创空间,从运营模式上看,WeWork主要是通过在一些租金较为便宜的地区租用楼面,并进行二次设计,将楼面设计为风格时尚、可定制且社交功能较齐全的办公空间,之后以远高于同业的价格租给各种创业者(公司或个人)。在日常运营中,除了为各类创业者提供办公空间(办公室、会议室、娱乐设施、生活设施)之外,WeWork还为创业者提供各种与创业关系密切的隐形服务,如定期举办社交活动,促进创业者之间、创业者与投资人之间的交流;充当中间人,为创业者之间、创业者和投资人之间、初创企业和成熟企业之间搭建业务或资本合作的桥梁;完善办公空间的各类社交功能,为创业者和投资人创造各种各样邂逅的可能。

WeWork的盈利模式主要来自如下:

(1)向创业者(个人或公司)收取租金,WeWork主要是在新建的开发区或者萧条的街区开设办公点,先以折扣价租下整层写字楼,然后分成单独的办公空间,再将其出租给初创企业,采取的是"整批零租"的形式,重点是保证利差,从而在会员租金和配套服务上收费。

(2)隐形回报获利,WeWork除了会员租金和配套服务收费之外,还通过周边地价溢价、对种子公司投资等隐性回报来获利。除此之外,WeWork管理者看到了以中间人身份向会员介绍各项服务(包括医疗、会计、法律和云计算)的新收入来源,这些咨询、法律支援能够帮助"创客们"解决在创业初期遇到的各种困难,比如通过TriNet,WeWork帮助会员每月节约200美元的健康保险。

二、WeWork商业模式创新分析

WeWork是创新型办公空间的代表,与现有写字楼的经营模式相比,存在着如下创新:

1. 商业模式运营的轻资产创新

近年来国内商业地产、楼宇经济被看好,发展模式主要是"拿地、开发、招租"的运营模式,但是在这种传统模式下,资金投入量大、运作周期长。比较之下,WeWork模式下地产运营商通过物业改造升级,数月内即可以完成项目的交付,资金也可以得到快速回笼。

2. 产品形态的创新

一方面,租面积到租工位,非标准产品到标准产品的进步,瞬间打破了以楼层、面积、户型、使用率等为代表的写字楼的复杂性。另一方面,租赁标的的可伸缩性以及租期的灵活性减少了企业对未来发展不确定性的顾虑,因此营销成本也将随着产品的改进而降低。

3. 集约经营到共享经济的创新

客户获得的不再仅仅是一块面积或一张工位,还包括前台、会议室、茶水吧和休闲区等公共资源,为入驻企业提供网络通信、办公场地、办公设备、展示空间、会议场所以及休息场所等。从行业关联、产业融合角度营造出一个利他、多赢的生态圈,更加注重开发互动,进而促进租户之间的交流。

4. 空间硬件到服务的变革

办公空间是企业最基本、最底层的需求,通过商业网络将能够提供这些软性服务的市场主体组织起来,让其形成一个良性的商业循环。软性环境做得好,创业融资成功企业的比例也将会提高。此时,投资方可以股权的方式或者扶持基金的方式对优秀创业企业进行适当的投资,租金可用部分股份抵押。这对初创企业而言,大大降低了创业门槛。运营方提供的第三方服务降低了客户采购成本的同时,也降低了第三方服务商的销售成本,而运营方自身则获得客户关系和黏性,最终实现三赢局面。

通过理论和案例探讨,我们发现创客空间实质上是由多个主体参与,若干个创新链有机组成,以促进产业价值增值为目标的网络式链接。创新链嵌入产业价值体系的多种链接中,不同产业价值链环节可以被打散并系统整合,成为产业价值网络形成的重要驱动。创新链驱动产业价值链的网络演进表明,各创新主体的利益关系不是独立的,而是协同的。各个创新主体只有不断提高自身价值活动的质量和效率,促进与其他主体的协作关系,才能实现彼此利益的共赢,实现创新过程中价值增值的最大化。当产业发展过程中价值链的节点成为"短板"时,通过价值链的节点协同创新,可以实现重点突破,提升产业核心竞争力。"多元、融合、动态、持续"的协同创新可以推动价值链跃升。通过协同创新的网络作用,不断形成新兴产业。创新链促成产业价值链上有机联结的各种创新主体(企业、高校、科研院所、政府、中介等)之间,以及与创新环境之间形成协同互动、开放循环、共生演化的关系。

众创空间通过产业链、创新链和价值链的深度结合,有利于知识、技术、人才、资本等各种创新要素汇集融合,核心企业通过整合创新资源,建立利益分配链,实现与其他相关企业和机构在知识、信息、技术、渠道等方面上的共享和相互依存,从而适应环境的选择并获得竞争优势。这种高度开放的系统和模式,有利于促进企业间及企业内部关系的转变,创新资源配置从企业内部循环走向外部循环,创新环节分工更专业。面对生产消费者的崛起和产学研用社区生态化创新的新模式,不同产业环节的大中小企业按其功能定位有序衔接,形成创新链各环节的互动与合作,强化产业链的支撑与互动。多种资源的整合共享有利于企业的创业创新和共生发展,促进了产业链与创新链价值增值共同目标的实现。

第三节　对策与建议

新常态下,众创小镇建设作为破解经济结构转型升级和动力转化为现实等难题的战略选择,是高端资源聚合、创新要素集聚的新载体,大项目落地、特色产业提升的新平台,是大型平台型企业辐射孵化中小企业创业创新的聚集地。创意、资金、人才、产业元素在特色小镇汇聚并融合,发生化学反应和奇妙效用,使特色小镇成为"众创空间"的新载体、经济的创新极和新引擎。

特色小镇的内涵建设紧密围绕"大众创业、万众创新",离开众创功能,特色小镇与传统意义上的产业园、工业园区、经济开发区就没有本质的区别。因此,应凸显特色小镇的众创功能,将特色小镇打造成人才创业高地、风险资本集聚高地、新兴产业高地和创新孵化高地,为特色小镇按上"火箭推进器",将特色小镇打造成众创小镇。

一、众创小镇要打造成人才创业高地

（一）开通校院人才直通车

一是开展高校和科研院所科研人员在职创业计划。鼓励拥有知识产权的高校和科研院所在编科研人员，在完成教学和研究本职工作的前提下，进入特色小镇在岗创业。对于转化职务科技成果以股份或出资比例等股权形式产生收益的个人，暂不征收个人所得税，待其转让该股权时按照有关规定计征。二是在特色小镇开辟众创学园，实施大学生创新创业引领计划。对接高校建立创业教育学院，设立实践型创业课程，鼓励大学生"带着学分创业"，加强大学生创业教育和培训，为大学生提供创新空间、创业场地和创客服务。

（二）建立O2O众创人才库

一是建立众创人才的"引育留用"的线下汇合机制。实施"上天"和"入地"两类人才的建库招引工程，建立"国千式"产业领军人才和"工匠型"技能引领人才的众创人才库，吸引海归系高层次人才创业；实施国际创客培育和留用计划，以创新力强的领军型团队，吸引和凝聚创业创新人才，为重点行业发展、龙头企业急需、重大项目实施、关键技术转化、创新产品开发所需要的创新创业人才，建立优质高效、畅通便捷的绿色服务通道。二是加速构建跨空间的线上创客人才集聚的机制。借助互联网创客社区，打造"青年众创客厅"，形成"全球创业者圈"的资源平台，吸引"新四军"和"三有三无"创客汇集特色小镇。

（三）聚集阿里系浙商系创客

一是发挥阿里系、浙商系人才在产业集群内的创业衍生能力。在特色小镇为阿里系、浙商系企业高管、科技人员等提供资金、技术和平台，开展二次创业和内部创业，形成开放的产业生态圈。对中小微企业人才聘用给予社保补贴、集体户口等政策扶持。对自主创业的"创客"，按规定落实创业担保贷款及贴息、创业补助和带动就业补助等扶持政策。二是充分借用阿里系、浙商系人才在创新创业方面的成熟经验，成立"中小微企业诊断师"队伍。组建一支服务企业创业创新的顾问团、创业导师队伍。借鉴日本中小企业诊断师制度的经验，建立一批中小企业微创业创新辅导站，为特色小镇中的中小微企业日常经营、战略改革等进行诊断，并提供企业经营管理的建议和辅导。

二、众创小镇要打造成风险资本集聚高地

（一）设立市场化的混合制产业引导基金

一是在特色小镇建立"公司＋有限合伙"模式的混合制产业引导基金。发挥政府在产业引导和创新催化中的"风向标作用"，建立"产业发展和投资引导母基金"，设立技术门槛，形成准入机制，吸引"一带一路"海外资本和国内民间资本成立混合基金。政府通过负面清单管理、合伙协议约定、违约回购、第三方审计监管

等方式,采取引导式管理,确保母子基金在设定轨道上运行。二是完善产业基金的市场化运作机制,达到"以小博大"的产业扶持目标。坚持即技术与市场融合、创新与产业对接,通过融资担保、股权投资、委托贷款、跟进投资、投保贷一体化、助贷基金等市场化运作机制,扶持在特色小镇中孵化和加速的重点产业。

(二)打造"全程接力式"一揽子金融方案

一是有效整合各种金融资源,完善资金链,为企业提供全创业周期创新发展的持续动力。以互联网股权众筹等融资方式助力种子期创客企业;开辟私募基金机构集聚区,通过小微券商、小微证券服务机构辐射初创期小微型企业;培育发展创业投资机构,大力吸引天使投资人,引导私募基金、风险资本、天使投资等各种资本投向成长期的创业企业;引导发展期和成熟期创业企业到新三板、创业板、主板等多层次资本市场挂牌上市,充分利用境内外资本市场进行多渠道融资。二是知本换资本,拓展"知识产权"融资等多种创新融资方式。围绕产业链的延展、创新技术的开发、创业企业的融资需求,以知识产权交易为核心形态,通过知识产权证券、知识产权信托和知识产权融资担保等方式进行融资;开发科技保险、创新动产、创单等新型金融产品。

(三)合理设计创新创业风险分担机制

一是建立完善政府投资基金、银行、保险、担保公司等多方参与的风险分担机制,将创业企业纳入贷款风险补偿政策范围。二是鼓励设立"科技金融专营机构",推行差别化信贷准入和风险控制制度。如推行首贷补偿机制,探索建立创客企业库、天使投资风险补偿机制和风险资金池,对合作金融机构列入"创客库"的企业发放的贷款首次出现不良情况的,给予一定的风险补偿。

三、众创小镇要打造成新兴产业高地

(一)聚特做强七大万亿级产业和十大历史经典产业

一是将特色小镇打造为"一镇一特"、全产业链集聚、全要素整合的产业高地。围绕七大万亿级产业和十大历史经典产业,聚特做强。每个特色小镇找准、凸显、放大产业特色,主攻最有基础、最有优势的特色产业,建设以特色产业聚合的"众创工场"。集聚发展孵化、信息、知识产权等创新创业服务业,营造良好的市场化服务环境,推进产城融合,吸引优秀科技创新项目、优质创业团队入驻,加快打造全产业链聚合、全要素集聚的特区。二是打造产业引擎,产业链协同发展做强特色产业。鼓励"7+10"产业的领军企业和行业龙头在特色小镇发展服务化众创平台,引导和支持有条件的行业领军企业将内部资源平台化,面向企业内部和外部创客提供资金、技术和服务支撑。进一步完善中小微企业围绕特色产业链的配套发展机制,建立基于产业链的协同发展计划,实现大中小微企业的共生发展。

（二）构筑开放协作的产业生态

一是构筑"开放、共享、协作"的产业生态系统，吸引同类型的产业和企业进入众创小镇。构筑产城融合的产业生态圈，提供行业社交网络、专业技术服务平台及产业链资源支持，形成自组织、自滋养、自成长、自壮大的产业生态圈，吸引全球高端要素资源融入，激发特色小镇特色产业的成长动力。二是围绕供给侧改革战略，催生融合性的新业态、新模式。实施供给侧改革战略，推动特色小镇产业生态系统不断发展新型业态和新型产业模式，如借鉴韩国济州特别自治道以"智能观光"和"能源自主"融合的新产业，京畿道以游戏产业、金融科技和物联网产业等为基础的融合性新产业的经验，催生一批"互联网＋健康""智能装备制造＋外贸服务""智能观光旅游""产城融合的都市时尚"等融合性的新业态、新模式。

（三）催生精益服务的产业支撑

一是在特色小镇内部建立精益服务网络。大力发展并构造"互联网＋服务资源平台"，逐步构建特色小镇与创业资金、工业设计、技术开发、供应链条等在内的创业资源对接平台。在特色小镇打造"一站式对接服务窗口"，完善特色小镇众创平台的产业培育和创新支撑能力，加快中小企业公共服务平台网络建设，形成虚拟服务系统与实体服务资源的协同服务。二是在特色小镇之间建立精益服务网络。"互联网＋""粘合点"，为中小微企业提供精益服务产业。为具有互联网基因的中小微企业提供MVP（最小化可行产品）测试，企业主要产品当月DAU（日活跃用户数量）等精益服务项目。在明确（供需）"粘合点"的前提下，互联网思维为突破信息不对称，通过粘合供需双方提供更直接、快速、有效的平台。三是为特色小镇向区域产业辐射提供精益服务。加快建设以"互联网＋""智能制造技术"为引领的新型共性技术服务平台，将网上技术市场延伸到特色小镇，为创业者提供相关行业技术成果信息及交易服务。

四、众创小镇要打造成创新孵化高地

（一）虚实结合的众创孵化平台

一是利用互联网平台，建设虚拟众创空间，打破地理空间条件限制，促进众筹、众包等服务发展，有效降低创业人口集聚，提高人均创业产出效率，扩大众创空间辐射范围。鼓励创客充分利用"云制造"吸取敏捷制造、网络化制造和服务化制造等先进制造模式的优势，主动、积极、快速地对接创新链前端。二是向众多创客提供开放实验室、加工车间、产品设计辅导、供应链管理服务和创意思想碰撞交流的实体众创空间。行业领军企业、创业投资机构、社会组织等为众创空间的创业创新者提供良好的工作空间、网络空间、社交空间、资源共享空间，从而集聚和催化创业创新资源。三是叠加"孵化器＋加速器＋创客空间"功能，探索建立专业新型孵化器。创新孵化器运营机制，借鉴美国的"租金财务平衡式"孵化机制、以色列的"管理公司参股式"孵化机制、法国的为孵化项目配备顾问等经验,针对创新创业团队在融资、辅导、宣传、技术等方面的迫切需求,引入专业团队予以对接。

(二)众创成果的高效孵化机制

一是加快建设以"互联网+""智能制造技术"为引领的新型的共性技术服务平台。通过深化特色小镇众创空间建设,将网上技术市场延伸到众创空间,为创业者提供相关行业技术成果信息及交易服务。建立健全科技创新服务平台、重点实验室和工程中心、科研院所、重点企业研究院等各类创新载体向创客开放共享的体制,向创客开放工业设计、3D打印、检测仪器等电子和数字加工设备,构建移动互联网、大数据、物联网支撑的共性技术平台。二是借鉴贝尔模式,建立"市场导向+创新支撑+成果转化"的公共实验室。借鉴美国"贝尔实验室",成立政府支持的研究成果向企业转移的技术转移联合体。采用网络服务方式,将政府实验室研究成果与企业相连,发布公共创业实验室的技术转移与合作项目,同时将企业的需求反馈到公共创业实验室,开展围绕创业需求导向的研究和开发。

第十二章　中小企业众筹模式研究报告

最近,我们通过对众筹网等发展模式的调查发现,众筹对于革新小微企业发展模式、带动包容性创业具有重要作用:一是能有效地改善小微企业流通效率低下、流通成本高企的突出问题,突破包容性创业群体的创业经营难题;二是能有效地建立消费者与生产者互动的平台,促进双方信息对称,解决包容性创业群体的创业市场难题;三是能有效地整合各类资源,解决小微企业发展过程中的资金、技术等发展瓶颈,解决包容性创业群体的创业资金难题。

众筹是在信息时代大众借助网络平台进行融资筹资的一种全新的融资模式。《2016中国互联网行业发展趋势报告》指出,截至2015年年底,全国共有354家众筹平台,正常运营的有303家。2015年是互联网金融的"众筹元年",众筹平台数量大幅增长,随之而来的是众筹存在的问题和风险不断涌现,众筹成为P2P、互联网理财之后的又一个风口。

随着众筹模式的不断升温,众筹逐渐引起了国内外研究者的关注。互联网金融背景下众筹模式的构成要素、绩效的影响因素、驱动力等都是当前理论界和实务界关注的重要内容。

第一节　众筹模式的内涵与影响因素研究

一、众筹模式的内涵

众筹翻译自国外 crowdfunding 一词,即大众筹资或群众筹资。众筹由发起人、跟投人、平台构成,具有低门槛、多样性、依靠大众力量、注重创意的特征。随着互联网金融的快速发展,众筹这一名词出现的频率越来越高。国外众多学者对众筹的内涵进行了深入的研究,如表12-1所示。

表12-1　国外对众筹内涵的研究汇总

学者	内涵定义
Michael Sullivan(2006)	群体性的合作,人们通过互联网汇集资金以支持由他人或组织发起的项目

(续表)

学者	内涵定义
Schwienbacher et al. (2010)	一个项目或创意向一群个体融资而不是向专业的金融机构筹集资金
Belleflamme et al. (2011)	一种公开招标新企业通过互联网以募捐形式或某种形式的回报投票权作为保证,让公众提供资金支持他们实现特定目标
Bechter et al. (2011)	通过社交网络向公众传递信息的过程,公众通过提供资金可以参与到项目中
Gordon et al. (2012)	集体评价和大众筹资的独特组合,公众通过投资选择要支持的项目扮演评价项目的角色
Julie et al. (2012)	应强调众筹过程中公众提供资本的同时还提供了知识产权
Molick et al. (2013)	个人和组织通过互联网从相对数量较多的公众那里获得相对数量较少的资金作为项目的启动资金

资料来源:焦微玲、刘敏楼,"社会化媒体时代的众筹:国外研究述评与展望",《中南财经政法大学学报》,2014年第5期,第65—71页。

二、模式成功的影响因素研究

相比于传统的融资方式,众筹模式下融资绩效的内在机制可能更为复杂,因此也成为众多学者研究的核心主题。众多国内外学者从众筹项目的基本属性(如融资方案)、项目描述(内部因素)、社交因子(外部因素)等不同视角研究了众筹模式成功与否的主要影响因素,具体如表12-2所示。

表12-2 众筹绩效的影响因素研究汇总

维度	关键因素	代表学者
基本属性(融资方案)	目标金额、支持人数	Mart Evers(2012);Nuno Moutinho et al.(2013);Ethan Mollick(2014);Lu et al.(2014)等
项目描述(内部因素)	项目性质、项目类别	Mart Evers(2012);Nuno Moutinho et al.(2013);Ethan Mollick(2014);Lu et al.(2014)等
	最小投资额、回报级别、信息更新等	Douglas J. Cumming et al.(2014);An J Quercia D. et al.(2014);Denis Frydrych et al.(2014)等;黄健青等(2015)
社交因子(外部因素)	项目发起人已发起及已支持项目数量、评论数量	Nuno Moutinho et al.(2013);Lu et al.(2014);Benjamin Boeuf et al.(2014)等,吴文清等(2016)
	发起人朋友圈好友数量、评论数量	Lu et al.(2014)等;An J. Quercia D. et al.(2014)等

资料来源:作者根据相关文献归纳整理。

第二节　众筹发展内在机制的案例分析

众筹发展的内在机制,即众筹的驱动因素、影响因素、影响机制等对于深刻认识众筹和指导众筹的健康发展具有重要的理论和实践意义。基于此,本文以中小企业众筹为例,研究了众筹发展的内在机制。

一、小微众筹以预售和个性化定制革新传统流通方式,突破了中小企业的创业经营难题

传统模式下,广大社会弱势群体在创业过程中很难突破创业资金和流通的难题。以众筹网为代表的小微众筹发展模式,通过预售和个性化定制,在很大程度上克服了传统流通环节烦琐、流通效率低、损耗严重的缺点,同时也建立起了生产消费双方互动的平台,促进了信息对称。一方面,小微众筹利用团购和预购的形式,在产品生产之前提前锁定市场,大大降低了库存风险和损耗,减少了流通领域的中间环节,有效降低了创业过程中的流通成本。另一方面,众筹采用互联网和社交网络革新原来的生产流程,在生产之前就通过众筹网与消费者进行双向互动,通过向消费者提供更多的内容和可选产品,为用户提供个性化的定制产品,有效地促进消费者与生产者之间的互动,促进双方信息对称,革新传统流通方式。

二、小微众筹以消费者对生产的深入参与回应消费者需求,解决了中小企业群体的创业市场难题

传统的企业生产、流通产业链结构导致了消费者与生产者之间的互动缺乏,对于产品的生产、流通信息了解有限,只能被动地依赖产品经销商披露的信息,不能很好地满足消费者对于产品生产过程等多方面的信息需求。近年来随着国内自然环境的恶化,食品安全危机在各地频发,消费者对于安全、绿色、优质的产品的需求与产品安全、品质问题之间的矛盾日益凸显。

与传统发展模式相比,小微众筹模式对于消费者来说,与生产者不再只是买和卖的关系,消费者会以生产合伙人的方式对生产经营进行深度参与,消费者可以直接监控产品质量,有利于实现真正的绿色生产,一旦出现质量问题,消费者都可追溯,参与感是消费者在众筹模式中的附加价值。这种模式强调双方的信任,以解决食品安全问题以及跟踪生产过程的难题。

小微众筹以市场化的方式引导和鼓励部分弱势群体进行创业,通过互联网连接的大市场发展特色产业,形成繁荣的商品交易,促进资金、人才回流,最终使得小微企业收入不断提高。

三、小微众筹以众筹模式整合资源、突破传统发展的瓶颈,解决了中小企业群体的创业资金难题

小微企业的分散性造成我国生产经营的碎片化,小规模、分散是小微企业的基本格局,碎片化的小微企业经济集中凸显了小生产与现代产业生态化、规模化、科技化、集约化发展的突出矛盾,传统生产格局难以突破企业升级发展要求中的资金、技术及市场等多方面的瓶颈。

众筹通过在互联网基因和商业模式中的优势,有效进行跨资源整合,社交性聚拢,全方位分享,突破传统企业发展资金、技术、市场等瓶颈,创新发展模式。一方面,众筹网作为综合性众筹平台直接服务小微企业,上线以来已陆续推出了22个众筹项目。向网友募集项目资金,通过这种门槛低、规模小且灵活的特点,可以帮助经营者迅速解决资金发展问题。而随着受众面的拓宽众筹将进一步发展产品,除了实物回报型众筹,还会引入股权众筹,把现在线下运营的股权投资基金搬到线上来,进一步增强企业融资功能。另一方面,众筹网通过与线下企业的合作,为线下平台利用众筹网开展创意营销和融资服务。

小微众筹的新发展模式,通过创新弱势群体创业过程中的融资方式,提高了包容性创业能力,使收入保持持续较快地增长。

第三节 对策与建议

由于对知识产权的保护不够、创新能力不足、诚信体系尚未建立等原因,目前在国内众筹商业模式的发展仍需要较长时间来构建氛围。在后期发展过程中,应进一步加强对众筹的风险控制,关注众筹项目的可持续发展,注重对小微众筹的资源整合和有效监管。

一、小微众筹的风险控制

在小微众筹模式发展的同时,其背后的风险不可忽视。众筹能够有效地解决中小企业在资金方面的问题,但一旦资金使用过程中出现问题,来自投资者方面的矛盾同样突出。

众筹网目前通过项目源、风险保证金、对项目人的评估以及事后追溯制度四个方面加强对风险的控制。在项目筹集成功之后,会拿出募集资金的20%作为保证金,先把80%的资金给项目发起人,等最后的成果出来、出资人拿到手之后,才把剩下的20%给项目方;而如果项目没有按时完成,就把剩下的20%返还给出资人,同时平台尽力协调项目方尽量把成果或者之前的资金还给出资人,但平台不会担保兜底。同时由于众筹具有准入门槛低、渠道广泛等特点,我国众筹的风险也逐步显现。众筹作为新生事物,目前国家对其行业准入、监管制度尚不完善,企

业众筹的制度风险同样存在。

二、小微众筹模式的可持续发展

小微众筹发展模式目前已获得巨大的发展,但市场的认可度仍是发展过程中面临的巨大挑战,如何让消费者接受这种模式,尤其是未来更深度地参与,还需要观念的引导和市场的培育。与2016年上半年成交额在1000亿元左右的网贷相比,众筹仅募资不到2亿元。

而在整个众筹市场亟待培育的土壤上,小微企业的特性也决定了农业众筹更加任重而道远。如何降低小微众筹的运营成本、实现小微众筹的可持续发展是当前面临的重要挑战。小微众筹可持续发展的挑战还来自安全监管方面。平台对每个项目的整个生产过程进行监管,不仅成本高,而且监管难度大。

三、小微众筹的资源整合

目前,小微众筹在国内仍处于起步阶段,未来模式真正发展成熟以后,其对于小微企业发展的推动作用会更加显著。受制于市场的认可度和运营成本高企的影响,小微众筹尚存在"中小高端、普及度低"的问题。以顺丰优选为代表的各派冷链物流体系已经开始布局,运输成本有很大的下调空间。小微众筹的发展需要整合多方资源,通过众筹专业市场培育、专业物流体系的深入发展、地方政府的适度介入,充分调动小微企业、投资者的积极性,加强对安全的标准制定和有效监管,因此更大程度地发挥小微众筹对小微企业发展的推动作用。

四、小微众筹的监管

为应对小微众筹发展过程中存在的风险,小微众筹应当在行业准入、监管制度等方面加强管理,出台相应的监管政策和指导意见,提升小微众筹的风险防控能力。在小微众筹的平台管理方面,则应该加强平台建设,根据小微众筹的不同对象(线下企业和线上企业)进行风险定级,并对众筹项目的不同类型等细分市场,将创意涉及的产业链相关领域进行整合,有效调动资源,帮助项目发起人有效规避风险,顺利实现预期成果。

第四篇
2016年中国中小企业热点问题专题研究报告

第十三章　空间集聚下协同创新模式及中小企业参与机制研究报告

第一节　空间集聚理论和协同创新理论的理论交集

"创新走廊"的雏形可以追溯到文艺复兴时期的意大利佛罗伦萨—威尼斯地带,该创新区块也成为工业革命萌芽地之一。最早形成成熟"创新走廊"的则是美国"圣塔克拉拉谷"(后因半导体行业集聚而得名"硅谷"),已有大量研究都试图揭示其保持长效创新活力的原因。全球"创新走廊"的发展形态多样,有"谷"有"带",有"城"有"区",但其共性特征都是科研机构和产业组织在一个地域范围内的集聚,并进行高密度的创新活动。区域经济学认为创新活动的地域性集聚对科技成果产出形成了倍增效应。这一观点近年来也得到协同创新理论有关研究成果的深化,即通过集聚并合理分配区域内外优质创新资源、营造良好的创新创业氛围,以强化科技创新对区域经济转型发展的推动作用。科技型中小企业在"创新走廊"的区域生态系统中占据一个重要的位置,高密度的创新要素分布和高强度的协同创新活动为中小企业提供了大量潜在的技术创新机会,这也正是区域创新要素的空间重构对中小企业技术源开发所带来的积极影响。

"创新走廊"区别于传统的工业园区、科技产业园、产业集群等形式,是科技与产业集聚发展的一种高效形态,也为协同创新提供了一种新范式。结合当前的发展态势,"创新走廊"的发展也衍生出一些新的时代特征,基本可以概括为"三创三融合",即"创新、创业、创造"和"板块融合、资源融合、产居融合"。"创新走廊"有助于在最大限度上集聚创新人才,整合创新资源,营造良好的创业创新氛围,实现区域创新驱动发展。通过整理美、韩、德、日等多国成熟"创新区""创新带"的发展经验,同时分析当前国内的前沿实践经验,就"创新走廊"的建设思路和发展范式提出建议和参考。

一、创新要素集聚发展

"创新走廊"的研究范畴随着区域经济学理论的演进逐步得到明确。迪克西(Dixit)和斯蒂格利茨(Stiglitz)最早提出 D-S 垄断竞争模型,由此传统区域经济学开始了对地区产业规模收益递增和不完全竞争的探讨。克鲁格曼(Krugman)继承以上理论框架并在研究生产要素的跨区域流动方面取得了突破性理论进展,以此开创了新经济地理学,其理论核心是创新活动在空间上的聚集能够促进经济发展。新经济地理学指出产业规模能够提升区域内创新要素的共享程度,从而提高区域的边际生产效率。新区域经济学则将企业的数量、区域的消费需求、区域的人力资本优势等内生性因素作为分析重点,分别从运输成本、市场需求、产业规模、政策环境等方面来探讨集聚发展的动力机制。

新区域经济学的理论贡献之一是通过创新要素流动来解释区域集聚发展的机理。上下游关联企业在市场需求和运输成本两大约束条件的影响下,会自发性地向区域空间开始聚集,从而进一步吸引其他创新主体的加速集聚。该理论在近二十余年的发展中越来越关注空间集聚、生产集聚的形成机制等,相关研究内容也经历从"块状经济"到"产业集聚区"等热点概念的转换,其中集群发展已成为国内区域经济发展的主导理论。目前的研究正在不断缩小空间集聚的区域范围,从省域缩小到县域甚至更微观的空间,逐步接近"创新走廊"的研究范畴。

二、创新要素协同发展

"创新走廊"的研究范畴同样受到创新理论的深刻影响,特别是要素协同发展的理论贡献巨大。自创新理论兴起以来,面向区域层面的创新理论研究主要是基于弗里曼国家创新体系理论。之后 Nelson, Edquist, Pavitt 等学者在区域创新系统领域的研究成果以及 OECD 发表的《国家创新体系》报告,成为诸多国家、国际组织研究国家创新体系的理论依据。国家创新体系理论提出了创新子系统的概念,基本厘清了创新系统中的核心要素,包括以企业为主体的技术创新体系,以科研院所和高等学校为主体的知识创新体系,以政府为主体的制度创新体系,以及社会化、网络化的科技中介服务体系。国内学者对国家创新体系也做了一系列研究,内容涉及系统结构与功能,创新主体行为影响等。创新网络理论概念吸收了国家创新体系理论的要素成员概念,并以网络连接为工具分析了各创新成员之间的结构关系以及各创新成员对整体创新绩效的影响。

随着经济的全球化、产品生命周期的缩短以及知识创造速度的加快,传统的对于企业内部创新资源整合的封闭式创新模式已很难满足企业的创新需求。实现各类创新资源的共享、提高研发效率、降低研发成本的协同创新模式正成为一种趋势。协同创新理论站在系统优化的角度,更关注创新要素之间如何通过协同合作等方式实现创新溢出效应,即 $1+1>2$ 的协同效应。不同创新要素在协同创新体系中的功能各不相同。企业作为技术创新体系的行为主体,承担市场需求引导下的技术研发工作,特别是应用技术和新产品的研发。高校以及公立研究机构则更关注非营利性的基础研究,它们在系统中的主要职责是知识创造与智力供给。其他中介服务机构包括生产力促进中心、技术咨询机构、工程技术研究中心、高科技园区、创新中心、孵化器及风险投资机构等,它们是创新活动的润滑剂,也是大量创新活动分工的产物;它们促进了技术转移和知识传播,降低了创新成本和创新风险。政府在协同创新系统中也承担了调配部分创新资源、规范市场竞争规则等功能。各类要素在协同创新体系中形成了相互作用的学习机制,而要素间存在的边界限制又影响了创新资源的流动效率和方向。

协同创新模式的产生与发展,体现了技术创新模式由封闭式创新向开放式创新转变的趋势。将区域作为一个协同创新系统来看,地理范围内的各创新要素需要通过相互协调、相互合作来不断提升区域整体的创新能力。这种协作并非创新系统内企业、高校以及科研机构间的简单叠加,而是各要素成员间的互补协同。特别针对区域发展理念来说,建立跨越企业、高校、研究机构等外部边界的复杂网式连接至关重要,知识联盟正成为区域创新系统的重要形式。

三、创新要素的集聚+协同发展

要素集聚和协同创新成为"创新走廊"的两大理论基石,创新要素通过地理集聚、空间布局、功能互补实现有效协同创新。区域内创新系统中的创新要素(企业、高校、研究机构以及政府等)在空间分布上的差异性以及区域间地理位置分布的差异性都决定了区域创新要素组织、区域内部创新要素的协同互动以及区域创新系统间创新要素的流动。创新要素协同的本质是知识在企业、高校以及研究机构间的转移以及知识的学习管理,但是这些创新要素在空间分布上的差异性对知识的传递有显著的阻碍作用。一方面,知识接收方与知识传递方在知识储量上存在差异,导致知识在传递中产生扭曲和失真,并且随着传输路径的延长这种扭曲会变得更加严重;另一方面,较长的空间分布距离增加了要素主体间的协商、沟通成本,同时也增加了知识的搜寻与匹配难度,这也会阻碍协同效应的发挥。空间距离在降低区域集聚程度的同时,还会增加企业的运输成本、降低市场需求、阻碍区域内要素流动、影响区域产业规模效应的发挥。

"创新走廊"的地理范围促使创新要素的空间分布距离得以优化,弥补了要素主体间由于知识存量等因素导致的差异、获取知识溢出效果,从而实现对现有竞争优势的维持甚至是加速追赶。同时,空间的集聚也能够扩大区域的市场规模和市场需求,促进市场的专业化分工,通过共享城市基础设施,进而降低区域的要素成本,吸引更多走廊外企业、要素的进入,从而实现D-S模型的动态循环积累过程。处于区域内的关联企业的空间集中,能够发挥接近本地市场等效应,提高企业的生产效率。科研院所、智力机构、服务中介等在系统中通过行使不同功能,能够实现不同主体间的优势互补、增加各创新要素主体间的创新活动以及知识外溢。综上,"创新走廊"在理论构念上是符合区域发展有效性方向的探索性研究,进一步发掘其运行模式,形成框架性发展范式,将是对创新理论以及区域经济发展的一次良好理论探索和现实实践。

第二节 创新走廊的发展模式研究

一、主要发达国家和地区创新区(带)发展经验

主要发达国家和地区"创新走廊"的形成大致可分为两大类:产业推动型和政府引导型。已有研究认为,美国硅谷、德国法兰克福等创新区块是由地方产业演变而成的,而韩国京畿道、日本筑波等则是政府引导建设的突出代表。以下就典型"创新走廊"的发展历程做深入探讨。

(一)美国圣塔克拉拉创新谷

圣塔克拉拉创新谷(以下简称"硅谷")是20世纪初美国淘金热的产物,当时铁路运输业和港口业的兴旺带动了电力工程技术和无线通信技术的大发展,尔后经历半导体→微型处理器→软件开发→信息技术→二代互联网等多代际的产业逐步演化形成。目前"硅谷"赖以成名的高科技产业主要集中在圣何塞到红木城的狭长地带,向北连接到旧金山和伯克利,可以称得上是名副其实的"创新谷"。

"硅谷"发展主要呈现以下五个阶段:第一阶段以1941年美国成立"科研发展办公室"为标志,主要通过"技术军转民"工作对"硅谷"进行了首轮技术播种;第二阶段以里程碑事件"斯坦福工业园的设立"为起点,对"硅谷"本地科研院校的科研成果进行产业化输出,孵化了大批巨人级公司;第三阶段是在1958年《小企业投资法案》颁布后出现的风险投资热潮,硅谷出现了大量技术创业公司;第四阶段是"硅谷"创业文化形成时期,主要受当地政府宽松移民政策的鼓励,大量海外人才集聚"硅谷"进行创业活动;第五阶段是成熟区域创新系统形成阶段,政府开始提供公共性创业资源。详细情况见表13-1。

表13-1 "硅谷"发展历程及重要政策举措

阶段	主要内容	政策举措	主要成效
第一阶段:首轮技术播种	政府成为"硅谷"最大的技术投资者	• 1941年美国成立"科研发展办公室",主要职能为协调高校为政府开发军事技术,布什政府直接向斯坦福大学拨款干预其科研方向 • 引导高端军用技术转化为民用,成为"硅谷"科技创业的基石	美国宇航局(NASA)研发的集成电路、国防先进研究项目署(DARPA)研发的互联网等最早都在硅谷生根

(续表)

阶段	主要内容	政策举措	主要成效
第二阶段：科研成果产业化	培育当地高校教育形成鲜明的创业导向	• 建立全球最好的区域大学网络，包括斯坦福大学、加州大学伯克利分校和旧金山分校、圣何塞州立大学等 • 鼓励教员创办自己的公司，推动新型的产学合作	斯坦福校园已创办了包括谷歌、雅虎、硅图等著名公司，而伯克利分校则培育了苹果、英特尔、闪迪等"全球百强"公司
	建立工业园孵化产学研项目	• 争取联邦政府资金建设斯坦福工业园 • 一流的现代化设施和宜人的景观设计 • 园区内设有1800公顷的技术研发机构 • 园区孵化项目只针对高技术企业 • 鼓励工程师二次创业	• 园区直接孵化了瓦里安、惠普、通用电气、柯达等知名企业 • 明星企业在发展过程中不断衍生出新的创业企业
第三阶段：风投推动创业活动	引入丰富的创业投资参与区域创新活动	• 1958年《小企业投资法案》大幅推动金融机构对"硅谷"创业公司的投资力度 • 通过设立创业基金和引入大量风险资本，稀释了个人企业创业风险 • 推行"孵化创业者"计划，风险基金管理者通过培训创业者提升创业成功率，同时获得优先股投资权	构建了一套完整的创新风险分摊机制，对创业失败保持宽容态度
第四阶段：区域创业文化形成	实现突破性创新成果的不断涌现	• 政策主要以产业引导和市场竞争规则塑造为主，建构区域创新生态系统 • 宽松的移民政策鼓励多样化的全球智力支持（国外科学工程师的比例超过三分之一） • 鼓励科技公司更多尝试在前沿技术领域进行创业，在政策上给予一定补偿 • 鼓励硅谷公司在管理创新上更具开创精神	• "硅谷"创业文化成功从淘金冒险意识演化为制度支持下的群体创业文化 • "卓越计划""走动式管理""制造外包""政产学研合作"等管理创新
第五阶段：政府参与下的创新系统	政策扶持转向提供公共性服务产品	• 政策重点转向公共性服务产品的供给，如由政府与中介机构共同组建第三方"科技孵化器"，为创业者提供必需的基础素材（工作室、水电、网络、3D打印等）和天使资金（5万美元创业启动金），并通过股权方式获取回报	降低创业门槛，给予草根创业者更多的创业机会，成为全球科技创业者的"梦想摇篮"

资料来源：笔者整理。

（二）韩国京畿道创新带

韩国经济长期依赖少数集团企业的创新活动，韩国未来创造科技部提出建设京畿道创新带以打通大小企业与高校、公共性研究机构等的创新边界。京畿道的核心区块约120平方公里，旨在培育金融科技、物联网产业等领域的创新主体。京畿道创新带在发展众创空间以及企业协作方面形成了一套卓有成效的政策举措：

第一,政府与大企业合作孵化优质创业项目。2015年3月,"京畿道创造经济革新中心"成立。中央政府、地方政府与龙头企业KT集团共同出资成立创业投资基金,为新生企业提供6至12个月的支援服务。支援内容包括创业点子、商业化机会和创业支援(2000万韩元,折合约11万人民币),到商业化开发、融资分销、国际化,充分发挥了孵化器和加速器的作用,培育了大批区域内新生企业。

第二,实行大企业·中小企业同伴成长计划。京畿道正在构建大企业和中小企业互赢的协作模式。京畿道有全国21%的中小企业,其中有许多企业与三星电子、LG、现代起亚、SK、KT等韩国龙头企业联系密切。韩国政府已制定《同伴成长的相生合作支援条例案》,京畿道正在推行条例细则,包括大中小企业的相生合作支援及政策开发、实况调查、设置相生合作委员会等推进同伴成长政策所需的道知事责任和义务等。

第三,开放式创新和国际化发展特征明显。京畿道创新带主要以大型集团企业群为创新主力,从建设伊始就非常重视整合外部创新资源,特别是与邻邦的国际化合作。京畿道已与中国、日本、美国等10个国家的15个城市建立了友城关系,京畿道中小企业中心目前已设立了6个海外办事机构,为京畿道中小企业开展国际贸易、跨国技术合作等项目进行服务。

(三) 以色列特拉维夫创新区

以色列特拉维夫—雅法创新区人口不到全国的5%,但却集聚了全国67%的创新种子公司,被誉为"欧洲创新领导者"和"创业圣地",产业集中在通信、现代农业、水处理等国家急需领域。特拉维夫创新区在品牌塑造和整合创新资源方面的做法尤其值得借鉴:

第一,经过国际比较和自身定位形成明确的发展方向。特拉维夫原本以巴塞罗那为模板发展"艺术之都",但被证明难以实现。当地政府专门成立"全球城市行动计划办公室",经多方调研并结合城市特性,最终以"永不停息的创新创业区"为发展方向。

第二,政府层面积极开展品牌推广和营销。特拉维夫在世界各国重点城市进行宣传和招商,历任市长都亲自营销"全球创新中心"概念,定期举办"DLD特拉维夫创新节"。特拉维夫设立高额的奖学金制度和创业签证制度吸引全球人才集聚。政府还为国际记者提供短期城市考察机会,借此向全球传播当地创新文化。

第三,鼓励科技创业,聚焦优势环节。特拉维夫充满科创氛围,政府为广大创业企业定期举办创业竞赛,获胜者可以得到办公场所等政府资助。以色列的科创企业大量从事创新研发,几乎不涉足制造和分销链条,仅2013年就有45个创业项目被美国、欧洲的跨国公司收购,总金额超过64亿美元。

第四,打造资源开放共享式的创新环境。政府提供廉价的公共办公空间(Coworking Hub),对创业企业实行税收减半的政策。地处核心商业区的香浓塔公共图书馆被改造成政府创新创业服务中心,提供免费的创业咨询服务,开放政府数据库,通过全城免费 Wi-Fi 推送各类创业政策和资讯。政府还要求辖区内的谷歌、微软、通用等跨国企业给予当地创业者参观学习的机会。

(四)德国法兰克福创新区块

德国法兰克福创新区块在地理界线上比较松散,向南一直延伸到慕尼黑,核心区块主要聚集在法兰克福周边。该创新区的制造业牵引、公共研发带动的德国式创新理念体现得较为全面:

首先,以公共科研机构为核心的产学合作模式。德国法兰克福创新走廊内的弗朗霍夫工业研究院(Fraunhofer)、马克斯·普朗克研究所(Max Planck)都是欧洲最大的应用型工业技术研究机构,它们在信息技术、生物技术、环保技术等领域拥有极强的国际话语权。它们已成为创新区块内的技术知识核心机构,通过大量技术委托开发项目对中小型企业进行技术服务。

其次,世界级制造业公司为技术创新提供产业化空间。法兰克福—慕尼黑创新区块沿线有西门子、梅赛德斯—奔驰、宝马等制造业巨头直接助推德国先进制造业的领先以及工业 4.0 的实施。同时,这些大企业不断大幅吸收周围创新性中小企业的技术创新成果,并实现科技研究突破的产业化进程。明星企业对法兰克福创新区块的作用是带来整条创新链上的优化配置。

最后,优秀商学院实现知识生产和创业教育功能。当前主流创新走廊都配备有若干所世界级大学,更为特别的是,这些高校都拥有国际一流的商学院或创业学院。法兰克福的法兰克福歌德大学就拥有世界排名前五的商学院,这对区域创业创新提供了支撑。

(五)其他重要创新区(带)

日本筑波创新城对基础设施的空间布局有一些可借鉴之处。全新创新区块由政府主导建设,在选址、人力筹措、机构引进等工作上完全由政府规划:首先,创新城专门规划 56% 的土地面积用于建设科研、文教机构;其次,建有特色的"梯子型"道路网络,有效提升交通运输效率;最后,构建各类智库的集聚效应。日本筑波科学城内汇集了 43 家国家研究所,和大量企业研究所,每年能够向政府和企业提供数百项咨询报告和研究方案。

除了以上"创新走廊"建设经验,还有一点共性特征就是这些创新区域都拥有良好的自然环境和全面的配套建设,也许正是因为对这两者的缺乏,"剑桥—牛津区块"一直没有出现成熟的"创新走廊"。区域文化和人文关怀对引智留才起到重要作用,特别像硅谷和特拉维夫等地的开放式文化为地区引进大量创新人才。表 13-2 所示列示了国外典型的"创新走廊"具备的基本要素。

表 13-2 国外典型"创新走廊"基本要素一览

创新区（带）	基本指标			重要机构				宜居设施		
	地理面积	覆盖人口	创新产出	高等院校	明星企业	研究院所	国家平台	创业基地	交通干道	配套设施	文教资源
美国硅谷	约320平方公里	约300万	全美13%的专利，20家世界"百强"科技企业	斯坦福、加州大学	惠普、谷歌、雅虎、苹果、特斯拉、英特尔	福特汽车研究所、百度美国研究所	—	斯坦福工业园	国道101、国道280、毗邻机场	大美洲主题公园、门罗公园、圣塔克拉拉市的中央公园	80余所高校、斯坦福购物中心、斯坦福医疗中心、众多图书馆和博物馆
韩国京畿道	核心区约121平方公里	117万	2010年GDP 170多亿美元	韩京大学	三星	三星R5研究院	京畿道创造经济革新中心	—	铁路公路穿插、临近仁港两机场	北汉山国立公园、祝灵山自然疗养林、水芳香樱木园等	公共、学校、专业等图书馆3 248个、各类学校4 149所
以色列特拉维夫	51.76平方公里	304万	月收入为7 290新舍客勒	特拉维夫大学、巴伊兰大学	英特尔公司以色列分公司	—	硅溪	罗斯柴尔德大道	国王乔治街、艾伦比街等核心街区	拉宾广场、亚尔孔公园	众多高等院校、博物馆与美术馆
德国法兰克福	核心区约100平方公里	67万	人均7 370欧元	法兰克福大学	奥迪集团、克莱斯勒	弗劳恩霍夫工研院	金融中心、会展中心	巴斯夫产业园、阿德勒斯霍夫科技产业园	凯撒大街	欧洲银行总部和德国证券交易所	德意志图书馆、众多博物馆
日本筑波	核心区28平方公里	约20万	—	筑波大学	—	工业技术院、筑波高能物理研究院	宇宙研究中心、工业试验研究中心、农科实验中心	—	"梯子型"道路网络	会展中心、文化中心、艺术博物馆、商务中心、核心生活区等	筑波国际学校、筑波公共图书馆等

资料来源：笔者整理。

二、国内重要"创新走廊"建设的实践成果

国内"北上广"等核心城市都已形成标识性"创新走廊"，其中较为典型的如北京中关村创新街区、上海浦东科创新区以及广州科创走廊等。如表13-3所示，这些创新走廊通过打造多个创新中心，有效配置创新服务机构，吸引国内外明星企业以及大量中小企业集聚落户，目前运行情况总体顺畅，总结起来有以下共性经验：

表 13-3 国内主要"创新走廊"基本情况一览

创新区（带）	重要机构				
	高等院校	明星企业	研究院所	国家平台	创业基地
上海浦东科创新区	高等教育学校26所，国际学校12所	宝钢集团有限公司	中国电信上海研究院	国家智慧城市试点	张江科技城

(续表)

创新区 (带)	重要机构				
	高等院校	明星企业	研究院所	国家平台	创业基地
广州 科创走廊	中山大学	宝洁、金发碳纤维、京东商城等	中新国际联合研究院、清华大学珠三角研究院、中国(广州)智能装备研究院、中兴通讯研究院、中科院广州工业技术研究院等	广州高新区、广州国际生物岛、中新广州知识城	松山湖高新区
北京 中关村创新街区	清华大学、北京大学等高等院校39所	联想、方正、百度、博奥生物等	中国科学院、中国工程院、邮政科学研究院等20余所科研院所	海外高层次人才创新创业基地	中关村软件园、中关村生命科学园、北大生物城等42家产学研示范基地和11家大学生创业基地

资料来源:笔者整理。

第一,区域政策体系支持力度充分。北京中关村创新街区在扶持政策上得到最大程度的优惠,这里拥有中国第一个国家级高新技术产业开发区,第一个国家自主创新示范区,第一个"国家级"人才特区等。上海浦东科创新区则构建了"双自联动"政策机制,推动投资贸易便利与科技创新功能的深度叠加,打通贸易监管创新、金融监管创新、服务业扩大开放等与科技创新之间的通道。

第二,创业创新人才集聚效应巨大。北京中关村创新街区通过区域标识效应集聚大量创业创新人才。2013年中央"千人计划"在京人数为770人,其中80%在中关村地区;"北京海外人才聚集工程"人才368名中也有超过80%聚集于此。上海浦东通过试行人才管理改革创新,特别是对国际性人才的引进、落户、安居等方面给予重点支持,上海浦东科创区也成为国内人才国际化程度最高的区域。

第三,政产学研协同创新氛围良好。中关村核心创新区充分利用北大、清华等33所国内高校的科研资源优势,同时打通与中科院、邮政科学研究院、半导体集成技术开放实验室等20所科研院所以及89个公共技术平台的合作渠道,目前已形成42个产学研合作示范基地。广州科创走廊则建立起电子信息、生物医药、新材料等三大公共技术平台,将412家高新技术企业、510多家研发机构、2 200多家科创企业组成了紧密的合作网络。

第四,科创投资融资项目模式多样。中关村通过以企业信用体系建设为基础建立了独特的投融资模式,如实施重大科技成果转化过程中的技术入股,支持企业境内外抱团上市形成的"中关村板块"等。广州科创走廊则特别注重促进科技与金融的结合,通过建设350多万平方米的科技企业孵化器和加速器集群来对科创项目进行基础轮投资。

三、"创新走廊"的系统结构与发展范式

（一）"创新走廊"创新系统构建

总结国外重要"创新走廊"的发展动向，老牌"创新走廊"已形成稳定的区域创新生态系统。创新生态系统具有如下共性发展特征：

1. 政府扮演创新环境的"益生菌群"角色：看不见的手

首先，政府提供公共性服务产品。如硅谷的"科技孵化器"是由政府与中介机构共同组建的第三方公司，为创业者提供必需的基础素材（创业工作室、水电、网络、3D打印等）和天使资金（硅谷做法是5万美元的创业启动金），并预期通过股权方式获取回报。其次，实施正向激励创新的政策。最后，建立包容创业失败的政策机制。国外成熟创新区通过推动大量创业公司的成长计划，创造区域内对创业失败的包容性文化，同时通过设立政府创业基金和引入大量风险资本，稀释个人企业创业风险。

2. 智力机构扮演技术知识"生产者"角色：基础性作用

首先，高等院校的知识生产和创业功能成为标配。当前主流创新走廊基本都配有若干所世界级大学，如硅谷有斯坦福大学，更为重要的是，这些高校的商学院或创业学院都是国际一流的，如法兰克福的法兰克福歌德大学就拥有世界排名前五的商学院，对创业创新具有很好的支撑作用。其次，公共科研机构的技术服务能力成为亮点。如德国法兰克福创新走廊中的弗朗霍夫工业研究院，是欧洲最大的应用型研究机构，对创新区内大量中小型企业通过技术委托开发等形式进行技术服务。最后，各类智库的服务性职能成为有效补充。日本筑波科学城内集聚了43家国家研究所，以及大量私人研究所和企业研究所，每年为日本政府和企业提供数百项咨询报告和研究方案。

3. 科技型企业扮演创新理念"加工者"角色：核心位置

一方面，大企业通过与政府合作对创新活动起到示范和引导作用。如韩国京畿道在"京畿道创造经济革新中心"的协调下，与韩国龙头企业KT集团共同出资成立创业投资基金，从提供创业点子、商业化机会和创业支援，到商业化开发、融资分销，再到国际化，充分发挥孵化器和加速器的作用，培育区域内新生企业成长。另一方面，中小型企业提供活跃的创新元素和创业项目。特拉维夫—雅法创新区集聚了以色列全国67%的创新种子公司，仅2013年就有多达45家创新企业被美国、欧洲的跨国公司收购，被誉为"创业圣地"。

4. 配套建设和人文关怀成为"土壤养分"：引智留才

硬件条件是完善的基础设施建设。日本筑波科学城从选址、人力筹措到机构引进等的一系列工作完全由政府主导，政府前期就对基础设施分布进行了详尽的

安排,并建有特色的"梯子型"道路网络,有效提升交通运输效率。法兰克福则设有全欧最大的机场,以及密集的高铁高速路网。软件条件是吸引创业的区域人文特征。硅谷的创业文化具有强烈的征服世界的情怀,因此大量全球领先的技术和商业模式都诞生于此。以色列特拉维夫则充满小企业创业氛围,政府每年为广大创业企业举办创业竞赛,获胜者可以得到办公场所等政府资助。

(二)"创新走廊"发展范式

在我国当前"大众创业、万众创新"的政策大背景下,国内"创新走廊"建设应明确"政府搭台、企业唱戏、板块协同、社会参与"的总体建设思路。谋划基础设施、科技园区、高教网络、创业园区、明星企业大道等核心板块的无缝对接,提升"创新走廊"区域内创新资源的有效流动和协同发展(见图13-1)。

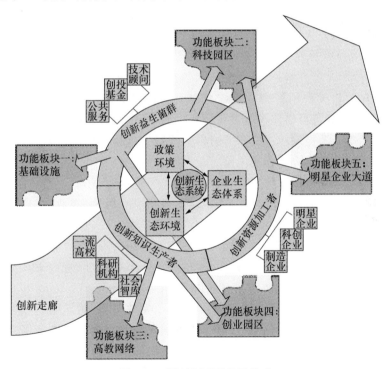

图13-1 "创新走廊"发展范式

四、"创新走廊"的工作重点及政策建议

本节从区域经济学和协同创新理论的双重视角出发,分析了"创新走廊"形成和发展的理论构念。在整理和总结目前国内外重要"创新走廊"的发展经验的基础上,提出了以区域创新生态系统的理念推进有关"创新走廊"的建设思路,并具体设计了其发展范式。对于"创新走廊"建设的推动政策,本章提出以下一些建议供参考：

（一）基础建设做到"规划超前、布局系统、接轨国际"

"创新走廊"的发展遵循缓慢起步期、快速增长期和稳定发展期的规律，所以前期的基础设施建设规划必须考虑到快速增长阶段对交通、教育、医疗、商业配套、标准化工厂、人才安置房等一系列基础要素的爆炸式增长。

第一，道路管网体系规划要能够容纳未来十年的道路需求，轨道交通半小时可到达航空、高铁等交通枢纽，同时满足重点园区内的企业物流需求。

第二，工业基础设施要考虑从创业孵化到产业园区的系统化安排，既要加强如梦想小镇等创业孵化器的建设，也要有计划安排青山湖科技园等园区内创业项目的产业化空间。

第三，生活配套设施要以吸引国内国外创业创新人才为目的，提供教育、医疗、商贸等必需的公共设施，为大企业街区提供较为完善的配套设施。

（二）提供公共性服务产品要深化供给侧改革理念

结合供给侧改革方案，对创业创新的各类试点政策要在创新走廊提供先行先试的"直通车"，积极采用新型科技媒介对公共性服务产品的内容和形式进行创新。如创业孵化政策可借鉴硅谷进行模式创新，尝试由政府联合第三方创投公司实施"创业基础资源换取股权投资"的做法，或设立战略性新兴产业风险投资资金池，为入"镇"创业企业降低创业风险。

（三）最大范围吸引内外部创新资源参与"创新走廊"建设

首先，有效利用区域内现存的创新资源，包括原有居民、企业、高校，海外人才创业园区、工业园区等资源的协同效应，特别要鼓励走廊内高校建设一流水平的商学院和创业教育基地。其次，强化对外部创新资源的"磁石效应"，通过"区域品牌营销→创新项目示范→政策激励落户"增强对外部高端创新资源的吸引力。

（四）建立和完善开放、包容的国际招贤引智机制

智力引进政策要秉承"高端视野、国际标准、实效落地"的原则。一引人气，明确国际发展定位后，参考以色列特拉维夫"市长营销"和"全球媒体合作推广"等品牌塑造工程；二引机构，瞄准能够服务制造业升级的国际高端工业技术研究机构，如德国弗朗霍夫工研院等，落实最优惠的引进政策；三引人才，实施"无国界人才"引进计划，打通本地区的优先落户政策，鼓励企业引进国内外拔尖人才。

（五）打造和培育国际化风险投资公司支持创业创新

高质量的风险投资是科技创新的资金源，更重要的是提供管理咨询、资源渠道和国际视野。政府要着力培育具有较强服务能力和国际化水平的创投公司，重点服务创新走廊内的科创项目。

第三节 特色小镇的建设思路和重要举措

一、特色小镇的发展性内涵

特色小镇的发展概念源于工业园区、产业集群、特色专业区等发展模式,又被称为专业小镇。特色小镇也可以被作为工业化和城镇化高度融合的产物,实现产业、人居和文化三者的协调发展是特色小镇的核心发展理念。

特色小镇在内涵上相较传统的工业园区、产业集群等又具有明显的区别。其中,工业园区的概念兴起于第二次世界大战后的世界经济复苏时期,特别是日本、韩国等国政府提出的"工业团地"等概念是工业园区的雏形。经过之后几十年的快速发展,工业园区逐渐成为一个国家或区域的政府根据自身经济发展的内在要求,通过行政手段划出一块区域,聚集各种生产要素的重要手段。工业园区在一定空间范围内进行科学整合,提高工业化的集约强度,突出产业特色,优化功能布局,使之成为适应市场竞争和产业升级的现代化产业分工协作生产区。我国的工业园区发展主要是伴随各地开发区的建设完成的,主要的建设载体包括国家级经济技术开发区、高新技术产业开发区、保税区、出口加工区以及省级各类工业园区等。

产业集群(industrial cluster)则是企业在地域内集聚而形成的区域经济现象,产业集群发展模式有利于降低交易费用,实现外部规模化生产,从而提升区域经济竞争力。国外最早的产业集群出现在意大利北部纺织产业的发展过程中,其发展经验成为全球产业集群研究的成功模板。产业集群从最初起源于若干企业在地域内的简单扎堆,经发展演进形成由企业及相关机构在区域内构建起一个较完整协调的分工与合作系统,在这个过程中集群结构发生了巨大变化。高效的产业集群应该基于以创新为导向的企业与关联机构的集聚结构之上,依托创新网络建设降低创新费用,提高创新绩效,最终影响区域经济竞争力的整体提升。

近年来,工业园区和地区产业集群发展的模式受到了越来越多的质疑,主要的发展瓶颈在于高密度工业企业布局所带来的规模报酬递减以及来自环境承载力的预警。一方面,集群等地区经济发展形势在发展过程中由于无法有效应对外部经济、技术、市场、政策等变化,表现出进入衰退状态。另一方面,工业企业集聚发展带来了工业污染物的超标排放和交叉污染,同时对地方用电、用水、用地等基础性生产资料的消耗已大大超出生态承载能力。所以,特色小镇的发展概念是在此背景下应运而生的,其使命就是协调好区域内生产企业和其他生产性单元、生活性单元的相互关系。当然,特色小镇推动传统经济集聚发展形式的转型升级必须实现内因与外因高度统一,内因是区域集聚发展的内生治理结构和动态能力,外因是全球价值链拉动和政府示范工程的引导等。

二、特色小镇建设的政策思路

特色小镇的建设需要考虑特色产业、地域文化和生态环境三者的协调发展,实现一条可持续创新的区域经济发展道路。借鉴国际发展经验,特色小镇建设的产业特色需要高屋建瓴,主要体现在构建国际发展视野,定位好在国际产业链发展中的自身切入点,并基于区域产业基础实现本地化产业升级向全球化产业升级的过渡。同时,不能将产业发展凌驾于区域生态文明建设之上,两者应实现有机的结合和适度的妥协。政府要有效实现规划和监管的职能,保证"政府搭台、企业唱戏"的市场主导模式的良性运行,在提供基础设施建设、人文环境和安全营造、教育和医疗资源分配、创新支持政策等方面充分发挥重要作用。特色小镇在建设过程中需要重点考虑以下政策要点:

首先,政府扮演好上下串联的统筹作用。构建特色小镇是对区域特色产业集聚发展模式的一种改造和升级,不可能是一蹴而就的事。所以在具体建设工作中政府机构应当扮演好统筹管理的角色,合理引导优质企业、创新机构、社会公众等广泛参与到特色小镇的建设之中。努力破除一些制度性障碍因素,为特色小镇创新营造宽松的政策环境,甚至出台一部分适应于特色小镇的区别性政策。处理好省级政府、地方政府以及入镇企业之间的关系,实现政府统筹、多方联动的健康发展道路。

其次,建立完善的政策多维度评价体系。特色小镇就目前来看是新生事物,仍然处于发展阶段,单一参考传统的区域经济发展评价指标体系显然会带来很多的约束。目前浙江省特色小镇建设走在全国的前列,在经济发展总量指标上设定为3年内实现50亿元的固定资产投资,在环境发展总量指标上要求建成3A级以上景区,在一些细化政策评价指标上则仍然沿袭了传统做法。在全国其他区域推进特色小镇建设工作可以借鉴大类目标的政策评价做法。

最后,合理布局形成小镇内创新生态系统。特色小镇的地理范围一般以控制在3—5平方公里范围为宜,避免传统意义上大型工业园区的发展方向。在有限的地理区域内,如何合理布局各类创新要素和成员,形成区域内创新生态系统的健康运行是特色小镇建设的核心。一般来说,应尽量实现特色小镇内入驻一定比例的技术企业,同时利用好本地原有创新资源,通过有效政策引导配置好科研机构、创新服务中介、创新咨询机构等其他创新成员单位。另外,在生态和人文环境营造上需要付出更多的努力,特别是在针对国际化人才集聚的工作上,需适度加强国际学校、中心医院等公共资源的配置。

三、工业旅游推动特色小镇建设的思路研究

工业旅游起源于法国汽车龙头企业的"生产车间开放日"活动,逐步形成明星

企业参观→工业文化体验→工业产品销售的成熟模式。雷诺、标致、雪铁龙三大汽车公司已成为全欧洲最为成功的工业旅游项目,年接待旅客超20万人次。美、日等国近年来积极推动新兴产业开展工业旅游项目,其中日本冲绳推出的"电动汽车岛"项目依托东芝、丰田等工业企业,成功地将新能源汽车产品整合到区域性工业旅游项目中。

工业旅游作为一种颠覆式的旅游方式,能够有效地展示工业企业、工业系统、区域特色产业的独特魅力,国内外的实践证明工业旅游能够产生巨大的经济效益和社会效益。国家旅游局于2004年公布了首批103个工业旅游示范点,浙江省包括海盐秦山核电等11家示范点入选。工业旅游在中国虽然处于起步阶段,但未来发展潜力巨大。调研显示,目前工业旅游发展呈现以下趋势:(1)从企业车间范畴转向与地方产业融合;(2)从单一推销工业产品转为复合式营销;(3)从企业名牌吸引扩展到区域品牌"磁石"效应。浙江省应率先就工业旅游与地方特色产业的互动发展制定有关政策,这将对推动特色小镇与工业旅游实现互动发展,具有重要战略意义。

本节结合浙江省特色小镇建设的实践,提出了发展浙江省工业旅游、提升浙江省工业品牌价值、深度宣传"浙江制造"从而助力浙江省特色产业发展以及特色小镇建设的基本思路。在前期调研浙江省多个特色小镇(包括嘉兴海盐核电小镇、绍兴越城黄酒小镇、丽水竹韵小镇、台州黄岩智能模具小镇等)开展工业旅游情况的基础上,本节提出了通过工业旅游助推特色小镇发展的政策建议。

(一)国外工业旅游发展情况及对区域经济发展的影响

1. 国外关于旅游发展情况

工业旅游是一种与工业和旅游业都相关的新型专项旅游和特色旅游,包括工业遗产旅游和工厂观光旅游。国外工业旅游的发展已有近50年的历史,早在20世纪50年代,法国雪铁龙汽车制造公司就组织客人参观他们的生产流水线,之后许多厂家效仿,并向客人收取适当费用,这样参观活动就逐渐演化为工业旅游。但是,真正大规模展开的工业旅游是从20世纪80年代初的遗产旅游开始的。80年代初期,全球经济转型导致发达国家的传统工厂和企业纷纷破产倒闭,英国、德国等转型成功的国家提出在对工业遗产保护的同时,开发工业遗产旅游。因此,发达国家工业旅游景点迅速增多,产品开发几乎没有产业上的限制,从能源产业、纺织业、食品和饮料产业到玻璃和陶瓷产业、消费品制造业、传统手工业等无所不包。

随着工业旅游逐渐被政府部门和公众所认识,政府部门开始积极推动和呼吁全国工业旅游的发展。工业旅游的开展意义主要有:有利于提高企业的知名度以及将无形资产转化为有形资产。工业旅游实际上是一种特殊的广告,因为组织消费者参观工厂,展示规模化生产基地,规范化管理,将会极大地增强消费者对品牌的向心力和认同感,扩大品牌影响力。并且,工业旅游的基本开销费用是车旅费加餐饮费,比普通广告花费少,却比普通广告的效果好。另外,工业旅游可以提升企业的形象,推广企业的文化,让消费者在参观过程中吸收品牌观念,对企业产生认可,这一过程就是无形资产向有形资产的转化。

如今,国外很多工业旅游规划的景点都因其独特的个性和具有文化、艺术气息的设计风格而被人们津津乐道。工业遗产旅游的景点主要有德国鲁尔工业区和有色金属矿加工区奥伯豪森,这种开发方略是变废为宝。工厂观光的景点比较多,德国的亨利钢铁厂、奔驰博物馆、大众汽车城等景点是寓教于乐的传播知识型的工业旅游;荷兰鹿特丹港口码头、日本日清公司则是让消费者身临其境地体验制造过程。

2. 国外工业旅游推动区域经济发展的典型案例研究

(1) 德国鲁尔煤铁工业区

鲁尔工业区占地面积4593平方公里,人口达570万,以煤铁产业闻名世界。它形成于19世纪中叶,是典型的传统工业地域,被称为"德国工业的心脏"。它位于德国中西部,地处欧洲的十字路口,又在欧洲经济最发达的区域内,邻近法国、荷兰、比利时、丹麦、瑞典等国的工业区。

20世纪50年代以后,随着煤炭、钢铁等传统工业的衰退,鲁尔区与世界其他老工业区一样面临着结构性危机。生产结构单一、煤炭地位下降、世界性钢铁过剩、新技术革命的冲击、环境恶化等使鲁尔区在德国经济中心的地位下降,当时其工业产值仅占全国不足1/6。为此鲁尔区开展了区域整治:首先,发展新兴工业和轻工业,促进区内经济结构多样化;其次,调整区内生产布局,开发原来相对落后的莱茵河左岸和鲁尔区北部,与此同时拓展南北向交通网,以利新区开发;最后,大力发展文教科研,推进原有企业的技术改造,同时整治环境,消除污染。

经过综合整治,鲁尔区经济结构趋于协调,工业布局趋于合理,经济由衰落转向繁荣,改变了重工业区环境污染严重的局面,成为环境优美地区。当时废弃的工业遗址也摇身一变成了旅游热门景点。德国政府已经按照区域一体化的开发模式从区域整体战略的角度对该地区的工业遗产旅游资源进行了系统的开发,并开辟了所谓的"工业遗产旅游之路"。这个旅游路线包括19个工业遗产景点,6个国家级工业技术和社会史博物馆,12个典型的工业聚落,以及9个利用废弃工业设施改造而成的望塔。

游客可随导游到达地下的工作面,也可以登上68米的塔楼俯瞰波鸿的城市风光。波鸿的铁路博物馆展示了大约180台蒸汽机车、电动机车、客运车厢、货运车厢,游客每个月都可以参加穿越鲁尔河谷的"蒸汽火车游行"。多特蒙德的工业博物馆也是工业遗产线路的一部分。有颇具创意的展览,记载了矿工及其家庭的日常生活,其中还有许多互动节目和儿童娱乐项目。杜伊斯堡的工业遗产线路的一部分即杜伊斯堡风景公园。在这里人们可以攀岩,在贮气罐里游泳和参加跳水训练,爬到鼓风楼的顶端远眺城市风光,参观小农场,在绿地上散步、野餐,还有定期的艺术家表演,届时会将几座鼓风炉完全照亮。

(2)日本冲绳电动汽车岛

冲绳本岛南北长约140公里,如何使每年约500万游客的出行更便利、更环保,是冲绳旅游经济持续发展的关键。日本经济产业省《新一代汽车战略2010》发布以后,丰田、日产、本田、三菱、日野等纷纷推出了EV(纯电动汽车)和PHV(混合动力汽车)等新能源汽车,并将冲绳县作为实施试驾体验、普及推广计划的首选地区。

2011年,日产运用工业旅游的思维模式,率先在冲绳大规模导入220台全球首款零排放经济型纯电动汽车LEAF,同时相应建立了急速充电网。同年,冲绳县出台了"电动汽车城"(EV/PHV Town)计划,并专门成立了由交通运输部门和市民参加的"EV普及促进协议会",具体实施以电动汽车为核心的工业旅游项目。该计划项目得到日本经济产业省及国土交通省等的大力支持,政府部门通过对电动汽车的运行补贴以及在冲绳全岛完善充电桩等基础设施,使项目得以顺利实施。

2014年,东芝联合丰田在冲绳岛开展超小型纯电动汽车社会实验项目;2016年1月,丰田汽车正式投入30台最新锐超小型电动汽车COMS,联手冲绳本部町及归仁村观光协会、JTB实施周游实证实验项目,继续借助工业旅游的理念推广扩大全新电动汽车车型。目前冲绳本岛有PHV加油站约350处,EV充电设施30多处。"白天服务外来游客,早晚服务本地通勤人员",受众人群对于电动汽车的信赖度和购买倾向进一步加强,据统计目前日本已成为混合动力汽车普及度最高的国家之一。

根据冲绳县电动汽车城建设推进计划,到2020年,EV和PHV的新车普及率预计达到20%,在全岛建成高度便利的充电网络及相应的导航信息网络,同时基于发电燃料的低碳化、燃效改善技术的创新等,提高企业及政府机构等的电动汽车普及率。届时冲绳县将成为日本乃至全球应用电动车技术最为先进、配套最为完善、受众最为广泛的地区,成为真正的电动汽车岛。

(二)国内工业旅游促进区域特色发展的经验

1. 我国发展工业旅游的趋势分析

目前上海、广东、江苏、浙江等省市开展的工业旅游主要呈现以下主要趋势:

首先,工业遗存旅游景点呈现综合化和休闲化的发展态势。在开发工业旅游过程中,应重视对工业遗存资源的保护、更新与再利用,并注重再利用过程中的复合型开发,将工业遗存与文化创意产业、休闲娱乐业等相互融合,以博物馆、艺术馆、会展中心、景观公园等多元开发模式,赋予工业遗存资源休闲游憩功能,服务于地方社区的民众生活。

其次,工业旅游项目推广呈现品牌化和精品化趋势。开展工业旅游的城市或区域由全面均衡发展走向集中力量、重点打造和推广能体现城市工业文明、工业地位的品牌精品项目,工业遗存资源改造、地方支柱性产业、重点大型企业开发形成的品牌工业旅游项目,与其他项目共同构成工业旅游产品的梯度序列,以点带面,整体提升知名度。

再次,整体推广与联动发展成为发展工业旅游的重要手段。工业旅游开发主题线路、联合传统旅游产品,借助旅行社、媒体、会展活动、政府平台、城市整体推广系统等渠道,开展多元、立体的整体推广活动。地方工业旅游的发展,由原来自上而下或自下而上的单向发展方式,向相关各方对话合作、联动发展的方向转变,从而提升工业旅游发展的成效。

最后,工业旅游日益成为旅游业转型升级的重要途径。随着我国旅游产业的快速发展,旅游产业与其他产业的融合是大势所趋。旅游产业一个很重要的特点是具有很强的关联性,对融合化发展具有较强的推动力。其中,工业旅游就是旅游业与工业文明相结合形成的融合发展的典型。工业文化融入旅游产业的发展进程中,形成工业旅游与旅游产业相互渗透、相互融合的新型产业形态。旅游产业与工业相融合可以促进产业结构优化、核心竞争力形成和产业组织创新。融合就是一种生产力,是旅游产业转型升级为现代服务业的重要途径。

2. 我国促进工业旅游发展的政策演变

工业旅游是指以工业生产过程、工厂风貌、工人工作生活场景为主要吸引物的旅游活动。工业旅游在欧美等发达国家早已有之,在我国则是最近十多年出现的事情,但伴随着我国工业化进程其发展势头迅猛,已成为深受广大游客喜爱的新的旅游形态。与欧美等发达国家相比,我国工业旅游总体起步较晚。随着工业产业结构的调整和旅游业的蓬勃发展,工业旅游在我国各地逐步开展起来,已成为旅游业产业链上一道亮丽的风景线。

2001年国家旅游局把推进工业旅游列入旅游工业要点,同年7月,国家旅游局会同山东省旅游局、青岛市旅游局组成联合调研小组,对青岛市开展工业旅游情况进行了试点调研,形成了《工业旅游发展指导规范》。2004年,国家旅游局对各省上报的工业旅游示范点进行验收,最终共有103家企业被授予首批"全国工业旅游示范点"称号,成为全国发展工业旅游的样板。表13-4列示了这103家企业的地理分布。

表 13-4 首批全国工业旅游示范点各省市的情况一览（共 103 个）

排序	数量(个)	省份
1	11	浙江
2	10	河南
3	9	辽宁
4	8	吉林
5	6	山东、广东、安徽
6	5	河北、山西
7	4	江苏、黑龙江
8	3	四川、福建、甘肃
9	2	广西、云南、内蒙古、重庆、北京、新疆
10	1	贵州、宁夏、湖北、江西、上海、天津

资料来源：笔者根据国家旅游局公布数据整理得到。

国务院在《关于加快发展旅游业的意见》(国发〔2009〕41 号)中指出，要把旅游产业作为国民经济的战略性支柱产业，要大力推进旅游与工业、农业、文化、体育、林业、商业等相关产业和行业的融合。《国务院关于促进旅游业改革发展的若干意见》(国发〔2014〕31 号)进一步提出"坚持融合发展，推动旅游业发展与新型工业化、信息化、城镇化和农业现代化相结合，实现经济效益、社会效益和生态效益相统一"，特别是"支持各地依托自然和文化遗产资源、大型公共设施、知名院校、工矿企业、科研机构，建设一批研学旅行基地，逐步完善接待体系。鼓励对研学旅行给予价格优惠"，进一步丰富和扩大了工业旅游的内涵和外延。

3. 各地促进工业旅游推动区域特色发展的政策做法

上海 100 多年的工业发展史积淀了丰富的工业旅游资源，越来越多的企业加入工业旅游的行列中，宝钢就是其中一个成功的范例。宝钢工业旅游起步于 1997 年，在此之前，承担接待任务的是宝钢总厂接待处，专门负责接待来访的各级领导、外宾以及与宝钢有业务联系的单位。1999 年春，宝钢利用和发挥中国最大的现代化钢铁基地的优势，推出工业旅游，精心设计了游览线路。线路由原料码头开始，经三座世界级高炉，到热轧厂、冷轧厂，全程约 3 小时。若时间充足，可再参观展示厅(将改建为中国钢铁博物馆)、钢管厂、文化馆等，丰富多彩的项目让游客既领略了"钢铁是怎样炼成的"，又了解了宝钢的企业文化和国际一流现代化大工业的发展历程。宝钢推出工业旅游项目 8 年来，已累计接待了 130 余万名游客，年利润 500 万元以上，回笼货币 5 000 万元，居国内工业旅游项目前列。上海市在面临传统旅游产品增长乏力，积极谋求新兴旅游产品和业态发展的情况下，开始推出以宝钢集团为代表的工业旅游项目，汽车制造、石化、造船等现代工业旅游产品陆续开发出来。建造上海工业历史博物馆等一批科技型、传统型博物馆,争取年接待游客达到800万人次。

广东是发展工业旅游较早的地区,拥有大量全国甚至全球知名的企业,工业旅游发展潜力巨大。2003年夏天,广州市推出了"工业名企一日游",集中了广州工业最为精粹的看点,包括珠江钢琴集团、广州本田、珠江啤酒股份有限公司、珠江钢铁厂、《广州日报》印务中心、可口可乐公司、达能牛奶和广州工业名优产品展示中心等地。"工业名企一日游"首次推出,就创下了一个多小时内400个参团名额爆满的纪录。随后众多的工业企业如广州石化、光明乳业等工业名企纷纷要求加盟,扩充旅游线路。如今,工业旅游线路已经发展到8条,成为广东旅游业的拳头产品,不但受到当地市民和中小学生的青睐,还吸引了众多国内外游客,其中包括许多企业管理人员,他们希望借此了解广州本田、珠江钢铁等大型企业的管理经验。

河南的工业旅游虽然起步较晚,但是具有发展工业旅游的较好条件。一是一些现代化名牌企业(如安阳彩玻集团、新飞集团、双汇集团等)与传统工艺品企业(如开封汴绣厂、禹州钧瓷生产厂、洛阳唐三彩生产厂家等)有发展工业旅游的内在积极性,二是政府部门重视和支持发展工业旅游,因此工业旅游在河南发展得十分迅速。国家旅游局命名的"首批全国工业旅游示范点",河南有金星啤酒集团有限公司、郑州三全食品股份有限公司、郑州宇通客车股份有限公司、河南安彩集团、许继集团有限公司、河南瑞贝卡发制品股份有限公司、河南黄河旋风股份有限公司、中国洛阳一拖集团、中国南车集团洛阳机车厂、新乡新飞集团等10家企业入选,数量居全国第2位。

山东是我国的工业大省,拥有一大批在全国占有重要地位的著名企业,其中大型工业企业263家,总量居全国首位,开展工业旅游的资源十分丰富。实力雄厚的工业基础、较高的知名度也为发展工业旅游提供了强大的产业支持。许多企业以自身实力为依托,进行工业旅游开发取得了明显成效。2004年4月5日,全国工农业旅游示范点验收工作会议在青岛市召开。对青岛啤酒集团工业旅游示范点进行了现场验收观摩,并将青啤作为全国验收工业旅游项目的样板。随后,青岛海尔、青岛港、青岛华东葡萄酒庄园、烟台张裕集团、东阿阿胶集团等先后通过国家旅游局验收,上述6家企业被授予首批"全国工业旅游示范点"称号。青岛啤酒公司始建于1903年,是我国历史悠久的啤酒企业,青岛啤酒是享誉中外的国际知名品牌,青啤公司自开展工业旅游以来,共计接待游客超过70万人次,累计收入超过700万元。海尔是2004年中国唯一入选"世界最具影响力的100个品牌"的企业。海尔集团的工业旅游从1999年开始,当年接待游客达到24万人次,2002年突破60万人次。青岛港是拥有112年历史的现代化国际大港,在导游的引导下,游客可以了解海港风貌、码头设施、船舶景观、装卸工艺以及浓厚的企业文化。年港口接待旅游参观人数超过10万人次,直接吸纳劳动就业150余元,间接提供劳动就业岗位千人以上,年纳税额50余万元,创造了良好的经济效益和社会效益。烟台张裕公司于1892年创办,是中国第一个工业化生产葡萄酒的厂家,也是中国民族工业的代表。1992年,张裕公司投资450万元兴建了中国第一座专业酒文化博物馆——张裕酒文化博物馆,并于同年正式对外开放,公司又先后投资5 000余万元对百年地下大酒窖及酒文化博物馆进行了加固整修及改建扩建,投资4 000多万元兴建了国内一流、世界级的,集生产、旅游、观光为一体的张裕·卡斯特葡萄酒庄园。经过十几年的发展,张裕形成了以酒文化博物馆为中心,串联酒庄、葡萄基地、葡萄发酵中心、现代化生产线的旅游线路,以独具特色的内容和形式成为高技术、高品位、高层次的工业旅游名胜景点。

辽宁、吉林、黑龙江三省作为东北老工业基地,有丰富的可开发的工业旅游资源。国家实行振兴东北旅游政策后,它们抓住时机,把发展工业旅游作为增强企业活力的一个新思路,航空博览园、机床博物馆、蒸汽机车陈列馆、造币厂观光厅、机器人展示厅、老龙口酒厂酿酒游等极具特色的工业旅游项目陆续启动。被国家旅游局命名为首批"全国工业旅游示范点"的企业东三省共有21家,占全国的1/5。机床博物馆摆放着不同年代的各式新旧机床,见证了新中国机械工业的发展历程。沈阳造币厂将各个年代的各种钱币陈列在一个大厅,游人在观赏中能学到许多钱币知识。在有340年历史的沈阳老龙口酒厂,游人可以穿上古代服装,按古代人的醇酒方法自己酿制美酒。

浙江省也在《关于进一步加快旅游业发展的实施意见》(浙政发〔2010〕56号)中着重提出:"推进旅游业与第二产业融合。充分发挥浙江省加工制造业发达的优势,积极发展工业观光、购物、考察和旅游商品制造业。大力提升浙江传统的丝绸、陶瓷、刺绣、石雕、木雕、根雕等特色旅游商品的制造加工水平;大力发展具有自主知识产权的休闲、登山、滑雪、潜水、露营、探险、水上运动、高尔夫等各类户外活动用品及宾馆饭店专用产品制造业;大力培育旅游房车、邮轮游艇、景区索道、游乐设施和数字导览设施等旅游装备制造业。加强旅游商品的研发和生产,建设全国性旅游商品制造基地。"

2013年浙江省制定了《浙江省旅游发展规划》,将工业遗产观光作为主导旅游产品开发的重点方向,并提出"以高科技企业、民营企业、展示古老传统技艺的老字号以及现代工业企业(集团)为基地,发展产业观光旅游,最终实现旅游产业与区域社会经济特色的整合"。

2014年,公布的《浙江省旅游产业发展规划(2014—2017年)》特别强调了促进旅游业与第二产业的融合发展,提出要"大力发展工业观光旅游、工业遗迹旅游和商务考察旅游。积极引导工业企业开展特色工业旅游,延伸产业链,打造体验性强、影响力大的工业旅游示范基地 100 个。大力推动旅游户外用品、游乐设施、邮轮游艇、旅居房车、索道缆车、数字导览设施等旅游装备制造业发展,培育一批具有全国影响力的旅游装备制造基地。大力培育发展具有自主知识产权的休闲、登山、滑雪、潜水、露营、探险、高尔夫等各类户外活动用品及宾馆饭店专用产品。积极发展铁路旅游、房车旅游、低空旅游、邮轮游艇旅游,促进旅游制造业向创新创造成果转变,增加多样化、人性化、科学化的供给,引导旅游消费升级。依托中国义乌旅游商品研发中心及工业设计中心,创新设计具有民族特色的旅游精品,提升传统工艺品及土特产的质量"。

2015 年,《浙江省人民政府关于加快培育旅游业成为万亿产业的实施意见》正式出台,这是继 2009 年 5 月之后,浙江颁布的促进全省旅游产业发展的又一重大政策,并进一步强调要加快文化旅游、工业旅游、海洋旅游、养生养老旅游等的发展,突出了工业旅游发展。

4. 典型模式总结

(1) 上海"十二五"期间发展工业旅游的经验借鉴

上海是我国工业旅游发展较好的省(市)之一,也是目前为数不多的专门出台《工业旅游发展规划》的省(市)。上海以发展规划为指导,细化落实上海市工业旅游的发展任务和发展措施,持续加强对发展规划的宣传和推进,并根据形势发展的需要及时进行补充和完善。同时,上海还编制了《上海工业旅游发展白皮书》(年鉴)。

上海研究制定了推进工业旅游的若干意见,并适时开展对政策实施的评估。在政策扶持导向上,注重打造上海工业旅游品牌精品,扶持上海近现代工业旅游产品开发。上海发展工业旅游注重财政扶持,规定奖励连续三次复核被评为"上海市工业旅游景点服务质量优秀单位"的工业旅游景点,组织工业旅游景点专业人员培训,举办工业旅游论坛。同时,还引导支持工业遗存资源的保护与再利用、重点工业旅游产品项目的开发以及工业旅游数据库和信息服务平台的建设。

"十二五期间",上海工业旅游发展的重点是:① 充分挖掘资源。扶持鼓励工业遗存资源创新开发工业旅游景点,充分挖掘战略性新兴产业、先进制造业、新型都市工业、生产性服务业、创意产业以及各类新兴产业资源,丰富工业旅游内涵。② 创新融合发展。促进工业遗存及各类产业资源与城市功能设施建设、文化休闲功能拓展等充分融合,创新开发工业旅游新形态。创新景点项目开发模式,服务城市与产业战略转型目标,扶持特色新兴项目开发,完善工业旅游产业体系。③ 联动整合发展。促进跨区域间的联动合作,充分整合各方资源,建立完善的工业旅游产业体系和服务网络。④ 聚焦塑造精品。集中力量打造一系列工业旅游景点的品牌精品项目、地标型区域以及精品线路。表13-5列示了上海八大产业特色区域建设工业旅游基地的情况。

表13-5　上海八大产业特色区域建设工业旅游基地的情况

产业特色区域		范围	开发重点
八大现代工业旅游基地	新能源产业旅游基地	浦东新区:(临港)核风电产业 嘉定区、金山区:新能源汽车产业 闵行区:太阳能产业 崇明县:智能电网示范应用	战略性新兴产业、先进制造业、生产性服务业展示、产业创新转型展示
	新一代信息技术产业旅游基地	浦东新区:以张江高科技园区、外高桥保税区为重点的新一代信息技术与电子产业带;金桥生产性服务业功能区、浦东空港物流园区	
	先进重大装备产业旅游基地	浦东新区:临港新城装备产业基地;临港装备制作业物流基地,深水港物流园区	
	民用航空航天产业旅游基地	浦东新区、闵行区:浦东祝桥镇总装制造中心、临港、紫竹科学园	
	高端船舶制造产业旅游基地	崇明县、浦东新区:以长兴岛、外高桥为主体的船舶制造基地;外高桥物流园区	
	国际汽车产业旅游基地	嘉定区:以安亭上海国际汽车城为主体的汽车制造和汽车零部件产业基地;国际汽车物流基地;国际汽车城研发港	
	精品钢材产业旅游基地	宝山区:以宝钢集团为依托的北部钢铁精品基地;钢铁及冶金产品物流基地	
	石化与精细化工产业旅游基地	金山区、奉贤区:以上海石化与精细化工工业区为核心的石化产业带;上海国际化工生产性服务业功能区、化学工业区物流基地	

"十二五"期间,上海工业旅游的发展重点是深入挖掘工业资源,主动融入旅游产业体系,把握重点、主次分明、逐步推进,续世博、树品牌、推精品,优化环境、完善服务、整合发展,展示产业融合、城市与工业融合的发展态势,展现城市和谐发展的风貌。其中的特色举措包括:第一,以世博会为契机,依托城市建设,提升发展能级。结合上海工业发展的成就与趋势,集合不同产品的产业性质和区域位置,有机整合、开发与推广八大主题、二十大板块的工业旅游产品线路。第二,营造良好环境,完善公共服务。积极打造和推广"中国商(公)务考察服务平台",利用呼叫(4001151735)和网站(www.4001151735.com)两大载体,为考察、会展、贸易、投资、合作等商务团队提供专业服务;建立上海工业旅游数据库,及时收集、整理、分析和发布上海工业旅游的客源市场数据、阶段发展数据、收益数据等统计资料。第三,拓展产业范围,深化区域合作。促进工业旅游与水上旅游、科普旅游和

农业旅游联动发展,提供专项、定制工业旅游产品,推进特定工业企业工业旅游的发展,促进工业旅游与商务考察、会展旅游、奖励旅游等的融合。加强与全国的兄弟城市、长三角城市政府部门、媒体、旅行社、行业协会、商会等的联系,宣传推介工业旅游产品。第四,加强机构合作,促进整体推广。继续加强与主流媒体单位的战略合作,充分运用各类传播媒介,加大对工业旅游宣传推广力度。利用每年举办的中国国际工业博览会、中国国内旅游交易会、上海国际旅游资源博览会、国际旅游资源交易会等展会互动平台,整体推介上海工业旅游。

(2) 北京近年发展工业旅游的经验借鉴

近年来,工业旅游作为北京旅游市场上的一个新亮点正在迅速崛起。早在2007年年底,北京工业旅游就已形成了"都市工业类""现代制造业类""工艺美术类""高技术类""工业遗存开发利用类""循环经济类""老字号"等7大类工业旅游产品,50多家企业开展了工业旅游活动,14家企业获得了"全国工业旅游示范点"称号,打造了"798""751"等一批拥有国际影响力的知名景点,累计参观游客达数百万人次。

发展北京工业旅游的主要思路是,"以促进北京工业产业结构升级和品牌建设为中心,坚持行业规范,创新发展模式,突出工业特色,展示工业风貌,努力实现工业旅游与产业发展的良好互动"。近年来,北京工业旅游的发展重点在于:建立专业化的工业旅游协调促进机制,形成规范化、标准化的工业旅游管理、服务体系,培育一批"北京市工业旅游示范点"企业,打造一批工业旅游精品线路,扶持一批具有较高专业水平的工业旅游商品创意、设计、生产及销售企业。为此,由北京市工业促进局、市旅游局、市委宣传部、市教委、市财政局、市文化局等多个部门共同成立了北京工业旅游协调小组,指导全市工业旅游工作健康发展。日常联络机构设在北京市工业促进局。主要举措具体如表13-6所示。

表13-6 北京特色区域发展工业旅游的主要举措

主要举措	具体描述
成立北京工业旅游协调小组	由北京市工业促进局、市旅游局、市委宣传部、市教委、市财政局、市文化局等多个部门共同成立,指导全市工业旅游工作健康发展。日常联络机构设在北京市工业促进局
编制北京市工业旅游发展规划	在对北京工业旅游的发展现状、资源、市场需求等进行充分调研的基础上编制发展规划,提出明确的工业旅游发展思路、发展方向、发展重点,引导工业旅游规范、健康发展
成立北京工业旅游促进中心	北京工业旅游促进中心为市场化运作的企业性组织,具体承担工业旅游的规划制定、组织协调、宣传推广、产品策划、人员培训等项职能

(续表)

主要举措	具体描述
推动北京市旅游行业协会工业旅游分会的成立	引导工业旅游相关企业成立北京市旅游行业协会工业旅游分会,在充分发挥政府引导作用的同时,建立工业旅游企业自律机制,进一步发挥企业积极性,鼓励和倡导诚信旅游、公平竞争,促进工业旅游市场规范化
拟定工业旅游地方标准	根据《全国工(农)业旅游示范点检查标准(试行)》等国家相关旅游管理规范,结合北京实际情况,拟定《北京市工业旅游景区服务质量标准(草案)》
组织工业旅游示范点的认定	工业旅游示范点的认定实行企业自愿申报原则,按照《北京市工业旅游景区服务质量标准(草案)》,由北京工业旅游协调小组统一组织认定
加强专业人才培训	加强工业旅游队伍建设,对认定为"工业旅游示范点"的企业相关人员进行专业培训
加大宣传推广力度	充分运用各类新闻媒体,采取多种宣传形式,大力宣传推介工业旅游项目,提高其社会影响力。建设工业旅游资源项目库和门户网站
与专业市场对接	实行工业旅游项目与全市常规旅游市场的对接。鼓励旅行社、酒店、游客集散中心等旅游中介将工业旅游纳入旅游市场的整体营销网络,并以"年度最佳工业旅游组织中介"评选等形式,对促进工业旅游市场发展有重要贡献的机构给予资金奖励
予以资金支持	在政府相关产业扶持专项资金中安排工业旅游项目,支持重点为:提升完善工业旅游基础设施和服务水平,加大景观环境建设、道路改造、标牌设置等景点固定资产投资力度;推动旅游中介机构将工业旅游纳入全市旅游市场整体营销网络;组织对企业相关人员的专业培训;开展工业旅游的整体宣传推广活动;鼓励和推进旅游商品、纪念品的设计、开发和生产

(三)浙江省特色小镇对接工业旅游的机制研究

特色小镇建设需要突破传统产业束缚,进行高端化升级,同时也要考虑营造友好的人居环境。工业旅游兼具观光游览、科普教育、娱乐体验等功能,能够无缝对接特色小镇建设,向社会公众深度展示特色小镇的行业特征、核心产品、创业文化等。目前浙江省已获批的特色小镇主要包括传统产业型(地方传统特色产业的升级版)、新兴产业型(新经济、新技术、新业态的衍生)、特殊产业型(如核电、医疗等公众陌生产业)、文旅产业型(自然资源衍生工业产业)等四大类,发展工业旅游应抓住不同切入点。

1. 工业旅游有助于传统产业特色小镇的转型提升

传统产业型特色小镇是浙江省块状经济的高级化产物,但公众对于绍兴黄酒、龙泉青瓷、海宁皮革、黄岩模具等地方特色产业存在先入为主的认知惯性,这不利于区域品牌的重塑和提升。工业旅游通过开放式游览和参与式互动,有助于转变公众对于老字号品牌的认知缺陷。同时也要求传统企业更好地传承和展示传统加工工艺,从而激发企业融合更多创新工艺来撬动新的市场需求。

2. 工业旅游有助于新兴产业特色小镇的快速升温

"互联网＋""智能制造""云计算"等新兴技术产业正深度影响社会生活方式,社会公众对新技术应用存在极大的好奇感,这对于激发工业旅游意愿是重要利好。梦想小镇、云栖小镇等小镇创业氛围浓厚、文化标识独特,园内一大批创业企业亟须扩大知名度,工业旅游为此提供了"廉价通道"。工业旅游有助于快速提升此类特色小镇的社会关注度,甚至通过商务旅游等形式为小镇带来潜在的商业合伙人。

3. 工业旅游有助于特殊产业特色小镇的公众认识

社会公众对核电、健康等特殊产业存在许多"认知黑洞",人们对于核污染、转基因、通信辐射等问题的担忧不利于核电、健康等产业的良性发展。工业旅游通过深度科普游向公众宣传科技正能量。目前海盐核电小镇正在打造核电科技馆模拟演示→核电设施实地参观→核电小镇综合观光的模式,可以成为此类特色小镇开发工业旅游的良好模板。

4. 工业旅游有助于文旅产业特色小镇的价值提升

省内有一部分特色小镇脱胎于著名自然景点,但是单一的观光模式无法支撑特色小镇的长远发展。嵌入工业旅游的思路在部分特色小镇的产业中长期规划中已得到充分体现,如丽水古堰画乡小镇已形成"自然景观→油画创作→文化产业→衍生加工产业"的产业链延伸。

(四) 工业旅游推动特色小镇建设的思路和政策建议

发展工业旅游是助推特色小镇建设的崭新视角,首先需要统一认识,充分整合旅委、经信等多个职能部门的管理资源。其次针对特色小镇的个性化特点,量身定做工业旅游规划和实施方案。围绕如何有效推动工业旅游发展和特色小镇互动发展,课题组提出以下几点建议:

1. 明确特色小镇"宜居、宜创、宜游"等特性,建设工业旅游基础设施

特色小镇的建设思路是颠覆传统的工业园区以及产业集聚区模式,小镇既是"宜创"的孵化器,同时也是"宜居"的生活区和"宜游"的观光地。特色小镇建设应以 3A 级景区建设为基本要求,争创 4A 和 5A 级景区。特色小镇应建成为区域性地标,浓缩当地特色产业的历史传承和时代创新,对产业转型升级起到示范性作用:① 在"政府牵头、社会共建"的指导思想下,由省旅游局和省经信委等部门协调多方关系,充分考虑本地特色和产业特色,打造精品小镇;② 小镇建设规划中应有针对性地布点工业旅游集散中心、工业旅游产品市场、工业观光旅游巴士/有轨交

通线路等基础设施;③ 营造特色小镇的工业旅游氛围,加强各类媒介渠道的推广力度,逐步形成小镇产业品牌和旅游品牌的统一。

2. 认证和推广一批工业旅游的浙江精品,加强示范和带动效应

安排部分有基础的特色小镇在工业旅游方面率先开展试点工作,可以按照所属的不同行业属性,认证并推广一批标杆性工业旅游项目。其中,传统产业型特色小镇具有庞大的产业基础,目前越城兴黄酒小镇、嘉善巧克力甜蜜小镇等都已形成工业旅游的基础性条件;特殊产业特色小镇中,海盐核电小镇已积极抢滩工业旅游市场,依托中国核电城建设,目前已形成技术水平高、产业功能全、服务范围广、设施配套优、旅游特色强的核电服务、核电装备、核电文化与核电旅游相融合的综合体系;文旅产业型特色小镇可以以丽水古堰画乡小镇等作为产业纵向拓展的良好模板。

3. 树立小镇企业的"开放、协同、创新"意识,夯实工业旅游发展基础

现代企业发展应该秉承开放包容的理念,企业的边界正日趋模糊。要协助进驻特色小镇发展的传统产业企业进一步牢固树立协同发展的企业理念,同时为小镇工业旅游提供基础素材:① 鼓励知名企业、老字号企业适度开放生产流程参观,也可面向企业参观客户设计有偿性观光线路;② 试点建设企业博览馆,可以依据企业能力采用单独设立或者企业组团的建设方式,为展示本地产业特色提供现实平台;③ 创新企业间协作方式,产业链上下游企业可以互为宣传载体,同质企业间要建立区域品牌竞争意识。

4. 设立特色小镇的工业旅游综合管理部门,实现参与单位的资源协调

吸引有能力的设计公司参与小镇规划,引入专业物业管理公司承担小镇工业旅游的日常管理工作。企业的核心职能必须立足于研发创新和组织生产,所以需要一个第三方管理平台对小镇的工业旅游工作进行整体协调。可以借鉴海盐县成立的工业旅游"产业联盟",第一期共整合了政府监管机构、景区、旅游饭店、旅行社和工业涉旅企业等44家单位组成的综合性管理机构。这一公共性机构充分吸收了特色小镇内参与工业旅游项目的联盟会员,设计内容丰富的旅游线路,实现工业旅游资源的统筹管理。同时,由第三方机构对工业旅游过程中的规范性宣传、体验式消费等活动进行监管。最后,也亟须培育一批复合型管理人才,参与特色小镇的工业旅游的管理工作。

第十四章 化解企业资金链与担保链风险的研究报告

当前,在我国经济下行压力较大的背景下,企业资金链与担保链交互叠加形成的"两链"风险有所增加且呈现非线性累积态势。同时,担保网络范围的不断扩大,进一步加速了行业和区域系统性风险的演化进度。"两链"风险一旦爆发,企业相互脱保,银行争相收贷,银企间信任度骤降,区域金融生态遭受破坏,对实体经济发展将产生不利影响。课题组对企业互保、联保盛行的浙江省进行了调研,对企业"两链"风险进行密切关注和动态跟踪,并总结得出化解"两链"风险的难点与对策建议。

第一节 企业"两链"风险演化态势

一、"两链"风险波及面有扩大之势

众所周知,当企业资产抵押物不足时,互保、联保往往会成为企业获取银行高额贷款的便利通道。企业通过互保、联保实现抱团增信,进而形成产业内、区域间的担保链、担保圈甚至担保网(见图14-1)。在过度对外担保和担保金额较大的企业受到出现风险的企业的牵连后,风险会通过担保链、担保圈迅速向关联企业传导,进而触发"两链"风险的扳机。当前,企业"两链"风险波及面在一定程度上存在扩大之势。截至2016年年底,浙江省监测到的出现风险的企业有2981家,比2015年增加834家,其中涉及银行贷款2010亿元,比2015年增加722亿元。同时,值得关注的是,尽管资产在2亿元以下出现风险的企业占74.8%,但10亿元以上的大中型企业出现风险的比例在逐渐上升。以义乌市为例,64家规模以上企业出现风险,仅第一担保圈受影响的规模以上企业就多达300家,占全市规模以上企业总数的1/3,其中部分企业是纳税在500万元以上的A类企业。再以永康市为例,在涉及"两链"风险的57家规模以上企业中,34家是"纳税双百强"工业企业。

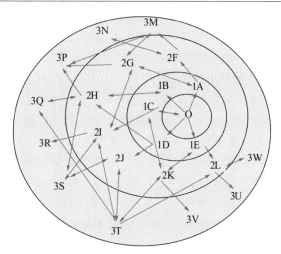

图 14-1　企业"两链"风险扩散路径

二、"两链"贷款欠息面有攀升之势

在金融机构不良贷款中,企业不良贷款是重要组成之一。"两链"风险导致企业欠息面扩大,继而引起金融机构不良贷款余额和不良率的逐年攀升。截至2016年6月末,浙江省银行业金融机构不良贷款余额为1 965亿元,不良贷款率为2.46%(见图14-2)。尽管区域金融风险总体可控,但不良贷款率攀升的态势尚未得到根本遏制。同时,当前不良贷款逐步向大银行尤其是四大国有银行扩散,导致银行出现存贷款增速和利润下降、不良贷款余额和不良贷款率上升的"双下降、双上升"现象。根据银行部门测算,如果将90天以上贷款逾期以及欠息等关注类

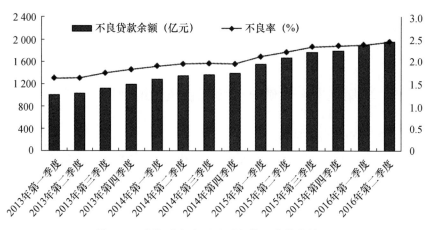

图 14-2　浙江省银行业金融机构不良贷款情况

资料来源:浙江省统计局网站。

贷款纳入统计口径，当前银行的实际不良贷款率可能高于账面不良贷款率。此外，当前银行拨备与不良贷款呈现"两头大"的态势，这对有效化解不良贷款产生了不利影响。

三、"两链"金融纠纷有上升之势

企业过度担保、过度融资、过度投资、过度跨界，不仅会增加"两链"风险，而且会使金融纠纷有所增多，特别是容易造成资金链收紧和杠杆率过高，继而引发金融借款合同纠纷和民间借贷纠纷。近年来，浙江省法院受理的民间借贷纠纷、金融借款合同纠纷案件数量和涉案标的额在一定程度上呈现上升态势。例如，民间借贷纠纷案件从2007年的4.5万件上升到2015年的16.47万件，增加近3倍；金融借款合同纠纷案件从2007年的1.9万件上升到2015年的9.25万件，增加近4倍；金融借款合同纠纷涉案标的额从2007年的198.7亿元上升到2015年的2780亿元，增加了13倍（见图14-3）。2016年上半年，浙江省新收金融借款合同纠纷案件5.43万件，同比上升19.9%；涉案标的1588.5亿元，同比上升12.4%。

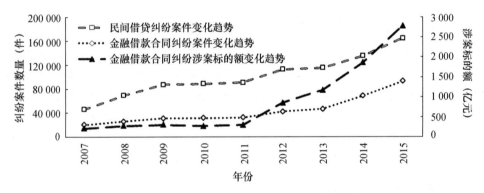

图14-3　浙江省民间借贷、金融借款合同纠纷案件数量和涉案标的额情况
资料来源：浙江省法院门户网站和人民银行杭州中心支行门户网站。

第二节　化解企业"两链"风险的问题分析

一、涉险企业杠杆去除难

实际上，真正稳健型的企业是很少出现风险的，出现风险的企业往往是扩张型的企业。在已出现风险的企业中，部分企业过于激进，盲目扩张、过度融资，资产负债率较低的已达80%—110%、较高的则达120%—150%。杠杆过高、跨界投资特别是脱实向虚投资过度为扩张型企业埋下了风险隐患，一旦经济进入下行通道，资金周转率下降，资产抵押价值缩水，各方风险将产生叠加效应。特别是近年来我国房地产市场不稳定，成为金融债权风险的高发领域。如，以永康市为例，在出现风险的企业中,有90%的企业直接或间接参与了房地产投资。又如,根据金华市股权出质统计信息,2015年融资额度排名前十的企业无一不是房地产企业。而房地产价格大幅波动会导致房地产抵押物价值剧烈波动,一旦房地产市场出现波动就会掀起银行压贷、收贷之风,并通过互保、联保担保网络快速扩散、层层放大,最终致使出现风险的企业杠杆难以化解。

二、涉险企业隐性信息甄别难

目前,多数出现风险的企业是家族式、作坊式企业,企业的治理方式传统、经营不规范,财务管理透明度低。特别是不少地区依托血缘关系、地缘关系、学缘关系等形成了比较典型的"关系网络型"产业集群,致使资金链、担保链往往与产业链、关系链耦合发展,为区域"两链"风险扩张提供了肥沃的土壤。例如,在永康、诸暨、浦江等地区,多头担保现象比较普遍,互保、联保链条错综复杂,民间借贷信息和隐性关联信息难以甄别。同时,部分涉险企业利用多账户进行资产转移、资产租赁,利用放贷操作上的漏洞逃避担保责任,伪造租赁合同对抗银行抵押权,通过注册新企业或转让股权使银行债权悬空,这些不当操作均导致"两链"风险延迟暴露,信息难以甄别在很大程度上延缓甚至阻碍了风险的切割和化解。

三、"以物抵债"化解风险操作难

从法理上讲,当债务人无法按照原定给付内容履行债务时,"以物抵债"有利于让债务人摆脱债务约束,也有利于债权人行使债权。尽管我国"以物抵债"不乏制度设计,但政策操作性不强,真正落地存在一定的困难。目前,"以物抵债"处置方式的税费负担比较重,一是银行机构在处置抵债资产时承担的土地增值税、印花税、契税、房产税、土地出让金等存在重复征税;二是出现风险的企业在资产处置之前也必须先缴清相关税费,如"以物抵债"处置评估价值1亿元的抵押物,企业需缴纳的直接税费多达1 300万元。这导致银行和出现风险的企业选择"以物抵债"的积极性不高。统计数据显示,2015年浙江省银行机构"以物抵债"占全部化解处置额的比重仅为4‰。

四、涉险企业破产重组难

企业在无力偿债而选择破产的情况下,通过债务重组和治理结构调整,将控制权转移给债权人,无疑有助于剪断担保关系和债务关系,进而有效遏制"两链"风险的蔓延。但目前我国进入破产程序的企业仅占受理破产企业的20%左右,深层次原因在于企业破产重组通道不够畅通,导致"该破产的企业无法破产"或"破产程序走得相当漫长"。有些地方尽管建立了破产清算绿色通道,但因担心影响当地信用环境和政府信誉,仍缺乏推动企业破产的内在动力。目前,我国企业破产清算一般需3—5年,部分企业破产清算甚至长达10年之久。破产程序过于漫长、耗时费力,不仅会使企业耽搁不良资产处置的黄金时间,而且使银行债权人对企业走破产之路也比较抵触。

五、不良资产打包处置难

积极有效地处置银行不良资产是保持金融稳定、防范金融风险的重要手段，也是化解企业"两链"风险的重要举措。统计数据显示，2013—2016年浙江省银行金融机构分别处置不良贷款302亿元、751亿元、1321亿元、1968亿元，尽管处置规模逐年增加，但不良资产处置占比并不高。同时，我国银行不良资产市场化处置手段仍较为单一，主要还是靠传统的现金清收，且处置渠道不通畅。不良资产快速攀升的现实使银行机构很难争取到不良资产的核销指标，东方、长城、信达、华融四大国有资产管理公司和浙商资产管理公司已基本占据所有核销指标，打包收购的折扣率低至3—5折，导致继续收购意愿持续下降，压缩了不良资产打包处置的空间。

第三节　对策与建议

化解企业"两链"风险不是不加区分地去救所有出现风险的企业，也不是盲目地让所有出现风险的企业破产重整，而是应避免因压贷、抽贷、高利贷、逃废债等非正常因素引致的企业"贫血"甚至"死亡"，进而防止实体经济断崖式出现下滑和区域金融出现多米诺骨牌风险。总体而言，应按照"防治结合、以防为主、因需施策、切割处理、存优汰劣、分类处置"的原则，对症下药地浇灭"着火点"，因地制宜地清查"易燃物"。具体建议应采取以下措施：

一、消除"两链"出险点

首先，稳步推进平移贷款。不盲目向担保企业平移贷款，对承接贷款平移的担保企业，不降低信用评价、不搞风险直接转嫁、不压减原有信贷规模、不附加抵押担保条件。加强银行机构与借款人、担保人的诉前协商，审慎处理担保代偿问题，采取关联企业债务平移、分期偿付等方式化解担保代偿风险。对担保企业积极履行代偿责任，银行机构应在利率优惠、利息减免、信用评级等方面给予支持。

其次，尽快盘活资产。涉险企业作为风险处置责任主体，不能把包袱甩给政府，也不能把烂账留给银行。应加快股权转让、"退二进三"，形成新的资产，阻断风险蔓延。积极引进战略投资者，优化资本资产资源组合，为企业发展注入新活力。

最后，支持兼并重组。大力鼓励产业链上下游的上市公司、龙头骨干企业对涉险企业进行兼并重组。对进入破产程序的涉险企业，进一步明确债务追溯原则，先穷尽主债务人、后追溯担保人，对生产经营正常、现金流正常、发展前景良好的担保企业,不能越过主债务企业直接起诉。对涉险企业兼并重组涉及的资产资源评估、土地房屋权属转移等给予政策优惠支持,企业过户变更、资产转让、"退二进三"形成的税收,应给予一定额度的返还。

二、加快涉险企业去杠杆

首先,加快推进无缝转贷。企业往往由于抵押物贬值或担保人涉险,导致贷款到期后无法续贷或授信被削减。因此,应加大政府应急周转金支持力度,鼓励采取企业应急转贷、行业应急互助等措施,缓解企业资金周转困难。从义乌、永康、萧山等地区实践看,应急转贷效果比较明显。按照"应急、有偿、限时"的原则,组建"过桥基金",实行专款专用,以时间换空间,着力破解"短贷长用""转贷难""借新还旧"等突出难题。鼓励当地政府和企业共建"助保金风险池",为企业贷款风险兜底。大力推广年审制循环贷款,创新"一次授信、循环使用"等还款方式,简化续贷办理程序,着力破解续贷难、续贷慢、续贷贵等问题。

其次,加快去担保化。目前,企业土地、厂房、设备等资产抵押物估值往往偏低,亟须公正、客观地评估抵押物价值,大力推行"二次抵押"登记,允许抵押物余额部分再次办理抵押。积极创新贷款质押方式,推广专利权质押、股权质押、仓单质押、商标质押等方式,盘活企业资产特别是无形资产,以提高质押来降低担保。对信誉良好、经营良好、前景良好的企业,尽可能减少担保贷款,直接给予授信,鼓励融资租赁。支持龙头骨干企业和科技型中小企业到境内外资本市场融资,发挥私募基金、保险资金、股权交易市场等融资渠道作用,积极开展股权众筹融资试点,提高企业在"去杠杆"过程中的股权融资比例。加快发展新型公司债券和资产证券化产品,进一步扩大银行间市场债和企业债的融资规模。

最后,加快不良资产处置。进一步简化不良贷款处置核销程序,加大不良贷款处置核销力度,逐步解决拨备余额和不良贷款"双高"问题。积极推行差异化和市场化处置,运用市场转让、清收处置、司法处置等方式,加快不良贷款核销处置步伐。

三、严防过度担保和互保

首先,引导企业回归主业。引导企业回归主业、回归实体,把主业做精做优,把实体做大做强,这是从根本上化解企业"两链"风险的重要举措。

其次,加快发展非银金融。大力发展非银金融,积极开展风险投资、股权投资、商业票据融资、信托融资等业务,支持发行短期中小企业债券,通过股权融资置换债权融资,推动"两链"逐步去杠杆化、去风险化。

最后,加快修订担保法。放宽再担保体系的准入门槛,让更多的民间担保机构加入再担保体系。探索担保人个人信用担保方式,从制度的源头上防止过度担保和过度互保。加大对政策性担保机构的支持力度,探索政策性担保机构参与

"两链"风险化解的机制和路径,鼓励再担保机构和融资性担保机构参与"两链"解困。

四、严惩抽压贷和逃废债

首先,严防非理性抽贷。根据企业风险状况和经营状况合理确定授信规模,尤其是对正常经营的关联性担保企业,一般不抽贷、不压贷、不缓贷。支持银行监管部门对率先收贷、盲目压贷的不合作银行机构进行警示和处罚。调整完善银行考核机制,不能简单地以不良贷款规模和不良贷款率指标进行考核,而是应遵循"尽职免责"原则,防止银行机构非理性抽贷和盲目性压贷。

其次,加强银行监管联动。加强企业授信总额联合管理,积极推动银团联合授信,推行授信总额主办行制度,合理核定企业授信总额和对外担保总额,进一步明确集团企业授信银行最多8家、大中型企业授信银行最多5家、中小微企业授信银行最多3家,从源头控制企业多头融资、过度融资、盲目融资和不对称融资。探索贷款方式与还款方式创新,推动银行机构加强贷款全流程监管,注重客户真实需求和第一还款来源,建立动态的贷款分类监测机制,提高信贷期限与企业生产经营周期的匹配度,减少"以贷还贷""拆东墙补西墙"等现象,切实强化潜在风险防控准备。

最后,严厉打击非法逃废债。加快建立黑名单制度,联合实施信贷制裁,严厉打击集资诈骗、高利转贷、虚假破产、恶意转移资产等不法行为,从严限制出国(境)和高消费,强化法律威慑,不能助长逃废债之风。严格审查出现风险企业和关联企业债权的合法性和真实性,建立企业股权转让金融债权事先保全制度、嫌疑企业约谈机制和专项审计制度,对债务人"假破产、真逃债"行为依法从重处罚,切实打破"赖账有理、赖账有利"的恶性预期。

五、加强风险动态防控

首先,加强联动监控。加强对涉险企业的生产经营监测,全面运行规模以上工业企业风险监测平台,健全企业风险"红、橙、黄、绿"牌制度,定期发布企业风险预警信息,确保早发现、早防范、早处置。建立"一企一档"监测机制,从企业用地、用电、产值、缴税、用工、融资(银行贷款、小贷公司借款、民间借贷)等方面动态建档,全面摸排涉险企业欠薪、欠费、欠税、欠息风险状况。实施涉险企业清单动态管理,对涉及产能过剩、快速多元扩张、民间借贷依存度高、高息融资的企业进行重点跟踪和风险排查。

其次,加强联动处置。深入排查"两链"风险的苗头性问题,按照"保优、扶伤、不救死"的原则,实行"一事一议"个性化帮扶,力求第一时间甄别、第一时间切割、第一时间化解。对主业经营正常、资金链暂时性紧张、具有发展潜力的企业,实施针对性措施予以帮扶,尤其对缺乏有效抵押物但属于成长型、科技型的优质企业,协调银行机构不抽贷、不压贷。对处于重大风险担保圈的核心企业,强化有效帮扶,发挥担保公司和政府转贷基金的作用,防止引发连锁风险反应。对严重资不抵债、救助价值不大的困难企业,启动资产重组和司法破产程序予以保护。对涉嫌逃废债、故意拖欠贷款本息或暗中转移资产的企业,要提前介入,加强侦查,严厉打击。

最后,加强联动维稳。在于法周全、于事简便的基础上,进一步简化金融债权案件的审理程序,建立健全集中管辖制度,加快审理进程,畅通企业风险处置的化解通道,提高金融债权的受偿率。依法维护职工权益并做好安抚工作,落实企业职工帮扶措施,确保出现风险的企业平稳处置和职工平稳过渡。

第十五章　加快推进"浙江制造"标准国际化的研究报告

第一节　加快推进"浙江制造"标准国际化的时代背景

2016年9月12日,习近平总书记在第39届国际标准化组织大会(ISO大会)贺信中,深刻论述了标准化在人类文明进步和全球治理体系中的重要地位,指出国际标准是全球治理体系和经贸合作发展的重要技术基础,向全世界宣布了中国实施标准化战略的决心和战略思想。李克强总理在这次会议上指出,标准化水平高低反映了一个国家产业核心竞争力乃至综合实力的强弱,要把标准化放在更加突出的位置,以标准全面升级推动产业升级,形成新的竞争优势,推动产业迈向中高端。在发达国家重振制造业和工业4.0的大背景下,制造标准的战略地位和竞争优势日益凸显,加快制定和实施标准国际化战略已成为发达国家的一致行动,德国、美国、日本等发达国家纷纷实施了各具优势与特色的标准国际化战略,借助标准国际化将制造产品迅速推向国际市场,保持自身制造的全球领先地位。在全球化标准时代,应借鉴德、美、日的有益经验,抓住"中国制造2025"的战略机遇,加快推进"浙江制造"标准先进化、国际化、系统化,助推"浙江制造"走标准提升、质量提升、效益提升的升级之路。

第二节　"浙江制造"标准国际化的问题分析

一、国际标准有效供给能力不足

目前,大部分"浙江制造"标准难与"德国制造""日本制造""美国制造"同台竞技。一是标准"老迈"现象比较突出,浙江制造品的"标龄"普遍高出德国、美国、日本等发达国家1倍以上,有些标龄甚至长达30—40年。二是国际采标率不高,"浙江制造"标准参数与国际标准对标不够,美国、英国等采用国际标准和国外先进标准的比率超过80%,德国、日本甚至高达90%,浙江只有58%。三是缺乏国际先进标准的话语权,国际标准90%以上掌握在发达国家手中,浙江省主导制定的国际标准只有27个,占国际标准总量的比重不足1‰。四是标准存在滞后现象,特别是在战略性新兴产业领域,有些标准沿用"后补型"方法,未能发挥标准引领和带动作用。五是标准推广不够,有些标准存在标出多门、体系混乱、交叉重复、缺乏权威性的问题,现行标准缺乏应对市场变化的活力,满足于行业内部循环,没有与外部市场需求,特别是国际市场需求形成良性循环。

二、标准国际化市场机制不够健全

由于历史原因,浙江省标准国际化的驱动力量仍主要由行业部门等行政力量主导,标准制定、标准管理、激励措施、市场动态跟踪等明显不足,缺乏应对市场需求快速变化的活力和时效性。目前,70%的浙江制造标准为一般性产品和服务标准,即便企业自主制定的标准,也要到政府部门备案甚至审查性备案。企业参与标准国际化的意愿较弱,目前仅40%左右的企业采用国际标准,一些骨干企业的标准参数与国际标准不完全匹配。部分国家标准、行业标准、地方标准不以企业标准为基础,而主要依靠科研院所的力量,导致标准与生产有所脱节、标准制定与应用推广有所脱节。政府支持的科研计划立项到科研成果产出,标准计划立项到标准批准发布,是两条互不相关、各自独立的链条,导致不少科技成果未能及时进入标准化程序。

三、标准国际化战略谋划不够

2015年以来,发达国家纷纷加入或主导跨太平洋伙伴关系协定(TPP)、跨大西洋贸易与投资伙伴协定(TTIP),不仅争夺国际标准话语权和主导权,而且通过"标准互认""标准联盟"合围中国制造。德国实施"国际标准控制型战略",德国工业4.0的8个优化行动,标准化列于首位,每年制定(修订)标准1500个,累计发布标准2.5万个。美国在控制部分国际标准主导权的基础上进一步争夺国际标准话语权,推行"美国标准战略",制定了10万多项技术标准,维护美国制造的大国地位和贸易利益。日本大力实施标准化赶超战略,先后实施"日本标准化战略""日本国际标准综合战略",以空前的力量争夺国际标准竞争制高点。与德国DIN标准、美国ANSI标准、日本JIS标准相比,中国制造标准存在一定程度的滞后,作为中国制造板块中具有一定优势的浙江制造,标准国际化程度同样不高,总体处于后发劣势位置,面临发达国家的"标准合围"和"标准锁定",缺乏富有长远前瞻的战略谋划。

四、标准国际化组织对接不够

德国、美国、日本等是世界上较早开展标准化活动的国家和ISO常任理事国,它们利用在标准国际化舞台上的先发优势主导国际标准化活动,用自身标准、技术、程序等影响国际标准化过程,甚至整合和覆盖其他国际标准。据统计,美国参与了80%的ISO技术委员会,承担了140多个ISO技术委员会和500多个工作组召集人工作；德国以积极成员资格参加了97%的ISO/TC组织；日本一直积极争取ISO/IEC委员会主席、召集人和秘书职务。在我国，浙江省实质性参与标准国际化活动比较少，落户浙江省的国际标准化技术委员会仅有3个，远少于广东、江苏等省份，企业参与国际标准化组织活动的情况不仅无法与国际上的跨国企业相比，即便与华为、中兴、大疆等本土的深圳企业相比，也存在较大差距，难以在国际标准制定过程中发出有力的"浙江声音"。

第三节 对策与建议

一、制定实施"浙江制造标准国际化行动计划"和"浙江制造标准引领工程"

抓住"中国制造2025"战略机遇，密切跟踪全球特别是发达国家先进制造的动态变迁和工业4.0标准演化态势，制定实施"浙江制造"标准国际化战略，力争在某些重点领域形成稳定的对国际技术标准有较强影响力的战略目标。① 实施"标准国际化行动计划"，拓宽参与国际标准化活动的领域范围，提高主导制定国际标准的比例，提高国内标准与国际标准的一致性程度，增强标准国际化对"浙江制造"国际竞争力的保障、支撑和引领功能。② 实施"浙江制造标准引领工程"，推动浙江标准上升为国家标准、国际标准，以浙江标准走出去带动"浙江制造"走出去。③ 探索设立"浙江省标准创新奖"，奖励对浙江省经济社会发展产生重大影响的标准国际化项目。

二、建立领军企业、行业组织、产业联盟主攻国际标准的市场化机制

划清政府与市场参与标准制定的边界，建立以市场为主导的标准化工作管理模式和运行机制，破除与标准化不相适应的行业壁垒、部门分割、制度障碍和政策碎片化，加快建立统一协调、运行高效的标准化管理体制。支持企业参与研制和采用先进技术标准，鼓励社会组织、行业协会、产业联盟等参与标准国际化活动，特别是支持广大龙头骨干企业主动变革、创新技术、力攻标准。打通制造业先导技术转化为技术标准的通道，依托浙江省产业协同创新联盟，在重点领域布局一批技术标准研发基地，与科技基础设施建设、科技计划立项、标准化技术组织建设相衔接，支持研制制造业转型升级的关键技术标准。借鉴华为NGN国际标准、海康威视SAVC安防标准、海尔"防电墙"国际标准等标准的国际化的经验，建立领军企业主攻标准的机制，探索基于海外并购的国际标准导入路径，推进国际标准自主创新、研制与推广。

三、加快推进战略型新兴产业和制造业数字化、网络化、智能化的标准国际化

"德国制造"标准国际化主攻电气工程、汽车制造、精密工程、机械工程等领域，"日本制造"标准国际化主攻信息技术、环境保护、制造技术、产业基础技术等领域,"美国制造"标准国际化主攻机械制造、电气电子、新材料、生物工程等领域。对此,我国应探索"浙江制造"标准国际化"弯道超车"战略及技术路线。① 在标准尚未定型、用户尚未锁定的物联网、大数据、云计算、跨境电商等新兴产业领域,以及MBD(数字化定义技术)、AM(添加制造)、3DP(3D打印)等重点制造领域,加快标准国际化赶超步伐。② 实施"企业国际化对标工程",支持"浙江制造"品牌企业和龙头企业对美、日、德等国际领军企业进行对标、采标,精准扶持每个细分行业的"第一"和"唯一",加快对数字化、网络化、智能化制造技术、标准、产业化的布局。③ 紧扣浙江省信息、环保、健康、旅游、时尚、新金融、高端装备等七大万亿产业以及数控机床、电气机械、机电器件等先进制造业,开展标准国际化攻关,加快构建"浙江制造"标准体系,提高国际先进标准采标率,引领制造业提质、增效、升级。

四、建立"标准研制、标准推广、标准更新"三位一体的标准国际化路径

瞄准浙江省制造业的转型升级需求和未来发展趋势,积极吸纳全球先进制造标准并与之衔接。深入谋划重点制造业领域的技术创新路线,实施制造业共性技术创新行动计划,突破一批能引领产业高端发展、市场前景好的核心关键技术标准。在重点领域的科技计划中,遴选产业化目标明确、预期效果显著、技术基础扎实的项目,在立项、实施、验收等过程中,试行与技术标准修订的全过程互动机制,为科技计划提供标准化的技术支撑,确保创新技术及时转化为标准。积极采用国际先进标准,强化强制性标准制定与实施,推动浙江省产业采用国际先进标准形成支撑产业升级的标准群。紧扣区域产业特点,加强信息、环保、高端装备等计量标准建设,支撑技术创新和行业升级。创新"浙江制造"认证模式,鼓励国内外高水平认证机构开展"浙江制造"认证,与国际认证机构加强合作,加快推动"认证走出去"。

五、积极开展标准国际化双边和多边合作

探索与国际标准组织合作的路径,主动介入ISO/IEC(国际标准委员会)、DIN(德国标准化学会)、CEN(欧洲标准化委员会)、CENELEC(欧洲电工标准化委员会)、ANSI(美国标准学会)、NIST(美国标准技术研究院)、JISC(日本工业标准调查会)等标准组织,开展双边和多边标准国际化合作,拓宽浙江省制造标准走出去的通道。借鉴美国ANSI标准、日本JIS标准、德国DIN标准国际化经验,支持跨国性龙头骨干企业、行业联盟和社团组织参与或主导国际标准研制,推动本土优势标准抢占国际标准制高点。

第十六章　内蒙古红太阳食品有限公司营销管理的研究报告

第一节　内蒙古红太阳食品有限公司营销管理的发展现状

内蒙古红太阳食品有限公司成立于2003年,专心致力于调味品的研发、生产和销售。公司注册资本1900万元,资产总额达3500多万元,拥有员工800余人。2009年产量达5000吨,销售额达7000万元。公司以"做中国调味品行业领军企业,打造具有世界竞争力的百年品牌"为奋斗目标,经过九年的发展,成为调味品行业的新兴领域——火锅制汤剂产业的龙头企业之一。

公司引进现代化的调味品工艺生产线和高素质的研发人才,新产品不断上市,目前已经拥有"小肥牛""涮肥羊""草原肥羊""草原红太阳""鲜野"等27个商标,涵盖火锅汤料、蘸料、酱系列、鸡粉、酱油、醋等130个单品。营销队伍不断壮大,在全国已建成超过700家代理商的庞大营销网络。在东北、京津冀、山西、山东等地陆续建成了生产型和销售型分公司,规模化、重型化、高科技化、全产业链企业集团初见端倪。2007年7月,在同行业中首先通过了QS质量认证,拥有调味品、蔬菜制品、鸡精、味精四项QS生产许可证,同时荣获内蒙古自治区消费者协会颁发的"内蒙古自治区2007年消费者满意食品"、呼和浩特市工商局颁发的"免检企业"证书和北京中企标国际信用评估中心、内蒙古企业信用评级组委会认证的"AAA级信用企业"荣誉;2008年11月,被评为"优秀民营企业",同时被内蒙古自治区消费者协会评为"消费维权理事单位";2010年又率先通过了ISO9001:2008国际质量管理体系认证,"草原红太阳"被评为内蒙古的著名商标,并被评为"2011年内蒙古大学生最喜爱最受尊重的品牌企业"。

一、产品策略

产品是品牌资产的核心,因为它对消费者体验、购买以及向他人推荐都有重要的影响。生产满足消费者需要的产品,是营销成功的前提。公司从消费者的需要出发,始终生产和加工品质可靠的调味品,从而构建了以品质为主线的产品策略。

公司以"做中国调味品行业领军企业,打造具有世界竞争力的百年品牌"为奋斗目标,经过多年的发展,成为调味品行业的新兴领域——火锅制汤剂产业的龙头企业之一。公司现已成为内蒙古自治区调味品行业的龙头企业,2012年度在全国复合调味料行业排名中,产品产量和销售收入均排名第五。

公司生产的火锅底料、蘸料等产品以其优良的品质获得了消费者的认可,具有较高的认知度。从产品层次角度考虑,产品包括核心产品、有形产品和附加产品三个层次。在核心产品层面,让消费者清晰地感到除了能够满足生理需要外还能满足心理需要,如健康、美食专家的形象;在形式产品层面,同样的内容物用不同的包装可以卖不同的价位,而且包装的创新比产品本身的创新更容易带来业绩的增长;在附加产品层面,推广形式的丰富多样也能极大地吸引消费者的视线。新品类的开发将成为企业未来新的增长点,公司凭借其优秀的产品品质,在核心产品层面具有较强的竞争优势,但在有形产品和附加产品层面的产品力却不足。

产品的价值60%来自包装,好的产品包装不仅有助于生产者储存和运输,更有助于促进消费者购买,并作为识别商品的标志。因为消费者有时并不了解产品本质,借助于包装形象、文字说明、生动展示才能感觉到。然而从目前红太阳公司产品的包装来看,消费者对包装使用的便利性和包装设计的独特性并不满意,尤其是从设计的角度看缺乏美感,缺乏特色,视觉冲击力不强。这就降低了对消费者的吸引力,使消费者很难从产品包装上识别产品的特性及质量。

二、品牌策略

面对复杂多变的市场环境,消费者的购买行为模式和竞争态势都发生了巨大的变化,其结果就是企业通过品牌价值体现其核心竞争力,消费者会指牌购买。因此,品牌成为开启市场的一把金钥匙,品牌资产已经成为一个企业竞争力的标志。对企业而言,没有强势品牌支撑的市场必然缺乏稳定性,强势品牌意味着市场地位和利润。

公司一直致力于品牌管理。目前公司拥有"草原红太阳""草原肥羊""鲜野"等48个注册商标,2011年"草原红太阳"被评为内蒙古著名商标,并荣获"2011内蒙古大学生最喜爱最受尊重的品牌企业"的称号;2013年度获得内蒙古名牌产品称号;2014年"草原红太阳"商标被评为中国驰名商标,具有一定的品牌知名度和美誉度。在企业形象的塑造和宣传推广方面,公司充分利用参观考察和公关的功能,取得了良好的效果。为了满足人们对食品安全生产透明度的要求,公司在生产车间设置了参观通道,使消费者可以了解产品生产的全过程,对产品的安全、卫生产生信任;同时,公司也很好地宣传了自身产品的优良品质。

品牌定位是建立一个与目标市场有关的品牌形象的过程与结果。一个企业无论它的规模有多大,它所拥有的资源相对于消费者需求的多样性和可变性来说

都是有限的,因此它不可能满足市场上的所有需求,而必须针对某些拥有竞争优势的目标市场进行营销。随着人们对食品质量安全的重视和健康理念的日益增强,健康、绿色、营养将满足消费者对调味品的要求。

红太阳公司的产品虽然在一定程度上得到了消费者的认可,但仍缺乏整体的品牌规划,没有形成成熟的品牌运作方式,尤其是在其他产品的策划和宣传方面,影响力和知名度明显不足,品牌地位不稳定。此外,由于品牌建设投入费用大,品牌效益短期内难以显现,品牌认知和识别困难也制约了品牌的快速成长。与"王致和"和"小肥羊"等产品相比,品牌知名度和美誉度、认可度都较低。在火锅底料行业,内蒙古"小肥羊"一直处于行业品牌榜前列,有着"中国名火锅"的背景和强大的全产业链,在品牌价值不断提升的过程中,建立了覆盖全国的市场营销网络,形成了具有较高品牌忠诚度的消费群体。公司主要以内蒙古为据点在全国20多个省市开辟了市场,在东部沿海地区和南方地区的市场占有率很低,品牌营销缺乏全面、独特、创新的传播策略。由于缺乏系统、科学的品牌营销传播策略,公司难以建立鲜明的品牌形象及激发消费者的购买欲望。

三、渠道策略

红太阳公司的销售渠道主要以代理商销售渠道模式为主。根据目标市场产品需求的特点,公司在全国大中城市进行招商,与经营调味品类产品有实力的代理商合作,各代理商再进入超市或寻找分销商、零售商销售产品,已建成有700余家代理商覆盖全国大部分地区的庞大营销网络。在东北、京津冀、山西、山东等地陆续建成了生产型和销售型分公司,规模化、重型化、高科技化、全产业链企业集团初见端倪。

公司为了培育壮大经销商,在各方面给予了大力支持:公司按各区域市场特点制定符合当地情况的促销政策,对促销方案及相关费用进行补偿;为树立良好的品牌形象,便于提高产品铺市率,凡合理的进店条码费用公司一律支持;全国统一的VI设计及形式多样的终端用品支持;媒体费用支持;根据经销商的任务完成及销售增长额度,公司给予配送车的配套支持;为经销商提供培训和管理支持。

为了对营销渠道企业进行有效管理,提高它们的销售积极性,公司采取了一些激励措施:为代理商企业留下利润空间,代理商一年内无退货、超额完成任务、提前回款等均有奖励。同时,为了及时了解市场信息和代理商的销售问题,公司规定了销售人员对代理商的拜访次数,如对外省代理商每年的拜访次数,每周通电话的次数,询问关于产品、包装、价格、质量方面的问题,提高了与代理商、销售市场之间信息的畅通,及时了解市场变化的动态。

四、整合营销传播策略

整合营销传播是将所有与企业产品或服务有关的信息来源加以管理,使消费者和潜在消费者接触经过统一整合的信息资讯,发生购买行为,并维持消费忠诚度的过程。整合营销传播的核心是将与企业市场营销有关的一切传播活动一元化,把广告、促销、公关、CI、包装、媒体宣传等一切传播活动涵盖到营销范围内,将统一的信息传达给消费者。在整合营销被广泛应用于企业实践的背景下,近年来舒尔茨又对整合营销传播的概念做了进一步的完善,提出整合营销是一种适合所有企业信息传播及内部沟通的管理体制,这种体制追求尽可能与其消费者和其他公共群体(如员工、媒体、政府和社会团体)保持良好、积极的关系。整合营销既是一种营销理念和模式,更是一种沟通手段和管理体制。

第二节 内蒙古红太阳食品有限公司营销管理的问题分析

一、缺乏有效的市场定位

红太阳公司是以火锅调料为主打产品,倡导蒙式火锅。但是其产品没有进行目标市场细分及准确的市场定位,使之在市场上难以与其他同类产品进行区分。未来企业占领市场的关键在于能否在消费者心智端取得优势位置,因而必须进行有效的市场定位。另外,在产品层次方面,只注重产品核心价值的开发,忽视其外延价值,不能提升企业的核心竞争力。

二、缺乏成熟的品牌运作方式

消费观念的不断更新,消费者比以往更加注重品牌。品牌具有导购作用,能有效帮助消费者识别挑选产品,降低购买风险提高生活质量,更是一种消费观念和时尚。强势品牌意味着市场地位和利润。红太阳公司受传统观念的影响,市场营销理念落后、品牌意识淡薄,缺乏成熟的品牌运作方式,忽视对优质品牌产品的策划和宣传。此外,由于品牌建设投入费用大,品牌效益短期内难以显现,导致消费者对公司品牌认知度较低,制约了公司品牌的快速成长。

三、缺乏系统科学的广告策略

广告作为信息传播最有力的工具之一,在产品信息的传递、品牌的树立以及与消费者的沟通方面发挥着重要的作用。公司虽然意识到了广告宣传的重要性,但却缺乏系统、科学的广告策略。表现为:一是广告缺乏可持续性,难以形成持续的促销效果;二是缺乏媒体整合,重视硬性广告,忽视软性广告;三是广告内容大多停留在最基本的信息告示水平,广告诉求多为功能诉求,核心主题不突出。这些问题导致了公司产品广告的传播效果较差,产品信息的传递迟缓,难以建立鲜明的品牌形象。

四、包装设计缺乏特色

消费者借助于包装形象、文字说明、生动展示才能感知到产品品质。好的产品包装不仅有助于生产者储存和运输,更有助于促进消费者购买,并作为识别商品的标志。公司火锅调料产品的包装虽然用料安全、工艺先进,但在销售环节存在着品牌特色不够鲜明、视觉冲击力差的问题,从而降低了对消费者的吸引力,使消费者很难从产品包装上识别产品的特性及质量。

第三节 对策与建议

一、推进营销观念创新

树立现代市场营销观念,在提升产品品质的同时更加注重对消费者心理需求的了解和把握,完善信息反馈机制,树立绿色营销、低碳营销观念,形成企业的可持续发展。进一步提升企业的营销创新能力,善于运用现代新技术、新手段更新企业的市场营销组合策略,以帮助企业树立良好的市场形象。

二、明确产品定位

依据现代营销学市场细分的理论,消费者的需求是千差万别的,任何一种产品都不可能满足所有人的需求。在市场上,消费者总是希望根据自己的独特需求去购买产品,因此,每个产品都必须根据满足消费者的需求情况进行合适的市场定位。特别是在消费者需求差异化日益分化、市场竞争越来越激烈的环境下,通过适合的细分标准进行准确的市场定位显得尤为重要。公司可以考虑通过产品原料的特色功能进行定位,突出产品的营养功效;也可以以消费者的使用场合、口味差异、生活地域等多因素组合定位。不论从哪个方面定位,一定要突出特色,体现和同类产品的差异性,从而使消费者能够在众多产品中有效地进行产品识别。

三、改进产品包装

一是产品现有的包装利用色彩和图案的合理搭配突出了产品的特点,只需要在独特性上吸引消费者,使消费者对产品包装印象深刻,缩短选择的过程,如包装容器、材料、规格独特性。二是采用绿色包装。对包装物的设计制造应该体现环保理念,使用后不对环境造成污染,承担企业的社会责任。三是提升产品包装的档次,通过精美包装增加商品价值。

四、进行整合营销传播

企业要成功塑造和提升品牌,除了在产品、质量、价格、服务等传统领域进行提升外,有必要进行营销传播活动的整合并以此创造价值,以达到事半功倍的效果。整合营销传播强调综合运用广告、公关、促销和人员推销等一系列传播沟通手段,对消费者传递一致的、协调的产品信息。要打破传统的传播模式,综合各种传播手段进行信息的传递。

一是除了报纸、杂志、电台、电视等传统媒介以外,企业应该注重运用网络信息平台、零售终端等新型传播渠道,普及饮食文化,介绍产品特色,展示品牌形象,培育产品品牌的知名度和美誉度。公司目前已经建立了自己的网站,但无论是站内信息还是产品介绍都相对简单,无法为消费者了解产品和品牌提供有力的保证,因此,在网站建设中应投入更多的精力,在展示品牌、产品的同时,通过设置专栏及开设论坛、企业微博等形式,强化与消费者的沟通交流,传播企业信息,塑造品牌形象。

二是积极参与社会公益活动,改善与社会各界的关系,树立良好的形象,获得社会各界的关心和支持,尤其是各级政府的大力支持,运用公共关系为企业产品营销创造有利的外部环境。

三是加大促销及广告的投入力度。促销是一种生产经营的手段,目的是让消费者了解产品的信息,同时企业也需要了解顾客的想法,通过双向交流,改进产品的生产营销策略,以期获取更多的收益。目前公司的广告媒体选择范围有限,主要是季节性的广播、电视广告,很难让众多的消费者了解红太阳品牌和其他相关产品。公司可以选择地方性影响相对较大的媒体,例如《内蒙古日报》《北方新报》等主流媒体,扩大广告投放,辅助终端的促销行为,以较低的营销成本实现快速的品牌形象传播。可以通过与行业协会、当地政府部门联合投资,精心策划、制作和实施广告活动,提高产品品牌知名度。特别要加大在销售终端的广告力度,以激发消费者的购买行为。

第五篇
2016年中国地区中小企业发展专题调研报告

第十七章　西部地区制造业中小企业绿色发展的研究报告

绿色发展将环境要素作为经济发展的内在动力。对企业来说,绿色发展战略是一种主动型的环境管理,可有效解决企业利益、公共利益、环境利益之间的矛盾。由于西部地区承担着生态安全屏障的功能,绿色发展成为西部地区制造业企业发展的必然选择。受地理条件、历史文化、经济发展等因素影响,西部制造业企业的规模受到限制,中小企业成为经济发展的基础。目前,国内关于西部地区制造业中小企业绿色发展的统计资料很少,本章在对现有统计资料收集与整理的基础上,结合西部地区制造业中小企业的实地调研,深入剖析绿色发展中的问题,并提出具有针对性和可行性的实施路径。

第一节　西部地区制造业的发展概况

一、西部地区工业规模

我国西部地区包括四川、重庆、贵州、云南、西藏、陕西、甘肃、青海、宁夏、新疆、广西、内蒙古12个省、自治区、直辖市,国土面积约占全国的71%,2015年流动人口和GDP总量分别占全国的16.6%、21.16%,GDP增速已超全国平均水平。西部地区经济持续发展,战略地位不断提升。2015年我国实现工业增加值275 119.16亿元,其中,西部地区达到51 666.34亿元,占全国的18.78%(具体见表17-1)。与2010年相比,西部地区工业增加值上涨了17 316.6亿元,工业总量大幅提升。

表 17-1　2015 年西部各省地区生产总值及工业增加值　　单位:亿元

地区	地区生产总值	工业增加值	地区	地区生产总值	工业增加值
内蒙古	17 831.51	7 739.18	西藏	1 026.39	69.88
广西	16 803.12	6 359.82	陕西	18 021.86	7 344.62
重庆	15 717.27	5 557.52	甘肃	6 790.32	1 778.10
四川	30 053.10	11 039.08	青海	2 417.05	893.87
贵州	10 502.56	3 315.58	宁夏	2 911.77	979.72
云南	13 619.17	3 848.26	新疆	9 324.80	2 740.71

资料来源:根据《2016年中国统计年鉴》整理获得。

关于规模以上工业企业工业总产值,截至 2014 年年底,西部地区达到 75 048.95 亿元,较 2013 年的 117 514.47 亿元相比,下降了 42 465.52 亿元。具体如图 17-1 所示。

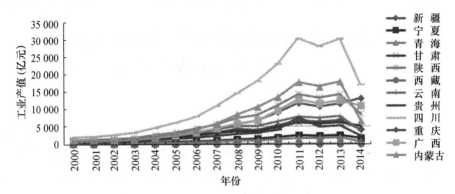

图 17-1　历年我国西部各省规模以上工业企业工业总产值

资料来源:根据历年《中国工业统计年鉴》整理获得。

关于制造业质量竞争力,根据国家质量监督检验检疫总局公布的历年《全国制造业质量竞争力指数公报》可知,西部制造业质量竞争力指数不断增强,2014 年达到 81.69,较 2013 年相比提升 1.2%,质量升级平稳推进。但同其他地区相比,尤其是东部地区,差距仍较大,具体如图 17-2 所示。

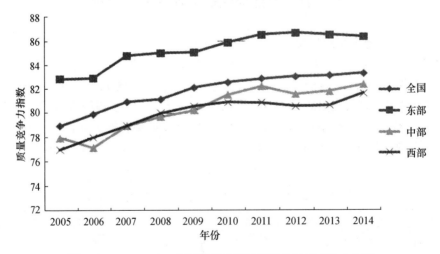

图 17-2　2005—2014 年我国东中西部制造业质量竞争力比较

资料来源:根据国家质量监督检验检疫总局公布的历年《全国制造业质量竞争力指数公报》整理获得。

关于规模以上工业企业单位数,截至 2015 年年底,西部地区达到 50 605 个,占全国的 13.21%。历年西部各省规模以上工业企业单位数如图 17-3 所示。

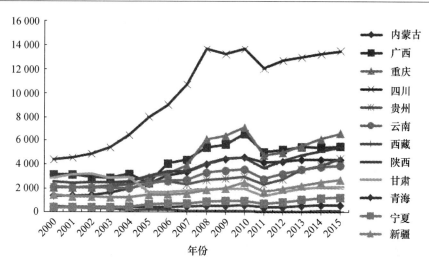

图17-3 历年我国西部各省规模以上工业企业单位数(个)

资料来源:根据历年《中国统计年鉴》整理获得。

总之,我国西部地区制造业经济增速较快,其原因得益于多个方面,包括国际经济缓慢复苏、国内扩大基础设施建设、中小企业税负减免、定向降准等有针对性的"稳增长"政策效果显现,西部地区从东部承接部分产业转移发挥的效应,等等。

二、西部地区能源状况

西部拥有丰富的矿产资源、能源、森林、草原等自然资源禀赋,是我国煤炭、天然气、有色金属、稀有金属、稀土金属、石棉、磷、钾肥的主要蕴藏地,更是石油、煤炭战略后备资源地。我国60%的矿产资源储量分布在西部地区,有45种主要矿产资源已探明其工业储量。西部地区很多省市均是我国能源大省,能源储备极为丰富,据统计,全国33.55%的石油储量、51.25%的煤炭储量以及83.64%的天然气储量均分布在西部地区。能源分布与消费情况如表17-2、表17-3和表17-4所示。

表17-2 西部地区能源分布

资源	品种	西部拥有量及分布情况
主要能源	石油	占全国的28.67%,其中新疆、陕西分别占全国的15%、7%
	天然气	占全国的81.19%,可开采储量占全国的66%,主要分布在陕西、新疆、四川,分别占全国的23%、21%、18%
	煤炭	探明储量占全国的67%,可开采储量占全国的50.61%,内蒙古、陕西、贵州、新疆各占全国的25%、8%、5%、4%
	水资源	长江、黄河、珠江、澜沧江等江河均发源于西部,这些江河上游水能资源占全国总量的85%以上,可开发装机容量占全国的82%

资料来源:根据《2015中国能源统计年鉴》整理获得。

表 17-3　西部地区能源消费表

地区		能源合计（万吨标煤）	煤炭（万吨）	焦炭（万吨）	石油（万吨）	原油（万吨）	汽油（万吨）	煤油（万吨）	柴油（万吨）	燃料油（万吨）	液化石油气（万吨）	天然气（亿立方米）	电力（亿千瓦小时）
	广西	9 515	6 796.51	1 018.65	1 109.34	1 390.47	244.30	90.32	506.17	31.22	103.02	8.25	1 307.51
	内蒙古	18 309	36 465.97	1 493.66	967.44	411.36	271.66	28.36	577.25	4.92	18.01	44.53	2 416.74
	重庆	8 593	6 095.78	320.43	704.33		181.64	61.99	425.53	14.75	19.75	82.15	867.21
	四川	19 879	11 045.39	1 863.88	2 724.13	865.40	829.84	250.54	748.57	125.72	63.23	165.17	2 055.16
	贵州	9 709	13 117.60	375.31	683.03		217.38	30.10	380.34	0.12	11.36	10.62	1 173.73
西部地区	云南	10 455	8 674.67	1 133.78	1 061.46	0.04	297.74	77.30	569.13	3.82	43.82	4.63	1 529.48
	陕西	11 222	18 375.34	975.07	1 212.80	2 249.60	229.92	36.26	539.43	17.53	22.15	74.26	1 226.01
	甘肃	7 521	6 715.87	692.97	880.66	1 467.85	128.98	5.62	374.80	7.05	7.07	25.20	1 095.48
	青海	3 992	1 816.51	253.22	240.43	143.34	37.17		113.73	0.04	9.86	40.59	723.21
	宁夏	4 946	8 857.00	386.87	232.95	426.15	21.77	0.03	123.38	30.19	2.18	17.88	848.75
	新疆	14 926	16 088.03	1 073.73	1 269.79	2 693.05	215.84	22.57	561.52	6.22	45.89	169.87	1 915.73

资料来源：根据《2015中国能源统计年鉴》整理获得。

表17-4　西部地区能源生产、消费弹性系数

地区	2012年		2013年		2014年	
	能源生产弹性系数	能源消费弹性系数	能源生产弹性系数	能源消费弹性系数	能源生产弹性系数	能源消费弹性系数
中国	0.57	0.51	0.31	0.48	0.07	0.30
重庆	/	0.40	/	0.53	/	0.62
贵州	1.26	0.65	0.37	0.65	0.47	0.41
西藏	/	/	/	/	/	/
甘肃	0.77	0.63	0.46	0.53	/	/
宁夏	/	/	/	/	/	/
四川	0.18	0.35	0.04	0.46	1.46	0.41
云南	/	/	/	/	/	/
陕西	0.99	0.69	0.63	0.64	0.59	0.59
青海	1.22	0.86	0.86	0.78	/	0.65
新疆	0.84	1.74	0.62	1.88	0.28	0.95
内蒙古	0.62	0.49	−0.31	0.45	0.36	0.46
广西	/	0.58	/	0.66	/	0.54

资料来源：根据2012—2014年各省市统计年鉴整理获得。

从表17-3可知，西部地区能源消费结构不合理。长期以来，西部能源消费以煤炭为主，但西部地区现有技术水平无法将煤炭消费转化为经济产出，间接导致煤炭利用率低，对天然气、电力等新能源的消费量不足，降低了工业能源效率。

能源消耗是经济增长的主要要素投入，当地的技术水平及管理水平也会对经济增长产生影响。因此，能源投入量与技术及管理水平的不匹配是造成能源消费弹性系数波动的主要原因。西部各个省市除四川、重庆能源消费弹性指数有所上升外，其余各地均呈下降趋势，且都低于2012—2014年全国能源消费弹性系数的下降程度。该现象表明，我国西部地区工业发展状况相较于东部、中部地区处于劣势状态，技术发展水平与工业规模不匹配，现有技术水平无法将能源投入转化为一定量的经济产出，造成能源的大量浪费，能源利用效率偏低。

三、西部地区固定资产投资

随着土地、劳动力等要素成本上升，东部沿海地区一些产业尤其是劳动密集型产业的边际收益下降，产业升级、转型压力和产业转移要求与日俱增。与此同时，随着西部地区交通、能源、信息网络等基础设施建设的不断完善，加之"一带一路""西南桥头堡""渝新欧通道"等战略构想的推动，传统产业向西部地区转移的步伐加快，进一步保障了西部地区工业的快速发展，促进了西部地区产业水平提升、产业结构更新，更好地发挥资源与劳动力的优势，加快了西部经济发展。此

外,西部新能源、新材料、装备制造等战略新兴产业也逐渐走上发展的"快车道"。主要表现为西部投资增速明显超过经济发展水平较高的东部沿海地区,具体如表17-5 所示。

表 17-5　全国及四大地区固定资产投资额和同比增速

地区	2014 年投资额(亿元)	2013 年投资额(亿元)	同比增长(%)
全国	502 005.0	433 885.0	15.7
东部	203 024.9	176 324.7	15.1
中部	120 802.5	102 528.4	17.8
西部	125 980.1	107 279.5	17.4
东北	45 268.8	43 997.1	2.9

资料来源:根据国家统计局公布数据整理获得。

此外,关于制造业全社会固定资产投资,西部地区在 2014—2015 年间呈现出缓慢下降的趋势。2014 的西部地区制造业全社会固定资产投资为 29 137.7 亿元,占全国的 17.45%,截至 2015 年年底,该项数据下降到 29 095.84 亿元,占全国的 16.13%。[①] 但西部地区各省份之间的差异较大,如内蒙古 2014—2015 年的制造业全社会固定资产投资额下降幅度较大,而广西和重庆呈现出快速上升的趋势。历年西部省份制造业全社会固定资产投资如图 17-4 所示。

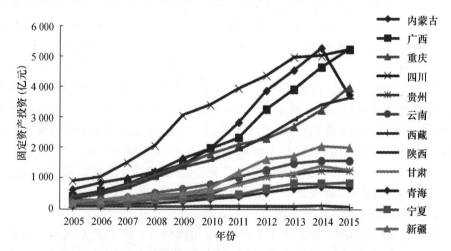

图 17-4　2005—2015 年我国西部各省份制造业全社会固定资产投资
资料来源:根据历年《中国统计年鉴》整理获得。

---

① 资料来源:根据 2015 年与 2016 年《中国统计年鉴》整理获得。

四、西部地区环境状况

西部地区资源开发产生的负外部性,对环境造成了极大污染,严重透支了环境承载力。邱鹏(2009)指出,除青海、陕西、云南、四川、内蒙古、西藏等地的环境承载力存有一定余地外,其余各省市(广西、甘肃、重庆、新疆、贵州、宁夏)均已处于超载状态,特别是经济发展落后的宁夏与贵州环境超载较大;且西部地区总体资源环境承载力正逐渐减弱,逐步向承载极限靠近。未来发展过程中,西部地区资源环境承载力状况不容乐观。

西部地区产业发展尚未摆脱高投入、高消耗、高排放的粗放模式,资源能源的瓶颈制约问题日益突出。制造业依然是消耗资源能源和产生污染排放的主要领域。一些以能源及资源初加工为主的产业加重了对资源、环境的损耗。在以内蒙古为代表的火电、金属冶炼、矿产品初级加工等资源性企业集中地中,二氧化硫及工业烟尘排放量大,环境污染问题严重。类似的资源性企业集中地中,规模以上工业生产总值远远落后于全国平均水平,但工业废气排放量、工业固体废物产生量、工业烟(粉)尘排放总量却远高于全国平均水平。通过对统计资料的进一步分析可知,西部各省工业排放量如图17-5、图17-6、图17-7所示,各省治污水平如图17-8和图17-9所示。

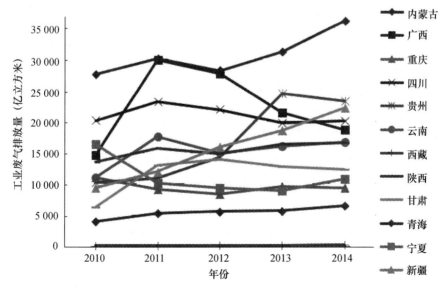

图 17-5 2010—2014 年西部各省工业废气排放总量
资料来源:根据 2011—2015 年《中国环境统计年鉴》整理。

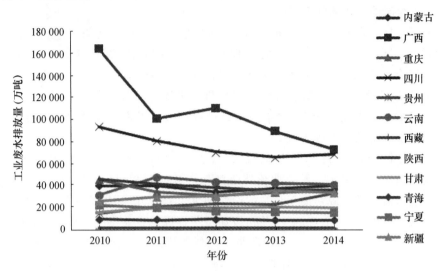

图 17-6　2010—2014 年西部各省工业废水排放总量
资料来源：根据 2011—2015 年《中国环境统计年鉴》整理。

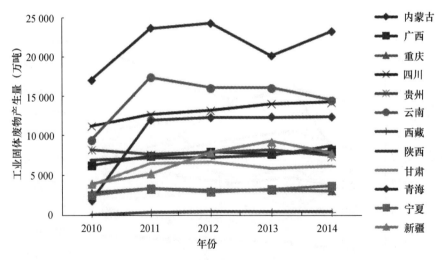

图 17-7　2010—2014 年西部各省一般工业固体废物产生量
资料来源：根据 2011—2015 年《中国环境统计年鉴》整理。

从污染水平指标来看，首先，西部地区废气排放量与固体废物排放量逐年递增，废水排放量呈现下降趋势。其次，区域间差异逐渐拉大。关于废气排放，内蒙古、云南、新疆等地排放量上升趋势明显，内蒙古排放量已攀升至首位；广西排放量逐年下降，其他地区排放量保持稳定。关于废水排放，广西与四川的废水排放量逐年下降，其余省市处于稳定状态。关于固体废物，内蒙古、云南、青海、四川、新疆增长趋势明显,内蒙古排放量仍位居第一;其余省市基本保持稳定。

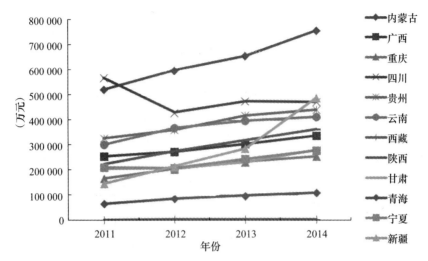

图 17-8　2010—2014 年西部各省工业废气治理设施本年运行费用
资料来源:根据 2011—2015 年《中国环境统计年鉴》整理。

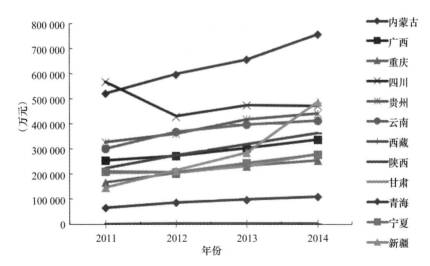

图 17-9　2010—2014 年西部各省工业废水治理设施处理能力
资料来源:根据 2011—2015 年《中国环境统计年鉴》整理。

就治污运行费用来看,总体呈现上涨趋势,但个体间差异显著。内蒙古与新疆上涨速度超过其他地区,内蒙古的运行费用总量居于首位;其余地区治污运行费用保持稳定增长。就治理设施处理能力而言,总体变化较小,但区域间横向差距较大。广西、云南、四川的处理能力高于其他地区,但前两地区处理能力下滑严重,其余地区基本保持稳定。

第二节　西部地区制造业中小企业的发展现状

一、西部地区制造业中小企业基本情况

西部地区环境承载力弱、经济资源稀缺、市场机制尚不健全,企业规模受到限制。在西部制造业领域中,中小企业占比高,是经济发展的重要基础。根据《全国中小企业股份转让系统 2015 年统计公报》可知,2015 年西部新三板挂牌公司数量为 529 家,占全国总数的 10.31%,较 2014 年的 9.16% 有所提升。但西部内部新三板企业分布不均衡,2015 年仅川渝地区新三板挂牌公司数就占西部总数比重的 37.05%。新三板是针对中小微企业的全国性非上市股份有限公司的股权交易平台,很大程度上反映了中小企业的发展状况。由此可以看出,西部地区制造业中小企业发展较慢,且区域内部也不均衡。2015 年中国省际中小企业综合景气指数数据也表明,除四川省位居全国前 50%,其余西部各省主要排在第三、四层次。西部地区制造业中小企业基本情况如表 17-6 所示。

表 17-6　西部各省市中小企业基本情况

项目 地区	中小企业数(个)	本地区企业总数(个)	比例(%)	中小企业主营业务收入(亿元)	本地区企业主营业务收入总值(亿元)	比例(%)
内蒙古	4 221	4 377	96.44	12 802.2	19 550.8	65.48
广西	5 223	5 396	96.79	11 314.4	16 726.0	67.65
重庆	5 045	5 237	96.33	8 192.8	15 417.1	53.14
四川	12 786	13 163	97.14	22 133.4	35 251.8	62.79
贵州	3 077	3 139	98.02	4 264.2	6 878.4	61.99
云南	3 275	3 382	96.84	5 224.7	9 773.1	53.46
西藏	68	70	97.12	74.5	93.4	79.76
陕西	4 332	4 489	96.50	8 969.6	17 763.0	50.50
甘肃	1 770	1 830	96.72	2 186.6	8 443.6	25.90
青海	440	465	94.62	1 012.0	2 045.4	49.48
宁夏	886	935	94.76	1 377.7	3 374.5	40.83
新疆	2 018	2 102	96.00	3 328.2	8 608.0	38.66

资料来源:根据《2014 年中国中小企业年鉴》整理获得。

二、西部地区制造业中小企业技术创新能力

西部地区制造业中小企业技术创新能力不强。从整体上看,西部高科技人才匮乏,技术创新动力不足、活动不够活跃,尚未真正成为技术创新的主体。对高技

术产业或产业高端的吸引力较弱,主要承接技术含量低、产业带动及升级动力不足的产业。因此,在全球产业梯度转移中,西部仍以产业价值链的低端被动进入跨国公司的生产体系。例如,重庆、成都等地在快速推进信息产业的承接过程中,集中于劳动密集型产业的承接,大多承接信息产业中最低的价值端生产者。具体科技情况如表17-7所示。

表17-7 我国各地区规模以上工业科技情况

地区	企业数(个)	有研发机构的企业数(个)	有研发活动的企业数(个)
东部地区	224 245	40 472	53 469
东北地区	22 143	775	1 537
中部地区	86 174	8 193	12 441
西部地区	50 591	3 393	6 123

资料来源:根据《2016年中国科技年鉴》整理获得。

三、西部地区制造业中小企业绿色发展现状

据国家环保总局统计,我国有2 900余万家中小企业,其中,80%以上的工业生产存在环境污染问题,约占全国污染源的60%。2015年《环境质量公报》进一步指出,全国338个地级以上城市中,环境空气质量超标的城市占比78.4%,达到265个。其中,由中小企业带来的污染已占污染源的六成以上。

我国环保部门实施环境标志认证,对产品从设计、生产、使用到废弃处理处置,乃至回收再利用的全过程的环境行为进行控制。它由国家指定的机构或民间组织依据环境产品标准(也称技术要求)及有关规定,对产品的环境性能及生产过程进行确认,并以标志图形的形式告知消费者哪些产品符合环境保护要求,对生态环境更为有利。企业是否被授予环境标志认证,反映了该企业绿色发展状况。根据中国环境标志认证企业名单的数据统计,2015年全国通过环境标志认证的企业数为3 641个,较2014年增长8%。其中,西部制造业中小企业认证情况如表17-8、图17-10所示。可以看出,在经济薄弱的西部地区,通过环境认证的企业地区差异较大,仅成都、重庆两地区制造业中小企业通过认证数就占西部地区一半以上,其他偏远地区均低于10%。

可以看出,推动中小企业绿色发展不仅是制造业全领域全过程的普遍要求,更是我国西部乃至全国制造业发展的必然趋势。据统计,中小企业在工业企业中占比超过90%,中小企业绿色发展的力量不可低估。制造业中小企业的绿色发展极为重要,有助于解决诸多问题,甚至可以触动大企业的发展,促使其在环境保护方面发挥更大的作用。

表17-8 2014—2016年西部制造业中小企业环境管理体系认证数

地区	2014年企业数(个)	2015年企业数(个)	2016年1—7月企业数(个)
内蒙古	5	7	2
广西	29	31	24
重庆	55	59	37
四川	156	137	92
贵州	13	15	7
云南	22	21	10
西藏	6	2	5
陕西	34	41	14
甘肃	7	16	5
青海	4	5	0
宁夏	6	4	4
新疆	15	26	9
西部合计	352	364	209

资料来源:根据2014—2016年中国环境标志认证企业名单整理获得。

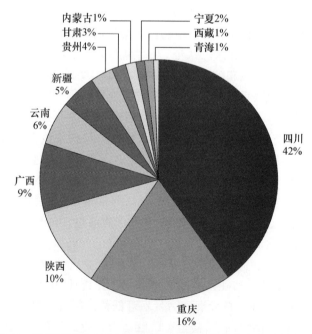

图17-10 通过环境标志认证的西部各地区制造业中小企业数占比情况

资料来源:根据2014—2016年中国环境标志认证企业名单整理获得。

第三节　西部地区制造业中小企业绿色发展的问题分析

一、区域内部不均衡导致绿色发展的结构性问题

西部地区经济发展水平落后于东部地区，一直扮演着"模仿者、追赶者"的角色。长期以来，西部地区发挥"后发优势"，承接东部的产业转移，沿袭东部的发展模式，将发展目标锁定在"追赶东部"。由于东西部地区的发展历史、资源禀赋、战略地位存在巨大差异，单纯的模仿战略无法使西部地区获得可持续发展。传统的"先污染，后治理"的惯性模式加剧了西部地区经济发展与环境保护之间的矛盾。经过多年发展，西部地区内部已形成显著的不均衡性，其发展水平不能以"落后"来一概而论。例如，成都、重庆均已入选国家中心城市，发展水平直追一线城市。经济与环境的矛盾在发展水平不同的西部城市有着不同的强度。合理解决该矛盾是实现绿色发展的前提。

西部地区沿袭东部地区的发展路径，优先发展资源密集型的高污染、高能耗、低附加值的产业，旨在短期内实现经济的跨越式增长，但由此产生的环境问题制约了西部地区的进一步发展。随着我国经济进入增速放缓、结构调整、提质增效、转型升级的经济新常态，中央提出"创新、协调、绿色、开放、共享"五大发展理念，正在实施"供给侧改革""中国制造2025""一带一路"等发展战略，逐步打造绿色制造体系。西部各省积极响应，对传统产业进行了改造提升。由于各地在人才资源、科技水平、政策执行效率等方面存在差异，传统产业改造提升的效果不尽相同，这进一步加剧了西部地区内部的不均衡性。

初期的"追赶模仿"和后期的"改造提升"将西部地区内部的不均衡性逐渐放大，造成了西部企业在经济利润与污染水平上的差异。传统的整体思维忽视了西部地区内部的差异性，从而无法解决绿色发展的结构性问题。西部地区内部制造业发展质量差异如图17-11所示。

从图17-12可以看出，西部各地经济利润与污染水平的变化具有差异性，经济发展与环境保护的矛盾在不同地区有着不同的强度。据此，将西部地区12个省份进行再分类，形成表17-9。

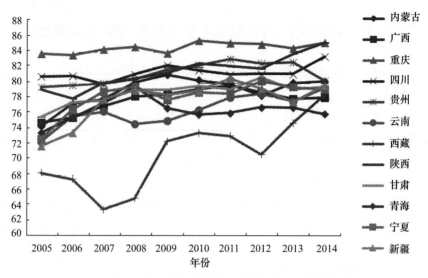

图 17-11　2005—2014 年我国西部各省份制造业质量竞争力比较

资料来源:根据《全国制造业质量竞争力指数公报》整理获得。

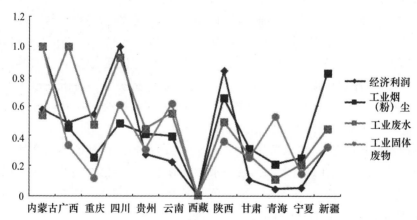

图 17-12　西部地区经济利润与污染水平的不均衡性

资料来源:根据 2015 年《中国统计年鉴》《中国环境统计年鉴》整理,图中数据进行了无量纲化处理。

表 17-9　西部地区省份再分类

经济指标 环境指标	高利润水平	低利润水平
高污染水平	内蒙古、陕西	广西、贵州、云南、甘肃、青海、宁夏、新疆
低污染水平	重庆、四川	西藏

可以看出,重庆、四川改造提升效果较好,经济与环境的矛盾较小。内蒙古、陕西仍处于以牺牲环境为代价、追求经济快速增长的阶段。广西、贵州、云南等7个地区的环境问题已制约了其经济发展水平。西藏地区经济水平和污染水平均比较低,有待进一步开发,应避免走"先污染、后治理"的传统模式。因此,根据经济水平和污染水平,可将西部12个地区划分为四类,类别不同的地区差异性明显,这构成了西部地区绿色发展的结构性问题。

二、中小企业环境管理主动意识薄弱,绿色发展战略思维缺乏

绿色发展起源于环境责任,是企业在环境压力下的被动反应。与经济责任的自发性相比,环境责任更多地具有选择性。随着生态环境的恶化,传统的环境责任理念已不再适应于当前的发展形势。目前,有学者认为,绿色发展是在生态环境容量和资源承载能力的制约下,通过保护生态环境实现可持续发展的新型发展模式。该观点虽然界定了绿色发展的条件与内涵,但仍将绿色发展视为一种应对外部压力的方式,认为绿色发展是在保证经济利益最大化的前提下,尽量减少环境负面影响的一种模式。绿色发展不仅仅是一种新的发展模式,更是发展理念的转变,强调在考虑资源环境承载力的基础上,实现经济与环境的协调发展。绿色发展已经由外部压力变为内生需求,是中小企业的发展方向之一。

但是,中小企业存在生命周期短、管理水平低、监管难度大等固有问题,使得绿色发展理念得不到认同与贯彻。主要表现在以下三个方面:

第一,中小企业生命周期短,更新速度快,忽视绿色发展的长期利益。据调查,欧洲、日本的中小企业生存周期为12.5年,美国为8.2年,而我国中小企业生存周期仅有3.7年。极短的生命周期意味着中小企业存在大量的短期行为。当环境利益与经济利益发生冲突时,中小企业往往会选择牺牲环境利益,追求短期的经济利益。

第二,中小企业缺乏优秀的企业家,很少有长远的目标与战略。中小企业一般是企业经营者独自管理或形成家族式管理,企业管理层的意志决定了企业的发展方向。管理层大多认为,中小企业对环境影响微弱,不需要进行环保方面的投资。他们认为环境问题只是大企业需要考虑的,环保规制不会对中小企业产生大的影响,积极的环境行为也未必会给中小企业带来经济利益。管理层对绿色发展的忽视直接导致了中小企业消极的环境管理和绿色行为。

第三,中小企业数量多、变化速度快,导致政府监管成本大幅提升。由于环境问题的隐蔽性,中小企业游离于媒体、政府、社会监管之外,政策执行成本过高。中小企业在解决就业方面具有不可替代的作用,地方政府出于政绩需要,对中小企业采取弱监管模式。政府的环境规制只能减少中小企业对环境的破坏,无法促进其主动进行有益于环境的绿色行为。

三、中小企业硬实力与软实力双重缺失，无法提供绿色发展的必要条件

企业硬实力包括资金、自然资源等，软实力包括技术、人才、品牌与商业模式等。绿色发展需要硬实力与软实力共同支撑。中小企业由于自身规模较小，借款违约风险巨大，缺乏相应的抵押物，很难获得银行的资金支持。且中小企业缺乏研发机构，新技术大多源自大企业的技术溢出。加之中小企业的工资待遇、工作环境、发展前景同大企业相比差距较大，难以吸引和留存高素质人才。此外，品牌与商业模式的缺乏无法改变市场对西部中小企业的"刻板印象"，导致中小企业难以获得风险资本的资助，绿色行为也无法得到市场认可，不能给企业带来回报。

第四节 对策与建议

一、提升生产效益，加大主动型绿色投资，解决内部结构性问题

西部地区12个省份之间的绿色发展水平不同，高绿色度的地区应发挥示范作用，带动低绿色度的地区发展，完成西部地区自身的结构性调整。生产效益与治污投资是绿色发展水平的决定性因素，生产效益反映了资源能源的利用效率，是对污染来源的控制；治污投资反映了企业对环境管理的主动意识，是对已有污染的处理。

经济利润、生产效益、治污投资与污染水平的变化在区域间存在差异。四项指标在同一城市有着不同的发展水平，且相互之间存在一定的关联。由图17-13可知，经济利润与生产效益之间的差异与污染水平有着较强的关联。例如，内蒙古、广西的经济利润与生产效益都处于中等偏下水平，因此造成的污染较大，经济利润的增长已受到环境的制约；重庆与四川相比，尽管经济利润低于四川，但生产效益高于四川，因此污染也较小；陕西虽然生产效益较高，但未实现同等水平的经

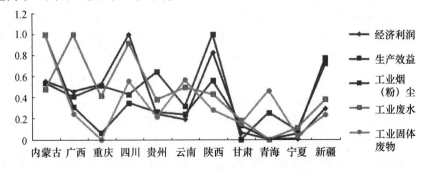

图17-13 经济利润、生产效益与污染水平的区域对比

资料来源：根据2015年《中国统计年鉴》《中国环境统计年鉴》整理。图中数据进行了无量纲化处理。

济利润,污染水平相对较高。由图 17-14 可知,治污投资与污染水平具有一致性,污染水平较高的地区,治污投资也相对较高,这说明目前企业主要是被动型的环境治理,缺乏主动型的绿色投资。

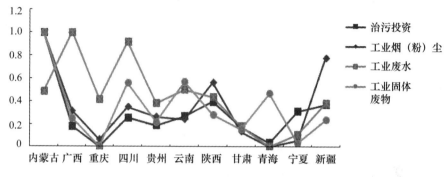

图 17-14 治污投资与污染水平的区域对比

资料来源:根据 2015 年《中国统计年鉴》《中国环境统计年鉴》整理。图中数据进行了无量纲化处理。

绿色发展首先需解决经济发展与环境保护之间的矛盾。统计资料的数据表明,不同地区有着不同强度的环境问题。这种差异性体现了西部地区绿色发展的结构性问题。通过进一步分析发现,环境问题的差异性源于生产效益水平和治污投资水平的不同。因此,解决绿色发展的结构性问题应从提升生产效益水平、改善污染投资效率、增加主动型绿色投资方面入手。

二、以技术创新为核心,增强绿色技术推广与应用

技术创新包括技术开发与技术应用,技术开发是指生产过程中的创新,包括产品与工艺升级;技术应用是指技术开发成果的产业化。西部地区制造业中小企业技术开发能力薄弱,但在技术推广与应用方面具有组织灵活的优势。中小企业可以通过绿色技术的应用,进行商业模式和绿色产品的创新,避免研发环节的劣势。同时,中小企业应建立绿色工厂,为绿色技术提供管理与组织上的支持,实现绿色技术与绿色产品的集成。

三、推行集群式发展模式,打造中小企业绿色园区

集聚式发展模式通过优势产业集中布局、集聚发展,扩大了规模经济范围、集聚生态效益。集群式发展模式需要政府和制造业中小企业的共同参与。政府通过产业配套能力、公共基础设施和市场环境的建设,为制造业中小企业提供良好的商业生态系统。制造业中小企业需明确自身优势,构建核心竞争力,积极进行同业合作与跨界联盟,形成生态型产业链。此外,绿色园区是在资源环境承载力的基础上实现关联企业在空间上的集合,可以强化企业间的合作,是集聚式发展

模式的重要组织载体与发展方向。

四、打造以"互联网＋"为基础的共享平台，构建绿色供应链

中小企业的资源和能力瓶颈是制约其绿色发展的关键障碍。"互联网＋"通过现代信息技术，如移动互联网、云计算、大数据等，构建共享平台，为产业的发展提供新产品、新技术、新业态。共享平台是一种生产要素优化配置的模式，实现了大企业与中小企业的合作。中小企业可以吸收大企业的知识溢出，利用大企业的闲置资源，提高其创新力与生产力。大企业可以借鉴中小企业灵活的组织形式，解决自身"组织惯性""路径依赖"等问题。其中，资源平台能减少重复投资，提升使用效率；技术平台构建了技术创新协同网络，提升了技术研发水平；管理平台培育了企业生态圈，促进同一生态圈不同行业间的企业战略联盟发展；信息平台使得制造企业可以便捷地获取消费者的即时信息，增强对市场需求的反应能力。随着共享平台范围的扩大、联系的加深，多个平台进行有机组合后形成了供应链。共享平台促进供应链企业之间的合作，加强对污染的监控，实现采购、生产、营销、回收及物流等各个环节的资源节约、环境友好，是绿色供应链的重要组成部分。

五、发扬"工匠精神"，塑造绿色品牌，建立绿色企业

西部地区制造业中小企业既缺乏资金等硬实力，又缺乏人才、知识等软实力，导致其核心竞争能力不足，无法塑造绿色品牌。因此，制造业中小企业应该转向学习创新的对立——挖掘，亦可称为"减法创新"，一是指对过去活动进行深入思考，去除糟粕和定势思维，为新的思想提供成长空间；二是指反向推理，利用原有经验来推理未知的世界，周而复始地探索。而"工匠精神"是挖掘的战略思维在制造业领域的体现，指企业在以往熟悉的领域，通过精益生产的方式，不断提升产品品质，最终达到追求卓越的目标。

绿色品牌有助于解决绿色产品的市场障碍，用品牌溢价来弥补额外的绿色成本。品牌的核心是品质。"工匠精神"有助于制造业中小企业改变以往低品质的形象，提升产品的绿色价值，建立自身的绿色品牌。因此，西部地区制造业中小企业在软硬实力均缺失的情况下，必须通过挖掘思维下的"工匠精神"来建立品牌。

六、推行中小企业环境信用评价体系，建立声誉机制，强化绿色监管

中小企业存续时间短、监管难度大，造成其短期行为不会影响未来利益，长期环境投资无法得到利益相关者的认可，最终导致其绿色行为的动机不足。通过建立环境信息评价体系，将环境违法企业列入黑名单并公之于众，让失信企业一次违法、处处受限。建立环保守信激励，提高绿色企业社会声誉，同等条件下绿色企业予以优先支持。绿色监管最终要达到使守信者处处受益、失信者寸步难行的效果，强化制造业中小企业的绿色行为动机。

中小企业是西部地区制造业的重要组成部分，其发展态势直接影响着整个西部地区制造业的可持续发展。但西部地区制造业中小企业大多技术陈旧,自主创新能力不足,信息化与工业化融合不够,管理水平低,资源环境问题突出。本文首先对制造业的发展基础与环境、制造业中小企业的发展现状进行解析,其次提炼出绿色发展中存在的问题,最后根据中小企业的特征与绿色发展的基本要求,提出了六条实施路径,促进西部地区制造业中小企业实现企业利益、社会利益、环境利益的协调发展。

从发展基础与环境上看,西部地区制造业中小企业绿色发展的机遇与威胁并存。西部地区工业规模不断扩大,增速超过全国平均水平,且拥有丰富的矿产资源、能源、森林、草原等自然资源禀赋,资源优势明显。与此同时,东部沿海地区不断加快向西部地区的产业转移,为西部地区产业升级提供了巨大动力。可以看出,西部地区制造业发展处于历史机遇期。但由于过快的发展速度与高耗能、高污染的发展模式,西部地区的环境遭到了极大破坏,环境承载力被严重透支。环境问题成为西部地区制造业可持续发展的主要障碍之一。

地理条件、历史文化、经济发展等因素限制了西部制造业企业的规模,中小企业成为制造业发展的重要载体。西部地区制造业中小企业的技术创新能力薄弱,缺乏核心竞争优势,绿色发展程度还处于较低水平。区域内部不均衡导致了绿色发展的结构性问题,无法给中小企业绿色发展提供良好的区域经济基础。中小企业缺乏环境管理的主动意识与战略思维,无法提供绿色发展的充分条件。中小企业硬实力与软实力双重缺失,无法提供绿色发展的必要条件。

解决以上问题,必须从西部地区制造业中小企业的特质出发,结合绿色发展的新要求,可以分为以下五个方面:第一,要从生产效益和绿色投资出发,解决区域内部的不均衡性;第二,要增强绿色技术的推广与应用,发挥中小企业强应用型创新能力的优势,避免弱突破性研发能力的劣势;第三,要打造集群和共享的发展模式,促进大企业与中小企业、中小企业之间的合作共生,发挥中小企业组织灵活的优势,避免中小企业资金、技术、人才不足的劣势;第四,要发扬"工匠精神",提升中小企业的产品品质,打造绿色品牌;第五,建立中小企业的环境信用评价体系,提升中小企业诚信意识。绿色发展是一项系统工程,需要政府、企业、社会多方的共同参与,实现不同路径的集成,提高实施效果。

第十八章　河北省中小企业发展的研究报告

第一节　河北省中小企业发展现状

多年以来,河北省中小企业由小到大、由弱到强,取得了长足发展,在推动全省经济社会发展中发挥了重要作用。特别是近年来,河北省省委、省政府高度重视中小企业,全省中小企业实现了高质量、高层次、高水平的发展。党的十八届三中全会立足全面深化改革,对鼓励支持引导中小企业发展提出了明确要求,河北省省委八届六次全会就激活市场主体、推动中小企业创新发展做出了全面部署。

河北省推进中小企业加快发展,是全面深化改革、转变经济发展方式的现实要求,是打造经济增长极、实现跨越赶超的重要途径,是促进转型升级、实现绿色崛起的根本出路,是建设全面小康的河北、富裕殷实的河北、山清水秀的河北的基本战略。推进中小企业加快发展,核心是处理好政府和市场的关系,使市场在资源配置中起决定性作用和更好地发挥政府作用;前提是进一步激活市场主体,大力倡导全民创业、劳动致富的社会风尚;基础是不断优化发展环境,努力提升政府服务效能;重点是破解要素制约,提高资源配置效率和公平性;关键是抓好各项政策落实,尽快让改革的红利转化为中小企业发展的活力。中小企业活则全局活,中小企业强则全省强。

一、中小企业已成为河北省经济发展的主要动力

(一)河北省中小企业发展的现状

2016年,河北省中小企业活力持续增强,呈现总体平稳的发展态势,全省中小企业实现增加值21 583.1亿元,比上年增长7.2%,比同期全省地区生产总值增速快0.4个百分点;占全省地区生产总值的比重为67.8%,比上年提高0.1个百分点。

第三产业发展较快,比重提高。第三产业中小企业实现增加值8 765.2亿元,比上年增长9.4%,增速分别比第一、二产业快6.3和3.7个百分点。第三产业中小企业增加值占全省中小企业的比重为40.6%,同比提高0.9个百分点。第一、二产业比重分别下降0.1和0.8个百分点。

实缴税金增速加快。全省中小企业实缴税金2 666.2亿元,比上年增长10.7%,比前三季度加快7.8个百分点。营业收入和利润总额平稳增长。全省中

小企业实现营业收入104 904.7亿元,比上年增长6.3%;实现利润总额7 631.1亿元,增长7.3%。

出口占全省的份额提高。全省中小企业出口总额261.9亿美元,占全省出口总额的比重为85.7%,比上年提高1.1个百分点。

从业人员稳步增加。2016年年末,全省中小企业吸纳从业人员2 193.1万人,比年初增加35.7万人,增长1.7%。

河北省中小企业贡献了全省经济产值的2/3以上,吸纳全社会就业人员的3/4以上,提供了七成以上的税收收入,成为地方经济发展的重要力量。

(二)河北省科技型中小企业发展的现状

1. 河北省科技型中小企业发展的现状

河北省科技型中小企业2014年的数量为13 622家,2016年年底增加到41 953家,年均增速75.49%。作为"顶天立地"的科技小巨人企业以年均88.26%速度增长,由2014年的610家增加到2016年年底的2 162家,占全部科技型中小企业的比重由2014年的4.48%提高到2016年的5.15%。规模以上科技型中小企业占比不断提高,2016年规模以上科技型中小企业为9 343家,占科技型中小企业总量的22.3%。

2. 河北省科技型中小企业发展呈现的三大新特点

从发展布局来看,科技型中小企业呈现明显的聚集发展态势、制造业占数量主体、高新技术领域占据绝对优势三大特点。

第一,从空间分布看,科技型中小企业布局由分散转向集中,主要集中在各类科技园区、开发区中,呈现集群化发展,形成了保定可再生能源、石家庄生物医药等一批科技型中小企业集群。

第二,从三次产业科技型中小企业数量分布看,第二产业依然占据主体,第三产业优势不断凸显。第一产业中科技型中小企业数量由2014年的1 782家增长到2016年的7 257家。第二产业中科技型中小企业三年来的占比均保持在近55%以上,企业数量由2014年的7 866家增长到2016年的23 008家。第三产业中科技型中小企业数量由2014年的3 974家增加到2016年的11 688家。其中,科技服务业企业数量由2014年的1 448家增长到2016年的4 415家。

第三,从技术领域来看,2014—2016年河北省科技型中小企业数量居前三位的是新材料、农业与农村、光机电一体化领域,三者占比合计近60%;电子与信息、高技术服务、资源与环境、新能源与高效节能等技术领域科技型中小企业数量增长相对较快,占比合计近35%。

3. 河北省科技型中小企业迎来四大发展机遇

目前,河北省科技型中小企业发展面临四个重大发展机遇:一是雄安新区必然会成为河北省科技型中小企业的爆发式增长源。从雄安新区的区位来看,一方面在承接北京非首都功能中作为首都发展的一个创新功能区,可以打造全国创新驱动发展的新引擎;另一方面,雄安新区成为科技中心,必然成为承接京津科技创新资源与要素、转化科技成果的首选平台,科技型中小企业必然在雄安新区爆发式增长。二是京津冀协同创新共同体建设进入实质性推进阶段,北京研发、河北转化是京津冀创新共同体建设的重要内容,必将带动河北省科技型中小企业数量的增长。三是国家"大众创业、万众创新"的政策强度不断加大,众创空间等创新平台迅猛发展,科技型中小企业数量将持续增加。四是现代服务业将是科技型中小企业潜力最大的产业领域,产业的快速发展必将促进现代服务业领域科技型中小企业的数量扩张与质量提升。

二、"一带一路"给河北省中小企业带来发展新机遇

在国家高层大力倡导推进、沿线各国积极参与共建的大背景下,"一带一路"已经成为推动全球化发展、促进各国共创共赢的重要力量。聚焦国内外贸行业,通过针对性展会抢抓市场机遇,借助专业化外贸综合服务平台升级出口模式,逐渐成为中小企业进军"一带一路"的外贸新思路,也给河北省外贸中小企业带来了广阔商机和发展机遇。

2017年5月15日,全球瞩目的"一带一路"国际合作高峰论坛在首都北京圆满闭幕。此次高峰论坛成果丰硕,在设施联通、贸易畅通、资金融通等方面达成270多项具体成果。

预计未来5年,中国将进口超过8万亿美元的商品,对外直接投资将超过7500亿美元,出境游客将超过5亿人次。在推进"一带一路"贸易畅通的系列举措方面,包括"预计未来5年,中国将从沿线国家和地区进口2万亿美元的商品""从2018年起,我国还将举办中国国际进口博览会""中国将同30多个国家签署经贸合作协议,与沿线国家合作实施100个贸易投资促进项目"等,这将为世界各国带来巨大商机。

"一带一路"涉及60多个国家和地区,沿线国家合作空间非常广阔。数据显示,2017年第一季度,我国与沿线国家双边货物贸易总额就超过16 553亿元人民币,同比增长26.2%;对沿线43个国家有新增非金融类直接投资,合计29.5亿美元,占同期总额的14.4%;与沿线的61个国家新签对外承包工程项目合同952份,新签合同额222.7亿美元,占同期我国对外承包工程新签合同额的51.8%。

自2013年"一带一路"战略正式提出以来,随着沿线各国经贸发展政策向"一带一路"聚焦,沿线贸易国市场不断开放、海关政策迎来重大利好、交通运输等条件(如中欧班列)获得实质性改善,我国外贸制造业正面临一个重大的历史性发展机遇。

具体到外贸生产型企业,如何快速打开"一带一路"沿线国家市场、降低外贸成本、抢抓时代先机?

国内展会打开"一带一路"市场突破口。目前通过线下展会挖掘"一带一路"客户和订单,仍然是很多国内外贸生产型企业最直接、有效的渠道。

2017年"第一季度的订单量增长近30%,新增客户一半以上来自'一带一路'国家,大大超出年初的预计。下半年还将继续拓展'一带一路'沿线市场"。

数据显示,在2017年5月初举办的第121届"广交会"上,"一带一路"沿线国家参展企业364家、展位616个,占进口展区参展企业比例约58.7%,总展位数比例约61.72%,环比均略有增长。在熙熙攘攘的人流中,超过一半来自"一带一路"沿线国家。

除广交会外,全国各地每年举办的大大小小外贸相关展会普遍设立"一带一路"专区,为国内企业开拓沿线国家市场提供便利化平台。

"互联网+外贸综合服务"助力企业掘金"一带一路"。目前国内"走出去"企业尤其是加工制造类企业,往往面临转型升级、要素成本及交付成本上升的困境,普遍利润微薄,生存艰难。而借助外贸综合服务平台,企业的进出口代理成本大幅降低,出口效率全面改善,加快进军"一带一路"市场的步伐。

外贸综合服务平台是互联网信息技术与传统进出口代理跨界融合的"新事物",通过发挥一站式、专业化、高时效性等方面的突出优势,目前已成为辅助外贸生产型企业进出口的得力"管家"。

为响应国家号召,以蓝海骆驼为代表的外综平台积极推进服务企业出口"一带一路"国家。2015年,客户通过蓝海骆驼平台出口至"一带一路"沿线国家36个,出口商品300多种(以服装、电子、机械配件为主);截至2016年年底,平台客户全年新增1500多家,出口"一带一路"沿线国家达60个(基本覆盖经济带所有地区),出口商品达上千种,电动平衡车、LED灯管、变频器、缝纫机、帐篷、足球、搅拌机、布匹、装饰灯、家用冷藏箱等五花八门,在助力企业轻装上阵、加快掘金"一带一路"沿线市场方面起到了强大的推动作用。

三、河北省中小企业创新能力不断提升

河北省中小企业通过产品创新、工艺创新、组织创新、营销创新,把主业做精做专、做强做久。在2016年中国优秀工业设计奖颁奖典礼上,中小企业唐山晶玉科技有限公司的"YBDX160蓝宝石多线切割机",在2 000件作品中脱颖而出,荣获中国优秀工业设计金奖。这是河北省首个获此殊荣的工业企业,也是本次9家获得金奖的企业中唯一的河北企业。中国优秀工业设计奖是我国工业设计领域唯一的国家级政府奖项,是国内最具权威的中国工业设计奖项,是衡量企业创新能力的一个重要方面。

"在经济下行压力加大的复杂形势下,中小企业对河北省经济发展的拉动作用逐渐加大,其中首要的支撑因素就是企业的创新能力得到提升。"省工信厅厅长龚晓峰说。

一大批中小企业通过产品创新、工艺创新、组织创新、营销创新,把主业不断做精做专、做强做久。君乐宝奶粉在 2015 年 BRC"非通知获证"审核中荣获 A＋级认证,君乐宝也因此成为全球第一家获得 A＋级认证的婴幼儿奶粉生产企业;东旭集团"铂金通道中玻璃液的处理方法"获中国专利金奖,该办法是液晶玻璃生产中的重要核心工艺,与传统技术相比,实现了产品"零缺陷"。"创新是晶龙的源头活水,是企业发展的核心力量,用于科研的资金,要多少给多少,决不含糊。"晶龙集团董事长靳保芳说,企业把技术领先作为求胜的利器,即便是在光伏寒冬时期,仍坚持拿出每年销售收入的近 5％作为创新经费。

来自河北省统计局的一份调查也印证了这一点。21142 名企业家参与的调查显示,在全省有创新活动的企业中,95.1％的企业家认为创新对企业的生存和发展"起到作用",其中 1/3 以上认为"起到重要作用"。

河北创新 28 条、科技改革 119 条、创新创业 15 条、知识产权 18 条、科技金融 16 条……务实具体的科技创新政策密集出台,加快了企业的科技创新步伐。目前,河北省省级以上技术创新示范企业达 89 家,大部分是中小企业,企业平均研发投入达到 4.7％,新产品销售收入达到 59％。

四、河北省中小企业转型升级步伐加快

化解过剩产能,中小企业担起重任;培育新动能,中小企业挑起大梁。从挖掘黑色铁矿到种植绿色蔬菜,丰宁顺达矿业集团悄然转型;从做钢铁到做生物诊断试剂,唐山英诺特公司探索转型;从以采矿为生到生产国内最先进的通风机,张家口非凡矿业公司成功转型。

近年来,在河北省转型升级的发展之路上,中小企业扮演着越来越重要的角色。化解过剩产能,中小企业担起重任。2016 年以来,河北省坚定不移地去产能。截至 11 月底,全省共拆除或封停高炉 33 座、转炉 24 座,压减炼铁产能 1761 万吨、炼钢产能 1624 万吨,分别占国家下达任务的 169.5％、198％;退出煤矿 54 处、产能 1400 万吨,分别占国家下达任务的 108％和 107％;淘汰压减水泥 286 万吨、平板玻璃 2189 万重量箱,分别完成目标任务的 190.7％、364.8％。为化解这些产能做出更多贡献的,是活跃在全省各地的中小企业。

培育新动能,中小企业挑起大梁。传统产业提档升级,新兴产业加速发展,越来越多中小企业家转变发展理念,探索发展新路。2016 年中国中小企业 500 强榜单中,河北省 18 家企业上榜,在入围门槛比上年提高的情况下,入围企业数量比上年增加 3 家。其中,华夏幸福基业股份有限公司、荣盛控股股份有限公司两家服务业企业上榜,改变了上年河北省没有服务业企业入围的局面,中小企业发展结构更加优化。

当前,在实体经济效益持续低迷的大环境下,在河北省调结构转方式任务急迫、压产能治污染压力巨大的背景下,中小企业转型升级更加不易。

为此,河北省省委、省政府先后出台了支持、扶持和鼓励中小企业发展的系列政策和措施,特别是相继出台了关于促进中小企业又好又快发展的文件,综合运用市场、经济、法律、行政手段,严格把握环保、能耗、质量、技术、安全等标准,倒逼中小企业过剩产能退出市场。引导中小企业利用产权市场组合民间资本,开展跨境、跨地区、跨行业兼并重组,并购国外技术和科研机构,培育一批特色突出、市场竞争力强的民营大企业集团。

五、河北省中小企业市场主体活力增强

政府权力的"放"带来市场主体数量的增加,中小企业活跃度更高。市场主体数量被看作是经济发展的"晴雨表",一定程度上反映了一个地区市场经济发展的活力。

近年来,河北省重点领域改革步伐加快,大力推动政府职能转变,省级行政审批事项削减67.6%,非行政许可审批事项全部取消,财税金融体制改革加快推进,投资、价格等领域改革持续深化,中小企业发展活力大大增强,全省市场主体呈现"井喷式"增长,中小企业单位总数由2010年的216.2万个增加到2015年的275.6万个。

近年来,河北省继续推进简政放权,越来越多的企业享受到"多证合一""两证整合"等改革举措的便利,市场准入门槛进一步降低。

2016年1—11月,全省新登记市场主体92.3万户,同比增长43.95%。平均每天新登记市场主体2 755户,明显高于2015年平均每天2 024户的速度。至11月底,全省市场主体总量达到397.81万户,同比增长24.45%,市场主体总量上升至全国第七位。

为破解融资难题,河北省加强政银企保对接合作,2016年仅省工信厅就组织全系统针对小微企业开展银企保对接活动494次,推荐项目8 230个,落实贷款1 070亿元。

强化公共服务,河北省省级网络服务平台和39个窗口平台实现互联互通,聚集带动服务机构2 000多个,服务小微企业2.3万家,组织36场次"订单式服务"活动,服务企业3 800家。

在一系列高含金量的政策措施下,中小企业特别是被誉为经济"助推器"、就业"蓄水池"的小微企业,活跃度更高了。数据显示,省工商局对全省新成立的小微企业进行的周年活跃度调查显示,小微企业总体发展比较活跃,开业率达到74.5%,比全国平均开业率高出4.6个百分点。

第二节　河北省中小企业发展的问题分析

综合分析河北省中小企业面临的主要问题可以看出,政策环境不足、行政管理偏弱和企业自身缺陷等是制约河北省中小企业快速发展的主要因素。

一、融资环境较差,企业负担重

(一)融资环境较差

融资难的问题,中小企业反应非常强烈。在问及"企业资金需求状况"时,24%的中小企业回答"有很大缺口、急需融资",54%的企业回答"略有缺口、需要融资"。但是,23.4%的企业表示从银行获得贷款"很困难",61.7%的企业表示"困难,但可以争取"。可见融资难是企业面临的共性问题。并且融资难的主要原因,40.4%的企业认为是"可抵押物少、抵押折扣率高",17%的企业认为是"贷款额度小、频率高,增加了企业的贷款成本"。

中小企业融资难的原因:一是企业规模小,盈利能力和资金实力弱,抵御市场风险的能力低。二是企业财务制度不完善,信用等级不高,有效抵押物不足,可提供的有效担保常与其资金需求相差甚远,产权不明晰等因素也影响企业融资。另外,中小企业贷款多为流动资金,贷款频率高、数量少,增加了银行贷款的管理成本,降低了银行放贷的积极性。三是中小企业融资多以银行抵押贷款为主,融资手段单一。四是中小企业的融资渠道受限制,我国金融机构主要的服务对象是国有企业或者大型企业,中小企业很少能从金融机构获得融资帮助。银行等金融机构从自身利益出发,不愿意批准中小企业的贷款,缺少服务于中小企业的金融体系是导致中小企业融资困难的一个因素。除了向银行直接融资以外,中小企业还会间接地进行融资,如企业拆借、信用担保、审计评估、民间融资等,但是这些融资没有给中小企业带来融资便利,反而增加了中小企业的融资风险。

(二)企业税费负担重

实行营改增后,19.6%的受访中小企业回答税负"减少",23.9%的企业回答税负"增加",56.5%的企业回答税负"没有什么变化";在问及企业"是否要缴纳法定税费之外的其他税费"时,回答"偶尔"的占29.8%,"经常"的占8.5%,"不清楚"的占51.1%,"从未有过"的仅占10.6%。

河北省中小企业税费负担重的主要原因:一是部分地区违规摊派、审批前置收费、垄断领域收费较高,如项目审批、土地审批、环评、检测等收费,增加了中小企业的隐性支出,加重了企业负担,提高了运营成本。二是"显性收费"项目繁多,如教育附加费、水资源费、河道建设费、残疾人就业保障金等,增加了企业负担。调研发现,一些中小企业在经营过程中缴纳的各类税费约占企业税前利润的

40%,税费偏高,占企业税前利润比例偏大。三是由于社会保障压力较大,地方政府人为提高社会平均工资,导致工资水平较低的中小企业员工"五险一金"的社保费用占比较高。

二、政府简政放权仍不到位

(1) 简政放权不彻底,变相审批和非行政许可审批仍然较多。一些单位将取消和下放的审批事项以备案、确认形式保留,或者转移给下属单位或关联中介机构,借用这些组织进行变相审批,表面上消除了审批事项,实则是由明变暗,甚至由少变多,对冲了行政审批制度改革的成效。

(2) 简政放权有选择,一些含金量高的审批事项仍然保留或变相保留。一些部门取消和下放的事项多为边缘权力或"僵尸权力",与本部门核心业务关系不大。甚至为完成下放任务,将一些审批事项进行分解,下放烦琐的事务性工作,保留自由裁量权较大、权力特征明显的环节,看上去放权不少,实际含金量不高。

(3) 简政放权难承接,下级政府和社会组织承接能力不足。当前,一些基层机构和社会组织缺乏足够的思想准备和业务准备,人员素质、经费和硬件支撑短期内难以到位。一方面,容易出现基层政府因工作流程不熟悉而不敢批的情况,形成"最后一公里"问题;另一方面,可能出现基层政府因对政策尺度把握不准而胡乱审批的情况,造成新的混乱。

(4) 行政审批效率较低。在政府职能转变过程中,由于缺乏有效的干部队伍稳定机制和激励推进机制,"避险"思想及懒政、怠政现象较为突出。受访的中小企业认为注册审批环节"简洁"的仅占 10.4%,"较简洁"的占 32.5%,"烦琐"的占 39%;对政府部门服务效率总体"满意"的仅占 10.4%,认为政府办事透明度"高"的仅占 5.3%,而认为政府办事透明度"低"的占 47.4%。

三、中小企业自身管理存在的问题

(1) 中小企业的管理水平有待提高,企业发展缺少相应的长期目标,市场竞争力较弱。

(2) 中小企业的信用等级低。我国的中小企业在诚信方面有严重的缺陷,中小企业的财务信息透明度不够,财务管理制度条例有待健全。

(3) 人才缺乏制约企业发展。一是中小企业对高素质人才吸引力不足。中小企业可提供的工作条件和工资收入水平不高,激励机制不健全,培训、医疗等保障机制不完善,造成难以引进高端人才。二是中小企业留不住高素质人才。中小企业没有形成吸引人才和充分调动人才积极性的氛围,不能为人才提供充分施展才华的舞台,无法满足人才。

(4) 中小企业抵押担保能力不足。河北省中小企业的基本特征是规模小、盈利少、固定资产缺乏,而银行等金融机构在决定是否贷款时的抵押物一般要求为

固定资产,这使得中小企业的可抵押物较少,并且抵押担保的价值较低,资产评估程序繁多,收费颇高,导致银行等金融机构不愿意批准中小企业的贷款申请。

四、中小企业市场准入仍受到歧视

(一) 市场准入门槛依然较高

一是市场准入管制和审批制度严重限制了中小企业的市场进入。中小企业难以进入基础产业、基础设施、市政公用事业、社会事业、金融服务、国防工业等领域,主要集中在依赖廉价劳动力和低成本原材料获取利润的传统制造业和传统服务业领域。中小企业的就业人员主要集中在制造业、建筑业、交通运输、仓储和邮政业、批发和零售业、住宿和餐饮业、租赁和商务服务业、居民服务和其他服务业。在电力、燃气及水的生产和供应业,科学研究、技术服务和地质勘查业,金融业,水利、环境和公共设施管理业,教育业,卫生、社会保障和社会福利业就业人口很少。二是国有企业利用其垄断地位对中小企业形成挤压。制度设计层面,包括土地、金融、项目等都有利于国有企业,未形成公平竞争的市场环境,进一步压缩了中小企业的发展空间。

(二) "三门"问题依然存在

对于"玻璃门""弹簧门""旋转门"问题,很多中小企业感受颇深。虽然近年来出台的"非公36条",规定对中小企业实施"非禁即入"的政策,但是在现实操作中中小企业仍受到歧视,存在种种准入障碍。在调查中,有70%以上的中小企业认为自己遭遇过"三门"现象。在招投标方面,由于许多行业对企业的行业资质、资金规模、从业经验等规定了严格的限制条件,一些民营中小企业被直接取消参与资格,或成为事实上的"陪标人"。另外,一些地方政府和职能部门"外来的和尚会念经"的观念根深蒂固,对待本土企业和引资企业"内外有别",存在"重外轻内"问题。

(三) 政府诚信有待加强

在问及中小企业"在注册时政府承诺的优惠政策是否在后来兑现"一题的回答中,仅有14.9%的企业回答"兑现",选择"基本兑现"的占37.8%。一些基层政府急于招商引资上项目,对企业做出一些承诺,但由于国家或省市政策调整变化,优惠政策很难落实到位,进而影响了中小企业的投资积极性。

(四) 中小企业与政府合作常处于弱势

中小企业,特别是民营中小企业,在与政府部门,主要是地方基层政府的合作过程中往往处于弱势地位,对于政府制定的合作规则往往是被动地接受。例如,企业在与政府签订项目合作合同后,政府还要实行土地的招拍挂。在问及"当前土地、矿产等资源配置存在的主要问题"时,53.3%的企业回答"政府主导且有选择性的资源配置导致机会不公",46.7%的企业回答"大企业容易获得,小企业较难获得"。

五、中小企业发展受到要素制约

(一) 招工难

从用工方面看,有35.6%的企业反映招工"比较难",47.9%的企业认为招工"一般"。从人才型员工流失的原因看,认为"工资待遇缺乏竞争力"的占42.1%,"不能晋升职称、对职业前景有影响"的占14.3%,"企业管理不规范"的占30.2%。目前,"高级专业技术人才难引进,普通工人难留住"成为中小企业的现实写照。中高层管理人才和科学技术专业人才的任职年限平均不到三年,频繁的人员流动或跳槽也加重了企业的用工成本。

(二) 用地难

一些成长型中小企业对此问题反应最为突出。在被问及"用地方面受哪些因素限制"时,37.2%的企业选择"地价高、租金贵",30.2%的企业选择"行政审批环节过多、时间过长",7%的企业选择"政策不支持",4.7%的企业选择"竞争不过大企业"。国家和省控制的建设用地指标与各地市的土地需求相比缺口较大,再加上一些地方政府优先给规模以上企业、招商引资企业供地,使得部分重点建设项目因土地供给受限,出现项目缓建、停建或迁建现象,进而严重制约了中小企业的规模扩张和产业升级。

六、监管服务不到位

(一) 市场监管不到位

在问及"政府市场监管能力在促进企业公平竞争方面所起的作用"时,有50.6%的企业回答"作用有限",33.6%的企业回答"缺位、越位、错位严重,该管的不管,不该管的管太多"。事实上,分段多头监管造成职责混乱的情况经常出现,部门各自为政、政令彼此矛盾的情况时有发生。另外,基层政府对招商引资企业实行看护式"监管",给外来企业特殊保护政策,导致基层执法部门"进企业难、调查取证难、执行处罚难"。

(二) 扶持政策宣传贯彻不到位

在受访企业中,对当地扶持政策"了解"的仅占4.9%,51.9%的企业因"不了解政策"而没有提出政策扶持申请;一些企业虽然申请政策扶持,但没有得益,究其原因,认为"门槛高、企业条件不够"的占47.1%,"有关部门没有明确答复"的占29.4%。一些地方政府部门工作部署多、落实成效少,导致一些惠民惠企政策很难落地,拉大了政府与市场主体、官员与群众之间的距离。

第三节　对策与建议

　　河北省委、省政府印发了《关于促进河北省中小企业又好又快发展的意见》，明确了全省中小企业发展的总体要求：牢固树立创新、协调、绿色、开放、共享的发展理念，坚持协同发展、转型升级、又好又快的工作主基调，抢抓京津冀协同发展、环渤海地区合作发展机遇，坚持目标导向、问题导向，以提高发展质量和效益为中心，着力优化发展环境、推进政策落地、加强供给侧结构性改革、壮大市场主体、提高创新能力、提振企业家发展信心，坚守发展、生态、民生"三条底线"，补齐城市经济、沿海经济、县域经济"三个短板"，为建设经济强省、美丽河北提供重要战略支撑。河北省到"十三五"末，全省中小企业力争实现四个稳步提高、三个成倍增长、三个显著增强。"四个稳步提高"，即中小企业增加值占 GDP 比重稳步提高，达到72％以上；市场主体数量稳步提高，万人市场主体数量超过全国平均水平；上缴税金占全部税收收入的比重稳步提高，达到75％以上，纳税亿元以上企业数量达到200家以上；吸纳就业人员数量稳步提高，占全省二、三产业从业人员比重达到80％左右。"三个成倍增长"，即中小企业固定资产投资成倍增长，达到3.5万亿元以上；科技型中小企业数量成倍增长，达到8万家以上；年主营业务收入10亿元以上大企业集团成倍增长，达到450家以上。"三个显著增强"，即创新发展能力显著增强，突破一批关键共性技术，形成一批知名品牌，科技型中小企业专利数量达到6万件，中小企业拥有河北省名牌产品占比达到85％以上；转型发展能力显著增强，战略性新兴产业和现代服务业加快发展，产业结构更趋合理，第三产业比重达到40％以上，战略性新兴产业和现代服务业企业入围中国中小企业500强占比达到60％以上；绿色发展能力显著增强，工业园区、大型企业深入推进循环化改造，全面实施清洁生产，主要污染物排放达到行业先进水平和特别排放限值要求。省委、省政府明确了扶持中小企业发展的八大政策措施。一是拓宽市场准入。大幅放宽电力、电信、交通、石油、天然气、市政公用等领域的市场准入，打破城市基础设施建设垄断经营，在项目核准、融资服务、财税政策、土地使用等方面对中小企业一视同仁。每年推出一批重点建设工程和项目，定期向社会公开发布项目清单。支持民营资本广泛参与社会公共服务与新型城镇化建设，支持民营资本参与国有企业改革，发展民营资本投资的混合所有制企业。二是降低企业成本。全面实施"营改增"，将试点范围扩大到建筑、房地产、金融、生活服务业，确保所有行业税负只减不增。积极争取京津冀全面创新改革试验先行先试试点，认真贯彻落实国家新出台的企业研发费税前加计扣除，以及在全国范围内实施的国家自主创新示范区有关税收试点政策。实施涉企收费目录清单制度，力争使河北省成为全国涉企收费项目最少的省份之一。三是完善公共服务。各级政府要建立中小企业发展专项资金，重点支持中小企业公共服务体系建设。四是加快创新转型。完善以企业为主体、市场为导向、产学研相结合的技术创新体系，鼓励企业联合研究机构通过委托研发、技术许可、技术转让、技术入股等多种形式，开展多要素、多样化的政产学研用合作。五是推进结构调整。综合运用市场、经济、法律、行政手段，严格环保、能耗、水耗、质量、技术、安全等标准，倒逼中小企业过剩产能退出市场。六是搞好金融服务。探索推动应收账款、知识产权等证券化。建立产融信息对接工作机制。加大企业上市培育力度，扩大直接融资规模。七是加强用地保障。积极探索建立补充耕地指标在省域范围内市场化转让机制。研究解决用地历史遗留问题，在符合土地利用总体规划和国家产业政策的前提下，为租用农村集体建设用地实际建厂10年以上的中小企业依法办理集体建设用地手续。八是做强人才支撑。制定大规模培训中小企业家计划，利用3年时间对全省中小企业主要经营者轮训一遍，培育企业家精神，打造一支高素质企业家队伍。

一、"六个一批"助河北省中小企业转型升级

日前，河北省工信厅印发《河北省万家中小工业企业转型升级行动实施方案（2016—2020年）》，将通过5年的努力，实现1万家以上中小工业企业转型升级，到2020年年底，企业整体效益提升40%以上，企业研发费用投入占主营业务收入比重达到1.2%以上，单位增加值能耗累计下降15%，污染物排放明显下降，规模以上中小工业企业主营业务收入年均增长7%以上、研发机构拥有率达到80%以上，增强企业核心竞争力，提高企业发展质量。

万家中小工业企业转型升级行动的目标将通过"六个一批"来实现：改造升级发展一批，5年完成技术改造企业5000家以上，省中小企业名牌产品每年稳定在600项以上；产业集聚发展一批，5年实现集聚发展1000家；管理提升发展一批，5年实施管理提升企业2300家；两化融合发展一批，5年建设智能工厂或数字化车间200家；国际化促进发展一批，5年国际化发展700家以上；"专精特新"发展一批，5年培育认定"专精特新"企业800家。

其中，改造升级主要针对传统产业的企业，支持企业加大技改投入，应用关键技术、共性技术，加快生产工艺、装备的升级换代。支持企业加大研发投入，建立研发机构，创建企业技术中心、工程技术研究中心等创新平台，加强产学研合作，增强自主创新能力。

产业集聚的主要目的是完善产业集群上下游协作配套机制，带动产业链小型微型企业发展，该省将实施"互联网+"产业集群行动，开展"智慧集群"建设和试点，形成一批产业聚集度高、创新能力强、信息化基础好、带动能力强的重点产业集群，带动引领产业集群中优势企业向中高端转型发展。

两化融合主要是加快中小企业信息化进程，提高智能化水平。河北省将实施"大智移云"引领计划，加快大数据、智能化、移动互联网、云计算等技术在企业研发设计、生产制造、市场营销、运营管理等环节的深度应用。发挥云平台作用，面向中小企业提供在线研发设计、优化控制等应用，支持大型互联网企业、基础电信企业以及信息技术服务商，建设面向中小企业的"双创"服务平台，为中小企业提供高水平、高质量、低成本、低门槛和灵活安全的互联网基础环境、信息技术和解决方案。

国际化促进是为了提高企业国际化水平，鼓励有条件的中小企业到境外建立原材料基地、研发设计基地和营销网络，支持中小企业收购境外先进技术和最新科研成果，并购、参股境外创新型中小企业，支持中小企业技术、品牌、营销、服务"走出去"。

二、"五项提升工程"促进河北省中小企业健康发展

（一）发展环境大提升

1. 持续推动政策落地

深入贯彻落实促进中小企业加快发展的各项政策措施，加大政策宣传力度，进一步破拆"玻璃门""旋转门""弹簧门"，推动政策落地。充分发挥省中小企业领导小组办公室的作用，委托第三方全面梳理、评估惠企政策落实情况和效果，提出政策建议。

2. 继续放开行业准入

认真落实负面清单制度，降低制度性交易成本，转变政府职能、简政放权，继续取消和下放一批行政审批事项，简化审批程序，规范行政审批中介服务。

3. 严格规范税费管理

全面实施涉企收费目录清单管理，督促各地各部门年底前公布行政审批、中介服务收费、执法检查、行政罚款等各类项目清单，进一步正税清费，清理各种不合理收费，降低企业税费负担，营造公平的税负环境。

4. 深入开展企业帮扶

深化和拓展企业帮扶行动，精准破解企业发展难题。开展中小企业综合改革试点工作，选择基础条件好的中小企业开展建立现代企业制度工作，为促进全省中小企业改革发展发挥引领和示范作用。

（二）"双创"实力大提升

建设一批低成本、便利化、全要素、开放式的众创空间和创新创业社区。

1. 加快壮大市场主体

开展"互联网＋"小微企业创业创新培育行动，建设一批省级中小企业创业示范基地，培育孵化小微企业。加强小微企业名录建设，搭建跨部门、跨领域、多功

能的小微企业服务平台。大力实施全省中小企业市场主体增长计划,争取年底实现万人市场主体数量接近全国平均水平。

2. 全力推动创业创新

全力开展"双创促转型,河北在行动"系列主体活动,营造良好的创新创业生态环境,激发各类创新创业人才活力,加快形成大众创业、万众创新的生动局面。大力发展众创、众包、众扶、众筹支撑平台,建设一批低成本、便利化、全要素、开放式的众创空间和创新创业社区,省级众创空间数量实现倍增,力争达到40家,新建10家省级科技孵化器,促进科技型中小企业"井喷式"增长,全年新增科技型中小企业5000家以上,达到3万家。完善创新创业孵化服务体系和政策支撑体系,年内新创建10家创业孵化基地。建立京津冀协同创新共同体。开展高等学校创新创业教育改革,鼓励大学生创业。引导和促进中小企业向专业化、精细化、特色化、新颖化方向发展,认定一批"专精特新"中小企业。实施产业集群示范和提升工程,开展智慧产业集群试点,力争年营业收入100亿元以上的产业集群达到90个。选择一批产业关联度高、辐射带动作用大、创新能力强的龙头骨干企业,给予重点培育和支持。

3. 大力加强品牌培育

重点支持"专精特新"中小企业、品牌培育试点示范企业、"质量标杆"企业、科技型中小企业申报国家驰名商标、省著名商标、省名牌产品和省中小企业名牌产品,年内新创国家级区域品牌10个、省级区域品牌20个,省级"质量标杆"10个,培育省名牌产品200项以上,切实增强企业核心竞争力。

(三)人才素质大提升

1. 全面提升人才素质

大力实施"千名中小企业家后备人才培养计划",在全省选拔千名中小企业家后备人才,通过到高校培训,到政府经济部门、国有企业挂职学习,分层次重点培养,建立后备人才培养长效机制。扩大河北中小企业远程学堂覆盖面,引导企业强化自主培训。

2. 积极搭建人才平台

依托大中专院校和社会培训机构,加快推进省级中小企业人才培训基地建设,全省各级中小企业人才培训基地总数达到200家以上。进一步完善用好京津人才智力相关政策措施,加强同省外特别是京津地区高校和科研院所的合作与对接,通过建设高层次公共技术服务平台和举办专题招聘会,在中小企业组织中大力实施引才引智专项行动,重点帮助省百强中小企业引进人才。进一步拓宽深化各种形式的技能竞赛和技术比武活动,引导中小企业技术工人广泛参与。

（四）融资能力大提升

1. 不断完善政策措施

全面实施金融"一篮子"政策工程，围绕融资、担保、信贷等完善金融政策措施，切实解决中小企业发展过程中的融资难题。认真落实相关政策，支持融资租赁、金融租赁、互联网金融等新业态发展。

2. 大力拓宽融资渠道

加强与金融机构、担保机构的合作，推动各地建立小微企业贷款风险补偿机制，加快构建新型"政银保""政银担"合作风险分担模式。做强省级、做大市级、做实县级融资性担保机构。全省融资性担保机构力争资本金总量达到500亿元以上，机构数量控制在450家以内，形成2500亿元以上的融资担保能力。加快推动符合条件的中小企业到多层次资本市场挂牌和融资，扩大股权、债券和票据融资规模；积极开展"保险资金入冀"工程；大力推广政府和社会资本合作（PPP）模式。

3. 充分发挥基金作用

加快省级政府股权投资引导基金的运作，充分发挥财政资金的杠杆作用，尽快形成投资，发挥效益。设立省中小企业发展基金，建立项目库，积极论证、筛选、储备一批项目，向各类基金、投资、金融等机构推介项目。

（五）服务水平大提升

1. 扎实开展企业服务

组织"中小企业服务大篷车走全省"活动，营造关注、支持中小企业浓厚氛围，完善中小企业社会化服务体系。梳理"订单式"服务问题解决案例，为全省中小微企业提供借鉴。组织服务资源继续开展"订单式"服务活动，力争全年举办30场次以上，服务企业4500家。

2. 着力抓好平台建设

加大中小企业公共技术服务平台培育力度，提升平台支撑和辐射能力，年内新增20家以上。组织开展省级中小企业公共服务示范平台认定及复核工作，培育省级示范平台10个以上。推进平台网络市场化运营，进一步完善和提高服务功能，聚集带动服务机构1000家左右，服务企业4万家以上。

3. 积极推进市场开拓

以京津冀产业协同发展、"一带一路"建设为契机，组织中小企业开拓国内和国际市场，支持优势产能和企业加快"走出去"发展。

三、"五个一工程"为河北省中小企业营造良好环境

围绕中小企业需求，大力营造良好发展环境，为企业发展上规模、上水平提供服务。

（一）营造一个政策环境

政策信息与企业需求不对称，企业对政策了解不够、运用不好等现象在许多企业中普遍存在。因此，将由省中小企业领导小组办公室牵头，认真研究梳理中小企业扶持政策措施，组织科技、金融、人力等方面的专家，组成政策宣讲团，在全省范围内组织开展中小企业政策宣讲活动，送政策入园区、入集群、入企业，努力解决政策信息不对称问题，全年计划开展政策解读宣讲活动30场、培训人员8 000人次以上。

（二）开展一系列服务活动

许多中小企业由于规模小，在与金融机构对接、境内外企业项目对接时，难以独自成行。因此，省工信厅将进一步完善中小企业公共服务体系，提升省中小企业公共服务平台网络服务能力，广泛整合服务资源，聚集带动服务机构2 500家，服务企业3万家。整合优质服务资源，选择部分优势产业集群，持续开展"订单式"服务活动15场次，服务企业1 000家以上。开展省级政银企对接活动1—2次，市、县级对接活动常态化，力争签约合作金融机构支持企业融资比上年增长3%以上。组织小团赴亚洲周边国家以及非洲、中东欧、拉美等地重点国家对接洽谈，为中小企业开展国际合作搭建桥梁。

（三）修订一个条例

密切跟踪国家《中小企业促进法》修订进程，围绕《河北省中小企业促进条例》施行情况开展调查研究，尤其是针对现行条例操作性不强以及中小企业发展面临的新情况、新问题，做好修订的准备工作，力争修订工作能进一步理顺中小企业管理体制，破解中小企业发展瓶颈，减轻中小企业负担，细化中小企业扶持政策。

（四）推进一个专项行动

省工信厅将开展万家工业中小企业转型升级行动，建立工作推进组织，制订工作落实方案，开发项目管理信息系统，完善扶持政策措施，通过改造提升一批、集聚发展一批、专精特新一批、管理提升一批、两化融合一批、国际化发展一批等"六个一批"转型升级路径，落实年度转型升级目标，促进中小企业创新转型发展。加大技术改造支持力度，通过实施技术改造，实现1 000家企业转型升级。

（五）培育一支企业家队伍

制定实施《万名创新型企业家培养工程》，打造一支高素质的创新型企业家队伍及企业家后备人才队伍。创新中小企业家培养方式，推进与国有企业双向挂职，探索组织海外培训考察，开展创业导师帮带工作。实施"百千万"培训计划，选送100名中小企业法定代表人到知名高校进修培训，选拔1 000名中小企业高层管理人员开展短期培训，面向10 000名小微企业经营管理者进修专题培训，进一步开拓企业家视野，壮大企业后备力量。

四、"四个平台"提升对河北省中小企业的金融服务水平

2016年工商银行河北省分行与省科技厅签订了战略合作协议,由省科技厅设立科技企业风险贷款补偿基金,对该行办理的科技型企业贷款的风险损失给予一定风险补偿,提高科技型企业贷款的便捷度。截至目前,科技厅已向该行提供科技中小企业名单19 634户,支持科技企业523户,贷款余额212.4亿元。这一利用"银科平台"改进小微企业融资瓶颈的范例,只是河北省银行业依托四个平台提升小微企业金融服务水平的一个缩影。

首先是建立"银政平台",该局通过与政府职能部门签订协议等方式,积极与各项经济、产业政策对接,建立常态化合作模式,有效解决了制约小微企业发展的信息不对称、风险收益不对称等问题。如邮储银行河北省分行以政府采购平台为基础,在全国邮政银行系统首创政府采购贷,目前省10家分行已与当地采购部门签署合作协议,7家分行已实现落地放款。

其次是积极搭建"银税平台",借助税务部门资源向银行业机构提供优质纳税企业信息,降低授信风险。如建行河北省分行在全省范围内搭建了280个银税合作平台,以"税易贷"产品批量化拓展目标客户,成功为922户纳税客户发放贷款。

再次是借助"银科平台",促进银行业机构与河北省科技厅合作,积极支持创新能力强、技术含量高、具有自主知识产权的科技类小微企业。

最后是利用"园区平台",银行业机构与园区管委会、行业协会、商会等积极沟通,了解商圈内客户资金结算特点和融资特征,通过配置、优化和创新差异化产品,批量挖掘市场潜力。如河北银行已为石家庄正定家具市场、保定白沟箱包市场、廊坊家具产业集群、唐山曹妃甸水产养殖商圈等多个京津冀转移产业和县域特色产业集群开发商圈贷产品,截至去年12月末,该行商圈贷款余额26.69亿元。

据介绍,截至2016年年末,河北省小微企业贷款余额11 226.67亿元,较年初增加736.22亿元。

五、"三加"工程提升了河北省中小企业的档次

2017年伊始,饱受产业发展困扰的河北省中小企业迎来了来之不易的三大可喜变化:工业"换帅",装备制造业超过钢铁业成为第一大支柱产业;产业升级,战略新兴产业增速超过传统产业;结构优化,服务业对经济增长贡献超过第二产业。全省经济总量迈上3万亿元台阶,三年来首次以6.8%的增速超过全国平均增速。

这是背负"黑"产业要"去"、"重"产业要"转"、"绿"产业要发展的河北,在"十三五"开局之年结构调整攻坚战中,谋求"绿色突围",实干苦干出来的新变化。调结构、促转型、治污染严峻形势的京畿大省,在砥砺前行中,冲破乌云,曙光渐露。

(一)新支柱"加紧换"

2017年河北省的装备制造业已经"坐上头把椅"。小鹰500系列、运5B系列、

空中国王350、海鸥300水陆两栖……蓝色天空下，笔直跑道上，一字排列的几十架通用飞机，蔚为壮观。

中航通飞华北公司负责人表示，目前，公司在通航制造、通航运营、通航服务三大方面均已具备全产业规模化发展的优势基础，小鹰500飞机已在国内具有一定市场规模。而围绕飞机制造聚集起来的配套和服务，正加速带动当地一座"航空小镇"起飞。通航产业崛起之速，折射出河北在备受"一钢独大"困扰的情况下不断培育壮大装备制造业取得的成效。

装备制造业无论是规模、增速，还是占工业比重、增长贡献均超越钢铁工业，成为全省第一大支柱产业。装备制造业增加值迈上3 000亿元台阶，规模以上工业占比超过钢铁，对工业增长贡献也占据"半壁江山"。

"这是去年经济结构调整的一个最大突破。"河北省统计局局长杨景祥认为，这一新变化不仅改写了钢铁工业长期以来"工业老大"的历史，也意味着河北工业经济进入一个由装备制造业引领的新阶段。

工业"头把交椅"易主的背后是河北结构调整的"加减法"。一方面，在"十二五"累计压减炼铁产能3 391万吨、炼钢4 106万吨的基础上，2016年继续压减炼钢1 624万吨、炼铁1 761万吨。与此同时，装备制造业近年来占工业投资的比重年均超过30%。

根据河北工业转型升级规划，"十三五"时期，河北仍将重点发展通用航空、高速动车组和城轨列车等轨道交通装备、智能制造装备、汽车等装备制造业，力争2020年装备制造增加值达到5 000亿元。

（二）新动能"加速跑"

河北省的高新技术产业已经"抢过接力棒"，可对大气污染尤其是无组织排放进行精准监管，可直观看到哪一个具体点位的污染浓度较高，还能对大气污染防治的结果进行实时评估。近两年来，石家庄本土企业——先河环保科技股份有限公司——研制的"大气污染防治网格化精准监控及决策支持系统"，成为河北科学治霾工作中异军突起的高新技术力量。

像先河公司这样的一大批拥有高新技术的环保产业在河北发展起来。先河环保科技公司董事长李玉国表示，近年来他们通过技术创新，解决了国家对先进空气自动监测系统"买不起、用不起"的问题，他们的产品也正在迅速打开市场。

在调整传统动能的同时，河北也在加快培育壮大以高新技术产业为代表的新动能。先进装备制造、"大智移云"新一代信息技术、生物医药、新能源、新材料、新能源汽车等战略性新兴产业，正加速成为河北新的经济增长点。

2016年，河北省规模以上高新技术产业继续保持快速发展势头，同比增长13%，高于规模以上工业8个百分点。尤其城市轨道交通设备制造、航空、航天器及设备制造、太阳能发电等重点培育的行业增加值增速都在 30% 以上,而六大高耗能行业等传统产业增加值仅增长 1.4%。

(三) 新经济"加快赶"

河北省的第三产业"立下头等功"。最近一个时期,保定一个名为"京西百渡"的景区在京津冀声名鹊起。半年前,河北在保定举办了首次全省旅游产业发展大会,旅游兴省成为主流意识。而当地只用十几亿元的财政资金就撬动社会资本 300 多亿元,在北京西部打造出了一个拥有 200 多公里的风景大道,总面积 6 600 多平方公里的"京西百渡休闲度假区"。

除了旅游业,借助冬奥商机日益发展的"冰雪经济"和体育产业,得益于京津冀协同发展中河北省作为"全国现代商贸物流重要基地"而逐渐壮大的现代物流业,以及不断涌现的"互联网+"业态等一大批新经济,正在成为河北经济版图上的新势力而"异军突起"。

目前,服务业已成为河北经济增长的第一拉动力。2016 年,第三产业在三大产业中继续领跑,对全省经济增长的贡献率接近 60%,超过了第二产业。现代服务业作为经济增长"稳定器"和结构调整"加速器"的作用持续增强。

"黑"的产业要关,"重"的产业要去,艰难转型中的河北,把发展"绿"而"轻"的现代服务业等新经济作为供给侧结构性改革的重要方向。

接下来,河北将实施服务业重点行业"三年行动计划",积极培育信息服务、现代物流、工业设计等新业态新模式,推动全域旅游和产业融合发展,力争到 2020 年服务业增加值占 GDP 比重达到 48% 左右。

转变就有希望,转机预示着曙光。在古老的燕赵大地上,一场"突围重生"的转型决战仍在继续。

第十九章 浙江省民营企业"走出去"的研究报告

自2000年全面实施"走出去"战略以来,我国对外直接投资进入快速增长的阶段,2016年我国境内投资者共对全球164个国家和地区的7 961家境外企业进行了非金融类直接投资,累计实现投资1 701.1亿美元,同比增长44.1%,均创下了历史新高,尤其是对"一带一路"沿线国家和地区直接投资145.3亿美元。同时,我国对外投资也突出先进制造业、海外研发投资与科技智力合作、海外资源开发与合作以及海外基础设施建设等领域(熊小奇、吴俊,2010),2016年我国制造业投资为310.6亿美元,占比从2015年的12.1%上升为18.3%;2016年对信息传输、软件和信息技术服务投资203.6亿美元,所占比重从2015年的4.9%上升为12%。伴随着我国对外开放程度的不断提升,民营企业也积极进行国际投资,不断开拓海外市场。

民营企业的对外投资模式从设立贸易公司、办事处以及连锁商城的单一化投资方式向建立境外加工基地、国际营销网络、境外研发机构、实施海外并购以及集群式对外直接投资等多元化方向变迁。基于此,王会龙等(2011,2012)和贾显维(2011)的研究都认为民营企业可以采取成本领先、差异化和集群式对外投资策略,并通过嵌入当地生产网络、创新网络和社会网络实现持续成长,提高自身的国际竞争力。即便如此,民营企业的对外直接投资依旧处于"初级阶段",主要集中在劳动密集型产业,高新技术产业比较少,生产产品附加值比较低(刘迎秋、张亮、魏政,2009)。浙江省是民营经济强省,民营企业众多,而且实力较强的民营企业会主动选择"走出去",积极拓展海外市场,"走出去"的模式也逐渐从单一的设立办事机构转型为更多元化的"合作投资"以及"集群投资"。据此,笔者通过调研杭州、台州等地的典型民营企业,并对标比较广东、江苏、上海、山东等经济发展现状类似的地区,分析浙江省民营企业对外直接投资的能力以及动机。

第一节 浙江省民营企业"走出去"特征分析

浙江省对外直接投资发展稳定、增长迅速,无论是从投资存量、投资流量,还是以企业数目来看,浙江企业对外投资都处于中国对外直接投资的第一梯队。自2008年后,浙江企业走出去规模每年都进入前五名。浙江省民营经济发达,民营企业占企业总数的绝大部分,随着浙江省经济不断全球化,民营企业在追求省内、国内发展的同时,也把战略眼光瞄准全球。

一、投资规模

与广东、江苏、山东和上海相比,浙江民营企业对外直接投资既反映出民营企业海外投资的一般性规律,又呈现出自身特点。如图19-1和图19-2所示,无论从流量规模还是存量规模来看,浙江民营企业对外直接投资所呈现出的投资规模都比较小。

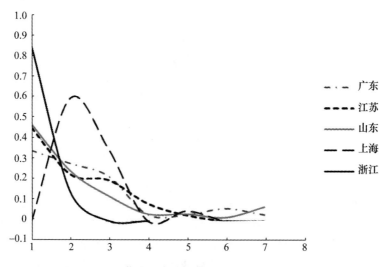

图 19-1　民营企业海外投资资产规模占比省际比较

注:"1"代表<5%,"2"代表5%—10%,"3"代表10%—20%,"4"代表20%—30%,"5"代表30%—40%,"6"代表40%—50%,"7"代表>50%。

从存量来看,浙江民营企业海外投资资产占企业总资产的比重高度集中在小于5%和5%—10%两个区间。虽然上海、广东、江苏和山东四地民营企业海外投资资产占比也多集中在小于5%、5%—10%及10%—20%三个区间段,但占比低于5%并不占绝对主导地位。但特殊的是,浙江对外直接投资民营企业中逾80%的企业海外投资资产占比小于5%,这意味着就海外资产规模占比来看,浙江民营企业投资规模较小。

从流量层面来看,绝大多数浙江对外直接投资民营企业2012年海外营业收入占企业总营业收入的比重介于1%至30%之间,这一趋势和其他四地无明显差异,但比较而言,海外营业收入低于5%,或低于30%的企业的比重高于其他四地。这同样说明浙江民营企业对外直接投资规模较小。同时,《中国对外直接投资统计公报》中的数据显示,2011年浙江OFDI流量排名为全国第3位,存量排名为全

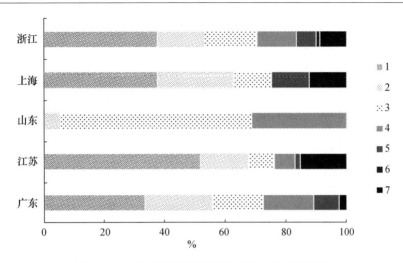

图 19-2　民营企业海外投资营业收入占比省际比较

注:"1"代表<5%,"2"代表5%—10%,"3"代表10%—20%,"4"代表20%—30%,"5"代表30%—40%,"6"代表40%—50%,"7"代表>50%。

国第4位,但浙江省2011年海外投资企业数目达到3200家,位居全国第一,比排名第二的广东省多出2000家企业。这进一步验证了浙江民营企业对外直接投资规模较小的特征。

二、行业分布

如图19-3所示,与广东、江苏、山东和上海四地类似,浙江民营企业对外直接投资的行业分布集中在制造业、批发和批发零售业,与民营企业投资行业分布的总体特征相吻合,这主要是由于浙江省民营企业大多以劳动密集型的低端制造业为主,依托的是廉价劳动力。随着我国经济的腾飞,劳动力成本越来越高,一些有实力的民营企业将选择投资越南、老挝等东南亚国家,以降低劳动力成本。但同比以上四地,浙江民营企业对外直接投资的特殊点在于服务业投资比重较低,尤其是信息传输、计算机服务和软件业,科学研究、技术服务和地质勘查业,以及金融服务业,三类行业投资比重极低。我国服务业发展处于初级阶段,无论是服务业占GDP的比重还是服务业消费水平都远远低于发达国家水平,这一方面说明了服务业发展的国内市场空间巨大,另一方面也反映出我国服务业国际竞争力不强的事实,因此在民营企业"走出去"的过程中,投资服务业的相对比较少,尤其是现代服务业。

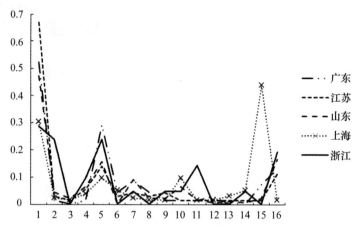

图 19-3 民营企业"走出去"行业分布省际比较

注:"1"代表制造业,"2"代表采矿业(含石油天然气采掘),"3"代表电力、燃气及水的生产和供应业,"4"代表建筑业,"5"代表批发和零售业,"6"代表信息传输、计算机服务和软件业,"7"代表农、林、牧、渔业,"8"代表租赁和商务服务业,"9"代表交通运输、仓储和邮电通信业,"10"代表房地产业,"11"代表住宿和餐饮业,"12"代表科学研究、技术服务和地质勘查业,"13"代表金融保险业,"14"代表文化、体育和娱乐业,"15"代表其他服务业,"16"代表其他行业。

三、投资方式

从股权控制角度看,海外投资方式可以分为全资投资和合资投资;从企业建立方式角度看,海外投资方式可以分为并购和新建两种,前者又称为褐地投资,后者被称为绿地投资。如表 19-1 所示,与广东、江苏、山东和上海四地一样,浙江民营企业"走出去"的投资方式也以选择全资新建和设立代表处为主。在经历了浙江经济高速发展之后,即使选择"走出去"的民营企业大部分已经完成了原始资本的积累,但是由于海外投资需要应对政治、经济等各类风险,所以浙江省民营企业较为保守地选择了风险较小的方式。较为不同的是,浙江民营企业没有使用并购和合资新建方式,而广东、山东等四地绝大多数"走出去"的民营企业在选择全资新建和建立代表处的同时,也有采用并购方式及合资新建方式。由此可见,浙江民营企业海外投资方式较为极端和保守,这主要是由于浙江省企业的文化传统和乡土氛围。进一步而言,浙江省民营企业越来越多地选择集群式"走出去",如典型的泰中罗勇工业园、俄罗斯乌苏里斯克工业园等。

表 19-1　民营企业"走出去"投资方式省际比较

	全资新建	合资新建	全资并购	合资并购	建代表处
广东	0.636	0.152	0.030	0.091	0.091
江苏	0.639	0.111	0.083	0.083	0.083
山东	0.645	0.129	0.113	0.032	0.081
上海	0.200	0.550	0.000	0.050	0.200
浙江	0.600	0.000	0.000	0.000	0.400

第二节　浙江省民营企业"走出去"的原因分析

一、投资能力分析

（一）核心技术优势不强，产业配套需求较高

浙江省经济发展过程中较为突出的两大特征：一是外贸依存度较高；二是产业集群和块状经济特征显著。较高的外贸依存度致使浙江民营企业以加工贸易方式长期处于低端生产加工环节，企业自主创新动力不足，加之企业规模较小，致使核心技术优势不强。此外，产业集聚和区域块状经济发展通过解决上下游产业衔接、形成要素集聚市场等方式推动浙江民营企业形成较强的企业竞争，但同时也导致浙江民营企业依赖产业配套形成产业集聚，重振企业竞争优势。

（二）融资方式灵活多变，企业金融优势较强

国内非平衡发展的融资体系在相当长一段时间内抑制了民营企业，尤其是中小民营企业的融资能力（Child，2005），这也是民营企业投资在规模上无法和国有企业相比的一个重要原因。幸运的是，浙江民营企业凭借浙江省活跃的金融市场，能在一定程度上克服融资体系缺陷引致的融资能力低下，因而相比于其他地区，浙江民营"走出去"企业具备较强的企业金融优势。浙江活跃的金融市场主要体现在两个方面：一是中小企业金融产品创新活跃；二是发达的民间融资体系。二者相辅相成，最关键的是帮助浙江"走出去"民营企业克服融资信息不对称和贷款周期过短问题，从而极大地提高其海外投融资的竞争力。

（三）国际化经验丰富，家族管理模式有利弊

以企业发展视角来看，对外直接投资是企业国际化进程的最高阶段，而在此之前势必需要通过以出口为代表的"外向国际化"以及承接FDI为代表的"内向国际化"，集聚对外直接投资能力，最主要的是国际化经验。依托浙江省高度开放的市场经济大气候，浙江民营企业充分熟悉海外市场需求及结构，了解海内外生产技术、标准及管理方式的异同，为"走出去"打下了坚实基础。从调研数据来看，浙

江"走出去"民营企业的年龄普遍较高,这在一定程度上反映了浙江民营企业"走出去"准备较为充分,企业经验较为丰富。

表 19-2 "走出去"民营企业发展历史省际比较

	企业成立时间	发展历史(年)
广东	1998.4	13.6
江苏	1998.1	13.9
山东	1998.3	13.7
上海	1999.2	12.8
浙江	1992.1	19.9
全国平均	1998.5	13.5
五地平均	1998.3	13.7

表 19-2 显示,广东、江苏、山东和上海四地民营企业成立的时间高度一致,都为 1998 年左右,全国民营企业成立时间也同样在 1998 年左右。而浙江民营企业成立的平均时间点为 1992 年,比全国平均时间点要早整整六年。

此外,从企业层面来看,浙江民营企业被理论和实务界广泛关注的特征是以家族企业为基础的家族式管理模式。区别于现代企业管理模式,家族式企业管理模式在企业所有权的控制上,注重家族血缘关系的延续,以此为核心,家族管理模式在国际化战略决策上更倾向于以企业长期发展为决策前提。同时,家族管理在激励机制设计、企业内部管理监督方面的特征将因企业发展阶段及其规模的不同,而对企业"走出去"的投资能力造成不同的影响。

二、投资动机研究

(一)浙江民营企业"有条件"的多元投资动机

相比于 20 世纪 90 年代为数不多的以贸易促进为导向的市场寻求型 ODI,近年来浙江民营企业投资呈现多元化趋势:从原来单一的市场寻求动机逐渐过渡至市场寻求、战略资产寻求、廉价劳动寻求并举的多元化投资动机。

如表 19-3 所示,调研结果反馈验证了近年来浙江民营企业对外直接投资的多元化投资动机:一是市场寻求动机,包括"扩大和服务国际市场""解决国内市场饱和"以及"规避贸易壁垒"三类消极市场寻求动机,以及"发展上下游产业链""扩大产品和服务国际市场"两类积极市场寻求动机;二是战略资产寻求动机,包括"获取知识产权资产""获取研发管理经验""获取研发技术团队"以及"利用高端人力资源";三是品牌提升动机,包括"提升品牌国际知名度""提升品牌国内知名度"和"学习品牌管理方法"。

表19-3　浙江民营企业"走出去"多元化投资动机

动机类型	投资动机	1	2	3	4	5	分布图
积极市场寻求	发展上下游产业链	0.133	0.067	0.200	0.200	0.400	
	扩大国际市场份额	0.118	0.059	0.235	0.412	0.176	
消极市场寻求	规避国内行业限制	0.133	0.200	0.200	0.333	0.133	
	规避国内产能过剩	0.125	0.125	0.313	0.375	0.063	
	规避国际贸易壁垒	0.133	0.133	0.333	0.267	0.133	
战略资产获取	获取知识产权资产	0.143	0.000	0.357	0.071	0.429	
	获取研发管理经验	0.133	0.000	0.267	0.267	0.333	
	获取研发技术团队	0.133	0.067	0.200	0.333	0.267	
	利用高端人力资源	0.125	0.063	0.313	0.188	0.313	
品牌提升动机	提升品牌国际知名度	0.067	0.067	0.333	0.067	0.467	
	提升品牌国内知名度	0.167	0.083	0.167	0.250	0.333	
	学习品牌管理方法	0.071	0.000	0.429	0.071	0.429	
廉价劳动寻求	利用海外低价劳动力	0.308	0.077	0.308	0.154	0.154	

注："1"表示完全不重要,"2"表示不太重要,"3"表示重要,"4"表示比较重要,"5"表示非常重要。

综合来看,浙江省民营企业对外直接投资多元化动机紧紧以产业竞争力提升为核心,一方面,通过市场寻求动机在海外开拓国际市场,持续发挥企业传统生产优势;另一方面,通过战略资产寻求动机在海外发达经济体谋求其企业长期发展所需的技术和品牌,提升企业竞争优势。因此,我们将浙江民营企业"走出去"的多元化动机定义为以提升产业竞争力为条件的多元化投资动机。

(二)产业升级驱动对外直接投资动机多元化

国内要素价格上涨、国际贸易保护主义抬头,对开放经济下的浙江制造业企业廉价生产出口模式提出挑战,迫使浙江民营企业产业升级。浙江民营企业通过对外直接投资实现产业升级存在三条途径:首先,通过以市场寻求动机为导向的对外直接投资,扩大生产规模,提高企业规模优势;其次,通过以战略资产获取动机为导向的对外直接投资,获取技术和管理经验,增强企业核心资产优势,提升企业核心竞争力;最后,通过以廉价劳动力寻求动机为导向的对外直接投资,转移低端生产,从而在宏观层面上表现出产业升级跃迁。

(三)浙江民营企业对外直接投资方式解释

浙江民营企业对外直接投资高频度使用"设立代表处"和"全资新建"方式,较少使用并购或合资方式。笔者认为,"设立代表处"主要源于浙江民营企业积极开展市场寻求导向投资,在东道国开展国际市场开发过程中,"设立代表处"是成本较低的有效投资方式。同时,家族管理模式是推动浙江民营企业高度集中使用"全资新建"方式的重要原因。浙江民营企业绝大多数是家族企业,家族管理模式重视企业股权高度集中在家族体系中,且企业管理制度与现代企业有较大差异。在这种情况下,合资一方面会稀释新建企业股权,另一方面还会因企业管理制度摩擦产生较高的企业管理成本。因此,浙江民营企业在海外投资过程中排斥合资方式。同时,浙江民营企业因活跃的金融市场条件具备较强的企业融资能力,能够承担独资新建所需的大量资金。

第三节 对策与建议

浙江是我国民营经济发展的"重镇",形成了富有特色的"块状模式",现阶段正向"特色小镇"转型升级,而这种模式亦延伸到了浙江民营企业"走出去"的实践中。浙江民营企业在"走出去"过程中,喜欢"集群共生""抱团出海",形成"规模效应",以此来分享利益、共担风险。浙江省商务厅的统计数据表明,单独走出去建立境外企业,存活率仅为35.63%,而以集群模式进驻境外合作区的企业存活率一般都达到60%以上,并且首年盈利期都普遍提前。学理上,马歇尔、威廉姆森、伊萨德、克鲁格曼等著名学者都论证了产业集聚具有外部经济、生产网络本地化、正向技术扩散、规模报酬等优势,而浙江民营企业的规模效应具有六大优势:一是集群式"走出去"的表现形式往往是产业园区,能够共享与国内类似的专业化资源;二是产业园区企业能够共享信息,获得隐性成本优势;三是企业技术创新具有很强的溢出效应,能为园区内部企业带来创新能力优势;四是产业园区"做强做大"后具有区位品牌价值;五是产业园区规模扩大能够有效降低成本,形成规模经济优势;六是产业园区以母国企业为基础,具有共同的文化基础,能降低信息不对称,获取信息资源优势。

浙江民营企业通过集群式"走出去"有效消除了跨国投资中的文化差异,避免了矛盾的源头,也提高了风险应对能力。2015年我国企业建立境外经贸合作区75个,说明在"一带一路"战略下,民营企业"共生集群"的优势将会被进一步放大,"抱团出海"的模式将会被进一步推广,"规模效应"的成果将会被进一步共享。就浙江民营企业而言,利用好共生优势,集群式"走出去"有效降低了民营企业"走出去"的风险,民营企业应当不断创新集群"走出去"的模式,发展与壮大其"走出去"的能级。

本章通过对浙江省典型企业的走访调研,并对标比较山东、广东、上海、江苏等地民营企业对外直接投资的现状,发现浙江省民营企业对外直接投资呈现以下三个特点:首先,对外直接投资规模较小;其次,对外直接投资行业以制造业、批发和零售业为主,服务业占比较低,尤其是计算机与通信技术、科学研究、金融等现代服务业投资比重极低;最后,对外直接投资方式以全资新建和设代表处为绝对主导,极少见合资新建和其他并购方式。

在此基础上,本章分析了浙江省民营企业对外直接投资的能力以及动机,认为有以下三个方面值得关注:首先,近年来浙江民营企业对外直接投资不断呈现以产业升级为核心的多元化投资动机,分别为市场寻求动机、战略资产寻求动机和廉价劳动力寻求动机,浙江民营企业对外投资多元化动机并非是扩张式的水平型国际化,而是以产业升级为核心。其次,浙江民营企业对外直接投资能力主要体现在三个方面:第一,依托产业集聚和浙江块状经济发展背景,形成了富有特色的集群式"走出去"模式;第二,浙江金融市场提高了浙江民营企业对外直接投资企业的融资能力;第三,改革开放以来,浙江民营制造业企业通过出口深度参与国际分工体系,积累了国际化经验,同时浙江民营企业多为家族企业,家族管理模式对企业对外直接投资能力的提升产生了多样化的影响。最后,浙江民营企业以产业升级为条件的多元化动机以及投资能力,决定了其对外直接投资在区位上同时选择在出口市场、发达经济体以及发展中国家投资;产业选择上高度集中于制造业投资;投资方式上高频使用"设立代表处"和"全资新建"方式。

新时期浙江民营企业"走出去"提速增效最为关键的举措在于,充分对接"一带一路"战略,包括提升企业"走出去"的动态能力,提升企业对外投资过程中的技术学习能力、资源整合能力、自主创新能力;创新企业"走出去"的路径模式,关注"一带一路"沿线国家经济发展水平,制定适应当地的投资策略;完善企业"走出去"的保障体系,"一带一路"为企业对外投资提供了新空间,但需要关注地缘政治风险等,构建保障体系进行规避,在此基础上,全面提升企业跨国经营能力。积极推进境外投资的本土化进程,境外投资的企业应适当提升当地职员在公司持有股份的比例。建立完善的风险评估和控制机制,做好市场调研,切实掌握当地的法规、人文环境,最大限度地规避各种不确定因素带来的投资风险。善于发现和培训跨国经营人才,增加人才引进和培训,重点培养研发、资源开发、中介服务等境外投资领域人才,建立国际、国内两支经营队伍。

第二十章　呼和浩特市中小企业经营状况的调研报告

呼和浩特市作为内蒙古自治区的首府城市,近几年中小企业的规模逐步扩大,经济实力逐渐增强,已成为国民经济的重要组成部分。截至2012年年底,呼和浩特市注册的实有各类市场主体159 619户,按照2011年由工信部、国家统计局、国家发改委、财政部联合印发的《关于印发中小企业划型标准规定的通知》的标准统计,中小微企业占到99%以上。随着城镇化、工业化和农牧业现代化的加快,农牧区劳动力逐渐转移到第二、三产业就业,或者从事涉及农牧渔业的中小企业,从而加快了中小微企业数量的增加。

呼和浩特市中小企业虽然涉及第一、二、三产业,但是第二、三产业居多,第三产业中批发零售、商业服务和其他服务业、住宿餐饮业所占比重较大。在中小企业中非公经济已经成为中小企业的重要力量。根据2011年的最新划型标准,本章所调查研究的对象包括分布在各个产业的中型、小型和微型企业。

本章主要使用问卷实地调查、深度访谈等调查研究方法获取有关中小企业经营现状和经营环境的信息。共计调查企业65家,其中问卷调查60家,访谈5家。问卷回收60份,有效问卷55份,问卷回收率100%,有效率92%。

按照我国对中小企业标准的最新界定,调研涉及中型企业37%,小型企业46%,微型企业17%;涉及的行业包括农林牧渔业、工业、建筑业、批发业、零售业、邮政快递业、住宿业、餐饮业、房地产开发与经营业、商业服务业、物业管理企业;调查涉及国有中小企业13%,民营中小企业47%,外资中小企业2%,个体私营中小企业38%(见图20-1);建立时间在3年以下的占26%,3—5年的企业占16%,5—10年的占37%,10年以上的占21%(见图20-2)。本次调查的呼和浩特市中小企业户数虽然不多,但是这些企业基本覆盖了较全的行业范围、所有制类型以及不同的规模和发展时间,所选择调查样本符合中小企业的划型标准。

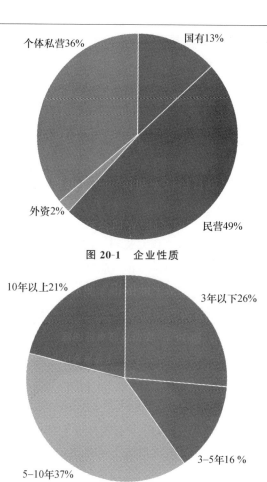

图 20-1　企业性质

图 20-2　建立时间

第一节　呼和浩特市中小企业发展现状

一、呼和浩特市中小企业调查研究概况

呼和浩特市地处我国中西部,是内蒙古自治区的首府,其经济情况对于中国经济发展有着至关重要的作用。近年来,呼和浩特中小企业发展迅速,占呼和浩特市总企业的80%以上,中小企业已成为推动呼和浩特市经济发展、缓解就业压力、促进社会稳定的基础力量。

二、呼和浩特市中小企业经营环境调查分析

（一）政治环境分析

1. 政府对中小企业经营环境相关政策缺乏宣传力度

对于国家推出的《国务院关于进一步促进中小企业发展的若干意见》《内蒙古自治区人民政府关于进一步促进中小企业发展的意见》、国家设立的各项扶持中小企业发展的专项资金、自治区设立的各项扶持中小企业发展的专项资金、盟（市各）设立的各项扶持中小企业发展的专项资金等五项政策，30％—60％的企业表示了解很少甚至不了解，20％左右的企业表示了解，具体如图 20-3 所示。

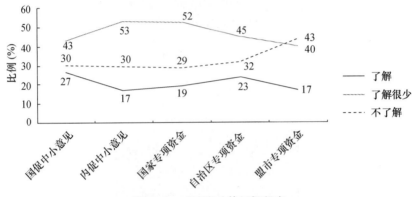

图 20-3　对国家政策了解程度

对于政府推出的各项优惠政策，中小企业享受到的力度不大（见图 20-4），其中因为不知道该政策而没有享受到优惠的企业高达 39％，因部门协调问题无法享

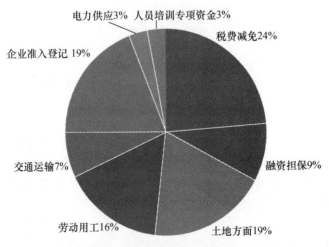

图 20-4　享受到的优惠政策

受和不符合条件的企业高达54%（见图20-5）。

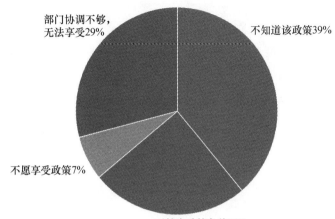

图20-5 没享受优惠政策原因

由此可知，政府对各项政策宣传不到位，导致企业对国家政策所知甚少，从而阻碍了企业的发展。国家和自治区近几年对中小企业愈加重视，陆续出台多项促进企业发展的经济政策，但在实际操作中却存在承诺多、兑现少，部门之间互相推诿的现象。除了企业自身的原因，政府政策透明度及政府公开政策信息的工作对中小企业对政策的了解程度有很大关系。很多企业表示，虽然网络有助于企业及时了解政策信息，但并不能较容易地得到政府掌握的统计信息和市场信息。而且，中小企业信息获取能力相对大企业较弱，使得中小企业真正了解的政策甚少。

2. 企业很难通过政府行政许可审批

企业申报项目时，43%的企业因为对政策不够了解遇到困难，57%的企业也因为名额受限、项目论证困难等而不能顺利进行申报（见图20-6）。45%的企业表示，政府行政许可审批困难的主要原因是申报手续繁多，27%的企业认为推诿扯皮是造成审批困难的主要原因，19%的企业认为政府审批程序复杂，很难顺利通过，9%的企业则是其他原因导致审批难以通过（见图20-7）。

政府审批出现上述问题主要有以下原因：

第一，审批职能分散，审批服务不够集中。由于省、市、县存在职能交叉的现象，不少行政审批权在市级职能部门，县级只能做好协调和服务工作。在县级行政审批中心，因受客观条件的制约，有的行政审批项目分布在各职能部门。因此，多点办事现象仍然在一定程度上存在，审批项目往往既要跑市、县的审批中心窗口，又要跑有关职能部门的窗口。这些因素的存在制约了行政审批效率的

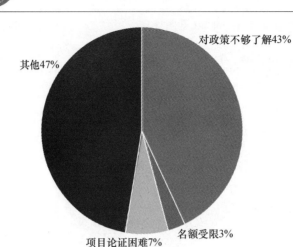

图 20-6 申报时所遇困难

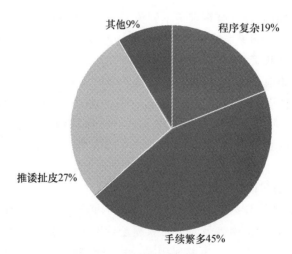

图 20-7 政府行政审批问题

提高。

第二,创新意识不浓,审批流程不够优化。面对新形势新要求,有些行政审批部门创新不够、适应性不强、工作效率不高。从思想上看,强调客观原因多,发挥主观能动性少;墨守成规的多,吃透上情、洞悉下情、寻找出路的少。从行为上看,想问题、办事情脱离基层和企业的实际,从而导致审批程序复杂化,审批要求多样化,审批行为机械化。

第三,审批环节过多,窗口授权不到位。一是审批环节过多。有的行政审部门内设科室过多,一个科室就是一个程序、一套标准、一个要求,其结果是一个审批事项在同一个审批环节需要两三个承诺期限才能办好。二是窗口授权不到位。有的行政审批部门审批权力过分集中,窗口工作人员只负责受理材料。三是人员配备不足。由于人员编制紧,业务量大且有些审批环节专业性较强,AB岗制度落实不到位,有时甚至出现缺岗的现象。

第四,工作作风不实,服务态度不严谨。有的行政审批人员工作责任心不强,受理时不认真审核就直接受理,一次性告知不到位;在审核材料时,发现资料不全等情况,不及时联系或告知,等到了承诺期限,当事人去窗口办理的时候,才被告知材料不全,当事人只好到下一个承诺期满才可以办理。有的行政审批人员政策法规不熟悉,基层情况不了解,审批业务不精通,审批效率不能适应审批工作的需要。

(二)经济环境分析

1. 中小企业融资困难

如图 20-8 所示,企业融资有 36% 来自银行贷款,35% 来自亲朋借款,小部分来自小额贷款和民间贷款。融资难度相对较高,是制约呼和浩特市中小企业发展与生存的瓶颈问题。如图 20-9 所示,50% 的企业认为融资困难,30% 的企业认为融资难度一般,只有 20% 的企业认为融资容易。

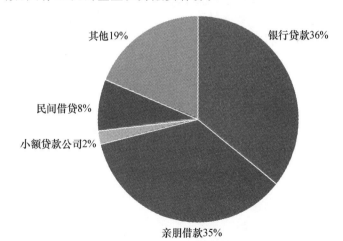

图 20-8　融资渠道

银行贷款是大部分中小企业的融资渠道。但是,中小企业自身经营风险大,信息透明度不高,担保能力差,商业银行因为此类贷款数额小、笔数多、风险大、成本高,不愿意向中小企业提供贷款。大型银行对中小企业的融资缺乏支持的积极性和主动性,因此中小企业就减少了一大部分资金来源。

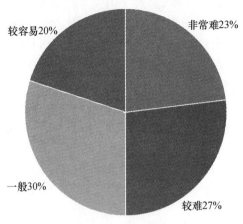

图 20-9 融资难度

亲朋借款也是呼和浩特市中小企业融资的主要渠道。它没有银行贷款手续烦琐、审批期长的特点,受到中小企业的青睐。但是亲朋借款的隐形成本过高,增加了企业的投资成本,缩小了盈利空间。

2. 中小企业税收负担过重

多半中小企业认为税收负担过重(见图 20-10),其中其他原因(政策不合理,要求不统一的等)占 43%,政府检查占 23%(见图 20-11),调查中反映的杂费负担也是企业的主要负担,从而得知呼和浩特市中小企业税费负担较重。

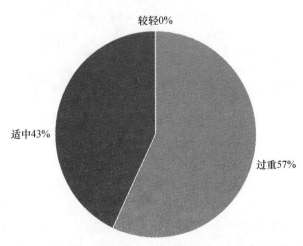

图 20-10 企业税收负担

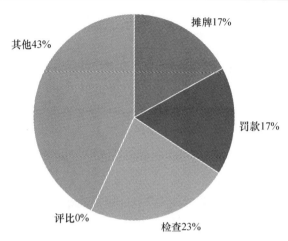

图 20-11 企业税收负担重原因

(三) 社会环境分析

1. 中小企业社会化服务不健全

中小企业正处于发展阶段,迫切需要市场信息、技术信息、营销信息、法律咨询、融资担保等方面的社会化服务。然而呼和浩特市却没有足够的社会化服务部门为中小企业提供相关服务。

对于各项社会服务,如图 20-12 所示,有 31% 的企业表示不满意,53% 的企业表示一般。对于政策咨询、技术服务、信息服务、行业协会服务、担保服务、管理咨询服务等几项社会服务,不满意率最高才达 89%,满意率最高可达 25%,如图 20-13 所示。

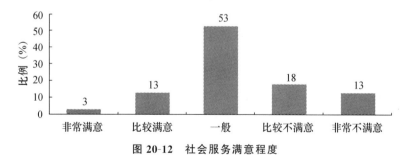

图 20-12 社会服务满意程度

可以看出,大多数中小企业对技术服务和担保服务的获得感到不满意。社会中介组织应向中小企业提供技术支持、创业辅导、信息咨询、市场营销等服务。但是呼和浩特市中小企业服务体系建设滞后,主要原因是服务机构不健全、服务领域不宽广、高素质人才不充裕等。另外,中小企业服务机构准入门槛过高,资质获

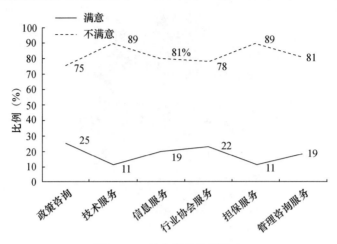

图 20-13　社会服务获得情况

取困难,也影响了中小企业社会化服务体系建设的进度。中小企业融资服务的社会体系也不健全,缺乏必要的社会担保机制,使得中小企业融资难,资金周转不畅,无法引进技术及产品更新换代,影响其经济的发展。

2. 行业协会获取市场信息作用薄弱

呼和浩特市中小企业大多数是通过网络、朋友、政府、电视报纸等媒体获取市场信息。如图 20-14 所示,行业协会提供信息较少,仅占所有渠道的 14%。行业协会是介于政府、企业之间,商品生产者与经营者之间,并为其提供服务、咨询、沟通、监督、公正、自律、协调的社会中介组织。行业协会可以增强企业抵御市场风险的能力,维护企业共同的经济权益,规范市场行为,调配市场资源。它作为政府和企业的桥梁和纽带,通过协助政府实施行业管理和维护企业的合法权益,推动行业和企业的健康发展。由此可见,应该加强建设行业协会,使其发挥出相应的效用。

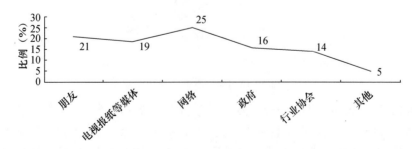

图 20-14　获取市场信息渠道

3. 招工缺乏劳动力市场渠道

如图 20-15 所示,招聘人才时,有 47% 的企业认为难度一般,30% 的企业认为难,只有 23% 的企业认为招聘容易。如图 20-16 所示,在选取招聘渠道时,23% 的企业选择员工推荐,选择招聘会的占 18%,使用中介服务最少,只占 2%。而中小企业没有形成科学有效的人才引进、培育和使用机制,也是导致人才匮乏、流失,影响企业健康、可持续发展的原因之一。

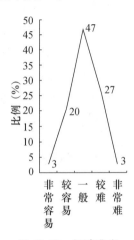

图 20-15 招聘难度

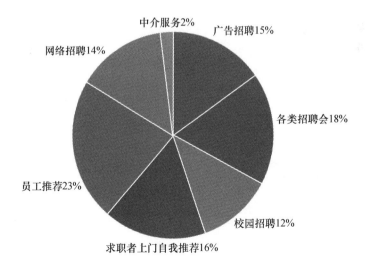

图 20-16 招工渠道

4. 经营环境评价

如图 20-17 所示,呼和浩特市中小企业经营面临的重大问题中,市场竞争加剧和原材料价格上涨占了大部分,分别是22%和20%;招工难占17%;人才难留和政府政策各占13%。

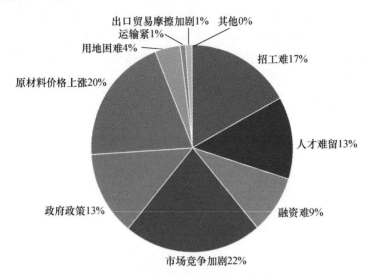

图 20-17　经营环境面临重大问题

第二节　呼和浩特市中小企业经营管理的问题分析

一、中小企业经营现状分析

对于销售回笼情况,如表 20-1 所示,2011 年多半企业都有所上升,41%的企业与去年持平。如表 20-2 所示,2012 年只有 40%的企业有上升趋势;成本水平 2011 年与 2012 年都有 60%的增长。而企业盈利情况、产品市场占有率以及企业生产规模方面都是大部分与去年持平。可见随着成本的上升,中小企业的盈利能力不容乐观。

表 20-1　2011 年经营状况变化统计表

变化 项目	增加	持平	降低
销售款回笼情况	52%	41%	7%
成本水平	63%	34%	3%
企业盈利情况	17%	62%	21%
产品市场占有率	28%	55%	17%
企业生产规模	23%		4%

表 20-2　2012 年经营状况变化统计表

项目＼变化	增加	持平	降低
销售款回笼情况	40%	40%	20%
成本水平	66%	31%	3%
企业盈利情况	14%	59%	27%
产品市场占有率	31%	38%	31%
企业生产规模	28%	55%	17%

1. 中小企业核心竞争力不强

核心竞争力是一个企业保持发展的决定性原因，但是呼和浩特市中小企业 59% 认为自身竞争力与对手持平甚至更弱（见图 20-18 所示）。这表明大多数中小企业可能随时会被对手所取代。所以根据企业自身特点形成核心竞争力，是呼和浩特市大多数中小企业当前迫在眉睫的事情。

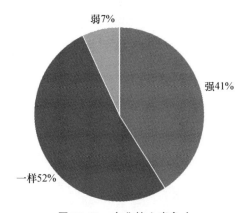

图 20-18　企业核心竞争力

2. 中小企业市场范围不广

因地域性因素，有 75% 的市中小企业业务都在内蒙古自治区内，22% 的企业市场遍及全国，只有 3% 的企业市场走出中国，参见图 20-19。政府应制定有力的税收政策，在拉动投资、扩大出口等方面起到促进的作用。

3. 中小企业资金获取困难

如图 20-20 所示，中小企业存在重大经营困难，比例最大的为资金问题，占总数的 25%；成本占 21%；之后是营销和经营管理，分别占 18% 和 17%；技术和质量分别占 13% 和 6%。可见融资难仍然是企业最大的问题。由于中小企业抵御风险的能力弱，银行不愿提供贷款，民间资金又会增加投资成本和财务成本，而成本高

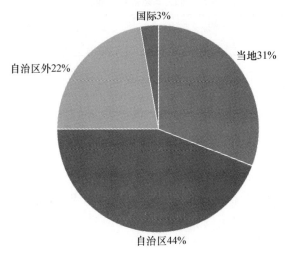

图 20-19　调查企业市场分布

本就是企业存在的经营之一,成本的高低决定了企业的盈利空间,影响企业的生存能力和竞争能力。

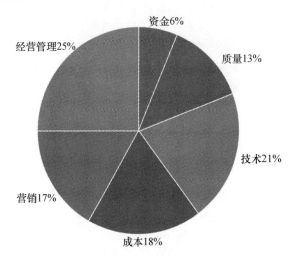

图 20-20　企业存在的经营困难

由于融资困难,成本高昂,企业经营管理的重点往往只停留在产品的质量、价格和广告宣传上,不能根据市场状况和消费者需求开发新产品。所以,加强企业内外部的管理,提高自身技术,学习引进优秀的技术,增强营销能力是企业的当务之急。

二、中小企业管理现状分析

1. 中小企业拥有长期发展战略

如图 20-21 所示,大部分企业都有长期发展规划及年度经营计划,分别占 76% 及 83%。这说明处于成长期的呼和浩特市中小企业正向着良好的趋势发展。

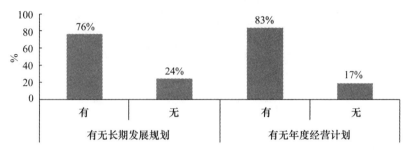

图 20-21　企业长期规划

2. 员工素质不高,企业缺乏培训

高素质人才是成功企业的标志,学历水平不是衡量员工素质的唯一指标,但却是非常重要的因素。如图 20-22 所示,中小企业管理人员学历近 6 成是大专及以下,本科及以上仅占 38%,可知,呼和浩特市中小企业高学历人才非常匮乏。人才引进与培养是现代企业发展的关键。公司培训是获得专业性人才的有效途径。但是,呼和浩特市中小企业中,有 55% 的企业只是偶尔对员工进行培训,21% 的企业基本没有对员工进行过培训。如图 20-23 所示,有 16% 的企业认为对员工培训是企业面临的重大困难,14% 的企业表示人员流失是其困境。所以,中小企业应形成科学有效的人才引进和培训机制,以便更好地可持续发展。

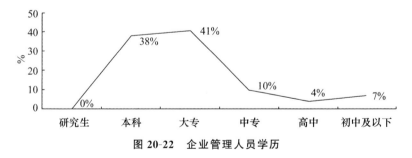

图 20-22　企业管理人员学历

3. 企业管理制度不健全

企业管理制度的作用是实现企业目标的有力措施和手段。它作为员工行为规范的模式,能使员工个人的活动得以合理进行,同时又成为维护员工共同利益的一种强制手段。因此,企业各项管理制度是企业进行正常经营管理所必需的。优秀企业文化的管理制度必然是科学、完整、实用的管理方式的体现。在调研中,

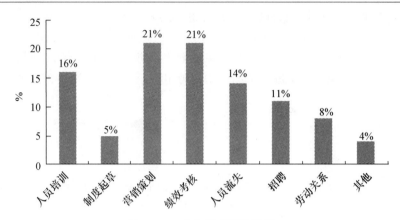

图 20-23　企业管理面临问题

52%的企业拥有比较健全的管理制度，46%的企业只是有一些管理制度，2%的企业则没有任何制度。近半数的企业没有健全的管理制度，这说明呼和浩特市中小企业管理制度并不完善，需要建立更为科学完善的管理制度。

第三节　对策与建议

一、改善中小企业经营环境的对策建议——政府角度

政府应通过对现行政策法规的修正与不断完善，为中小企业融资营造健康的环境，为中小企业融资提供完善的硬件支持。

（一）完善中小企业经营环境政策法律体系

不断修订和完善《关于进一步促进中小企业发展的若干意见》《关于中小企业信用担保机构免征营业税有关问题的通知》《内蒙古自治区小额贷款公司管理暂行办法的通知》等专门针对中小企业的政策文件。第一，通过一般性的信用制度为中小企业信用制度的建立与完善提供有力的硬性支持(一般性的信用制度包括《担保法》《合同法》《民法》《公司法》《证券法》《银行法》《税法》《破产法》等法律法规)；第二，建立面对中小企业的特殊的信用制度。在市场经济大的框架下，为推动中小企业信用活动的有序开展，政府应充分吸取南方先进省市市场信用制度的经验。第三，建立专门性的中小企业信用制度。政府应对其设立的信用机构进行合理设置，对信用业务活动进行规范，信用业务活动应包括信用记录的调查、征集以及对记录的评估、保证等。"确实地规范税务、海关、司法、工商、银行等与公共信用记录有关的政府部门、企业的行为，要求这些部门必须依法向社会信用机构及公众提供确实可靠的信用信息，并制定信用服务和处罚规则，而且这些规则必须是具有可操作性的、可实行性的"。继续强化政府领导和服务职能，加强自治区

中小企业的信用担保工作。

建设全国中小企业融资服务交易中心,协调解决在自治区中小企业信用担保体系建设工作中遇到的重大问题。成员由内蒙古银监局、人民银行呼和浩特中心支行、国家开发银行内蒙古分行、中小企业局、财政厅、金融办等部门组成。全区各级政府应加强对信用担保机构经营的业务指导力度,将全区中小企业信用担保体系建设工作纳入自治区重点发展工程。要全面加强担保机构的经营水平和防控风险的能力,就必须进一步规范担保机构的经营行为,要对担保机构的各项规章制度不断加以完善,全区各级中小企业主管部门应起到指导和督促的作用。建立健全内蒙古自治区担保机构的信用评级制度,引进有资质的评级机构,定期对担保机构进行信用评级,同时要向社会实时公布评级结果。

(二)减轻中小企业税费负担

政府应该出台税收减免的政策措施以减轻企业负担。目前针对小型微利企业的所得税优惠只按照工业和其他行业划分,政府应坚持产业优惠为主、区域优惠为辅的总基调,确定小型微型企业的标准,分行业制定税法上更细致的小型微利企业划分标准和税收优惠政策。在降低中小企业税负方面,应从顶层上加以考虑,建立更有利于中小企业发展的合理税负结构。一是要加快税制改革的步伐,对初创阶段的小型微利企业所得税实行减半征收或免税;二是可考虑改营业税的起征点为免征额,仅对月营业额中超过免征额的部分征税;三是提高纳税服务,优化纳税环境,减少中小企业纳税成本;四是清理现有的不合理的企业收费名目,进一步规范行政费用征收行为,减轻企业缴费负担。加快推进税费改革,使企业负担变得更加透明。

在企业所得税方面,应积极调整税收政策,给予中小企业发展一定的优惠政策。例如,适当放宽小型微利企业的认定标准,如将年度应纳税所得额不超过30万元改为不超过50万元,允许采取定率征收的企业享受小型微利企业税收优惠,让更多的中小企业享受到企业所得税优惠政策;对中小企业实行更优惠的企业所得税政策,加拿大等发达国家中小企业的所得税税率一般不及大企业的一半,而我国对中小企业的优惠力度低于这一水平,根据我国国情,对中小企业,可考虑实行10%的优惠税率,对于应纳税所得额在3万元以下的企业可以免征企业所得税;对所有《企业所得税法实施条例》规定的小型微利企业,其所得减按50%计入应纳税所得额,按20%的税率缴纳企业所得税;对年应纳税所得额低于或等于6万元的小型微利企业,免征企业所得税;当中小企业经营困难时,应及时下调其核定税率或定额,对于用工达到一定标准的中小企业,还可以考虑在一定时期内豁免税收;放宽对享受所得税优惠税率的小型微利企业的标准限制,进一步降低企业所得税,通过所得税优惠鼓励企业研发创新活动,比如考虑对研发投入、利润再投资等实行一定比例的税收抵扣；完善中小企业所得税其他优惠政策，继续保留对安置待业人员、安置下岗职工、安置残疾人和对高新技术企业的税收优惠政策，对于需要扶持的并且符合国家产业政策的中小企业，自取得第一笔收入年度起先免税再减税，例如第1—5年免征企业所得税，第6—10年减半征收企业所得税，真正体现对中小企业的税收优惠，为鼓励中小企业增加自有资金（不含本企业的利润作为注资），扩大企业生产规模，提高企业效益，对增加自有资金的中小企业，可在一定期间内给予一定比例的减、免税或降低适用税率的照顾，以引导民间资本向企业注资，对中小企业之间转让科研成果，给予一定时期（如三年）的免征所得税照顾。

二、改善中小企业经营环境的对策建议——企业角度

（一）制定明确的内部审计战略

从内部审计需要的资源看，全面地复制或者模仿西方先进企业或者国内大型企业的内部审计体制，对我国中小企业的内部审计是不现实的。我国企业的内部审计在发展中应当找准定位。按照企业现状确定内部审计的主要作用领域，主要体现在更多地发挥内部审计咨询的作用；工作计划要与企业目标密切配合。强化内部沟通改善内部审计环境，其侧重点在于改善与管理层的沟通，获取信任与支持；改善与被审计者的沟通，保持客观性；改善自身信息管理，防范信息滥用。全面改进内部审计人力资源管理，体现在人员结构上要保持一定比例的非财务专业人员；内部审计应当重视招募具有适当人际风格的人员；内部审计应当重视对内部人员的招募；应当保证内部审计人员职业生涯的横向发展。推动企业信息化，强化内部审计信息化建设，主要表现在主动确定关键业务信息并定期收集；创造性地进行小规模信息处理手段探索；积极投身企业信息化进程，夯实企业信息基础。

（二）建立企业人力资源支持体系

中小企业若想在竞争日益激烈的市场环境中生存下来，必须强化企业自身应对市场冲击的能力，强化企业内部机制，完善企业内部各项职能；应做到有明确的部门分工、完善的福利和保险制度，有自身的绩效考核体系、人才培养体系、员工培训制度，在完善的规章制度基础上建立自身的企业文化，增强企业凝聚力，增强企业抵御风险的能力。中小企业应该更多地进行校园招聘，在就业压力突增的今天，将会有更多的大学毕业生选择中小企业，这对中小企业提高人员素质、改善人力资源状况有着积极的促进作用。

（三）塑造企业文化，规范员工行为

1. 建设企业制度文化，把组织愿景目标与员工需求紧密结合

激励制度的缺失和专制式领导是阻碍企业员工发挥工作积极性的主要原因

之一,一个管理者可以同时兼备变革型领导和交易型领导的特点,所不同的是该管理者是变革型领导的成分多一些还是交易型领导的成分多一些。在我国当前的社会转型期的背景下,多种经济体制、管理制度将在一定范围内长期共存。更多的企业,尤其是非垄断行业的中小劳动密集型制造业企业在一定程度上仍沿用传统的方式方法进行领导和管理,忽视组织规章制度和激励制度的建设,管理不规范,单纯追求企业的经济效益,而较少关注员工的需求。因此,企业应将组织愿景与员工需求相结合,建立良性的企业制度文化。

2. 关注员工工作价值观,提高员工工作的成就感和幸福感

员工不是简单的机器,企业管理者在希望员工努力工作的同时,也要多关注员工的能力和成长以及安全和舒适的需要。多增加工作的复杂性、挑战性,丰富工作内涵,增强员工工作的自主性,鼓励创新,为员工在知识和技能上的持续发展创造机会。使工作的三性(技能的多样性、任务的完整性和重要性)充分结合。其实无论是哪种领导方式只要是能让员工的工作价值观的属性需求和工作偏好得到满足,感觉到工作很有意义,就符合赛格利曼有关幸福感的标准之一了。态度决定行为,当员工能够在掌握多种技能的基础上独当一面时,管理者及时引导和鼓励、奖励会增强员工的成就感。这在我国一些企业中已经有成功经验,即为吸引、留住一线技术员工而采取的让新员工参加为期四年甚至六年的项目设计和制造,从而保留了一批宝贵的企业技术骨干。因为对很多企业来说,两年是新员工的离职高发期,技术学成,外界诱惑和机会比较多,给一线新员工以重任,让其在工作中增加幸福感和成就感,这其实和组织行为学中提倡的情感承诺有异曲同工之效。

3. 强化围绕企业文化的意识教育

企业思想政治工作是一个知行合一的双重工作,重点体现在从理论知识到实际行动的转化。知行合一需要具体的载体作为辅助,企业文化就是一个良好的载体,其中的无意识教育可以渗透到思想政治教育的任何一个环节、任何一个方面和任何一个阶段。企业可以利用平面宣传,集形、声、象、美各种形式于一体,使人们在一种愉快、欣喜、激动的情绪中受到教育与熏陶;也可以利用群体氛围影响企业中的每个人。员工个体需要得到群体的接受与认可,总是倾向于大范围的群体风气。企业文化利用群体价值观可以有效地同化员工的思想,影响员工的行为。思想政治工作讲求隐蔽性。企业结合自身文化利用无意识教育的隐蔽性能够有效地消除逆反心理。利用企业文化的疏导性特征,含而不露的"非标签"式教育可以降低员工工作抉择时的限制感。通过企业文化,把教育的意向和目的的隐蔽性结合在一起,论道而不说教,述理而不生硬。思想政治工作讲求渗透性。渗透性能够激发企业职工的参与意识。企业文化的渗透能有效地覆盖大部分工作与生

活的空间。通过企业文化营造一种氛围,在价值观的指引下,将文化、思想、知识、兴趣相互融合,使无意识的教育溶入人们喜闻乐见的形式当中。企业文化需要以教育者有意识的利用为基础。想方设法地淡化教育痕迹,掌握教育的主动权是思想政治工作者的主要工作。

4. 重视员工的情感沟通与感情投资

情感是人们普遍存在的心理活动。情感反映出自身需求、愿望、观点与客观环境的匹配程度。思想政治工作者就是要引导和帮助对方在个人角色发生改变时避免情感和认识的偏差与障碍。感人之处应在于情,对思想政治工作者来说生动幽默、脉理清晰的情感沟通和深达含蓄、温情似水的情感投资,有利于缩小双方的角色差距和思想隔阂,是双方相互交流、激发感情、产生共鸣的一个有效方法。情感沟通讲求寻找和激发双方共同点及情感触发点。情感投资是需要随时进行的,推心置腹以诚动人。

(四)加强中小企业自身的财务管理体系

1. 提高中小企业对财务管理作用环境的适应力

企业处于财务管理作用环境之中,不可避免地受到财务管理作用环境的影响。如筹资过程中,货币政策的调整、金融市场环境的变化将对企业筹资成本、筹资方式等产生直接影响;投资过程中,要受到国家的法律法规、产业政策的限制和约束。现代企业财务管理作用环境的不可控性、动态性和复杂性要求企业必须做好对财务管理作用环境的分析,提高企业的应变能力。

2. 加强中小企业领导者的理财意识

中小企业领导者应该认识到理财对企业发展的重要作用,企业管理职能部门应定期不定期地对企业领导者进行理财知识方面的培训,给他们提供学习的机会,并把企业领导是否会理财作为考核企业领导者是否合格的重要指标。使企业领导者真正认识到,不会理财的领导者不是一个合格的领导者,不会理财的企业是不能发展的企业。

3. 优化中小企业财务结构

优化企业财务结构是中小企业财务稳健增长的关键因素。其具体标志是综合资金成本低、财务杠杆效益高、财务风险适度。中小企业应当根据经营环境的变化,对资本、负债、资产等进行结构性调整,使其保持合理的比例。

建立最佳财务资本结构。最佳资本结构是指一定时期内一种能使财务杠杆利益、财务筹资成本、企业价值三者实现最佳均衡的资本结构。资本结构安排是一个比较复杂的问题,因为它受到各方面因素的制约和影响,在设计最佳资本结构的过程中必须考虑其中的相关因素。

三、改善中小企业经营环境的对策建议——整个社会角度

（一）推进完善我国中小企业法律法规

1. 力争使我国中小企业法具有系统性

制定并完善维护与规范中小企业经营方面的法律主要包括建立中小企业基本关系方面的法律、维护市场竞争秩序的法律以及规范市场主体行为等方面的法律。目前，我国出台的《中小企业促进法》主要是在资金支持、税收优惠、信用担保服务、技术创新、市场开拓及服务体系等方面做出的重要规定。但仅仅这一个法律是不够的，我们需要的是一个系统性的法律政策支持。国家还可以考虑制定具有根本指导性质的《中小企业基本法》，从中小企业发展目标与宗旨、组织形态、产权关系、权利与义务、创立与退出等方面对中小企业做出相应性的规定；制定具体的《中小企业保护法》，明确中小企业在国民经济中的地位，明确政府对中小企业的基本保护和扶持政策，保证中小企业健康发展。同时，政府还应尽快制定规范中小企业融资方面的《中小企业信贷法》《中小企业信用担保法》《中小企业资金促进法》；还可制定指导中小企业发展的《中小企业产业指导目录》《中小企业政府采购法》；制定维护市场公平竞争的《反垄断法》或《公平竞争法》等，从而更加明确中小企业发展的基本方针，维护中小企业的各项权益，进而使我国对中小企业的管理逐渐步入法制轨道。

2. 我国中小企业法律法规应符合我国国情

盲目地、生搬硬套式地运用国外现成的有关中小企业的法律法规是不切实际的，我国的中小企业法律法规应依据我国的国情制定。我国是人口大国，最充裕的资源就是劳动力资源，但也造成了巨大的就业压力。这一直是影响我国社会发展和经济发展的一大问题。因此，我们更应尽力保障中小企业稳定发展，使中小企业吸收劳动力的能力得到最大的发挥，创造尽可能多的就业机会。尤其在下岗工人和政府机关下岗分流人员日益增多的新情况下，中小企业的劳动力吸纳作用显得更加重要。而我国现在的企业法注重对企业的管理，轻视对企业的保护。因此，目前我国中小企业保护立法的重点之一就是加快我国中小企业的现代化进程和保障中小企业的稳定发展。

（二）加强金融政策支持，努力解决中小企业融资难问题

中小企业融资难的问题，已经成为制约我国中小企业生存和发展的主要瓶颈，但是解决这一问题却是一项长期复杂的系统工程。首先，应完善现有金融机构的服务功能。政府应制定相应政策，转变国有商业银行的经营观念和经营方式，改进中小企业的融资服务。商业银行要转变以往以企业规模和所有制性质作为贷款标准的错误观念，调整国有商业银行的信贷政策，支持中小企业的合理资金需求。采取有效措施，鼓励国有商业银行建立专门的中小企业信贷部门，使其

对中小企业贷款和对大中型企业贷款不再由同一个部门负责,确保中小企业有充分的融资来源。其次,放开市场准入,大力发展各种中小金融机构。中小金融机构一般是地方性金融机构,专门为地方中小企业服务,通过长期的合作关系,中小金融机构对地方中小企业的经营状况比较了解,这就有助于解决信息不对称问题,适应中小企业的运作特点和融资需求,并实现两者之间的长期互动和共同发展。国家金融管理部门应建立完善的监督体系,加强对中小金融机构的监管,为其创建一个稳定的市场竞争环境,让企业和金融机构能够自发地去维护其商业信誉。最后,建立有效的中小企业信用担保体系。建立有效的中小企业信用担保体系不仅有利于中小企业融资,还可在调节经济资源配置中发挥经济杠杆作用,成为政府实施财政政策和产业政策的有效工具。但对我国的中小企业而言,现有的担保体系未能发挥出应有的信用担保功能。因此,必须加强中小企业信用担保体系的建设,规范担保机构行为,建立担保机构与银行的协作关系。此外,还要规范信用担保操作,有效发展中小企业互助担保和商业担保。各级担保机构实行政企分开,避免和防止行政干预。

(三)完善公共服务体系,促进中小企业经济健康发展

1. 推进行政审批制度改革

深入贯彻国务院关于取消和下放行政审批事项的决定,坚持依法设定行政许可的"三个严格"。在此基础上,进一步减少和下放投资审批事项,减少和下放生产经营活动的审批事项,减少资质资格许可和认定,激发民间资金投资积极性。同时,加强代理服务和一站式服务,精简依法设定的审批事项,规范审批程序,提高审批效率,进一步优化政务服务环境。

2. 完善社会化服务体系

依据国家和自治区推动中小企业公共服务平台建设的有关精神,呼和浩特市经济和信息化委员会已经积极推动中小企业公共服务平台的建设工作。目前已建有呼和浩特市中小企业"窗口"服务平台、鸿盛工业园区综合"窗口"服务平台、托克托工业园区综合"窗口"服务平台三个自治区级中小企业公共服务"窗口"平台。呼和浩特市中小企业公共服务平台(http://www.hhhtzxqyck.com),是自治区中小企业服务体系的重要组成部分,定位于社会资源整合,为呼和浩特市中小微企业打造一站式、专业性、综合性的公益性和非营利性服务平台。服务平台开设信息服务体系、融资服务体系、综合咨询服务体系、技术服务体系、人力资源服务体系、创业支持服务体系等为中小企业服务的窗口。

3. 构建企业信息化服务平台

在呼和浩特市中小企业公共服务平台基础上,建立民营中小企业信息化服务平台,为中小企业提供各类信息技术应用服务和信息化应用解决方案,帮助民营

中小企业降低信息化建设和运营成本,促进民营中小企业的信息化建设。

(四) 完善中小企业发展的经济环境

1. 制定有关法律法规和金融政策

政府应变革现存的不利于中小企业融资的法律法规,调整信贷政策导向,制定有利于中小企业融资的法律法规和金融政策。在法律上确立优先发展中小企业的地位,保障各项扶持中小企业发展的政策切实得到全面落实,从根本上消除商业银行对中小企业尤其是个体私营企业的"歧视",为中小企业的融资渠道畅通建立法律和制度保障。我国商业银行不仅要满足大型企业的融资需求,而且也应该是中小企业贷款的最大提供者。

2. 设立专门的金融机构

政府应根据中小企业融资特点设立专门为中小企业融资服务的金融机构。该机构的宗旨就是为中小企业提供从一般的金融机构难以筹措到的设备资金和企业流动资金信贷支持。该机构由政府提供资金和债务担保,资金主要来源于政府。

3. 加大对小额贷款公司的政策扶持力度

作为金融市场的有益补充的小额贷款公司,为中小企业开辟了新的融资渠道,但由于金融政策的限制,小额贷款公司远不能满足市场需要。因此,政府应调整金融政策,放宽对小额贷款公司的资金规模以及从银行业金融机构融入资金余额等的限制,切实解决小额贷款公司的融资问题,避免小额贷款公司出现"无钱可贷"的局面,使小额贷款公司最大限度地满足中小企业的融资需求。

4. 尽快设立中小企业发展基金

2002 年 6 月 29 日颁布的《中华人民共和国中小企业促进法》和 2005 年 2 月颁布的《国务院关于鼓励支持和引导个体私营等非公有制经济发展的若干意见》都明确提出要设立国家中小企业发展基金,但至今仍未设立。国家财政每年预算安排扶持中小企业发展的资金分散在财政部、国家发改委、科技部、商务部等数个部门,由于多种因素,降低了该项资金的作用。为了促进中小企业的持续发展,应尽快设立统一的中小企业发展基金,为中小企业的持续发展提供长期稳定的资金来源。

5. 设立民间融资机构

我国民间借贷因为没有法律规范而长期处于法治之外的灰色地带,这不仅造成民间借贷的无序,也无法满足民间资本的增值需要和中小企业的融资需要。因此,应加快制定《放贷人条例》,用法规和政策规范民间借贷,给予民间钱庄、民间借贷合法地位,这不仅可以加速金融体系的改革,打破银行业的垄断,而且能规范民间借贷行为,拓宽中小企业的融资渠道,对于促进中小企业持续发展具有重要的意义。

（五）强化政府对公共产品的供应和管理职能

我国收费公路是借鉴西方发达国家的经验，在法律、制度和经验相对缺失的背景下，通过市场化融资快速发展起来的，因而在建设、运营和管理等方面存在诸多问题，其中收费公路规模偏大、收费期限不明确、收费站点设置过多、收费标准偏高等问题较为突出。目前，收费公路不仅影响了通行效率，而且增加了企业的运输成本，尤其是给中小企业的生存和发展造成了严重影响。针对收费公路存在的突出问题，建议采取如下措施：

（1）在公路建设中要强化政府的责任和投入，逐步减少对社会资金的依赖。公路是政府必须提供给社会的公共产品，政府应该行使对公共产品的供应和管理职能。因此，应加大政府在公路建设中的资金投入，充分发挥公路在促进经济发展中的重要作用，确保公路的公益性和公用性本质。

（2）针对收费公路管理主体多元化的情况，政府应尽快出台和完善相关的法规和政策，加快制度建设，通过立法规范收费公路的收费期限、收费标准、收费站设置的密度、收费资金收支核算及使用。

（3）政府应加强对收费公路的监督管理职能，及时撤除到期的收费站点，避免发生过期收费、只收费不养护和乱收费的现象。

（六）规范中小企业生存发展的市场体系

企业的生存发展离不开市场，市场是企业成长的孵化基地。安定有序的市场体系不仅能够为中小企业的生存发展提供良好的空间，同时也会为企业未来的长远发展创造契机。因此，我们可以从以下几方面来创造稳定的市场体系：

1. 规范市场准入制度

市场准入制度大都是国家在结合经济发展趋势的前提下统一制定的，因此自治区政府可以从以下几方面着手来规范中小企业的市场准入机制：一是建立市场准入公开化机制，通过各种网络渠道和其他有效方式拓展信息公开化途径，向社会公布市场准入的相关条件，提高信息的社会透明度；二是规范企业准入机制，按照行政许可法的相关规定，严格规范政府准入市场行为，健全对政府行为的有效监督机制。同时，要不断推进市场准入监管体系的改革，合理配置政府的监管权，避免监管权被人为分割而起不到有效的监督作用。

2. 整顿和规范市场经济秩序

首先，应坚持不懈地打击各种违法经营活动以及妨害市场公平竞争的行为，建立安定有序的市场环境；其次，深入推进行政体制改革，实行政企分开，权责分明，转变政府职能，减少行政审批程序；再次，健全各行各业信用管理体系，将企业和个人的违法经营以及违纪行为登录在案，相关信息要在网上及时公布，为社会公众做决策提供依据；最后，建立各种企业类型的协会组织，不仅要发挥其在协调中小企业利益纠纷、维护中小企业合法权益方面的作用，同时也要发挥其在规范中小企业竞争行为和规范行业行为上的作用。

3. 完善政府采购行为

在采购行为上，一方面，政府要尽量缩减不必要的采购招标程序，使中小企业能够参与到政府采购中来；另一方面，政府应当对采购需求以及采购对象做一个比较客观的评估，并制定相对公平合理的采购资格评定标准，从而使中小企业在政府采购环节中不会因门槛太高而无法参与。

目前已有的为数不多的中小企业扶持政策在落实的过程中存在很多障碍，信息不对称、人情关系、政府导向等导致政策不能有效落实，阻碍了中小企业的发展。因此，要切实改善中小企业的经营环境，不仅应该充分认识中小企业的地位、贡献，改善执政理念，优化商业环境，更重要的是保证所有的政策公平地落地生根，保证政策在实际操作中不变形，专门打造适合小微企业的优惠政策。总体上来说，政府已经意识到中小企业的重要性，也做了很多工作，就是还欠缺保证政策落实和公平性的助推剂。

中小企业的发展是解决民生问题、实现社会稳定和谐发展的重要前提。对于呼和浩特市中小企业的发展，政府和相关部门已经非常重视，如果能够强化有关政策的落实、深化服务功能、优化管理制度，则呼市中小企业会有更好的经营环境，也会为自治区经济做出更大的贡献。

第六篇 2016中小企业创业创新扶持政策的国际经验研究报告

第二十一章　美国中小企业创业创新扶持政策

美国近代百余年的发展历程就是一个被高度强化的创业创新的过程。中小企业创业创新所表现出来的"创新精神"是"美国精神"的重要组成部分。美国中小企业创业创新的扶持政策体系完善,成为美国小企业政策的有机组成部分。美国对中小企业创业创新的扶持政策概括起来就是"立法保护,政府推动,市场选择"。

美国政府颁布一系列扶持中小企业创业创新发展的法律,设立专项基金,建立专门的机构开展政策性的扶持撬动风险资本,扶持建立中小企业创业创新的孵化和加速载体,扶持建立技术成果转化、政府采购等方面的政策体系,在确保中小企业创业创新主体发展地位的前提下,充分发挥市场对中小企业创业创新发展的基础推动作用。一方面,加强企业公平治理的外部环境建设,通过反托拉斯法案及一系列相关措施,限制大企业对中小企业创业创新的垄断和制约因素,为中小企业创业创新营造公平的市场竞争环境,即保证中小企业创业创新与大型企业享有平等竞争的权利。另一方面,强调通过市场化手段,对中小企业创业创新采取间接性的扶持(张凤春,2004)。通过几十年的发展,美国中小企业成为美国的创新生态系统中的生力军、创新网路中的重要节点,以及美国经济发展的重要力量。

第一节　中小企业创业创新扶持政策体系及主要演变趋势

一、美国扶持中小企业创业创新发展的组织机构体系

(一)美国通过专门的政府管理部门,对中小企业创业创新的扶持

美国于1953年设立了小企业管理局。作为美国小企业治理的国家行政机关,小企业管理局在美国小企业事务管理体系中居于中心地位。小企业管理局从保护小企业利益的角度出发,一方面落实联邦政府对小微企业的法律、融资、技术、信息、市场、培训等各项扶持政策,另一方面及时了解小微企业在发展中的实

际需求,与总统、各联邦机构包括参众两院的小企业委员会保持经常性联系(张树娟、祝松梅、马众,2013)。小企业管理局由总局、分局、地方局和倡导处构成。据统计,20世纪末的最后十年,小企业管理局为近45万家小微企业提供了近千万美元的贷款(许惠英,2010)。

(1)总局:小企业管理局总局受美国国会和总统的共同领导,对全国各级小企业行政管理机构的工作进行指导。总局负责人不仅要熟悉小企业治理的相关事务,其委任还要经过议会提名、总统授权等一系列严苛的程序(邵勋,1995)。小企业管理局局长,不得从事任何工商业活动或接受其他兼职。总局接受小企业界和公众的质疑并给出答复,但是不提供贷款或其他形式的直接帮助。

(2)分局:分局分布在美国十大城市之中,每个分局管辖几个州,负责指导辖区内的地方局工作(张凤春,2004)。

(3)地方局:地方局是直接为小微型企业提供援助的基层组织。地方局遍布美国各地,每个地方局都提供贷款专家、采购专家等专家咨询服务,为小微企业提供贷款申请审查、组织管理援助等综合服务。

(4)倡导处:1976年,美国国会在小企业管理局内成立了倡导处,为小企业争取权益,包括游说议员起草和修改立法等。

(二)美国国会的小企业委员会和小企业会议

除了遍布全国的小企业治理行政机构,美国在国家层面还设立了小企业委员会和小企业会议,审议小企业相关的法律法规和讨论小企业治理事务。其中,小企业委员会是美国根据1953年颁布的《小企业法》《小企业融资法》两项方案设立的。美国国会的参议院和众议院都设有小企业委员会;小企业会议是由美国总统授权组成的,专门负责对小企业财税、金融等各方面的政策提供建议,供总统决策(肖光恩、陈继勇,2003)。

二、美国扶持中小企业创业创新发展的政策体系

美国政府对中小企业创业创新的扶持政策是小企业政策的有机组成部分。美国中小企业创业创新的扶持政策体系具有普适性与针对性相结合的特点。美国中小企业创业创新发展的政策涵盖了融资贷款、税收、政府采购以及鼓励出口等各个方面的政策(详见表21-1)。

表 21-1　美国政府扶持中小企业创业创新发展的主要政策

政策类型	具体措施
融资贷款政策	贷款担保（根据《小企业法》，在小企业没有办法获取与大企业相同贷款利率的情况下，大型商业银行负有向中小微企业提供贷款的责任） 风险投资基金（成为高技术、高风险的科技型中小微企业创业创新主要的资金来源，由美国政府或民间资本成立） 面向科技型企业的专有资本市场（1971年，美国成立 NASDAQ 股票市场，为科技型中小企业开辟了重要的融资渠道）
税收政策	意义等同于现金补贴。1992年，美国联邦政府颁布了《减税法》，1997年又颁布了《新税法》，规定企业和商业机构在研究开发方面的投入增值部分按20%计提税费的减免
政府采购倾斜政策	搁置购买、拆散购买、颁发能力证书
鼓励出口政策	定期向小企业提供国际方面的信息（1983年国会通过了《小企业出口扩大法》） 设立出口援助中心和小企业海外资讯数据库 开展经济外交，排除贸易和非贸易壁垒

（一）营造中小企业创业创新成长的外部环境

美国对中小企业创业创新的扶持政策是美国小企业政策的有机组成部分，完备的法律法规政策体系为中小企业创业创新的发展营造了良好的外部环境。早在19世纪末，美国就致力于制定专门的法律扶持小企业的发展，美国小企业政策历时120余年，体系完备。早在1890年，美国尚处在自由竞争的资本主义时期就通过了《谢尔曼法》，保障小企业和大企业公平竞争，随后出台了一系列法律法规，并不断完善反托拉斯法。根据小企业发展的需要，1953年，美国颁布了小企业基本法即《小企业法》，确立了小企业的法律地位，并成为后续小微企业相关立法或政策的基础。

20世纪70年代起，美国政府通过制定一系列专门的法律、计划和政策配套措施，从资金扶持、技术创新、成果转移、融资、财税、政府采购等各个方面对中小企业创业创新进行全方位扶持。在资金扶持方面，美国设立专项的创新基金，通过联邦预算直接投入高风险、高技术产业；在技术创新与转移方面，美国以《小企业创新发展法》为核心，一方面将联邦政府的扶持资金和政策集中于"产出价值""可市场化的技术""工艺和技术诀窍"等尖端基础研究，另一方面将联邦预算中一定比例的资金拨付给中小企业开展应用型研究，同时，积极鼓励大学和公共研究机构将具有技术前景的研究成果向中小企业创业创新转化和市场化；在融资方面，美国政府成立了政策性的小企业投资公司，最大效用地发挥联邦财政资金的杠杆作用，大力引导私人资本进入风险投资领域，扶持信息、新材料、新能源、先进装备制造业、工业互联网等高技术产业;在孵化器建设上,美国形成了由政府、非营利性机构、私人资本共同参与主办的中小企业创业创新孵化器和加速器的格局;在政府采购方面,根据《购买美国产品法》《联邦采购条例》等法律法规,有计划地面向中小企业创业创新放开采购。

美国政府的一系列扶持中小企业创业创新的法律法规构成了完整的政策体系,将中小企业创业创新纳入美国国家体系,使得中小企业创业创新成为美国国家创新生态系统中最有活力的创新单元,发挥了中小企业创业创新在吸纳就业、创业创新方面的巨大作用,促进了中小企业创业创新的快速成长和发展。

(二)设立专项资金进行直接扶持

自 20 世纪七八十年代以来,美国政府为大力引入民间资本参与政府主导的技术创新成果市场化的过程,从而服务中小企业创业创新对研究开发资金的巨大需求,更重要的是积极鼓励国家实验室、大学等学术机构与非营利性研究机构向小微企业转移技术和创新成果,实施了以《小企业创新研究计划》(SBIR)为代表的一系列直接财政援助计划(详见表 21-2),为中小企业创业创新的研究开发、技术创新以及技术成果的市场化提供直接的资金支持,对中小企业创业创新的发展起到巨大的推动作用。其中,最具代表性的是小企业创新研究计划。该计划为美国后续的小微企业创新研究资助计划的实施,以及其他国家小微企业创新研究资助计划的开展提供了借鉴。为贯彻落实《小企业创新发展法》(1982),美国启动实施了 SBIR,旨在借助联邦政府的财政支持小微企业开展研究开发、技术创新活动,并积极鼓励小微企业参加国家级的创新计划。美国政府要求 11 个联邦政府部门参加 SBIR 项目。该法不仅规定了相关联邦部门在划拨研究与开发经费时预留一定的比例给中小企业创业创新,用以开展科技开发和技术成果转化。同时,支持拥有知识产权和创新能力的科研工作者创办科技型企业,并大力引导中小企业向小企业管理局申请创新资助,积极促进创新成果的市场化和商业化。随着国家产业结构的调整和经济发展的实际需求,美国政府制定了《小企业研究和发展促进法》等系列法案,对《小企业创新发展法》进行补充和完善。SBIR 等一系列的专项资金一方面填补了中小企业创业创新在初期的资金空缺,另一方面极大地促进了风险资本、民间资本等参与到国有技术创新成果的商业化、市场化的进程之中。

表 21-2 美国扶持科技型中小微企业的财政援助计划

项目名称/启动时间	法律支撑/颁布时间	规模	资助方式
小企业创新研究计划（SBIR）/1982年	《小企业创新发展法》(1982)	"SBIR"计划总资助金额近30亿美元。每年资助数以千计的中小微企业。1983年，创新资助的规模达到4 500万美元	凡是政府相关部门划拨研究与开发费用超过1亿美元的，必须在该预算中划定一定的比例作为创新资助的经费，用以支持科技型中小微企业开展研究与开发活动或资助科技人员创办新企业（陈继勇、肖光恩，2003），该比例具有法律刚性，从1983年的0.2%一直提高到2000年的2.5%，积极促进创新成果的市场化和商业化
制造拓展伙伴计划（MEP）/1988年	《综合贸易与竞争法案》(1988)	截至2013年，约为52万中小制造业企业提供创新支持，促成近800亿美元的制造业销售收入（王海燕、梁洪力、张寒，2015）	由联邦和地区政府部门合作成立区域性的制造业技术创新平台，对制造领域的中小微企业给予技术创新服务和运营支持；形成了中小微制造业企业、高等院校、科研院所的合作机制；通过该计划，便利了高等院校和科研院所将最新技术成果面向中小微制造业企业进行扩散（贺飞、姚卫浩，2015）
先进技术计划（ATP）/1990年	《综合贸易和竞争法》(1988)	共资助近800个项目，总额约23亿美元，吸引来自民间企业的研究与开发经费达20多亿美元	资助具有潜在的商业价值和广泛社会价值的共性技术，而这些共性技术尚未进入商业竞争阶段，例如某些军事、公共卫生、生命科学、生物安全等领域的不适宜被私营企业或者个人独享的共性技术；鼓励国立研究机构将这些共性技术通过商业化转化形成商业利益（胡冬云、李林，2008）
小企业技术转移计划（STTR）/1992年	《小企业技术转移法》(1992)	2008年资助了两个阶段近900项企业创新研究项目	SBIR的延伸计划，规定了研究和开发费用超出10亿美元的政府部门必须划定额外的比例，用于资助该项目的实施；该项目鼓励中小微企业和高等院校及公共研究机构共同申报国家级的研究和开发项目，促进项目的商业化和市场化
先进制造伙伴关系计划（AMP）/2011年	《重振美国制造业框架》(2009)	联邦政府出资5亿美元	该计划将科技型中小微企业纳入先进制造业伙伴关系，旨在在制造业标杆型企业、知名科研院所和政府发展先进制造业行政职能部门之间建立合作关系，并加大先进制造业领域中小微企业的资金投入等

(三) 设立专门机构开展政策性的扶持撬动风险资本

中小企业创业创新因具有高风险特征而面临融资难、融资贵的困境,传统信贷机构难以满足中小企业创业创新发展的资金需求。美国通过小企业管理局直接面向中小企业创业创新进行担保和再担保,通过政府资金的杠杆作用吸引私人资本和风险资本进入高技术产业领域,为中小企业创业创新进行贷款;并在1958年启动了小企业投资公司(SBIC)计划,即由美国联邦和地方政府共同支持具有高风险、高技术特征的中小微企业发展计划。该计划由小企业管理局负责管理,是美国政府最大的小微企业风险投资项目。该计划的启动为中小企业创业创新吸引风险资本起到了巨大的推动作用,同时也成功助推美国创新型国家战略的实现。有统计表明,从1980年起,美国的风险资本为科技型中小微企业的创业创新活动提供了近三千亿美元的资金(陈良文,2013)。风险投资的重点领域从20世纪80年代的信息技术为主,到21世纪初的新能源、新材料、节能环保、生命科学、工业互联网等领域。

1. 小企业管理局的融资担保和再担保模式

小企业管理局的融资保证和再担保项目本质上都是通过对面向中小企业创业创新贷款的商业信贷机构提供一定比例的担保,降低为中小企业创业创新贷款的高风险,从而吸引大型商业银行等商业信贷机构为中小企业创业创新提供融资服务。其中,再担保项目是指小企业管理局对于已经向具有专利权等知识产权的中小企业创业创新进行担保的商业担保机构进行再担保,间接协助中小企业创业创新获得商业信贷机构融资的贷款项目。

2. SBIC 吸引风险投资模式

SBIC意在通过有限的政府财政预算资金尽最大可能撬动民间资本(见图20-2),为中小企业创业创新提供多样化的融资服务。SBIC主要针对种子期的小微型企业,帮助中小企业创业创新顺利度过初创风险期。SBIC计划的发展经历了初始阶段、完善阶段和成熟阶段。在初始阶段,联邦政府按照一定比例为授权的小企业投资公司提供低息贷款;在完善阶段,SBIC主要通过股权融资和债权融资的杠杆融资模式,吸引风险资本对中小企业创业创新的扶持;成熟阶段,尤其是在2008年金融危机之后,SBIC进一步进行了调整,降低了权益投资对标的企业的控制比例,间接地保护了中小企业创业创新的健康成长。在SBIC的实施过程中,美国颁布了近十部系列法案对SBIC进行及时修订,完善SBIC的运行机制。SBIC制度的演化过程显示了美国小微企业的扶持政策特有的适应性。SBIC根据科技型中小微企业发展中融资的实际需求做出适度改善,其系列修订措施保证了SBIC的持续运行并发挥作用。截至2014年,SBIC吸引了近300家风险投资公司,为近17万个中小企业创业创新项目提供了风险资本的支持,投资总额逾650

亿美元(龙飞、王成仁,2015)。苹果、英特尔、惠普、联邦快递等著名企业都受到过该计划的扶持资助。

(四)政策导向的中小企业创业创新孵化加速载体建设

美国是中小企业创业创新孵化器的诞生地。美国政府通过政策引导加强各类创业创新孵化器的建设(陈良文,2013)。孵化器为中小企业创业创新提供包括天使投资、市场分析、创业导师、项目路演、技术转移和成果市场化、创业培训、专家辅导、法律、财务和管理咨询、知识产权服务管理等全方位的服务。美国科技企业孵化器的发展与政府的大力扶持密不可分,从孵化器创办主体来看,美国中小企业创业创新孵化器有四种模式:政府或非营利组织建立的孵化器,大学或研究机构创建的孵化器,风险资本投资创办的孵化器,以及由政府、非营利组织、大型企业或风险资本共同合办的孵化器。根据美国企业孵化器协会统计,经过孵化的小微企业80%生存下来并快速发展;相反,未经过孵化的小微企业相当一部分会在初创期失败。

近年来,随着网络经济、生态经济的繁荣和发展,美国政府积极投入企业加速器的建设,加强对科技型小企业的扶持。企业加速器与企业孵化器有一定的区别,企业加速器是企业孵化器演化和发展的高级形态,满足了高技术、高成长企业发展的需求,专门扶持已经达到一定规模的高技术企业,促进科技型小企业实现快速成长。早在20世纪初,美国就成立了最早的企业加速器。联邦政府、州政府和市(县)政府为了促进经济发展、创造就业机会,积极参与企业加速器的投资和建设。如经济发展局和小企业管理局都是投资兴办企业加速器的主体,而地方政府通常会为企业加速器建设提供启动资金用以租赁土地和厂房。政府投资的企业加速器集中在计算机安全、互联网、信息技术、生命科学、生物医药、环境保护、清洁能源、航天航空、超微技术等国家急需的产业领域。企业加速器的发展不仅具有培训劳动力、促进就业的作用,同时扶持了一大批有发展潜力的"瞪铃"企业。

(五)大力扶持中小企业创业创新技术成果转化

美国政府从20世纪80年代开始逐步加强了技术转化的力度。为扶持中小企业创业创新发展,美国形成并建立了完整的法律体系,确立了政府、大学、研究机构及企业产学研合作的职责和利益,确保最新科技成果转化和市场化的各个环节通畅。例如,在1980年,美国就出台了第一部关于技术转移的法律《斯蒂文森—怀德勒技术创新法》。该法不仅将技术转移作为联邦政府有关部门和联邦实验室等国立研究机构的工作任务,而且将技术成果的市场化和商业化的效果作为考核联邦政府有关部门和联邦实验室等国立研究机构相关工作人员的一项核心指标。为落实该法案,联邦政府有关部门和联邦实验室等国立研究机构聘请和雇用专业的技术人员负责最新技术成果的市场化和商业化的工作(刘民义,2009)。这些技术人员不仅有专业的技术背景,还有法律等专业背景,负责从事专利申请、知识产权转移等方面的事务。1980年颁布的《拜杜法案》解决了国有知识产权授权许可程序复杂、不利于转化和市场化的难题,促成了研究成果在私营企业间的流动。从1980年到2000年,美国出台了近二十部法律法规(如表21-3),形成了技术成果转化和政产学研合作的法律体系,为提高技术成果向中小企业创业创新转化和市场化提供了强有力的保障。除了构建完备的技术成果转化法律法规体系,为支持中小企业创业创新发展,美国政府授权小企业管理局实施了小企业技术创新研究等小企业技术创新、技术成果转化计划(陈良文,2013)。鼓励中小企业创业创新参与联邦政府相关部门的研究与开发工作,如国防部资助的SBIR军工项目等,这些计划的实施加快了科技成果向实际产出的转化速度,缩短了科技成果产业化和市场化的进程。

表 21-3　美国政府于 1980—2000 年期间出台的技术转化政策

颁布时间	法案名称	政策核心内容
1980	《拜杜法案》	该法案为政产学研开展基于知识产权的合作和技术成果转化进一步扫清了障碍。一是规定科技型中小微企业、高等院校等对国家资助完成的技术成果拥有支配权;二是允许国立的研究机构和高等院校经营的公共研究机构向民营中小微企业、非营利性组织转化最新的技术成果,鼓励建立政产学研合作关系
1982	《小企业创新发展法》	旨在帮助那些准备将实验室的研究成果转化为可在市场上进行销售的现实产品的小企业,同年实施了SBIR计划
1986	《联邦技术转移法》	在政府积极鼓励政产学研合作的大背景下,进一步规范和完善了国立研究机构和民营企业、非营利组织之间开展科技合作、技术成果转化等方面的运行机制(王艳,2000)
1987	《12591号总统令》	要求联邦实验室和政府通过加强技术转让支持大学和企业
1988	《综合贸易与技术竞争法》	授权商务部成立区域型的制造技术转移机构,加强国有知识产权以及国立研究机构的技术创新成果向民营企业转移的技术转让职能(司云波,2010),组织研究机构与企业共同实施先进技术计划和制造业发展合作计划
1989	《竞争力技术转移法》	对能源部核武器实验室提出技术转让任务
1991	《美国技术优先法》	允许知识产权在合作研发者之间进行交换
1992	《小企业技术转移法》	该法实施的同时,启动了小微企业的技术成果转移计划,支持小微企业与高等院校合作进行研究与开发等技术创新工作

(续表)

颁布时间	法案名称	政策核心内容
1995	《技术转移与促进法》	进一步明确了小微企业与高等院校合作进行研究与开发活动的经费支持额度和使用规范(刘民义,2009)
2000	《技术转移商业化法》	该法规定面向科技型中小微企业的技术成果转化活动,优先享有倾斜性的政策扶持

(六)采用政府采购政策对中小企业创业创新进行扶持

面向中小企业创业创新开展政府采购,是美国政府扶持中小企业创业创新发展的一项重要政策。美国政府采购有一套完整的法律体系,《小企业法》《联邦政府采购条例》《联邦财产与行政管理服务法案》《购买美国产品法》等一系列法律法规,为美国政府扶持高技术产业,尤其是中小企业创业创新的发展起到了极大的助推作用。面向中小企业创业创新的政府采购政策主要有以下四种方式:一是规定政府采购的一定比例合同要预留给中小企业创业创新。美国多项法律法案明确规定,政府采购支出的一定比例要留给中小微企业。例如,《小企业法》规定25%要留给小微企业,1988年《商业机会发展法案》规定至少20%预留给小微企业,1997年《小企业再授权法案》将这一比例提升至23%。二是联邦机构的定向采购,如美国国防部等联邦机构,面向中小企业创业创新发包,开展专项研究。三是将特定的大型科技合同分拆为小额合同,供中小企业获取,或者积极推动大企业向中小企业订货。四是设置科技壁垒,保护本国中小企业创业创新发展。美国政府还采取提高技术标准等方式设置技术壁垒,阻碍其他国家的高技术产品进入政府采购范围参与竞争,如惠普、得克萨斯仪器公司等一些科技型企业均受惠于这些政策措施。

三、美国中小企业创业创新扶持政策的演变及内在机理

美国中小企业创业创新扶持政策的演变主要是围绕美国经济创新转型的过程展开的。美国从20世纪80年代开始,逐步加强对科技型小企业的扶持。2008年国际金融危机以后,美国进一步将中小企业创业创新纳入国家创新战略的整体构架中。

20世纪50年代以前,美国的小企业扶持政策主要围绕为小企业创造公平的法制环境和市场环境展开。这个时期对于小企业来说是自由竞争时期,联邦政府与小企业有关的法律、法规和政策中,绝大多数都着眼于改善小企业的外部环境,尤其注重给予小企业社会公共资源的支持,从而保护小企业在与大企业竞争的过程中享有平等的市场权利。20世纪50年代至70年代,美国确立了小企业在国民经济中的重要地位。1953年,美国就颁布了《小企业法》。该法颁布之后,美国成立了小企业国家行政管理机构即小企业管理局,并逐步综合运用金融、财税、科技、社会服务等方面的政策为中小企业创业创新创造有利的发展条件,使得中小企业创业创新蓬勃发展并为整个国民经济的持续稳定增长做出重要贡献。

20世纪70年代至21世纪初,美国逐步重视中小企业在创业创新方面的重要作用,将中小企业纳入国家创新系统。70年代起联邦政府对信息经济、风险投资等新兴产业的系列扶持政策,对美国经济从工业经济向服务经济、信息经济、金融经济转型起到了关键作用。这期间对中小企业创业创新的扶持政策,包括政策性的扶持措施,如小企业管理局从高技术产业领域挑选了部分高风险、高回报、发展前景良好的中小企业,对其创业创新进行针对性扶持,一是鼓励商业银行给予这些企业融资优惠,二是引导风险投资公司向这些企业提供融资服务。同时,小企业管理局实施了SBIC计划,通过政策性的资金撬动风险投资、私人资本进入对中小企业创业创新的扶持环节,其中最重要的环节是新产品的研究和开发,具有市场前景的共性技术的研究开发,技术成果的市场化等。一方面运用联邦资金通过低息贷款的方式授权小企业投资公司吸引风险资本扶持中小企业创业创新,另一方面为中小企业创业创新提供基于商标、专利等知识产权为核心质押物的担保,鼓励大型商业银行、民营财务公司等对中小企业创业创新开展债权融资和股权融资等权益类型的融资服务。风险资本市场在这个时期高速发展,并成为中小企业创业创新融资的重要渠道。1971年,专为具有高成长性的初创期科技型小企业提供融资服务的资本市场——纳斯达克(NASDAQ)成立。纳斯达克成为计算机、生物技术、电子通信、医药等高科技产业科技型小企业融资的重要市场,成为美国高技术产业的摇篮。随之衍生的场外交易市场也为初创期、种子期的科技型小企业提供融资服务。1980年起,美国颁布了一系列鼓励技术成果转化的技术创新法案,搭建起产学研紧密合作的平台。联邦政府积极鼓励联邦实验室等国立科研机构、大学将最新的技术成果向企业转化,通过法律法规的制度性约束扫除了技术成果在联邦实验室等国立科研机构和民营企业之间流动的知识产权归属方面的障碍,加速了技术成果市场化和商业化的进程。为保障一系列技术成果转化的法律法案的落实,联邦政府实施了《小企业创新研究计划》(SBIR)、《小企业技术转移计划》(STTR)、《先进技术计划》(ATP)和《制造业发展合作计划(MEP)》等创新计划,对中小企业创业创新直接开展资金扶持,同时面向中小企业创业创新进行政府采购,通过拆散购买、搁置购买和颁发能力证书等方式,面向高技术产业的中小企业创业创新采购。

2008年国际金融危机以后,美国对中小企业创业创新的政策扶持朝着生态化、网络化、系统化的方向发展。20世纪,美国制造业在全球一直保持领先地位,随着美国经济转型,制造业占GDP比重持续下降,并在2009年降至最低点11.9%。为复苏经济,促进制造业回流、保障就业,2011年6月,美国开始实施《先进制造伙伴计划》;2012年年初,美国推出了先进制造业国家战略计划(左世全,2012)。同年,美国工业领军企业通用电气(GE)提出建立工业互联网。2014年10月,美国继先进制造业国家战略计划后又进一步推出《加速美国先进制造业》。该项旨在提升美国制造业的国家战略,其执行主体包括美国顶尖的工程类大学和高新制造业企业,同时将科技型企业纳入该体系之中。其中,先进制造业国家战略计划明确提出了要加快先进制造业领域中小微企业投资的政策目标,并建立"产业公地",为中小微企业所共享的知识资产和有形设施。通过先进制造业国家战略计划,美国政府一是高度重视大学等研究机构在基础研究方面的重要作用;二是,尽力加强大型平台型企业在工业生态系统中的创新引领和辐射作用,积极鼓励大企业基于工业互联网的工业生态系统;三是,美国政府积极搭建平台,通过一系列政策将国家创新体系尖端的创新成果向中小企业创业创新进行转移和市场化,将中小企业创业创新作为国家创新战略的重要组成部分。

拓宽中小企业创业创新的融资渠道,为中小企业创业创新打造便利的融资环境,一直是美国中小企业创业创新扶持政策中的重中之重。美国小企业管理局经过国会授权,通过504贷款项目、社区快速贷款项目等众多资金扶持项目,向具有高成长性的中小企业创业创新进行直接的资金支持。此外,由小企业管理局负责实施的小企业投资公司计划(SBIC),为小微企业实施开展基于知识产权的担保,通过政府资金的杠杆作用最大效用地撬动私人资本、大型商业银行等风险资本对高技术产业领域的小微企业开展融资服务。美国的风险资本市场在政府资金的引导下蓬勃发展,为中小企业创业创新融资提供了极大的便利。受政府引导的风险资本投资领域主要集中在计算机安全、互联网、信息技术、生命科学、生物医药、环境保护、清洁能源、空间技术、航空工业、纳米等新材料、超微技术等国家重点发展的高技术产业领域。随着1971年纳斯达克市场的成立,包括小额股票挂牌系统、粉单市场以及其他三四级资本市场的繁荣,科技型小企业获取大规模融资的渠道更加丰富。总之,美国政府通过政策性措施加市场资本的方式,解决了中小企业创业创新融资难问题,为中小企业创业创新提供了便利的融资服务。

从美国中小企业创业创新扶持政策理念来看,美国从1980年左右就高度重视技术成果的转化,主要包括将联邦实验室等国立研究机构和大学的技术成果向小企业转化,积极扶持中小企业创业创新技术成果的市场化和产业化。同时,领先于其他国家的是,美国的中小企业创业创新扶持政策的针对性强,主要集中于支持中小企业开展创新相关活动:首先,美国通过法律保障了最新的技术成果从国立研究机构向民营企业流动不受阻碍。其次,美国通过实施国家级的小企业创新研究计划,如《小企业创新研究计划》(SBIR),大力支持科技型中小微企业加强与大学、科研机构的产学研合作。甚至将技术成果转化和市场化的结果等政产学研的合作成效,作为考核国立研究机构和相关小企业创新计划成功与否的重要指标。最后,美国联邦机构通过政府采购、税收减免等方式,积极鼓励中小企业将最新的技术成果市场化。

将中小企业创业创新纳入国家创新生态系统,进行系统化、网络化扶持。进入20世纪,美国高度重视通过构建国家创新生态系统,对中小企业这一创新生态系统中的关键物种进行生态化、网络化的扶持。早在2003年,美国总统科技顾问委员会就提出构建国家创新生态系统。2008年国际金融危机以后,美国通过实施"先进制造业国家战略计划",逐步构建由顶尖大学、国立创新研究院、大型领军企业、中小微企业等组成的国家先进制造业创新网络支撑的创新生态系统。美国政府明确提出将中小企业创业创新纳入先进制造业国家战略,并鼓励国立创新研究院、大学和大型企业将技术成果运用于中小企业创业创新,重点加强应用研究和示范设施的投资。同时,快速增加在新兴材料、综合型创新载体、先进制造业的创新技术以及大数据软硬件系统等领域的资金投入。此外,加大对高技术产业领域中小企业创业创新的政府采购扶持力度,以推动中小企业创业创新快速的市场化和产业化(左世全,2012)。

第二节 美国创新生态系统的构建及扶持政策

20世纪80年代,美国将中小企业创业创新的扶持纳入国家创新体系的建设。近年来,随着美国经济的演化和发展,美国国家创新体系从自上而下层级式的组织结构,向开放式、生态化的创新生态系统进行演化。美国政府将中小企业作为创新生态系统中最具活力的种群进行生态化、网络化的扶持。

一、美国国家创新生态系统的内涵及演化

(一)国家创新生态系统的定义

1987年,弗里曼对日本科技政策进行系统研究之后,在其著作《科技政策和经济绩效:日本经验》中提出了国家创新系统(National Innovation System,NIS)的概念,费里曼提出国家创新系统是"国家内部系统组织及其子系统间的相互作用下,在公、私领域内的一种网络制度,其目标是启发、引进、改造及扩散新技术"。1996年,OECD将国家创新系统定义为由政府、企业、大学、科研院所、中介机构等系统主体组成。它是由上述主体为了共同的社会和经济目标,通过创新知识的生产、传播、衍生等交互性的作用而构成的网络系统。该系统的核心特征是创新知识的自由流动和知识的价值增值(陈刚,2004)。从国家创新系统的定义来看,国家创新系统是一种有组织的网络结构,具有组织化、系统化、网络化的特征。在该网络系统中,政府、企业、大学、科研机构和中介机构,通过创新所衍生的利益链

和价值链纽合在一起。创新强度和创新知识流动效率成为判别该网络系统连接强度的重要指标。

(二)美国创新生态系统的雏形

20世纪80年代左右,美国的经济发展模式开始转变,从传统的依托钢铁、汽车等重工业经济向信息经济、金融经济和服务经济转型。伴随着经济发展模式的转变,美国高度重视创新在国民经济发展中的推动作用。首先,美国政府积极调动作为创新主体——企业的积极性,尤其是充分发挥科技型企业在创新方面的主体作用,从融资、贸易、税收、政府采购、贸易促进等政策措施方面,鼓励科技型小企业开展技术研发等创新活动。其次,联邦政府通过制定保护知识产权和技术成果转移的法律法规和政策体系,在对知识产权开展大力保护的前提下,大力促进联邦实验室等国立研究机构、大学和其他非营利组织,将最新的技术成果等原来属于国有的知识产权向企业转移,进行市场化和产业化,为国有知识产权向私人企业流动扫清障碍。20世纪80年代至20世纪末,美国逐步建立了政府部门、大学和科研机构、中介机构、企业为相关利益主体,以创新知识流动为动力形态,以创新网络连接为核心构架的美国创新生态系统雏形。硅谷是在这个时期所诞生、成长和发展起来的一个典型的创新生态系统。硅谷从斯坦福大学内圣克拉拉河谷边的一小块区域,依托斯坦福、加州理工和伯克利等知名大学,以及政府在风险资本、税收等方面的政策集聚,迅速扩大到整个加利福尼亚州北部旧金山湾以南的广大地区,包括圣克拉拉县和东旧金山湾区的费利蒙市。成为以电子工业为代表的高技术产业领域科技型小企业的摇篮。在美国创新生态系统的初期形态,创新知识的流动方式是以相关利益主体间的机械式传导和推动为主要模式,创新知识在流动过程中还经常受到阻隔,知识传递的效率和质量也有待进一步加强。伴随着知识流动和风险资本的流动和汇聚,创新生态系统对于中小企业创业创新的孵化和发展发挥了关键作用。

(三)美国创新生态系统的演化

20世纪90年代,美国完成了信息经济、金融经济和服务经济的转型,并确立了全球创新型大国的地位。美国高度重视创新生态的构建和完善对于国家创新能力的支撑作用,并将创新生态系统中最有活力的创新物种——高技术企业,尤其是科技型中小微企业,纳入国家创新生态系统。进入21世纪以后,通过生态化、网络化的方式加大了对中小微企业的扶持。随着经济结构的转变,制造业在美国经济中的比重持续下降,美国经济创新的基石受到动摇。2003年和2004年,美国连续两年从发展先进信息技术产业构建和保持国家竞争力的角度(陈华,2015),进一步提出通过构建国家创新生态系统,推动创新,提振制造业发展,增加就业,助推国家经济发展。美国次贷危机和2008年国际金融危机以后,美国进一步加强了创新生态系统的建设。2012年和2013年,美国先后发布了《崛起的挑战:美国应对全球经济的创新政策》和《国家与区域创新系统的最佳实践:在21世纪的竞争》(陈华,2015)的报告,提出通过生态化的创新政策加强国家创新生态系统的建设,促进创新知识在生态系统内部更加自由地流动,实现更高层级的知识创新和创新成果的转化和市场化。美国创新生态系统演化的特征是,以国防与科技、经济与社会发展的实际需求为导向,以创新知识的自组织生产和自由流动的开放式创新为核心动力模式,以利益相关主体的自组织联合、生态化演化和成长为组织形态,成为具有自组织、自成长、自修复功能的创新生态系统。

二、创新生态系统对中小企业的扶持——以硅谷为例

美国硅谷形成了由大学与科研机构、风险资本、综合服务机构、创业创新企业家和创业板市场构成的创业创新生态系统。硅谷不仅汇集了全球顶尖的信息技术、互联网、生物科技、新能源等高技术产业领域的大型企业,每年还有数以万计的创业者来到硅谷创业,形成了创新资源的区域汇聚效应,对中小企业创业创新形成了生态化、全方位的扶持。

(一)大学与科研机构成为中小企业创业创新技术成果的创新源

硅谷起源于斯坦福大学所创办的斯坦福研究院。该研究院是1951年在副校长特曼教授的推动下建立的。研究院的建立不仅继承了斯坦福大学与工业界保持密切联系的传统,也起到了为斯坦福大学筹措办学经费的目的。技术与产业的结合催生了一大批具有市场前景创新技术成果,大学与科研机构在技术开发和成果转化方面做出了重要贡献,成为硅谷迅速发展的重要基石。大学与其他科研机构成为中小企业创业创新的创新源。在特曼的资助下,他的两个学生威廉·休利特和大卫·帕卡德在车库创办了后来全球知名的惠普公司。大学与其他研究机构的技术成果在硅谷迅速转化。许多知名学者、青年技术精英带着技术成果来到硅谷创办科技型企业。在加利福尼亚州北部旧金山湾以南的广大地区后来被称为硅谷的地方,衍生出全球最具创新力的高技术企业群。目前,在硅谷地区集聚了十余所知名的高等院校,其中除斯坦福以外,还有西北理工、圣塔克拉拉大学、金门大学、加州大学伯克利分校、加州大学旧金山分校、加州大学戴维斯分校等,这些学校都有形如斯坦福大学的技术许可办公室(Office of Technology Licensing,OTL)的机构,即专门负责管理学校的知识产权资产,并协助发明者将知识产权进行市场化和商业化。

(二)风险资本汇集为中小企业创业创新提供融资服务

受益于1958年实施的"小企业投资公司计划"(SBIC),风险投资迅猛发展,成为支撑硅谷地区中小企业创业创新发展的重要资金来源。SBIC规定经小企业管理局授权的小企业投资公司,能够获得3—4倍于自有资本的国家低息贷款。20

世纪 70 年代，政府进一步拓宽科技型中小微企业的融资渠道，不仅将部分养老基金投入高技术领域投资，还降低了风险资本税率，进一步激励了风险资本市场的繁荣和发展。据统计，当时美国 30% 的风险资金集中在硅谷。风险投资基金已经成为硅谷创业者，尤其是中小企业创业创新的主要融资渠道。风险资本家将来自于银行、基金公司、保险企业、私人以及大型企业等的资本汇集在一起，设立风险基金进行投资。风险投资对资本具有倍增效应。风险资本家通过专业的基金公司为创业期、种子期的科技型中小微企业提供及时的资金支持，并通过资本市场实现资本增值。针对硅谷科技型创业企业的调查显示，自 20 世纪 70 年代起，1/3 的科技型创业企业把风险资本作为最主要的融资渠道。

此外，美国层次丰富的资本市场也为中小企业创业创新提供了便利的融资服务。专门面向科技型企业融资的科技银行等商业性金融机构，也为中小企业创业创新融资拓宽了融资渠道。

（三）高技术产业人才汇聚为中小企业创业创新发展提供了人才保障

硅谷的高速发展得益于高端人才的聚集效应。一是硅谷聚集了数量众多的顶尖学术型人才，据统计这里不仅聚集了斯坦福大学、加州大学伯克利分校等近 20 所全美甚至全球知名的综合型和工程类大学，还有为数众多的专科学院、技工学校，聚集了 40 余名诺贝尔奖获得者、千余名科学院工程院院士。大量的顶尖学者带着技术成果聚集在硅谷地区，进行创新研发和技术成果的转化，成为硅谷持续发展的创新源。二是硅谷汇集了信息技术等高技术产业界的精英。这里不仅有惠普、IBM、甲骨文、谷歌等世界级的知名企业，每年还有规模巨大的创业者来到硅谷创业。硅谷地处旧金山湾区地带，交通便利。便利的融资环境，使得这里成为创业者的天堂。目前，在硅谷聚集了约 3 万家科技型企业，每年有 1.3 万—1.5 万家新创企业扎根硅谷。全世界各地的创业者受惠于美国宽松的移民政策也不断向硅谷聚集。三是风险资本家聚集。追逐高技术产业发展的风险资本家成为点燃科技界翘楚创业梦想的重要推手。四是硅谷拥有专业化的人才流动机制。美国完善的知识产权保护制度和自由竞争的市场机制，为硅谷提供了高端人才自由流动的文化氛围，使得硅谷汇集了高端产业人才资源。

（四）硅谷为中小企业创业创新提供了孵化器和加速器服务

硅谷汇集了一大批高质量的企业孵化器和加速器，形成了生态聚合效应。企业孵化器为种子期和初创期的中小企业创业创新提供了成长、发展的平台。企业加速器则为成长期的科技型中小企业提供了加速发展的服务。在硅谷，既有政府参与创办的孵化器和加速器，也有由风险资本、私人资本或大型企业创办的孵化器和加速器，形成了"孵化（加速）+风投"的模式，助推科技型企业的发展。地处硅谷的孵化器和加速器，通过创新链、价值链、产业链的共同作用，构建起大学与

科研机构、风险投资、天使基金、投资者、企业以及政府的生态系统。为中小企业创业创新提供如办公场所租赁、创业导师服务、人力资源、法律、组织和财务咨询服务、数据和信息服务管理等一系列服务项目。2014年,据美国孵化器协会(NBIA)统计的美国排名前10位的商业孵化器或早期成立于硅谷,或位于硅谷。

三、启示

(一)通过政策杠杆加快汇聚创新资源,构建创业创新的生态系统

硅谷是创新生态系统的典型代表。政府在硅谷创新生态系统的构建中充分运用了政策杠杆,调动了市场力量,形成了创新资源自由向硅谷汇聚的效应。1958年,联邦政府授权小企业管理局实施的小企业投资公司计划吸引了风险资本对中小企业创业创新的扶持,并间接培育和繁荣了风险资本市场。20世纪八九十年代颁布的一系列技术成果转化、知识产权保护等相关的法律法案,一方面扫除了国有知识产权向私人企业转化的障碍,另一方面也为技术成果的市场化和商业化提供了广阔的空间。

(二)为构建创新生态系统营造良好的外部环境

硅谷的发展离不开法律法规和政策体系为科技型企业营造的良好外部环境。《专利法》明确了知识产权的归属,保证了发明者的法律权益不受损害;《联邦技术转移法》等二十余部完善技术成果转移的法律法案,构建了完整的技术成果转移和市场化的法律法规体系;由国会授权小企业管理局管理的一系列面向高技术产业,尤其是科技型中小微企业的贷款项目,为风险资本向高技术产业和科技型中小微企业聚集,起到了关键的作用;1990年的移民法案调整,为全球高端人力资源向硅谷汇聚提供了保障。总之,硅谷创新生态系统的形成得益于良好的外部法律和政策环境。

(三)通过市场化的手段推动创新生态系统的自组织运行

硅谷几十年的快速发展,对美国经济向信息经济、金融经济、服务经济转型起到了重要的推动作用。硅谷的发展与成长离不开联邦政府的作用,然而联邦政府始终遵循市场经济自由、公平竞争的原则。硅谷创新生态系统是在市场推动、产业发展的过程中自然形成并运行的。该创新系统为中小企业的出生和成长、提供了技术成果转化、融资服务、创业孵化等全方位的给养,形成了生态化的扶持模式,为中小企业这一创新种群的发展提供了良好的创新资源支持。这种扶持是通过市场的无形之手,遵循市场经济规律的基础上形成的。政府的政策措施起到了对中小企业创业创新间接扶持的效果。

第三节 实施先进制造业国家战略计划
扶持中小企业创业创新

21世纪以来,全球产业结构深度调整。欧、美、日等国政府和知名学者纷纷提出通过发展智能制造业,抢占全球新一轮经济发展的高地。2008年国际金融危机后,为进一步加快经济复苏的进程,德国率先实施"工业4.0"。2009年12月,美国发布了《重振美国制造业框架》,此后,2011年6月和2012年2月相继启动了"先进制造伙伴计划"和"美国先进制造业国家战略计划",将中小企业纳入"先进制造伙伴"和"先进制造业国家战略计划",其整体方案是通过系统化、生态化的政策对中小企业创业创新进行扶持,助推美国经济持续高速发展。

一、先进制造业国家战略计划的缘起

(一)重振美国制造业

20世纪以来,美国伴随着以福特为代表的汽车产业和军工产业的迅猛发展,雄踞全球制造业的领导地位。在20世纪的相当长一段时期内,制造业成为美国经济的支柱。从20世纪70年代开始,伴随着以硅为原材料的电子芯片产业的蓬勃发展,信息产业、金融产业、服务产业逐渐占据了美国经济的重要地位,制造业占国民经济的比重逐年下降,并影响到美国经济的长期稳定发展。进入21世纪,全球经济疲软,美国先后经历次贷危机、国际金融危机,金融经济和服务经济受到冲击,经济低迷,失业率居高不下。伴随着美国经济的持续低迷,国家综合创新力也出现减弱的迹象,2009年,美国研究与开发投入占GDP的比重在工业化国家排名第八,全球创新基础竞争力在44个工业化国家和地区中排名第四(左世全,2012)。在此背景下,为提振经济、保持国家创新活力、增加就业,美国再次将制造业作为助推国家经济持久、健康、稳定发展的重中之重。

(二)先进制造业国家战略计划的实施与执行机构

美国将重振制造业的重点放在资本及技术密集型的先进制造业,其实质是制造业与互联网深度融合的智能制造业。美国希望以先进制造业提振制造业出口,创造就业,助推国家经济发展。美国先进制造业国家战略计划是对美国重振制造业战略的贯彻落实。

1. 先进制造业国家战略计划

为重新提振美国的制造业,美国从国家战略层面推出了促进先进制造业发展的政策举措。2009—2010年,美国密集颁布和推出了《复苏与再投资法案》《重振美国制造业框架》《出口倍增计划》《制造业促进法案》等系列政策法规(如表21-4),提振国家制造业发展。在2011年6月和2012年2月相继实施的"先进

制造业伙伴关系计划"(AMP)(黄群慧,2012)和"先进制造业国家战略计划"(NSPAM)中,明确提出要发展包括工业机器人产业等智能制造领域的先进制造业。2012年3月,美国总统奥巴马提出建立"国家制造业创新网络"(NNMI)(毕晶,2013),NNMI计划通过组建遍布美国的涉及各先进制造业领域的政产学研协同创新网络,初期计划投资10亿美元建设15个区域性制造业创新研究所(IMIs)。2014年,美国又颁布了"复兴美国制造业创新法案"(RAMI),赋予商务部部长建立和协调NNMI的权利,未来10年投资30亿美元成立45家制造业创新研究所,并构建先进制造业机构生态系统,推进先进制造业的发展。美国实施先进制造业国家战略,一方面注力调整和提升包括钢铁、汽车等传统制造业的结构及竞争力,另一方面加快包括清洁能源、生命科学、生物医药、航天航空、纳米技术以及智能电网和节能环保等高技术产业。通过实施先进制造业国家战略,美国将逐步建立并完善先进制造业创新生态系统。

表21-4 美国扶持先进制造业的主要政策措施

颁布时间	政策名称	主要内容
2009年2月	复苏与再投资法案(ARRA)	联邦政府通过减免税费、增加投资两个方面致力于美国整体经济的复苏。一是联邦政府在保证资金投向明确、程序规范的前提下,向医疗、交通、住房、教育、残疾人失业援助、新能源研发、能源效率提升等方面增加投资;二是减免小微企业、个人的税费,刺激消费
2009年12月	重振美国制造业框架(ARMF)	一是从保持美国国家竞争力、提升创业创新水平与制造业发展关系的角度提出振兴制造业的战略背景,并客观分析了美国制造业的整体发展情况及面临的挑战;二是从七个方面提出振兴美国制造业的措施,包括:重点发展工业机器人、生物科技产业等重点领域,培养和提升劳动力预支,利用TPP协议扩展贸易合作,等等
2010年3月	出口倍增计划(EDP)	通过指令式的方式,提升美国制造业产品的出口额,增加制造业在美国经济中的比重,并由国务院等多个部门组成了促进出口倍增计划落实的国家级行政部门协同机构,其中包括加大对中小微企业对外贸易的扶持力度,并帮助美国企业进入新兴市场
2010年8月	制造业促进法案(MEA)	是美国发展先进制造业整体方案的有机组成部分,该法案旨在降低美国出口贸易中占比较大的产业领域的制造业成本,主要是通过降低化学、制药等产业领域进口原材料关税的方式来实现
2011年6月	先进制造业伙伴关系计划(AMP)	在知名高等院校、大型标杆企业、涉及国家安全的国家行政职能部门之间建立起广泛的合作关系,旨在一是提高涉及国家安全的制造业领域的整体水平,二是在新兴材料产业开发、工业机器人产业领域、提升能源效率等方面加强投入,从而综合提升美国先进制造业发展水平

(续表)

颁布时间	政策名称	主要内容
2012年2月	先进制造业国家战略计划(NSPAM)	该计划明确了美国深化实施先进制造业战略的战略目标和政策措施,以及参与计划落实的联邦政府的相关职能部门和工作职能。在清晰描绘未来国际先进制造业的发展趋势的基础上,提出美国发展先进制造业应从加强面向中小微制造业企业投资、制造业劳动力的教育培训等技能提升、将中小微企业等纳入先进制造业伙伴关系,进一步完善先进制造业伙伴关系、加强跨产业领域和部门的投资,以及加强研究与开发方面的投资等方面具体展开
2012年3月	国家制造业创新网络(NNMI)	该方案拟通过在美国建立若干先进制造业领域的区域性或行业型的创新研究院构建起美国的先进制造业创新网络。一是加强联邦政府相关的职能部门、大型标杆企业、高等院校和科研院所以及其他私营企业之间的创新合作,提升先进制造业发展水平,加快最新技术成果研究开发和产业化进程;二是加强创新研究院创新平台的创新辐射功能
2014年12月	复兴美国制造业创新法案(RAMI)	赋予商务部部长建立和协调制造创新网络(NNMI)的权利,计划未来10年投资30亿美元成立45家研究所,并构建先进制造业机构生态系统

2. 先进制造业国家战略计划执行机构及运行

先进制造业国家战略计划的核心是构建国家制造业创新网络,即通过公私合营(PPP)模式,规划构建45个区域性制造业创新研究所,组成遍布全美的制造业创新网络。NNMI由美国高端制造业国家项目办公室(AMNPO)全权负责组建和管理。AMNPO由商务部直属的国家标准与技术研究院(NIST)负责协调组建。AMNPO是一个协同多个联邦机构和直属机构的管理部门,包括商务部及其直属的国家标准与技术研究院(NIST)、国防部(DOD)、教育部(ED)、能源部(DOE)、美国国家航空航天局(NASA)和美国国家科学基金会(NSF)等。总统科技顾问委员会提议组建先进制造领域的创新研究所,AMNPO具体负责筹建创新研究所项目。其中,每个制造业创新研究所都必须通过国防部、能源部等相关联邦机构的公开竞争招标程序,经过审查小组审查后立项成立。第一个成立的增材制造创新研究所(NAMII)的运作模式,成为制造业创新研究所的治理模式范本。NAMII采取董事会的形式,实施多方联合治理模式,董事会由各界代表组成,即由政府、产业界(先进制造业企业、行业联盟与协会)、学术界(大学、社区学院、国家重点实验室)以及非营利组织联合治理。AMNPO通过组建网络领导委员会(NLC)来监督各制造业创新研究所的运营。该委员会由制造业创新研究所代表组织,负责统一制造技术标准并寻求制造业创新研究所之间的合作。

二、将中小企业创业创新纳入先进制造业国家战略计划

先进制造业国家战略计划的实施为美国加快抢占全球制造业的领先地位提供了重要的战略支撑。该战略不仅将大学、社区学院、联邦实验室等国立研究机构、大型先进制造业企业等创新主体纳入美国先进制造业创新生态系统,也将中小企业创业创新纳入进来,并积极促进中小企业与其他创新主体间建立先进制造业伙伴关系。

(一)政策目标明确指向中小企业创业创新

先进制造业国家战略计划的政策体系包括三大原则和五项目标。其中,三大原则明确提出要加强"产业公地"(Industrial Commons)的建设,为中小微企业提供能够共享的知识资产和有形设施,推动小企业急速创新和市场渗透。在五项目标第一项就设定了关于加强面向中小微制造业企业投资的战略目标。一是增加联邦政府相关职能机构和部门与大型标杆企业、制造业中小微企业联系的紧密度(左世全,2012)。鼓励科技型中小微企业共同参与先进制造业标准的制定,以及对应用研究和示范性设施进行投资。二是扩大政府采购范围。提出将先进制造领域的科技型中小微企业的早期产品纳入政府采购范围,从而帮助相关的科技型中小微企业获取规模化产能提升的重要机会。三是重点加大与国家安全紧密联系的产业投入。第三项目标是大力引导科技型中小微企业融入先进制造业伙伴关系。支持大型标杆制造业企业、科研院所等先进制造技术研究机构、行业联盟等组织,将科技型中小微企业纳入基于产业集群的合作伙伴关系。第五项目标是面向科技型企业进行永久性税收减免,鼓励先进制造业领域的科技型企业开展研究和开发。

(二)中小企业成为先进制造业创新生态系统的重要主体

通过实施先进制造业国家战略计划,美国构建了一个基于国家制造创新网络(NNMI)的先进制造业创新生态系统。该生态系统由四大主体构成:一是学术界和国家实验室,包括高等院校、社区大学以及国家实验室等国立研究机构;二是工业界,包括大型企业、中小微企业和初创企业;三是各级政府及直属机构,包括联邦政府、州与地方政府、相关直属机构以及其他经济发展组织;四是制造业创新研究所。每个制造业创新研究所成为连接工业界、政界和学术界创新网络的核心节点,成为一个区域制造业的创新中心。中小企业是该创新生态系统中的重要创新物种。先进制造业国家战略计划明确提出将学术界和国家实验室的技术成果向科技型企业进行转化,加快市场化和商业化的进程;同时,鼓励中小企业参与先进制造业标准的制定,将中小企业作为创新的主要力量。

三、启示

（一）要加强顶层设计，将中小企业扶持纳入国家创新战略

美国大力推进先进制造业的发展战略，不仅将知名的高等院校、国立和公共科研院所、大型制造业标杆企业纳入计划的实施进程，还将中小企业创业创新的扶持纳入国家创新战略的整体政策体系。这项旨在发展先进制造业的战略是一项带有计划指令特色的创新战略，一方面，美国通过系列法规政策确定了发展先进制造业的战略性地位；另一方面，美国成立了国家层面的政策性机构保障该计划的落实。该项计划明确了对科技型中小微企业扶持的战略原则和具体措施。如永久性税收减免等政策对先进制造业领域中小企业创业创新扶持的针对性非常强。从该项计划的运行构架来看，美国旨在建立国家先进制造业创新生态系统，而中小企业创业创新作为最为重要的创新物种被纳入该创新生态系统。

（二）要借鉴"产业公地"建设经验，加强对中小企业创业创新的投资

建设"产业公地"的实质是推动公共型的创新扩散平台的构建（左世全，2012）。产业公地的服务对象主要是先进制造业领域的中小微企业，其核心功能是推动创新知识和创新技术的广泛运用和快速传播。建设"产业公地"对于集中扶持科技型中小微企业、保证政策落地具有重要意义。其建设经验对我国制定科技型中小微企业的扶持政策具有重要的参考价值，一是通过设立科技型中小微企业扶持的创新发展基金，建立示范性平台，加强大中小微企业信息共享和研发互动，加快集群内产业链上下游纵向集成创新；二是建立共性技术成果转化和公共基础设施开放机制，鼓励大型企业、国有研究机构将技术成果和基础设施向中小企业创业创新转化和开放。

第四节 借鉴与启示

从美国的经验来看，联邦政府在科技型中小微企业的成长和发展的过程中起到了非常重要的作用。尤其是 20 世纪七八十年代，伴随着美国经济转型，美国运用法律和经济等手段，实施了一系列针对性很强的政策措施，将中小企业创业创新的扶持纳入国家创新生态系统的扶持，为中小企业创业创新的发展创造了有利条件，推动美国经济成功转型，并成为全球最为重要的创新极。中国目前正处在经济转型升级的关键时期，有必要借鉴美国的做法，充分发挥宏观调控方面的优势，加大扶持中小企业创业创新的政策力度，激发国民经济的创新活力，加快中国经济向创新经济和创造经济的战略转型。

一、高度重视中小企业创业创新在国民经济中的重要地位

美国从联邦政府到地方政府，搭建了较为完整的小企业治理构架。参众两院

的小企业委员会、联邦政府的小企业管理局等构建了中小微企业综合治理的格局。目前,从中国中小微企业治理的体制机制来看,面向中小微企业集中治理和综合治理的整体格局尚未形成。一是在国家层面,中国中小微企业的宏观管理呈现"五龙治水"的情况:国家工商局管登记,工信部管工业中小企业,国家商务部管服务类中小企业,税务局管税收,国家统计局管规模以上企业,国家工商联合会管民营企业,等等。一方面,在中小微企业的治理过程中,常常出现政出多门、各自为政、政策难以落地的情况;另一方面,缺乏国家层面综合性的中小微企业管理机构,难以汇聚政策力量,对中小微企业开展集中扶持。二是在地方层面,一般由经济和信息化局(委员会)负责中小微企业治理,但是囿于管理机构级别低、职能限制等问题,无法协调科技、税收、财政等各个方面的力量对中小微企业施予有效的政策。中国可借鉴美国小企业治理的经验,在国家层面,加强中小微企业治理的顶层设计,设立国家层面协调中小微企业事务的机构,在科技、金融、税收、财政、技术和信息化等方面形成面向中小微企业完整的政策体系。在地方层面,相应提升中小微企业治理层级,加强对中小微企业的政策统筹。

二、积极运用市场化的手段对中小企业创业创新进行系统扶持

美国中小企业创业创新的蓬勃发展离不开政府的作用。美国联邦政府积极发挥市场的作用,高度重视建立和维护公平竞争的市场秩序对中小企业创业创新发展的调节和助推作用。一是美国关于中小微企业发展的法律法规体系完善。美国较早确立了小企业基本法,保障了小企业和大企业公平竞争的外部条件。二是美国中小企业创业创新的政策起到了杠杆作用,撬动社会资源加入扶持中小企业创业创新的阵列。中小企业创业创新由于高技术、高风险的特性面临融资难的困境。一方面,美国通过实施政府主导的小企业投资公司计划,成立政策性的风险投资公司;另一方面,政府通过成立政策性的机构为中小企业创业创新提供知识产权质押担保,不仅吸引了私人资本、商业银行等风险资本为中小企业创业创新提供便利的融资服务,更间接繁荣了风险投资行业,为美国经济的创新转型打下了基础。三是解除限制中小企业创业创新发展的法规与体制因素。首先,美国在 20 世纪八九十年代实施的一系列保障技术成果转化的法律法案和政策措施,畅通了国有知识产权向私人企业转化的渠道,加快了最新技术成果市场化和商业化的进程。其次,美国通过实施 SBIR、STTR 等一系列专项资金扶持措施,规定联邦政府部门通过政府采购、税收减免等措施扶持中小企业创业创新的发展。小企业管理局甚至将一些大型的政府采购合同拆分,定向中小企业发包。总之,在对中小企业创业创新采取扶持政策的过程中,美国坚持遵循市场经济的规律,通过市场化的手段调节中小企业创业创新的宏观管理。

三、坚持创新生态系统建设对中小企业创业创新进行生态化的扶持

美国的经验显示,创建国家和区域创业创新生态系统,对中小企业创业创新的发展和扶持具有重要的意义。硅谷是典型的创业创新生态系统。据统计,目前硅谷有近3万家科技型中小微企业,成为名副其实的科技型企业的摇篮。硅谷的成长和发展具有自组织、自成长、自运行的生态化特征。同时,硅谷对中小企业创业创新形成了生态化的扶持:一是硅谷政产学研交互合作的生态环境,为中小企业创业创新的发展提供了良好的外部条件。政府的综合服务机构、高技术产业企业的聚集和联盟、高校和科研机构的汇聚,为中小企业创业创新提供了创新资源和优越的发展环境。二是创新生态系统为中小企业创业创新发展提供了创新支撑。斯坦福等几十所高等院校、专科学院以及高技术产业相关的科研机构提供了创新支撑和智力支持。三是创新生态系统提供了人才支撑。硅谷集中大量的高端人才,除了高技术产业领域的科学家、知名学者,还有大量的创业企业家、行业精英,这些高端人才为中小企业提供了技术创新、创业辅导、组织管理、法律咨询等全方位的支撑。四是完善的资金支持。硅谷创新生态系统为中小企业创业创新提供了层次丰富的融资渠道。首先,美国近20%的风险资本汇集于硅谷;其次,以硅谷银行为代表的商业银行也为中小企业创业创新提供了股权和债权融资;此外,NASDAQ以及场外资本市场都为中小企业创业创新提供了融资渠道。

四、将中小企业创业创新纳入国家创新战略进行综合性扶持

2008年国际金融危机以后,美国将中小企业创业创新纳入先进制造业国家创新战略计划,进一步加强了对先进制造业领域中小企业创业创新的扶持力度。首先,美国明确了先进制造业的产业领域,对中小企业创业创新进行有针对性的扶持。总统科技顾问委员会(PCAST)定义先进制造业为利用或者生产信息、自动化、计算机、软件、传感和网络技术产品的产业,以及利用纳米技术、化学、生物技术等尖端材料、物理和生物领域新兴技术的产业。对于上述产业领域的中小企业创业创新,实施如永久性税收减免等政策措施,政策针对性强,容易落地。其次,美国不仅将卡内基梅隆、乔治亚理工等6所知名学府,以及阿勒格尼技术、卡特彼勒等11家先进制造标杆企业等纳入先进制造业伙伴的行列,也积极鼓励负责承接先进制造业战略计划相关创新项目的联邦机构、州政府等地方政府,将先进制造业领域中小企业创业创新纳入进来作为先进制造业伙伴。最后,美国通过建立"产业公地""制造业创新研究所"等举措,建立先进制造业领域共性技术和创新示范平台,大力支持最新技术成果面向中小企业创业创新的辐射应用,为中小企业创业创新的加速发展提供了广阔空间。

第二十二章　德国中小企业创业创新扶持政策

与世界上多数国家主要扶持大型企业集团的思路不同,德国采取的是"限大促小"的思路,虽然在全球500强的企业中,德国企业的入围数量排在美国、日本、英国、法国等之后,但凭借富有竞争力的众多中小企业创业创新,尤其是一大批专业领域的科技型隐形冠军,德国经济始终保持全球领先地位。近年来,德国工业4.0计划及相关的中小企业重点扶持体系充分凸显了德国在新产业革命中的重要布局和成就。研究德国中小企业创业创新扶持政策体系及其主要演变趋势,德国如何培育中小企业创业创新专业领域的隐形冠军的经验和做法,以及德国在重点扶持智能制造领域中小企业创业创新的相关政策措施,对于我国中小企业的创新发展和产业结构的调整具有十分重要的借鉴意义。

第一节　中小企业创业创新扶持政策体系及主要演变趋势

德国是以中小微企业,尤其是中小企业创业创新为支柱的经济强国。德国拥有全世界最多的行业中小微企业隐形冠军,拥有最雄厚的科技创新能力和制造基础。为了促进中小企业创业创新的发展,德国从组织机构设置上建立了一套特色鲜明的中小企业创业创新扶持政策体系。

一、德国扶持中小企业创业创新发展的组织机构体系

德国十分重视对中小企业创业创新管理和发展的组织机构体系的建设,其中对于小企业创业创新的扶持,主要由联邦政府、联邦州政府和地方政府主导,此外还有专业银行和中介机构。

（一）联邦政府扶持中小企业创业创新发展的主要作用

联邦政府设立的中小企业促进机构有联邦经济与劳动部及与中小企业有关的下属机构。联邦经济与劳动部简称"联邦经济部"。其下设的中小企业创业创新咨询委员会致力于研究中小微企业的现状和前景,系统分析经济政策措施对中小企业经济状况的影响,并及时进行政策调整。此外,联邦经济部下属的联邦经

济与出口检查局在对外经济促进和能源领域为联邦政府承担重要的行政任务,并通过咨询、信息与培训活动、手工业促进市场化补助金项目等方式重点实施中小微企业扶持项目,促进以补贴形式进行,即对上述活动项目的费用给予补贴。

德国联邦政府高度重视对中小企业创业创新的扶持,并通过多达500个左右的扶持项目开展服务,其中包括自主创业、投资、环境、节能、可再生资源、研发和创新扶持、风险资本和参资资本等扶持项目。

(二)联邦州政府、地方政府在扶持中小企业创业创新发展中的主要作用

除联邦政府外,各个联邦州、地方政府都相应设立了经济部及其下属的经济促进机构,作为中小企业创业创新扶持机构。此外,为了加快经济不发达地区的发展,德国出台了《改善地区经济结构联邦/联邦州共同任务法》,联邦政府和各联邦州政府联合采取行动,制订地区促进计划,促进这些地区的基础设施建设和对工商业经济的投资。

德国各联邦州政府和地方政府高度重视对研究和创新扶持的投入,接近30%的州预算用于研究和创新扶持。德国各联邦州政府从20世纪60年代就开始激励和引导中小微企业开展新产业技术的研究和开发等技术创新活动,鼓励中小微企业占据行业、细分产业的发展高地。

(三)专业银行扶持中小企业创业创新发展的主要作用

为减轻公共管理部门负担,也为提高中小企业创业创新扶持的工作效率,联邦政府把一些重要的扶持任务委托给一些大型政策性商业银行,比如德国复兴信贷银行(周宁,2011;黄灿、许金花,2014)。其中,德国平衡清算银行通过为自主创业的企业主融资的方式服务于中小企业创业创新,而德国复兴信贷银行主要是通过为创新活动融资以及提供风险资本服务中小企业创业创新。此外,一些担保银行、其他商业银行也会通过提供资金担保和资金借贷服务等服务科技型中小微企业。

(四)中介机构扶持中小企业创业创新发展的主要作用

德国的众多中介机构在服务中小企业创业创新中也非常有特色,具体来说,德国通过遍布全国的信息咨询网络、一系列的中介促进机构、近百家地方工商会、各类协会等组织开展对中小企业创业创新的扶持。德国的科技中介机构非常发达,有行业协会、商会、基金服务等形式,为中小企业创业创新提供科技咨询和转移等服务。科技转移服务包括德国技术转移中心、德国弗朗霍夫学会和史太白转移中心。众多中介机构主要通过提供信息、咨询和培训、专家评估等各类服务,促进中小企业创业创新的技术发展。

二、德国扶持中小企业创业创新发展的政策体系(见表 22-1)

表 22-1 德国中小企业创业创新政策体系

目的	政策	措施
改善生存环境	《反限制竞争法》《标准化法》《中小微企业促进法》等竞争性制度	竞争性制度
完善融资渠道和充实自有资本	科技金融政策	制度金融、风险担保
促进创新扶持	促进创业和创新政策	经营、资金支援
培育行业隐形冠军	推动专业化政策	人才培育支援 技术、专利政策 国际化政策

资料来源:笔者整理。

(一)以高科技战略为基本导向,积极营造中小企业创业创新良好的生存环境

德国高度重视小微企业的生存和发展,积极为小微企业创造良好的竞争环境,并相应实施了一系列相关政策,如通过《民法典》《商法典》等维护市场秩序,通过《反限制竞争法》《标准化法》《中小微企业促进法》等确定竞争性制度,通过《关于提高中小微企业效率的行动计划》减轻小微企业的税收、经济、社会负担。此外,近年来,德国以高科技战略为基本导向,在进入 21 世纪以后,德国致力于加强智能制造相关产业领域的引导和扶持,实施顶层设计,先后推出了《德国高技术战略》《德国 2020 高技术战略》以及工业 4.0 等国家高科技和智能制造战略,2015 年又追加了用于教育和科研投入的财政支出预算比例。在这一系列高科技战略规划中,小微企业既是政府政策的重点扶持对象,又是项目合作的重要载体,德国政府引导中小企业创业创新围绕五大高科技产业领域创新发展,并提供财政、金融等各种创新支撑,营造了中小企业创业创新发展的良好环境。

(二)德国中小企业创业创新资金扶持相关的金融政策

德国扶持中小企业创业创新的金融政策主要是向相关企业提供多渠道的资金支持,包括个人借贷、风投、研发机构投融资、担保机制、股票市场融资等方面。根据科技型中小微企业的成长和发展的规律和实际需求,德国政府、政策性银行、商业银行、微贷企业为中小企业创业创新提供了多元化的融资渠道,针对科技型中小微企业在融资过程中缺乏有效质押的问题,德国担保银行制度为科技型中小微企业融资提供了独特的信用质押,即银行用自身信用作为抵押物,为科技型中小微企业提供融资便利。德国政府为担保银行制度提供了强力支持,特别是政府为担保银行贷偿损失提供了相当比例的资金补偿,极大地鼓励了担保银行产业的发展,并为科技型中小微企业提供了更为便捷的融资渠道。其中,德国全能银行

体系为具备高技术、高风险特征的科技型中小微企业开辟了主要的融资渠道(黄灿、许金花,2014)。此外,政策性银行和商业金融机构的微贷项目也为中小企业创业创新提供了融资服务(丁振辉,2015)。德国主要的中小企业创业创新金融模式如表22-2所示。

表22-2 德国金融服务中小企业创业创新的主要模式汇总

主要模式/典型机构	职能	资金来源/技术核心	制度核心
IPC微贷模式/德国国际项目咨询公司(IPC)公司	主要为开展微贷业务的商业银行提供咨询和项目管理服务	评估客户偿还贷款的能力,即通过评估客户的实际偿债能力、偿债意愿以及综合银行风险管控的需要,设计指标定量评估客户还贷能力	对客户经理的激励和约束机制,一是形成了师徒制的信贷员培训制度,二是将每笔信贷业务的完成和维护情况与信贷员的工作绩效考核联系起来,进行有效激励
复兴信贷银行模式(政策性商业银行)/德国复兴信贷银行(KFW)	从20世纪70年代起重点扶持中小企业、创新型企业以及初创企业的发展,并提供相应的融资服务	复兴信贷银行一是具备较高信用,能够从金融市场获得大量低成本的资金,二是拥有政府背书,通过发行政府债券获得资金来源	德国复兴信贷银行与商业银行联合开展金融服务,为中小微企业提供中长期的贷款服务,其从事的业务范围是一般商业银行认为无利可图或者没有能力经营的业务,并其经营的商业性业务与政策性业务采取了分业经营的模式,保障了其政策性业务的专业性和独立性(于晓东,2015)
德国储蓄银行模式(深耕基层)/德国储蓄银行(Sparkasse集团)	为中小微企业提供融资服务和咨询服务	基于定量、定性指标化的客户评级和贷款服务体系,有效的风险管控机制(傅勇,2014)	一是区域性的"社区服务"原则,为周边客户提供定制性的服务;二是为中小微企业提供融资服务,包括信贷咨询、行业分析和企业发展绩效分析等综合服务
一般商业银行模式(综合经营)/大型商业银行如德国商业银行(Commerz-Bank)	为营业额在250万到5亿欧元之间的中小型企业服务	组建专职中小微企业客户的经理团队,降低票据融资业务门槛;由下属子基金公司为科技型中小微企业提供低成本的融资服务(丁振辉,2015)	根据科技型中小微企业客户的实际融资需求,定制设计融资产品,不断开发新颖的融资服务产品,如针对中小微企业设计开发了银行资金管理系统
网络商业银行模式(成本约束)/Comdirect、DAB、Cortal-Consors及INGDiBa等四家网络银行	为个人客户和小企业客户服务	通过互联网和电话等通信方式拓展小微金融业务,最大化降低经营成本,并拓展客户群体(丁振辉,2015)	德国的网络银行隶属于银行集团,由外资银行和德国国内银行控股

资料来源:笔者整理。

（三）德国激励中小企业创业创新的相关政策

中小企业是创业创新的主体，德国政府积极为中小企业创业创新营造优良的外部环境。政府对小微企业创新的支持主要集中在四个方面，一是实施中小企业创业创新研发创新支持项目（KMU—Innovativ），即为加强德国高技术战略重点发展产业领域的基础性研究，由政府相关部门划拨一定的资金扶持科技型中小微企业组织和参与相关的研发活动（纪慰华，2015），该项目由联邦教研部实施，以研究为重点，以企业和科研院所大学等合作为主体；二是中小企业创业创新核心项目（ZIM），该项目以应用为重点，以中小企业创业创新为主要支持对象，由德国联邦经济技术部实施；三是集群和网络建设，目前，德国已形成15个尖端产业创新集群，通过产业集聚促进中小企业创业创新与科研机构合作；四是针对初创期中小企业创业创新专门实施融资支持项目，这是新一届联邦政府的重点支持任务。德国政府专门针对中小企业创业创新进行资金扶持。在政府创新导向的预算安排中，54%的财政投入资金由中小微企业获得，更值得关注的是，除了在预算安排中增加对中小企业创业创新开展新技术研究和开发等技术创新活动进行直接扶持，还积极发挥并放大政策性资金的引导作用和杠杆作用，以联邦教研部管理的KMU-Innovativ为例，政府直接补贴的比例是50%，其余50%的资金由中小企业创业创新通过筹集各种社会资金获得。

德国对中小企业创业创新的支持项目种类很多，针对性极强，联邦政府和州政府对中小企业创业创新的资金支持项目合计有1700余个，如德国复兴信贷银行集团投放的低息长期信贷资助的项目就有200余个，而且这些资助都是根据每个中小企业创业创新自身的特点而设计的，其中，比较有代表性的是小微企业创新核心项目（ZIM）、高科技创业基金（High-Tech Start-Up Fund）、欧洲复兴计划启动基金（ERP Start Fund）、欧洲复兴计划创新项目（ERP Innovation Program）等。表22-3是对这四类项目的资金来源、运作机构、资金规模、资助对象及资助方式分别进行详细比较说明。

表22-3　德国中小企业创业创新资助项目的比较

项目	资金来源/运作机构	资金规模	资助对象	资助方式
全德中小微企业创新项目	资金来自联邦政府预算	每年3亿—7亿欧元不等	中小微企业和与之合作的科研机构	无偿资助，差异化比例35%—50%
高科技创业基金	联邦经济技术部、德国复兴信贷银行、若干知名工业企业集团共同设立	2005:2.885亿欧元　2012:2.935亿欧元	处于种子期的技术创新小微企业	风险投资、管理支持和合作伙伴网络服务

（续表）

项目	资金来源/运作机构	资金规模	资助对象	资助方式
欧洲复兴计划启动基金	德国复兴信贷银行集团(KFW)的中小微企业银行负责运作	2.5亿欧元	高风险、高技术的科技型中小微企业，处于种子期末端阶段，拥有自主知识产权和新产品，企业员工在50人以内，年销售额低于1000万欧元，存续时间不到10年，要求企业必须已有一家主导投资者	通过启动基金进行股权投资的方式进行扶持，每个项目的股权比例和投资条件，以及主导投资方的投资运作模式完全相同，即主导投资方参与企业管理和运作，向KFW披露企业信息，还要求企业高管投资入股
欧洲复兴计划创新项目ERP	在欧洲复兴计划的框架下，由KFW的中小微企业银行负责运作	每年9亿—13亿欧元	种子期、初创期和发展期的小微科技企业，KFW为接近于市场应用的研发计划提供长期的融资支持	KFW提供长期优惠贷款是一个融资包，包括传统的常规贷款和次级源贷款，KFW承担次级源贷款的全部风险，不要求企业提供任何抵押品，KFW的清偿权处于第二位，贷款期限在5—10年，利息非常优惠，并有较长的宽限期

资料来源：孟艳，经济研究参考(2014)，笔者整理。

其中，小微企业创新核心项目是德国联邦政府预算资助金额最多的中小企业创业创新项目，主要是为应用导向的基础研究和科研成果转化提供资助，支持和弥补德国在知识转换为创新链条中的薄弱环节，其主要类型和管理如表22-4所示。

表22-4　小微企业创新核心项目的主要类型和管理机构

项目类型	独立项目	合作项目	
		协作项目	合作网络项目
项目特征	由一家企业独立承担的研究和开发项目	由两家及以上的企业联合负责或者由企业和研究机构联合承担的研究和开发项目	经由企业联盟之间协议发起的研究和开发项目
项目管理机构	EuroNorm 公司，VDI/VDE创新和技术公司	德国工业研究联合会	VDI/VDE创新和技术公司

资料来源：孟艳，经济研究参考(2014)。

三、德国扶持中小企业创业创新扶持政策的演变趋势

为了促进中小企业创业创新的发展,德国高度重视中小企业创业创新的发展,并形成了完整的中小企业创业创新法律法规、扶持政策和举措,中小企业创业创新服务体系日趋完善,其发展和演变过程值得研究和借鉴。

20世纪50年代,德国政府对小微企业扶持政策的重点主要体现在作为一支最重要的力量推动自由竞争环境的形成。在此期间,德国联邦政府先后出台了《反限制竞争法》(1957)等法律保护小微企业要求的利益,促进自由竞争。

70年代,德国政府对小微企业扶持政策的重点主要体现在高度重视和扶持中小企业创业创新的技术创新和技术进步。受到世界经济危机的影响,德国联邦政府关注到中小微企业在技术创新和技术进步方面的巨大优势,尤其是在不利的经济环境中作为新的经济增长点和动力的重大作用,所以在此期间,德国实施了一系列扶持和推动小微企业技术创新和进步的相关政策,如《联邦政府关于中小微企业研究与技术政策总方案》(1977)、《中小微企业研究和研制工作基本设想》(1978),从资金来源和定向使用中为中小微企业的技术进步和创新进行具体扶持,直接以补助形式发放给中小微企业研究专项经费。

90年代,德国政府对中小企业创业创新扶持政策的重点主要体现在高度重视扶持中小企业和新创企业,主要通过财税金融政策进行扶持。在此期间,德国通过多项政策促进新创企业的建立和小微企业的发展,以消除工业的结构危机,具体包括2003年和2004年先后颁布了两项法律,对工业标准规定进行了根本改革,促进中小微企业的就业和培训,方便新创企业的成立;德国实施的税改大大降低了小微企业的负担,使得小微企业的盈利能力和竞争力都大大提高;此外,2003年,德国通过整合中小微企业银行和复兴信贷银行,成立了复兴信贷联邦中小微企业银行,简化了对新创企业及小微企业的信贷发放程序,对小微企业发放了数额巨大的信贷资金,极大地促进了小微企业的初创及成长。

进入21世纪,尤其是2006年以后,德国中小企业创业创新扶持政策的重点主要体现在以高科技战略为基本导向,对重点产业领域的中小企业创业创新进行扶持。在此期间,德国实施了一系列高技术战略的国家总体规划,并以此为战略导向,为中小企业研发和创新提供资金和金融支持。2006年,德国出台了《德国高技术战略》,将节能环保、光学技术、生物智能、新能源、新材料等列为新兴战略产业进行重点扶持,2010年修改了这个战略,正式通过了《德国2020高技术战略》,为中小企业创业创新量身定做了各种创新支持方案,引导科技型小微企业围绕气候与能源、健康营养、交通、安全、通信五大领域展开创新。2013年,德国将工业ICT引入《高技术战略2020》的十大重点项目,拟投入2亿欧元资金支持制造业新革命性技术的突破,之后进一步深化提出了德国工业4.0整体规划。2015年,用于教

育和科研的投入占 GDP 比重增至 10%。根据德国中小企业创业创新重点发展的战略领域,德国的中小企业创业创新扶持政策依据市场应用导向,从经济、合作和政策三个层面实施,具体包括以关键技术创新通过供给创造市场,以资金扶持强化企业与科研机构的战略联盟,深化产学研合作,改善创新融资环境政策、扶持科技型初创企业政策、税制改革政策、简化程序政策等措施。在此期间,德国对中小企业创业创新的支持主要集中在四个项目,包括联邦教研部实施的中小企业研发创新支持项目,主要扶持中小企业创业创新开展政府导向的高技术产业领域的基础性研究和开发活动;联邦经济技术部实施的中小企业创新核心项目,集群和网络建设(包括 15 个尖端产业创新集群)及针对初创期中小企业创业创新专门实施的融资支持项目。

第二节 培育中小微企业专业领域的隐形冠军

德国拥有世界上最多的隐形冠军式的中小微企业,这些企业坚持贯彻全球化发展战略。据统计德国现有隐形冠军企业 1 300 余家,该数量是美国的 4 倍,而英国仅有不足 70 家,中国只有 68 家(叶雷,2015)。这些企业中绝大部分是以技术领先占有绝对竞争优势和利基市场的中小微企业,其新产品和专利的比例远远超过大型企业,是细分行业当之无愧的隐形冠军。这些与德国宏观经济、产业模式、创新机制及相应的一系列扶持政策密不可分,对我国培育中小微企业的隐形冠军、促进经济转型升级具有重要启示。

一、隐形冠军的内涵和特征

根据德国管理学教授西蒙在《隐形冠军:未来全球化的先锋》一书中的定义,隐形冠军是聚焦于一个产品、一个市场,往往是一个高度专门化利基市场的领导型企业。这类企业的产品基本占据企业国际市场份额的前两位,市场份额达到 70% 甚至 90% 以上,从投入端看,以中小微企业为主,股权结构和治理结构简单,管理方式灵活,产品和市场高度专业化,生存时间往往多达几十年甚至上百年。这些行业中隐形冠军式的中小微企业往往具有以下三个方面的共性特征:

一是企业领导者具有领跑全球同类企业或产业的宏大愿景和高瞻远瞩的商业战略。多数企业隐形冠军都有着明确的发展愿景,并将愿景目标逐层分解。这些企业永远前进在迈向下一个目标的发展道路上。因此,大多隐形冠军企业都希望成为全球市场的领导者,而且伴随着全球化浪潮,隐形冠军往往日益专注于它们的科技和市场,产品和技术往往独一无二并且卓越超群。

二是高度专注和持续不断地创新。隐形冠军企业往往是专注细分市场、崇尚专业化,绝少多元化,选定了某一产品或市场后,会几十年、几百年如一日地专注于此并不断深入细分市场,不断延伸价值链,从价值链广度和深度上不断探索,这既包括继续开发多种产品、开拓不同市场,也包括在产品的不同规格或一揽子配套产品上。在西蒙的调研里,25%的隐形冠军公司的制造深度超过70%,远超行业平均水平。此外,持续创新是隐形冠军企业的利器,主要体现在持续不断的产品创新、流程创新和服务创新中。据统计,以千名雇员的专利产出计算,隐形冠军企业拥有31件,平均是大企业的数倍之多。德国近九成的隐形冠军企业是同行中的技术领军企业,其平均用于研究和开发等技术创新活动的经费占销售收入的比重超过6%,甚至有20%的隐形冠军企业的研究和开发投入高达9%。

三是亲近的客户关系、非常鲜明的竞争优势。隐形冠军企业和客户往往是相互依赖的关系。企业对客户市场会高度依赖,而隐形冠军企业的产品和服务的专业性也决定了其高门槛和不可替代性。而且正是产品的服务化性质,使得产品和服务有机融合成为统一的产品系统和整体的解决方案,因此客户对企业的依赖度也往往非常高(叶雷,2015)。相比一般的小公司以及一些大型企业,隐形冠军企业的市场调研更深入,对客户的需求更了解,产品或服务往往更能切中客户的痛点。此外,隐形冠军企业的竞争力不仅表现在产品和服务上,忠诚的职业经理人和员工也是重要因素。相比一般企业,隐形冠军企业的职业经理人连任率是一般跨国公司的4倍,达到20年以上,这使得企业具有更强的稳定性。除了领导人以外,隐形冠军企业也非常注重一般员工的学徒制培训,在德国隐形冠军企业的员工培训投入比大企业平均高出五成以上。

二、德国培育中小企业创业创新的隐形冠军的外部环境和扶持政策

为何德国会成为隐形冠军企业的摇篮,这与德国的宏观经济、产业模式、创新机制及相应的一系列扶持政策密不可分。培育隐形冠军企业,国家往往需要具备很强的制造业生产能力、很强的创新氛围和有效的政策支持。

(一)宏观环境因素

1. 德国的市场环境条件推动了企业的外向型发展特征

德国的地域和人口特征决定了企业的市场范围的局限和利基市场的狭小,因此推动了企业通过国际化的路径开发市场。西蒙的调查也指出,隐形冠军企业平均51%的销售额是在国外实现的,因此推动了企业在一个特定的专业化的利基市场不断深入做深做精,同时注重开发国际市场。

2. 德国的产业模式决定了企业难以通过低成本方式展开竞争

德国政府的产业发展和劳动保障政策,对企业雇员的工资水平、福利条件、雇佣关系管理等都有明确的规定,员工和企业之间的雇佣关系较为稳定,这种政策限制了企业通过裁员或压低员工工资福利待遇等方式降低企业经营成本的空间,倒逼企业寻求组织创新、技术创新等模式推动产品创新,从而占据更为有利的市

场竞争地位（Matravas,1997；黄阳华,2015）。

（二）制度文化因素

1. 良好的科技服务体系和成果转化机制

德国的众多中小微企业的新产品比例和专利比例远超大型企业，成为细分行业的隐形冠军，与德国完善的小微企业技术服务体系和科技成果转化机制密不可分。总的来说，德国的小微企业技术服务体系包括技术研发体系、中介技术服务和政策支持体系等，其核心特点是"民办政扶"，政府确定科技创新的重点领域，并设立基金对中小企业创业创新的技术研发、成果商业化等进行部分资助，引导其他社会资金共同参与，在具体的技术服务过程中，由类似企业的民间组织具体开展各项工作，通过行业协会支持技术研发，以保证项目执行的公益目标和市场效率。

德国的公共技术研发体系主要由协会和高校构成，机构定位清晰、分工明确、网络广泛、研发能力强大。德国的协会是财团法人或社团法人经营的非营利性组织，德国政府给予经费划拨，三大协会是中小企业创业创新质优价廉的共性技术提供平台。其中，赫尔母资协会有16个研发中心，研究的共性技术主要是能源、环境、生命科学、关键技术、物质结构以及交通航天等方向；莱布尼茨协会有86个研究中心，研究的共性技术主要是自然、工程、环境、经济、社会、地球和人文科学，重视基础和应用的结合；弗朗霍夫协会有66个研究中心，研究的共性技术主要是信息交流、生命科学、微电子、光与表面、生产、物质等方向。德国高校的应用技术研发能力也很强，其中应用类的学校占了总数的五成以上。

德国的中介技术服务体系非常发达，其中行业协会、商会、基金会是技术咨询和技术转移服务的主体。德国技术转移中心和弗朗霍夫协会是非营利性机构，史太白技术转移中心属于基金会性质。德国技术转移中心免费为中小微企业提供共性技术支持、咨询和专利信息转移。弗朗霍夫协会和史太白技术转移中心通过市场化方式进行服务。以史太白技术转移中心的市场化服务为例，其分支机构面向企业的咨询只有在五小时以上才收费，因此对企业的技术创新具有非常强的指导和支持。而且，中心也对各分中心的企业免费上门服务进行经费补贴。总而言之，德国的众多中介技术服务机构的市场化和非营利性服务对技术扩散、溢出和转移具有重要作用，德国中小企业创业创新的技术使用成本实际上是非常低廉而且方便获得的。

德国中小企业创业创新技术服务的政策也非常发达。德国联邦技术和经济部、教育部和州政府通过资金扶持的方式支持技术开发。德国的三大协会是非营利组织，但对技术服务的经费有非常大的自主支配权。在政府以日常管理和项目经费的形式将科研经费拨付到协会后，协会资助安排经费使用。此外，政府也会把一部分竞争性研究项目委托协会自主研究。三大协会的专业性确保了其中介作用的发挥。

2. 发达的职业教育和高素质技术工人培训

德国高度重视职业教育，其双轨制的教育模式为小微企业培养了大量的技术工人和工程师。德国通过学校和企业分工协作，合作进行人才培养和职业教育。这种职业教育机制为德国的中小企业创业创新培养了大量专业的工程师和技工，是德国造就众多小微企业隐形冠军的坚实基础。

3. 日耳曼精神中的"对完美的不懈追求"使德国企业更专注于成为细分市场的隐形冠军

德国文化的"严谨"精神来自日耳曼精神中"对完美的不懈追求"，这体现在德国人工作中往往严谨、敬业、专注，也表现在德国企业文化中始终追求产品设计和生产过程的高技术、高质量的不断提升，体现在企业管理中是对规范和纪律的不懈坚持。德国中小企业创业创新在运营的各个环节同样受到日耳曼文化的浸染，表现为企业对持续创新的追求，管理者和生产者的高度职业精神，对工业设计孜孜不倦的追求，以及科技产品杰出的制造水准，因此成就了一大批中小企业创业创新的隐形冠军。

（三）国家政策的推动

1. 出台专项政策着重资助中小企业创业创新

针对中小企业创业创新研发资金不足的困难，德国通过特别的政策方式，以基金和项目资助的方式解决中小企业创业创新的研发资金问题。德国实行"中小微企业创新项目""中小微企业创新核心项目"等，对多个领域的小微企业科技创新研发资金、企业之间或企业与研究机构之间的合作，以及技术的商业化提供资金的扶持。政府提供的资金上限将占到创新活动经费需要额度的一半。如果该项目获得成功，由新技术的市场化产生的利润将被企业用来偿还政府补助的资金；反之，则不用企业偿还贷款。这种"非盈利无债权"的创新扶持方式极大地推动了中小企业创业创新的动力。

此外，德国经技部、复兴银行及大企业共同设立的高科技创业基金，为种子期的中小微企业提供风险投资，这个基金规模高达近3亿欧元。德国也将欧洲重建基金更多地用来支持中小微企业，如"EPR 创新计划"就为中小微企业提供了总额500万欧元的十年期的研发贷款，用于新技术开发和市场环节的商业化。

2. 出台科技专利和成果保护的相关制度和扶持政策

德国中小微企业非常注重发挥专利和最新技术成果的作用，来提升产品和服务的质量。因此，德国政府在扶持科技型中小微企业的过程中，高度重视通过立法和创新保护政策等措施对科技专利和最新技术成果进行保护。德国政府为了引导鼓励科技型中小微企业在创业创新中形成的知识产权并高效率地加以转化，设立了"企业专利行动基金"，为科技型中小微企业专利转化提供服务。此外，为了鼓励企业间联合开发或分享技术创新成果，德国还实施了企业间合作研发产生的知识产权盈利共享的促进政策。

3. 扶持中小微企业开拓国际市场

德国政府支持中小微企业走向国际，拨发专门款项用于资助小微企业参加国内外展览，并且在政策上对中小微企业着重倾斜，这使得中小微企业比较容易在国际市场上获得品牌影响力和知名度，进而不断拓展国际市场。

三、对我国培育中小微企业"隐形冠军"的重要启示

当前，由于劳动力成本上升、能源环境的矛盾突出以及海外市场发展的困境，中小微企业作为我国经济发展的主体，其转型的压力和方向引起政产学界的多方关注。相比之下，德国政府扶持行业隐形冠军的政策经验给我国的众多中小微企业的发展提供了很好的启发。

（一）提高研发投入的效率和科技成果的商业转化效率

德国发展高科技的重要经验是大力提高研发投入的效率和科技成果的商业转化效率。一方面，德国政府是科技创新重要领域的规划者，项目资助的具体工作由政府委托的专门项目执行人或者管理机构操作，这有效地提高了研发项目投入的专业化管理水平和投入效率。积极引导科技中介组织的发展，扶持具备推动最新技术成果成功实现市场化和商业化能力的科技中介组织，提高研发投入的管理效率是德国政府提升创新转化效率的重要手段，值得我国借鉴。另一方面，德国在创新研发投入上形成了以财政投入为主导、企业投入为主体、银行信贷为支撑、风险投资为补充、财税优惠为补充的科技服务体系。并且，为提高中小微企业的创新成果转化率，德国的创新项目投入有较大一部分比例用于创新成果的商业化。

（二）加强知识产权保护，提高企业科技创新的动力

相比德国中小微企业的隐形冠军，中国企业的发展模式和竞争力主要体现在成本优势和营销优势，这与中国市场知识产权保护力度的薄弱密切相关。中国对知识产权的保护不力，某种程度上是由于政府希望企业以较为低廉的成本获得比较成熟的技术，缩短与发达国家的技术差距，但这极易导致企业在国际化过程中面临严苛的审查甚至诉讼。另外，从长远来看，由于知识产权和创新成果非常容易被剽窃，中国企业多数不愿意在研发上有较大投入，而更愿意在成本和营销方面开展角逐，这表现为产品拼市场、低价竞争的恶性循环，在中国出口高科技产品的企业中，有近70%是外商独资企业，而不是中国本土企业，这也是企业难以成长为隐形冠军的重要制度障碍。因此，我国政府应重视和加大对知识产权的保护，

为科技型企业的技术创新和研发投入营造良好的外部环境。

（三）加强职业教育,培养专业化的技术工人

目前一方面,我国的本科教育人才严重过剩,很多大学毕业生就业形势严峻,但另一方面,很多小微企业又难以招到专业的、熟练的技术工人,高校传授的知识与企业的需求有巨大缺口,企业需要大量专业熟练的技术工人,目前的教育体系无法满足,因此企业只能自己培养新员工,这增加了企业在生产工艺和产品上不断创新的障碍,增加了企业的用工成本和运营风险,是目前我国缺乏隐形冠军企业的重要短板。因此,政府应该调整思路,将一批人才培养质量较差、科研产出有限的本科院校转为职业院校,从政策扶持上引导学校和企业联合,培养一大批中小微企业所需的专业的技术工人,并大力扶持企业的职工培训,产出一批隐形冠军企业所需的职业精神好、专业能力强、创新精神强的技术工人。

第三节　重点扶持智能制造领域的中小微企业创业创新

当前,全球经济发展已经进入以信息技术为主导的第五次经济浪潮,物联网、大数据、云计算等新一代信息技术加速与新制造、新能源、新材料及新商业模式的融合,智能制造日益成为生产方式变革的重要方向。发达国家纷纷调整了其创新战略和企业扶持政策,德国政府在2013年4月推出了《德国工业4.0战略》,并相应实施了德国智能制造领域的中小微企业的一系列扶持政策。研究德国的"工业4.0"计划的背景、目标和主要内容,以及德国在扶持智能制造领域中小微企业的扶持政策,提供可供我国中小微企业扶持政策借鉴的经验,对我国中小微企业的发展和产业的转型升级具有重要的意义。

一、德国"工业4.0"的背景、目标、主体和内容

（一）德国"工业4.0"的背景和目标

根据德国政府的报告《未来图景"工业4.0"》,德国"工业4.0"的提出主要是基于以下两个内外部背景。外部原因一是2008年金融危机后,美国等发达国家挤出虚拟经济泡沫的同时,寻求经济的新动力,加强制造业的坚实基础,提出了"再工业化"计划,对德国施加了压力;二是以中国为代表的新兴国家的快速发展也使德国企业的国际市场份额大幅削减。德国的"工业4.0"也可以说是对美国和新兴国家的竞争回应。内部原因是,德国为保持和提高其在制造业强国中的技术和创新优势,推出了"工业4.0"计划。

德国的"工业4.0"的目标是积极回应国际经济深度转型和经济结构深度调整,紧紧抓住新一轮产业革命的契机,依托制造业的传统优势,借助新技术的推广和运用,以制造业智能化带动国民经济体系的全面智能化,将物联网和物联网技

术用于制造业,在向工业化第四阶段迈进的过程中先发制人,保持德国的竞争力,确立新科技产业革命的领先地位。

(二)德国"工业4.0"的主体

"工业4.0"的主体是以智能制造为主导的第四次工业革命。

实施"工业4.0"战略推动全面智能制造,提升工业领域的智能化和信息化水平,是德国产业转型升级的重要手段。2013年,德国政府将"工业4.0"战略作为进一步提升德国制造业在全球竞争力的创新发展战略项目,列入《高技术战略2020》之中,加强扶持制造业革命性技术的研究开发。

德国"工业4.0"计划是通过"官产学研"的合作来推进的:一是发展"工业4.0"计划是德国政府部门、高等院校、公共研究机构和制造业产业联盟的共识,该创新发展战略属于国家顶层设计,其相关政策具有权威性和系统性的特点;二是德国制造业联盟包括制造业等龙头企业以及制造业领域的科技型中小微企业,为"工业4.0"计划的研究开发、市场转化和商业应用提供了支持;三是德国高等院校和弗朗霍夫协会为"工业4.0"计划提供核心技术;四是德国主要的行业协会发挥组织协调和信息交流的作用。

(三)德国"工业4.0"的主要内容

智能化是德国"工业4.0"的灵魂,主要内容包括以下几个方面:一是基于物理信息系统(CPS)的新型制造方式,物理信息系统应用于制造业是制造领域迈向制造服务领域的智能转化系统。制造业的服务化将为制造业产品提供智能服务和大数据支撑,进一步带来制造业组织管理方式、制造工艺等的变革,从而使得制造业更加智能且富有效率;二是新一代互联网技术与制造业融合,大数据将成为智能时代新型的生产要素;三是以制造业的智能化带动全社会的智能化。智能制造根据客户需求定制个性化的智能产品;数字化的智能工厂完成产品生产并向网络云端提供产品和服务的大数据;智能供应链网络将产品送到客户手中,从产品的创意、设计、生产、运输、服务等形成智能化的回路,最终实现全社会的智能化。

"工业4.0"战略的前提是工厂标准化。推行"工业4.0"需要实施八项计划,位列首位的是标准化和参考架构。"工业4.0"通过工厂的标准化,将标准化的智能产品、智能服务扩展到全球市场,大幅提高智能制造技术和制造模式的市场转化效率。

"工业4.0"战略的核心是通过物理信息系统使得人、机器与产品实时连通、相互识别和高效交流,进而实现个性化和数字化的智能制造。通过这种联通方式,生产制造由集中向分散转变,企业的利润不再是大规模生产带来的福利;推动企业产品由大众化向个性化的转型,在此模式下,产品将完全按照个性化设计进行生产,甚至只为一个人量身打造;消费者的身份将从生产的末端被动接受向生产过程自主全程设计转变,可以全过程、大幅度地加入到设计、生产和价值创造中。

二、德国"工业 4.0"对中小微企业的扶持和推动

(一)通过科技园区实施对中小微企业智能化的推动

2013 年,德国提出"工业 4.0"战略,生产方式由原来的大规模生产转变为个性化生产,产品模式由原来的大众化产品转变为个性化和数字化的产品与服务。德国通过科技园区的模式,实现智能制造创新创业生态体系的成功孵化,从而实现中小微企业的生产智能化;并且通过将科技园区与周边大型城市对接,打造产城融合和生态智慧型的科技城区,一方面对科技园区的智能化提供城市配套的支撑,另一方面也为德国城市发展模式提供科技支持。

(二)鼓励大企业和小微企业协同搭建全新价值链

ICT 行业是德国"工业 4.0"的核心,该产业中超过九成的中小微企业成为新技术推广和最新技术成果市场化和商业化的重要力量。"工业 4.0"战略为中小微企业带来了巨大的发展机遇。在"工业 4.0"战略中,德国政府积极引导具有国际化背景的行业标杆企业与科技型中小微企业加强产业链内的价值链整合,推动中小微企业的智能转变。大企业与中小微企业构建新的灵活价值网络能够使更多的小微企业获益。该战略的主要做法是:构建知识转化和技术转移机制,加速创新成果的商业化,扶持中小微企业的创新和创业;通过典范行业和企业辐射,扶持科技型中小微企业参与智能制造的生态系统;加强信息等基础设施的建设;为科技型中小微企业提供专业技术人员教育培训等人力资源支持。

(三)政府引导大企业带动中小微企业形成创新的良性循环

在工业 4.0 的框架下,德国政府提出要在生产研究计划下吸引更多的中小微企业参与进来,项目实施过程中,德国通过官产学研的聚合,突出中小微企业既是智能制造生产技术的使用者和受益者,也是先进生产方式和创新技术的创造者和提供者。一方面,政府提供资金支持,以科技项目的形式,对开发新技术和前沿领域研究的中小微企业进行资金支持。鼓励德国的众多智能制造领域的隐形冠军企业,其中近五分之一的中小微企业领域顶级的机械和设备制造商,为德国的工业 4.0 提供重要的专业技术方案。此外,为便于中小微企业实现智能化升级,德国特别编纂了《"工业 4.0"标准化路线图》,确保生产要素、技术和产业能够互联集成。在商业化过程,德国政府鼓励超大型企业投入资源开拓市场,带动科技中小微企业跟进。

三、启示

德国将对中小微企业的扶持作为发展《高技术战略 2020》和"工业 4.0"计划的重要组成部分,其政策具有系统性和针对性的特点。德国政府扶持中小微企业的经验对我国中小微企业的扶持和发展提供了重要的启发。

第一,以产业创新驱动引领转型发展,以国家创新战略规划为导向扶持中小微企业。当前,我国经济发展中以要素投入驱动的发展模式难以为继,我国政府提出要以创新驱动替代要素驱动发展。在发展过程中,德国和中国面临的挑战存在相似之处,但德国坚持以创新战略应对各方面的挑战。德国强化创新驱动的发展模式,发展了一大批创新型的中小微企业隐形冠军。德国政府坚持引导企业走技术创新引领、提升产品质量的发展路径。在推进《高技术战略2020》和"工业4.0"计划的过程中,为中小微企业开展技术创新活动和参加国家创新战略提供金融、税收等方面的扶持和政策优惠。

第二,高度重视小微企业在推动新产业革命中的作用,引导大企业搭台,形成大小企业协同创新的良性循环。德国的"工业4.0"整体计划中仍然高度重视大量中小微企业在推动新产业革命中的作用和贡献,并积极引导推动大企业带动小微企业共同推进"工业4.0"计划的部署,这对于我国在"中国制造2025"和新产业革命过程中如何积极鼓励中小微企业的创新能力的发挥,有序引导大企业搭台,大中小微企业协作,推动小微企业朝智能化、个性化方向发展提供了重要启示。

第三,转变中小微企业的扶持方式,以立体化、园区化、网络化的方式培育中小微企业。德国的经验表明,政府不仅要着力解决中小微企业的发展及创新中面临的资金、管理等方面的问题,更为关键的是建立并完善知识产权保护和利用、中小企业人力资源教育和培训、大型企业和小企业公平竞争等外部市场环境,以及有利于小微企业创新成果产出的政产学研长期合作的制度环境,有利于创新成果快速商业化的创新创业生态系统。德国的经验值得我国借鉴,我国应积极实施"抓大扶小"的产业发展策略,构建由大型企业和科技型中小微企业协同组成的创业创新生态系统。对中小微企业的扶持应该以立体化、园区化和网络化的方式开展,扶持政策应从帮扶型政策向完善中小微企业公共服务体系转变,从招商引资类科技园区向合理布局构建创业企业群落、科研院所、产业共性技术平台、人才、风险资本、创业服务机构等要素模块完备的产业生态系统转变。此外,德国在整体扶持上重视技术基础设施建设,提高创新资源向小微企业的开放程度,重视实施标准化战略,进而提升德国智能制造产业在全球市场的话语权;重视实施环境友好型的发展战略,对中小微企业培育和保持长期的竞争力具有重要作用,值得借鉴。

第四节 借鉴与启示

德国中小微企业扶持的政策体系特色鲜明,通过加强政策立法、规范政策管理和专业化实施,加大财税融资政策力度,建立完善的社会化服务体系,培育中小微企业专业领域的隐形冠军,重点扶持智能制造领域的中小微企业等措施,极大地促进了中小微企业的发展。德国的政府全局性战略规划与市场化专业化运作紧密结合的政策成效卓著,极大地促进了德国中小微企业的发展,使之成为德国经济快速发展的发动机和可持续创新的根本动力。德国的中小微企业扶持政策体系研究,为我国的扶持政策体系的构建和完善提供了宝贵的经验。

一、重视中小微企业技术创新在转变经济增长方式中的作用

企业既是新技术运用和技术成果转化高风险的承担者,也享有最新技术成果或者商业模式市场化成功所带来的巨大收益。因此,只有激发企业创新的内在活力,才能形成整个市场创业创新的氛围。德国政府通过政策导向、倒逼的产业发展方式,在激发、引导企业创业创新方面取得了突出的成果。特别以企业为主体,鼓励企业致力于"专、精、特、新"的发展模式,扶持企业开展技术创新,提供科技型的人力资源的支持,发展成为行业的隐性冠军的政策措施,形成了德国特色的科技型中小微企业的政策体系。德国的经验值得我国借鉴,我国中小微企业自身创新投入不足,企业的研发投入主要是大企业主导的,小微企业由于资金和制度环境的限制,科技投入少,对研发重视不够,无法有效形成对市场创新需求的响应,大部分所谓的创新仍停留在模仿创新和追赶创新阶段,尚未形成主动开展原始创新和基础创新的内在动力,创新的主体性表现不明显。广大中小企业仍存在"为政府创新""为获得科研扶持而创新"的被动创新局面。中国政府应从政策引导出发,突出科技型中小微企业研发投入主体和创新成果应用主体的地位,更好地发挥中小微企业在可持续发展和产业转型升级中的作用。

二、以国家总体规划和科技发展战略为导向扶持中小微企业创业创新

德国以高技术战略规划明确了产业发展布局和规划,明晰了对中小微企业扶持的重点和方向,尤其是"德国高技术战略2020",进一步明确了德国对小微企业扶持的重点集中在气候和能源、健康和营养、交通、安全、通信五大领域,有效引导了对中小微企业在生物、纳米、微电子、纳米电子、光学、微系统、材料、装备、航天等领域和交叉领域的关键技术开发和商业化的财政和金融政策的扶持,对中小微企业的创业创新领域做出了明确的导向。在创新战略的引导下,金融和财政资源对小微企业的创新支持的流向有载体、有方向,为政府各部门扶持中小微企业提供清晰的重点领域,能更好地实现政策目标。

三、转变中小微企业的扶持方式,以立体化、园区化、网络化的方式培育中小微企业

德国的经验表明,立体化、园区化和网络化的扶持方式对发展中小微企业具有重要作用。一是政府不仅要着力解决中小微企业发展及创新中面临的资金、管理等方面的问题,也要从产业链配套和协调、价值链耦合和创新的角度,构建有利

于小微企业创新成果产出的政产学研长期合作的制度环境,有利于创新成果快速商业化的创业创新生态系统。二是应加强中小微企业扶持政策的延续性、适应性和系统性。我国中小微企业的扶持应该以立体化、园区化和网络化的方式开展,扶持政策应从帮扶型政策向完善中小微企业公共服务体系转变,从招商引资类科技园区向合理布局构建创业企业群落、科研院所、产业共性技术平台、人才、风险资本、创业服务机构等要素模块完备的产业生态系统转变。三是德国在整体扶持上重视技术基础设施建设,提高创新资源向小微企业的开放程度,鼓励中小微企业参与行业标准制定工作,提升小微企业在行业竞争中的话语权。标准化战略在中小微企业长期竞争力的培育中也具有重要作用,值得借鉴。

四、处理好政府与市场的关系,依靠专业中介机构提高政策执行的效率

德国通过建立产业联盟、行业协会等区域性或者全国范围的专业性产业组织机构,为政府推出的中小微企业扶持政策落地提供了全方位、全过程的服务。这些专业性的产业组织本质是独立于政府部门的专业中介机构。这些机构不仅了解行业发展动态、市场前沿、技术发展动向、产品信息、客户网络,同时在知识产权交易、技术成果转化等专业领域具备很强的运营能力。为中小微企业与大型企业、科研院所和高等院校之间建立稳定的创新合作关系,确保政府实施的有关中小微企业的政策措施发挥最大的效用。德国依托中介机构落实中小微企业扶持政策的做法值得我国借鉴,目前我国对科技型中小微企业的扶持是通过政府部门开展的创新支持计划来进行的,如"火炬计划"等就是由国家相关部委直属或相关事业单位来组织开展的。这些机构虽然具有较大的科技资源分配能力,但是在科技项目评估、鉴定和评审等方面的专业能力欠缺,不能完全满足对科技型中小微企业创新引领和服务的需求。我国应加快行业协会、产业联盟等中介机构的建设,进一步加大对科技型中小微企业创新扶持的力度和效率。

第二十三章　日本中小企业创业创新扶持政策

日本的中小微企业扶持政策本质上是政府干预型的政策。日本政府认为采用适当和针对性强的政策对经济加以调控要比市场自主调控取得的效果更好。特别是经过20世纪50年代至70年代近20年的高速发展,日本赶超德国等发达资本主义国家,成为仅次于美国的全球第二大经济体。日本的高速发展,与日本对科技型企业的扶持具有重要的关联。日本不仅扶持了大规模的企业,也为中小微企业创业创新创造了良好的成长与发展环境和便利条件。

第一节　中小企业创业创新扶持政策体系及主要演变趋势

日本政府高度重视对中小微企业创业创新的扶持。20世纪以来,日本构建了世界上最为完善的小企业治理的组织结构和政策体系。对科技型中小企业的扶持,成功助推了日本经济跻身于现代化和工业化强国,并实现了日本经济向资源集约型和产业高科技化的转变。日本政府将中小微企业的创业创新纳入大规模生产的产业系统中,以直接扶持的方式对中小微企业创业创新进行保护和扶持。

一、日本扶持中小微企业创业创新发展的组织机构体系

日本自1948年根据《中小企业厅设置法》设立了国家层面的中小企业厅以来,逐步形成了"政府机构—直属事业机构—民间团体"的中小微企业治理机构体系。一是统一的政府治理机构。通产省中小企业厅和遍布日本八个地区的通商产业局下属的中小企业部门,分别负责统筹中央和地方中小企业事务。此外,根据相关法律,日本政府还设置了供日本总理大臣或各省、厅首长咨询的各类中小企业审议会,如中小企业政策审议会、中小企业现代化审议会等,审议研究中小企业的相关法律法规和政策措施,成为全国性的中小微企业行政治理体系的重要组成部分。二是中小企业政策实施隶属于行政组织的事业机构,如成立于1992年的中小企业厅下属的中小企业综合研究机构等。三是官民结合的民间团体组织。这些民间团体在日本政府的财政支持下建立,是专门从事协助各级政府职能部门和民间中小微企业发展的促进组织,落实中小微企业的创新扶持政策。如日本的中小企业振兴事业团设立了开展中小微企业信息服务的情报中心,专门为各地的中小微企业提供技术、信息等各类情报,并得到日本政府财政拨款的资助。此外,还有中小企业共济事业团等具有半官半民性质的社会化组织,对中小微企业政策的深入实施起到了重要作用(汪陈友,2005;李巧莎,2011)。上述的各类组织机构共同构成了日本政府主导和民间互动的专业化的中小微企业组织机构支持系统。

二、日本扶持中小微企业创业创新发展的政策体系

(一)构建完善的政策体系,扶持中小微企业创业创新发展

日本政府为中小微企业创业创新的健康发展构建了完善的法律和政策体系;同时,日本政府还根据不同的历史发展时期,制定并调整面向中小微企业创业创新的法律法规措施,为中小微企业创业创新的发展提供了良好的外部条件。一是确认并保证小企业的法律地位。早在1963年,日本就制定了《中小企业基本法》,1999年对该法进行了修订。该法为日本中小企业法律法规的颁布和扶持政策的制定奠定了法律基础,具有重要的影响(苏杭,2006)。根据该法,政府为扶持中小微企业的发展颁布了《中小企业现代化促进法》《中小企业现代化扶植法》等一系列法律法规。二是鼓励中小微企业开展技术研发和技术创新。日本颁布了《中小企业经营革新支援法》《新事业创出促进法》等一系列法律法规。如1985年颁布的《中小企业技术开发促进临时措施法》规定,一方面,大力推行中小微企业研究和开发新技术以提高技术水平;另一方面,实施有利于创新的补助金、融资、税收减免等优惠措施。1995年又推出了《关于促进中小企业创造性事业活动临时措施法》,要求各都道府县从税收、融资、人才等多个方面扶持中小微企业开展创新活动。日本政府还设立了两百余个公立的实验场所,为中小微企业开展创新活动提供技术指导。三是明确扶持重点产业领域的中小微企业。尤其是经历20世纪70年代中期的石油危机,日元大幅升值,日本企业竞争力在国际上受到巨大影响。为进一步增强企业竞争力,日本政府提出"科技立国"的战略,积极调整产业结构,扶持中小微企业开展技术创新活动。重点扶持中小微企业投入电子信息技术、新能源、新材料等技术密集化产业领域,提高研究开发能力。并高度关注以中小微企业为中心的产业关联技术的发展,以及从大企业或者研究机构向中小微企业辐射高技术产业领域关联技术。日本政府对技术密集化产业的中小微企业采取了补助金、降低税率和提供融资便利等优惠措施进行扶持。总之,日本政府通过完善一系列法律法规为扶持中小微企业的发展提供了坚实的基础和保障。

(二)组建政策性的金融服务机构,为中小微企业创业创新提供融资便利

日本政府设立了专门服务于中小微企业的政策性金融服务机构,主要通过政府拨款和中小企业团体联合筹资等方式,为中小微企业创业创新提供融资便利。自1936年起,日本政府先后设立了商工组合中央金库、国民金融公库、中小企业金融公库和日本政策金融公库(李巧莎,2011)等政策性金融公库(见表23-1)。其中,商工组合中央金库具有官民结合的双重性质,由政府和企业团体共同资助成

立;国民金融公库是日本中小微企业进行融资的重要渠道,帮助生存困难的中小微企业提供外源性融资;中小企业金融公库又被称为中小微企业金融公库,通过政府拨款和发行小企业长期债券的方式,为中小微企业开展技术研发等活动提供融资服务和特别贷款。2008 年国际金融危机以后,日本政府成立了由农林渔业金融公库、国民金融公库、中小企业金融公库和国际协力银行的国际金融部门合并而成的日本政策金融公库,成为日本唯一的政策性金融机构。为进一步加强对小微企业的扶持力度,日本政府集中政策性的金融资源,扩充信用保证制度,在信用保证协会代替小企业清偿欠款时进行支援,支持高技术领域和重点行业小微企业的发展,帮助企业渡过成长难关。政策性的金融服务机构一方面为企业提供了直接的资金支持和贷款担保,另一方面通过对政府资金的管理提高了资金的使用效率,进一步提高了为中小微企业创业创新提供融资服务的质量。

表 23-1 日本政府成立的扶持中小微企业创业创新的政策性金融机构

成立时间	政策性金融机构	资金来源	主要服务内容
1936 年	商工组合中央金库	各级政府部门、中小企业民间团体组织共同投资	依托中小企业事业团体等民间组织,为中小微企业提供设备、运营、新事业发展、技术更新等各个方面的无担保贷款服务
1949 年	国民金融公库	政府拨付和资本市场中的零散投资	为规模相对比较小的企业提供短期拆借资金,保障小微企业的正常生存,其中特别贷款项目是为中小微企业创业创新和小微企业现代化提供资金融通服务
1953 年	中小企业金融公库	政府财政拨款、发行金融债券等	为中小微企业提供期限较长、金额较大的贷款服务,帮助中小微企业进行设备更新、扩大出口规模以及技术更新等
2008 年	日本政策金融公库	政府拨款,小企业团体联合出资	将中小企业金融公库、国民金融公库和商工组合中央金库进行合并,集中政策性金融资源,扩充信用保证制度,在信用保证协会代替小企业清偿欠款时进行支援

(三)民间金融服务机构拓展了中小微企业创业创新多元化的融资渠道

日本民间金融服务机构主要有地方银行、第二地方银行、信用金库、信用组合和劳动金库等(汪陈友,2005)。截至 2014 年,日本共有一百余家中小地方银行,这些地方银行又被称为故乡银行,客户主要是当地的中小微企业。中小微企业是地方银行的重要扶持对象。如东京地区等地方银行和各地政府、私人资本等合作,设立面向中小微企业的投资基金,推动大学和研究机构开展新技术的研究和开发。第二地方银行是第二地方银行协会加盟行的简称,其在规模、贷款结构等方面与地方银行有一定的差别。信用金库是根据 1951 年颁布的《信用金库法》由信用组合改组而成的民间金融机构,仅面向本地小微企业开展融资服务。信用组合相对于信用金库规模更小,服务对象仅限于组合内成员之间的相互融资。劳动金库是实行会员制的合作性福利金融机构,旨在加强会员劳动者团体的福利等共济活动。

(四)构建服务中小微企业创业创新的信用担保网络

在日本中央政府和地方政府的共同努力下,日本构建起了由中小企业信用保证协会和中小企业信用保险公库构成的为中小微企业提供服务的信用担保网络。在国家层面,1958年日本成立了全国性的中小企业信用保险公库,对地方信用保证体系形成了强有力的支撑,一是为缺乏质押的中小微企业提供信用背书,二是为商业性金融机构分担了资金风险。公库资金主要来自中央政府财政拨款,其主要作用一是成为各级地方信用保证协会低息贷款的主要来源,二是对于地方信用保证协会为中小微企业提供的信用担保和融资贷款实施再担保,一般担保比例是地方信用保证协会保额的70%—80%;在地方层面,成立于1937年的地方性中小企业信用保证协会在中小微企业信用担保网络中是一个重要的平台和网络节点。地方信用保证协会通过地方政府财政拨款、低息贷款、地方中小企业金融公库和公共团体组织出资等方式获得资金支持。中小微企业向地方信用保证协会申请担保,地方信用保证协会对企业进行信用调查、审核通过后,根据承保项目的贷款规模、期限按一般不超过70%的比例进行担保,并在协议的金融机构存入相应比例的保证金,由该金融机构向中小微企业发放贷款。如果保险损失,地方信用保证协会将承担20%—30%的担保责任,并由政府财政补偿。

此外,日本政府进一步通过放宽担保要求、扩大担保商品范围、提高担保额度等方式对中小微企业加大信用担保力度。2008年10月,日本启动了紧急担保、扩充安全网贷款等制度措施,加强对中小微企业的扶持力度。

(五)培育风险资本,加大对中小微企业创业创新的扶持

日本政府早在20世纪50年代就开始重视通过风险资本市场的培育,对中小微企业提供融资服务。早在1951年,日本政府就创办了风险企业开发银行(张涛,2012),为高技术、高风险的中小微企业提供融资服务。20世纪60年代初期,日本制定实施了《中小企业投资育成法》(李巧莎,2011),在东京等地设立了"财团法人中小企业投资育成会社"即中小微企业风险投资公司。通过接受中小微企业新增股份、可转换债券等方式,对从事新产品开发、新技术研究和开发以及技术成果转化的中小微企业提供融资服务。同年,日本政府引入了OTC市场交易体系,为中小微企业提供了更加灵活的融资渠道。但是受到配套制度的制约,日本风险资本市场发展缓慢。直到1972年11月,第一家民间风险投资公司"京都企业发展股份有限公司"成立,才为高技术领域的企业提供风险资本的支持。在1970—1990年,日本先后成立近七十家风险投资公司,对半导体、集成电路等产业发展起

到了巨大的推动作用。1991—1995 年,随着日本创业板市场的建立和市场发行规则的完善,风险资本的退出机制进一步完善。日本风险资本市场获得了巨大的发展,为信息通信、生物工程和医疗保健等产业中小微企业的健康成长提供了坚实的保障。

(六) 面向中小微企业创业创新的税收优惠政策

日本政府早在第二次世界大战以后的经济恢复时期,就开始运用税收优惠制度对中小微企业给予扶持。日本政府对中小微企业实施的税收优惠政策主要涉及设备投资加速折旧、技术研发税收优惠、电子信息产业投资税收扶持等相关措施。一是日本政府早在 1952 年就推出了企业设备特别折旧制度,对于企业投资设备实现技术更新升级,政府采用高折旧率加速企业固定资产折旧。1964 年,将企业的设备折旧年限缩短 55%。20 世纪 70 年代,进一步规定缩短新兴产业的设备使用期限。1985 年以后,逐步将集成电路、合成树脂、核燃料加工等产业领域中小微企业的设备折旧期又进行了相应的缩减。2003 年,税制改革实施"即期折旧"。2006 年,规定如企业投资政府制定设备和节能型设备可按进价的 30% 计提特别折旧。二是为鼓励企业加大技术研发的投入,日本政府在 1967 年颁布了《增加试验研究经费的纳税减征制度》,规定但凡企业增加技术研发方面的资金投入,并且其增加的经费超出历史峰值,则经费增量的 20% 能够用来抵扣企业的所得税,此后进一步将比例扩大到 25%。1992 年又规定了对于特定研发活动的税收优惠,对于与国家实验室或者国外研究机构进行联合研发或特定研发的企业,按研发活动支出的一定比例进行免税。三是日本政府对引进外国技术和外国专家给予税收扶持。1953 年和 1956 年,日本政府分别实施了对国外法人支付报酬以及企业购买国外专利、著作权、咨询服务等支出的税收优惠政策。

此外,日本政府在 1985 年制定了鼓励企业开展基础技术开发和高技术产业领域的特别税制,如对企业购买用于基础技术开发资产的,免征一定的税金;对计算机加工业企业购置设备或者建造新厂房的,给予免税等政策。

(七) 多层次资本市场对中小微企业创业创新的扶持

日本层次丰富的资本市场为中小微企业的融资提供了极大的便利。1992 年,日本就设立了新市场即创业板市场。1995 年 7 月,日本政府将市场发行特别规则即"特别规则的 OTC 证券"引入 OTC 市场,完善了创业板市场,进一步拓宽了中小微企业的融资渠道。1998 年,在 OTC 市场基础上,日本成立了 JASDAQ 市场,该市场是风险性的科技型企业筹资的最大的店头市场,为高技术领域的中小微企业提供融资服务。一些"调查中的股票"即被交易所摘牌的企业股票也进入 OTC 市场交易。1999 年,又成立了 MOTHERS 即面向新兴产业领域科技型企业的创业板市场。由于该市场对企业利润不做要求,只要企业股票市值达到 5 亿日元,属于尖端产业领域或发展前景良好的瞪羚企业,就可申请上市,因此,MOTHERS迅速发展成为世界顶级的创业板市场。层次丰富的资本市场的建立,为中小微企业的健康发展提供了强有力的资金支持和制度保障。

三、日本中小微企业创业创新扶持政策的演变及内在机理

自20世纪40年代末至21世纪,日本先后经历了战后经济复苏、经济高速增长、泡沫经济破灭后的经济衰退以及2008年国际金融危机影响等经济发展的历史时期。日本政府对中小微企业的扶持政策积极顺应不同经济发展时期中小微企业的实际需求,破解实际问题,对中小微企业的发展起到了重要的推动作用,同时也为日本经济的发展做出了重要贡献。

从战后到20世纪50年代中后期,日本政府加强重视中小微企业的作用,努力推动中小企业迅速实现科技现代化。在恢复经济的过程中,规模化的大企业吸引了大量政府和社会资源,成为经济发展的中坚力量。与此同时,中小微企业受制于战后日本物资和资源匮乏,发展缓慢。为扶持中小微企业的发展,日本政府采取了以下措施:一是1948年制定了《中小企业厅设置法》,并在国家和地方层面设立了中小企业厅和中小企业科等统一的中小微企业事务行政管理机构。二是为中小微企业提供融资便利和信用担保。1949年和1953年,日本相继颁布了《国民金融公库法》《中小企业金融公库法》。由国家为主要出资方成立金融机构,为中小微企业提供设备资金、中长期周转金、无抵押无担保的小额贷款等融资服务。1953年,日本又颁布了《信用保证协会法》,并在全国47个都道府县和5个市设立分会,为中小微企业提供信用担保便利融资。此外,根据1956年的《中小企业近代化资金等助成法》,政府还为中小微企业提供设备更新贷款。三是鼓励中小微企业抱团发展、形成规模效应。日本在1949年和1957年先后颁布了《中小企业协同组合法》《关于中小企业团体组织法》,引导中小微企业通过建立合作组织的方式,扩大组织规模,提高生产效率;全国性的中小微企业团体组织还对内部的成员开展企业经营、组织管理、法律咨询、人才培训、现场诊断等方面的指导,并为中小微企业在发展过程中碰到的共性问题提供解决方案。四是保障中小微企业的正常权益不受侵害。最突出的表现是1956年颁布的《防止延迟支付应收账款法》,保证了为大企业配套的中小微企业在交易过程中享有及时收到货款的公平权益。

20世纪50年代中后期至70年代初,伴随着经济高速增长,日本从产业结构高度化的角度,加大了对中小微企业的扶持。在经济发展的过程中,现代化的大企业与技术设备相对落后的中小微企业并存,形成了日本经济中的"二重结构"。一是日本政府积极调整产业政策。从产业高度化的角度对机械零配件、纺织和电子产业中小微企业实行针对性的扶持措施。如1956年和1957年,先后颁布了《机械工业振兴临时措施法》《纺织工业振兴临时措施法》《纺织工业设备临时措施法》

和《电子工业振兴临时措施法》等,1960年又颁布了《中小企业行业振兴临时措施法》,进一步明确需要振兴发展的行业。二是通过立法确立对中小微企业的保护。1963年,日本政府制定了"中小企业基本法",成为扶持中小微企业发展的"宪法"。该法一方面从产业高度化的角度引导中小企业适应产业结构调整的实际趋势,缩小与大企业的差距,增强竞争能力;另一方面,从公平竞争的角度,保证小企业在与大企业交易过程中利益不受损害,享有平等竞争的权利。三是积极鼓励中小微企业技术创新。日本政府鼓励企业积极引进国外先进机械设备和生产技术,逐步形成了"引进—消化吸收—再创新—技术普及"的技术创新路线。鉴于中小微企业规模小,自有资金少,先进设备更新困难,日本政府在1963年的《中小企业指导法》中规定各级政府部门中小企业机构对中小微企业负有指导职责,并在各都道府县设立开放性实验室即公立实验研究机构,为中小微企业的发展提供技术指导等服务。同年,出台的《中小企业投资育成株式会社法》旨在鼓励私人资本和社会资本加入中小微企业扶持行列。此外,日本政府于1966年出台了《关于确保中小企业政府采购法》,加强对中小微企业的扶持力度。

20世纪70年代初期至90年代初,日本连续发布多项高技术产业发展政策和科研计划,积极鼓励中小微企业从引进创新到自主创新。1973年石油危机后,日本经济发展速度放缓,进入稳定成长期。日本政府意识到日本作为一个资源小国,必须从发展高能耗钢铁、重化工、金属等传统产业向技术密集型和资本密集型的产业转变和升级。20世纪70年代,日本政府仍然以产业政策为主导,对重点产业的中小微企业进行针对性的扶持。一是日本政府重点推动新能源、电子信息、先进机械制造、生命科学等相关产业领域的发展。1971年,制定了《振兴特定电子工业及特定机械工业临时措施法》。1972年,实施电子计算机开发补助金措施。1974年,实施了"阳光计划"和"月光计划",分别进行新能源和节能技术的开发。1978年,制定了《振兴特定机械情报产业临时措施法》,重点扶持日本国产电子计算机的中小制造商。同时,通过"推进有关信息处理的教育训练"和"开发信息处理技术"等措施(胡春,2010),将电子计算机软硬件产业的发展与促进中小微企业的信息化紧密结合起来。1979年,日本政府制定了《重组 DNA 试验的指导方针》。此外,在70年代初至80年代初,日本政府共组织发起了超高性能电子计算机、深海海底石油遥控开发设备、电动汽车、资源再生利用技术系统等11项,总计860余亿日元的大型技术研究开发项目。日本政府在进行高技术产业领域技术研究开发的同时,积极通过各级政府机构、中小微事业团体将先进技术应用于中小微企业,并通过颁布一系列的政策法规鼓励中小微企业加快技术创新的步伐。

20世纪80年代,日本提出"科技立国",为进一步振兴中小微企业的发展实施了一系列促进中小微企业技术进步的法律法规和政策措施。1985年,颁布了《中小企业技术开发促进临时措施法》，从税收、融资和保险等方面对中小微企业开展技术开发和创新活动给予扶持。1986年和1988年又先后颁布了《特定地区中小企业对策临时措施法》和《关于融汇不同领域中小企业者知识和促进开拓新领域的临时措施法》，鼓励中小微企业积极应对国际经济和国内产业变换的环境，同时进一步加强了对中小微企业技术创新活动的激励，鼓励中小微企业通过创新的方式顺应国际经济和产业发展的趋势。

泡沫经济破灭后至今，日本政府积极鼓励中小微企业向智能制造等知识密集化的高精尖产业领域加速发展，为日本经济持续增长注入活力。20世纪90年代初，伴随着人口老龄化、环境公害、能源匮乏等社会问题，日本经济陷入持续低迷。为提振经济，发展知识密集型的科技型企业，激发经济的内在创新活力，日本政府推出了几项关键性的举措：一是提出"科学技术创造立国"，强调科技对于经济和社会发展的助推作用。1995年年末，日本通过了《科学技术基本法》高技术领域的基础研究和自主创新，并决定每五年制定一次科学发展计划。2001年又设置了科技政策的最高决策机构——综合科学技术会议（CSTP），并将电子信息、职能制造、机器人、生命科学、纳米技术与材料等前沿领域列入重点领域研究。二是加快包括风险资本在内的资本市场的建设，吸引社会资本进入知识密集型产业领域。1992年，日本政府设立了为科技型中小企业提供融资的创业板；1995年，将"特别规则的OTC证券"引入OTC市场；1999年，成立了准入门槛低的MOTHER市场，为新兴产业提供融资服务。在日本政府的推动下，风险资本市场迅速发展，成为具有高风险的中小微企业的重要推手。三是以修订新《中小企业基本法》为契机，鼓励开办中小微企业，为中小微企业开展创造性活动创造条件。1999年，日本修订了《中小企业基本法》，旨在鼓励中小微企业革新经营和开展创造性活动，一方面从税收、融资、人才、技术等方面鼓励科技型企业创业创新，另一方面为中小微企业转型提供充分的便利。日本政府先后实施了《中小企业经营革新支援法》(1999)、《新事业创出促进法》(1999)、《中小企业新事业活动促进法》(2005)等一系列鼓励中小微企业技术开发、新产品开发、跨产业领域经营的重要政策措施，为中小微企业发展提供了重要保障。

此外，日本政府在20世纪90年代以后推出了若干项具有重要意义的研究计划和创新战略，都把中小微企业纳入其创新系统之中。例如，1991年日本发起的"智能制造系统"(IMS)国际合作研究计划、2015年发布的"机器人新战略"等都将中小微企业纳入国家创新系统之中，从组织、产业、融资、税收、信息等各个方面进行整体性的扶持。

从政策理念的角度，在日本中小微企业的扶持政策中，政府构建了导向明确、组织完备、协调有序的法律和政策扶植体系，为中小微企业的发展创造了良好的外部条件。日本政府把对中小微企业的扶持与经济转型、产业发展紧密结合起来。由于战后日本经济在恢复和发展的过程中,客观形成了现代化的大规模企业和技术、管理水平等相对落后的中小微企业并存的"二重结构"。日本政府对中小微企业尤其是具有创造活性的中小微企业采取了直接扶持的政策措施。一是日本中小微企业的扶持政策是日本中小微企业扶持政策体系的有机组成部分。日本先后两次修订了《中小企业基本法》,积极鼓励中小微企业开展技术开发、新产品开发和跨产业领域经营,为日本中小微企业政策的延伸和不断完善提供了重要的法律基础。二是日本的中小微企业扶持政策与产业政策紧密相连,前后具有延续性和即起性,互相衔接,协同效应明显。首先,日本中小微企业的政策延续性得益于日本拥有统一的中小微企业政府治理网络。日本"官民结合,半官半民"的中小微企业治理网络形成了对中小微企业强有力的支撑,保证了各项法律法规和政策措施的落实,同时保证了政策执行的延续性和协同性。其次,日本的中小微企业扶持政策与日本各个时期的产业政策紧密结合。日本的产业政策在战后经历了几次调整和升级,从战后的先进机械、重化工、纺织、电子信息,到70年代超高性能的电子计算机、新能源、深海海底石油遥控开发设备、电动汽车、资源再生利用,及至90年代的智能制造、机器人、生命科学等,日本政府也相应侧重于对相关产业领域的科技型企业进行重点扶持。因此,中小微企业的扶持政策与产业政策表现出相似的延续性、承接性、发展性。

从政策手段来看,在日本中小微企业政策体系中,政府通过构建信用担保网络的方式最大限度地发挥了有形之手的支持和保护作用,市场通过风险资本同样发挥了无形之手的力量。一是日本政府通过财政拨款直接支持的方式,出资建立了全国和地方信用保证协会和全国性的中小企业信用保险公库。作为政策性的信用保证机构和信用保险机构,不以盈利为目的,通过信用保证和信用保险的方式,为中小微企业提供了担保,提高了中小微企业的融资能力,为贯彻日本扶持中小微企业的政策提供了保障。此外,政府通过实施"天使税制"等政策措施鼓励中小微企业开展技术研发、新产品开发等创新活动。二是在政府的导向下,日本90年代成熟并快速发展的风险资本市场,为新兴产业领域的科技型中小企业提供了便利的融资渠道。随着创业板的建立,OTC市场规则的完善,风险资本具备了完善的退出机制,这为风险资本市场的繁荣提供了基础。日本的风险资本市场成为日本乃至全球科技型中小企业融资的重要场所,为中小微企业的集聚发展提供了市场环境和融资渠道。

第二节　日本国家创新战略对中小企业创业创新的整体性扶持

第二次世界大战以后至20世纪80年代以前,日本采取了"引进技术—消化模仿"的方式,通过从欧美等国引进前沿技术和设备,大大缩短了技术研发和应用的进程,使得日本在不到三十年的时间,迅速恢复了经济,并跨入经济大国的行列。随后,受到欧美等国对前沿技术知识产权的管制和日本贸易出口额下降等因素的影响,为提升本国的技术实力,日本从20世纪80年代开始先后实施了"科技立国"和"科学技术创造立国"的国家创新战略,推动日本从引进模仿到消化吸收再创新再到自主知识产权创新的战略转型,并对日本中小微企业形成了整体性扶持。

一、日本从科技立国到知识产权立国的国家创新战略

（一）"科技立国"国家创新战略

1980年3月,日本通产省产业机构审议会发布的《80年代的通产政策构想》标志着日本开始实施"科技立国"的国家创新战略。该战略明确提出"科技立国"是日本的基本国策和科技政策,并提出从引进外国先进技术成果着手,通过模仿实现消化吸收,从而进一步发展创新,并逐步开发适合日本经济发展的科技体系,达到世界领先水平。一是启动实施国家重点研究开发制度。把涉及人体和生命科学研究、地球和环境科学研究、人工智能技术、信息通信技术、宇宙开发、生物工程等领域的基础科学和前沿技术作为重点研究计划。由政府出资推进官产学研协同发展,以加强基础和尖端技术的研究。1981年,日本先后颁布实施了三项重要的研究开发制度,即创造科学技术推进制度、下一代产业基础技术研究开发制度以及科学技术振兴调整费制度。其中,由日本科学技术厅制定的创造科学技术推进制度,还专门成立了新技术事业团,负责高技术研究项目的具体落实和组织管理。二是打造以筑波科学城为代表的"技术城市"集聚高技术产业。1983年和1986年,日本分别制定了《高技术工业集中开发促进法》和《充分利用民间业者能力以促进特定设施建设的临时措施法》,前者旨在建立集成学术、产业和居住功能的"技术城市",后者则更明确地致力于加强官产学研的协同发展,进行高技术产业拓展,以及高技术基础科学领域的研究和开发。

（二）"科学技术创造立国"国家创新战略

经过20世纪80年代的发展,日本对欧美先进技术和设备的进口局面依然没有根本性的改变。90年代初,由于泡沫经济的破灭,日本经济陷入了持续低迷。为进一步重振经济、激发国民经济的创新活力,1995年11月,日本通过了《科学技术基本法》即第一部"科学技术宪法"。该法明确提出实施"科学技术创造立国"的

国家创新战略,进一步提出加强重点产业领域的基础科学研究。同时,根据该法日本每五年制定一次科学技术发展计划,用于系统规划科技发展路径、产业重点、配套政策等。2001年,发布的第二期发展计划中,明确将生命科学、信息通信、环境及其复合学科、纳米技术与新材料等前沿领域产业列为重点产业。根据《科学技术基本法》,日本政府对科技的投入不受经济下滑的影响,持续增加。同年,为进一步完善科技管理体制,日本成立了综合科学技术会议(CSTP),作为国家层面的科技政策决策机构,统筹协同各政府部门的科技政策。

(三)"知识产权立国"国家创新战略

近年来,随着国际产业结构的深度调整,产业竞争不断加剧。面对美国和以德国为代表的欧洲纷纷实施创新引领战略,中国和韩国在产业经济上的创新崛起,日本产业经济面临激烈的竞争局面。为进一步提升日本产业竞争力,2002年和2003年,日本先后制定了《知识产权基本法》和《知识产权战略大纲》,并成立了《知识产权战略会议》和知识产权战略本部,提出实施"知识产权立国"的国家创新战略。日本通过《知识产权基本法》构建了完整的国家知识产权战略组织机构体系,并逐步完善了相关的政策措施,为深入实施知识产权战略提供了重要保障,表明了日本政府推进知识产权战略的决心。所谓实施知识产权立国,其实质就是将知识创造作为国家创新的基石,尊重发明,尊重知识创造,将知识产权战略作为提升产业创新能力的重要途径,从而推动日本经济的创新发展。

"知识产权立国"国家创新战略的确立,表明日本继"科技立国""科学技术创造立国"之后,国家创新战略的又一次战略转型,将实施知识产权战略作为提升国家产业经济和社会发展水平的国家创新战略。日本政府出台了立法、组织、配套政策、年度计划等各个方面的法律法规和政策措施,为深化落实知识产权战略提供了全方位的保障。

二、日本国家创新战略对中小微企业的扶持

日本在实施"科技立国""科学技术创造立国"以及"知识产权立国"的国家创新战略的过程中,不仅积极引导和强化大学、大型企业在高技术领域的基础科学研究和产业应用研究,同时,通过积极构建各类平台,将创新成果向中小微企业进行辐射,形成了对中小微企业的整体性的扶持格局。

(一)构建"产学官"合作体系对中小微企业技术创新的扶持

日本实施国家创新战略的根本出发点是激发国家的创新活力。"产学官联合"是日本贯穿于"科技立国""科学技术创造立国"和"知识产权立国"国家创新战略的一项重要举措。"产学官"联合机制是以中小微企业为主体,大学是基础研究、技术教育和创新育成的核心骨干,政府机构及相关中介组织起到促进推动的作用。这种机制强调在基础研究和技术应用之间建立良性的互动关系,推动创新技术、新成果等的市场化和商业化。日本政府高度关注构建并完善"产学官"联合机制。"科技立国"阶段,日本政府通过新技术事业团,积极发掘由国立研究机构、大型工业企业和大学等学术研究机构联合研发的优秀试验研究成果,向民间中小微企业转化,推进"国有技术"的产业化进程。"知识产权立国"国家创新战略明确提出加强"产学官"合作,拓宽知识产权向中小微企业转让的通道,促进中小微企业创新。如"实施共同研究"制度,日本政府的各省厅都实施共同研究制度,旨在推动国立大学与中小微企业开展区域性的共同研究;"信息流通制度"下,政府通过互联网、文部科学省通过网络向民间企业提供技术支持和科研成果信息;还包括"设施共同利用制度",将国立大学、研究机构等先进实验设施向中小微企业开放,共同利用等。

（二）在法律和制度的框架下多措并举扶持中小微企业创业创新

在实施国家创新战略的背景下,日本通过制定立法和运用组合型的政策措施加大对中小微企业的扶持。一是立法保障国家创新战略的实施。1995年的《科技学院技术基本法》成为日本开始启动"科学技术创造立国"国家创新战略的重要标志。其后,日本政府将政策重心建立在生命科学等国际前沿产业领域,并致力于推动基础科学的研究和开发。2002年通过的《日本知识产权基本法》将"知识产权立国"战略确定为国家创新战略。基本法的颁布对后续一系列法规和政策的出台产生了深刻的影响。二是综合施策,对中小微企业形成了整体扶持。如在"科技立国"战略下,日本不仅在1981年先后推出了创造科学技术推进制度、下一代产业基础技术研究开发制度和科学技术振兴调整费制度,鼓励民间企业加大尖端产业基础科学和技术应用的研究。同时,还运用税收和金融等政策对中小微企业进行扶持。如1985年设立了"基础技术研究开发促进税制"和"中小企业技术基础强化税制",针对新材料、前沿电子信息技术等领域的技术研发进行减税;"技术振兴融资制度"通过低利融资激励中小微企业开展研究开发。在"知识产权立国"创新战略下,从知识产权开发利用的角度,先后实施了"专利申请援助制度"和"唤醒休眠专利制度",前者旨在减免中小微企业和科技型企业的专利申请费,后者则允许中小微企业无偿使用大企业的休眠专利,进行产业化开发。

三、启示

日本从"科技立国"到"知识产权立国"的一系列国家创新战略,其本质是高度统一的:通过知识创造、知识创新谋求产业技术的创新,力图占领国际产业竞争的制高点,形成差异化的竞争性优势。国家创新战略的适时调整、持续推进,为日本逐步完善国家创新体系的构建提供了持续动力,同时也为推动中小微企业的发展提供了重要的支撑。日本国家创新战略的实施及对中小微企业的扶持政策值得中国借鉴。

（一）"产学官"的联合为中小微企业提供了创新平台

"产学官"联合对促进大学以及国立研究机构的最新科研成果向中小微企业转化起到了平台作用，为中小微企业提供了创新支撑。尤其是对生物技术、生命科学、信息通信、环境科学、纳米材料等尖端产业领域的技术成果产业化给予了强有力的支持。在"产学官"联合机制下，大学成为基础研究、基础科学领域创新成果的主要产出地，而民间中小微企业将大学的最新技术成果进行产业化和商业化的应用，将新产品、新工艺等推向市场后获利，又反哺大学的基础研究，政府在"产学官"联合机制中，充分发挥导向、引领、法律支撑、政策保障的作用，推动创新知识在学界和产业界进行自由流动，实现创新知识的价值增值，推动经济和社会的持续发展。日本在"产学官"的联合体系下，中小微企业得到快速发展。

（二）政策系统性和协调性对扶持中小微企业具有积极作用

日本从20世纪80年代初至21世纪初，先后确立的"科技立国""科学技术创造立国"和"知识产权立国"的国家创新战略，都积极贯彻落实"鼓励知识创造、促进知识创新"的法律和政策制定主线。此过程中颁布的相关法律和政策呈现出高度的系统性和协同性，对中小微企业起到了巨大的推动作用。主要表现在：一是为贯彻国家创新战略，日本政府在"产学官"联合机制构建、知识产权转移、风险资本市场构建及完善、重点产业扶持等方面出台了一系列前后延续、协同的政策，为中小微企业的发展提供了支持。1995年，日本先后发布《科学技术白皮书》和《科学技术基本法》，将国家科技政策向鼓励基础科学研究和强调创新的战略方向转型，并根据基本法制定五年一期的"科学技术基本计划"，将创新战略持续深化下去。根据1998年颁布、2002年修订的《关于促进大学等的研究成果向民间企业转让的法律》，日本在大学建立起与美国相近似的大学技术转让机构（Technology Licensing Organization，TLO）。此后，TLO承担起连接大学和企业界的知识产权中介的职能。TLO在运行中逐步完善，通过专利费用减免等措施为中小微企业技术创新提供了支持。二是国家创新战略相关政策体系的系统性特征，为扶持中小微企业发展营造了稳定的外部环境。如《知识产权基本法》从11个方面规定了国家知识产权战略实施过程中必须采取的政策措施：从初等、中等学校、大学和企业的人才培养，大学知识产权转让机构设置和转化机制，专利审查制度改革，知识产权法院制度，反知识产权侵权和国际知识产权战略的法律完善等，这些政策措施围绕知识产权的创造、转移和应用三个方面，形成了一个完整的政策系统，为中小微企业实现知识产权市场化提供了良好的法律政策环境。

第三节 日本机器人新战略对中小企业的扶持作用

工业机器人的普及和应用,不仅是现代化大规模企业的独有特征,也是未来中小微企业提升生产效率、提高工艺水平和产品质量的重要手段;同时,对于产业转型升级和产业间纵横向协同发展具有重要的推动作用。近年来,日本作为老牌的工业机器人研发、生产和应用大国,通过实施机器人新战略,一方面加强了机器人产业的战略导向,另一方面将中小微企业纳入机器人新战略,对中小微企业的发展产生了重要意义。

一、日本机器人新战略实施背景及主要内容

早在1990年,日本东京大学工程系的吉川裕行(Iiroyuki Yoshikawa)教授就向欧美政府和产业界人士提出了一项名为智能制造系统(IMS)的国际联合研发计划。该计划旨在研制一种具有很高自动化程度的、有较强自组织能力的新型制造系统,是一项涉及全球性集成和企业人机集成制造,以及全球制造业集成技术、自律型分散型控制系统等多项系列研究项目的研究开发计划。伴随着该计划的推进实施,日本在工业机器人产业领域一度走在世界前列,成为工业机器人研制、生产和应用的大国。在2013年,日本每万名工人中机器人数就达到了332台,远远高于世界平均水平的58台。近年来,谷歌等欧美互联网龙头企业涉足工业机器人产业,对机器人产业的发展和未来工业经济的发展形态带来了巨大变化,一方面工业机器人由于集成了海量的应用数据向拥有人工智能的自律化形态发展,另一方面通过互联网,机器人之间进行网络集成,推动工业经济向物联网时代转变。

为进一步巩固日本在机器人产业领域的国际领先地位,推动机器人产业向更高水平发展,以及推动机器人应用范围的普及化,2015年1月,日本政府公布了《机器人新战略》,提出发展机器人产业的三大核心目标和六大重要举措,并启动实施五年行动计划,加快机器人及相关产业的发展。其核心战略目标主要有:一是加强日本在机器人及相关产业领域的创新和孵化能力,使日本成为集聚全球高端机器人及相关产业的综合创新示范平台,提升日本在国际机器人及其相关产业领域的影响力和话语权。二是进一步扩大机器人在日本经济和社会等各个领域的应用,不仅在工业制造领域普及推广和应用机器人及其相关技术,而且在服务、医疗护理、基础设施、自然灾害应对、工程建设、农业等各个领域加强机器人及其相关技术的普及和推广。三是将日本带入领先世界的机器人新时代(王喜文,2015)。

日本制定了五年计划以确保实现机器人产业在全球的领先地位,其中包括八项重点任务:设立"日本机器人革命促进会",统筹协调机器人产业发展;研发新一

代机器人产业中涉及数据终端化、网络化和云计算等关键技术;在国际和国内层面实施机器人标准化战略;建设机器人实验应用场地;实施机器人产业人才培育工程;推进机器人产业安全等制度改革;举办国际机器人奥运会,等等。

二、日本机器人新战略对科技中小微企业的扶持

(一) 将中小微企业纳入机器人产业开发的大前端

日本政府认为,以往机器人主要应用于大规模、批量化生产的大型企业,如汽车、电子制造等产业的企业。未来机器人将应用于食品、化妆品、医药品等制造业领域,甚至包括保健、娱乐等服务领域。机器人将在通用集成控制系统平台,通过模块组合满足人们的各种需求。机器人供应商、系统集成商、用户之间需要海量的客户消费偏好、产品体验和使用等数据进行实时交换,来促进机器人在不同的服务环境中开展自律化、智慧化的服务。数据的采集、传输和交换使用的通用标准,不仅受大型企业的控制和主导,也需要更多中小微企业参与进来。因此,日本机器人新计划中将中小微企业纳入机器人模块数据的重要提供商和数据标准的重要制定者之中。

(二) 将机器人产业的应用范围向中小微企业辐射

在机器人新战略的六项关键举措中,非常关键的一项是推广机器人的应用。工业机器人在日本大工业生产中发挥着至关重要的作用。机器人新战略鼓励各类企业参与到推广机器人应用的行列中来,并提出将中小微企业和信息技术企业纳入机器人产业之中,一方面与原有的大型机器人厂商形成机器人产业链协同关系,另一方面将机器人应用领域从大企业扩展到中小微企业的服务现场。同时,为中小微企业在机器人应用方面进行职业培训、资格认证和人才培养,从而让中小微企业真正成为以机器人为纽带的物联网时代的应用节点。

三、启示

日本实施机器人新战略,致力于机器人产业的发展,是应对人口老龄化、出生率低、自然资源匮乏且自然灾害频发等社会问题,并提振国家经济和社会发展的重要举措。日本的机器人产业发展战略更多考虑的是推广机器人向中小微企业的应用,并发挥中小微企业在机器人产业发展中的重要作用,为我国中小微企业扶持的政策提供了启示。

(一) 将中小微企业纳入国家产业创新战略,对国民经济和社会的整体协调发展具有重要意义

日本自第二次世界大战以后快速工业化、现代化的经验显示,经济持续稳定发展不仅需要大规模、现代化的大型企业,而且还需要中小微企业的参与。工业机器人在大型工业企业中的应用提升了生产效率,形成了规模效应。而日本为进一步推动经济和社会发展,将机器人产业的推广应用和高精尖化作为重要推手,

尤其是向中小微企业的辐射应用,具有重要的借鉴意义。工业机器人产业是世界级的尖端产业,中国在推进新兴产业领域的发展过程中,应积极将中小微企业纳入产业发展计划,加大扶持力度,对高精尖产业技术的加快普及和应用具有重要作用。

(二)积极发挥中小微企业对于国家创新战略的支撑作用

中小微企业往往处于与消费领域直接关联的应用服务的最前端,是消费者、供应商、物流、设备使用与维护等数据集成的重要节点,成为支撑未来物联网化产业形态的基础平台。日本机器人新战略高度重视中小微企业在战略实施中的重要地位,从技术、人才、标准、服务、应用等多个方面为中小微企业直接支撑机器人新战略的落地实施提供了广阔的空间。

第四节 借鉴与启示

一、中小微企业创业创新政策制定的适应性

日本对中小微企业的扶持具有鲜明的时代特征。各个时期的中小微企业的扶持政策都与相应时期的产业政策紧密关联,政策制定有很强的适应性。中国应借鉴日本政府在中小微企业创业创新政策制定目标和产业关联上的这一重要特征,紧紧围绕中国未来高新科技产业的发展规划,设计制定针对性较强的中小微企业创业创新扶持政策。

二、中小微企业创业创新政策工具的系统性

日本中小微企业创业创新政策工具的系统性体现在两个方面,一是各个时期政策工具丰富,涵盖了金融、收税、组织、信息等各个方面,但始终围绕扶持中小微企业创业创新的技术创新和知识创造的主线;二是日本为实施一系列国家创新战略,颁布了相应的法律法规和政策措施,形成前后相继的政策系统,对中小微企业创业创新在先进设备的引进、知识产权的保护和转移、信用担保、风险资本、人才培养等方面形成了系统性的支撑。中国在扶持中小微企业创业创新的发展中,应该借鉴日本政府的这些做法,为中小微企业创业创新的健康发展构建完善的政策支撑体系,并根据国家创新战略的实施,为中小微企业量身定制满足其发展需求的政策措施。

三、中小微企业创业创新政策执行的官民二重性

日本中小微企业的扶持政策在执行过程中,不仅依靠政府的行政机构,同时还依托于许多"官助民办、半官半民"的事业性机构。这些机构一方面具有很强的"地方性",对本地区中小微企业的发展情况和实际需求具有全面而深入的了解,另一方面对政府中小微企业政策措施熟悉,便于开展政策执行。中国中小微企业

发展势头迅猛,但是现有的行政管理机构无法对规模以下的中小微企业创业创新形成有效的管理,因此,中小微企业创业创新扶持政策的执行以及政策执行效果均难以进行系统的评估。中国应积极借鉴日本经验,大力发展具有政府政策扶持的非营利机构性质的民营组织机构,一方面将中小微企业创业创新治理的行政权力进行有效分解,另一方面充分调动地方民间组织在中小微企业创业创新的治理中的重要作用。

四、中小微企业创业创新政策管理的协同性

日本设有中小企业厅,是国家层面统一的中小微企业的政府机构,统筹中小微企业管理事务;此外,政府还设有遍及全国的中小微企业治理的行政机关。这些专门的中小微企业行政管理部门,在对中小微企业进行治理的过程中,表现出政策管理部门相互辅助、政策管理标准统一、政策管辖边界明晰的特征,从而大大提升了政策效率,保证了各项政策能够落地实施。中国对于中小微企业的管理应借鉴日本的经验,改变中小微企业治理五龙治水的现状,尤其是对中小微企业的管理,实行统一的归口式管理,便于对中小微企业的政策制定、实施、效果监控、适时调整的各个过程进行管理。

日本政府高度重视对中小微企业创业创新的扶持。20世纪以来,日本构建了世界上最为完善的小企业治理的组织结构和政策体系。对科技型中小企业的扶持,成功助推了日本经济跻身于现代化工业化强国,并实现了日本经济向资源集约型和产业高科技化的转变。日本从"科技立国"到"知识产权立国"的一系列国家创新战略,其本质是高度统一的:通过知识创造、知识创新谋求产业技术的创新,力图占领国际产业竞争的制高点,形成差异化的竞争性优势。国家创新战略的适时调整、持续推进,为日本逐步完善国家创新体系的构建提供了持续动力,同时也为推动中小微企业的发展提供了重要的支撑。日本国家创新战略的实施及对中小微企业的扶持政策值得中国借鉴。

第二十四章 韩国中小企业创业创新扶持政策

韩国在20世纪60年代获得了经济的快速发展,成为当时亚洲地区经济快速发展的典型代表,被誉为"四小龙"之一。其外向型、创新驱动型的经济发展模式,以及构建的以大型企业为核心、抱团中小微企业协同发展的国家创新系统先进经验,为亚洲地区其他具有相似文化背景的国家,发展和扶持中小微企业提供了重要的借鉴和参考价值(朱英明,2014)。这种国家创新系统不仅依赖大型企业集团的技术赶超,在金融危机后,更依赖于国家政策推动下的以知识为基础、以创新为手段的中小微企业创业创新的发展和繁荣。

第一节 中小企业创业创新扶持政策体系及主要演变趋势

韩国在向创新驱动型经济转型的过程中,主要是从国家立法、小企业行政治理机构、技术创新、企业组织结构高度化、人力资源结构高度化、金融资源扶持和风险投资发展等方面的公共政策,对中小微企业开展了全方位的扶持。其中,中小微企业扶持的政府行动、投资科技人力资源的培育,作为创新发电机的风险投资企业的促进政策等,是韩国扶持中小微企业的核心政策。

一、韩国中小企业创业创新扶持政策体系及主要演变趋势

(一)韩国扶持中小企业发展的组织机构体系

1960年,韩国政府设立了商工部下属的中小企业科,作为韩国国家行政机构内统筹协调、组织管理中小微企业事务的行政治理机构(崔和燮,2004)。当前,韩国中小微企业的最高国家行政管理机构是设立在知识经济部(前身是商工部)下的中小企业厅。其在韩国市、道、郡等各个地方均设有分支机构,形成了遍布韩国的中小微企业行政治理机构体系。这些分布在各地的中小微企业行政治理机构负责协调地区中小微企业事务,并为中小企业厅提供与中小微企业事务密切相关的政策建议。另外,韩国总统咨询委员会下设有中小企业政策审议会(崔和燮,2004),专门负责向总统汇报中小微企业治理中的现实需求和实际问题,提供中小微企业治理的政策建议。

此外,韩国政府还根据中小微企业实际发展的需要以及中小微企业的相关立法规定,设立了各类服务中小微企业专项事务的审议会、促进会、咨询会和团体组

织,如专门促进中小微企业贸易和出口的中小企业产品购买促进会,中小微企业贸易振兴公社,等等。

(二) 韩国中小企业创业创新的扶持政策体系

1. 对中小微企业创业创新的财政扶持

韩国政府对于中小微企业财政方面的扶持主要有两种模式:一是通过发放专项的财政补助金给予中小微企业直接扶持;二是对于致力于技术创新的中小微企业进行间接的财政扶持。如20世纪90年代,韩国由政府主导建设了一批中小微企业集聚的产业基地。政府动用财政资金在这些基地投入了厂房、实验室等基础设施的建设,为中小微企业入驻基地节约了成本,成为一种特殊的财政扶持模式。韩国政府还对中小微企业的"优秀产品"在政府采购方面给予了政策性扶持和倾斜。政府通过财政资金扶持中小微企业开展跨国贸易,在出口口岸城市、道等一级的政府部门,设立了服务中小微企业出口、提供贸易咨询援助机构,为中小微企业开展出口贸易打开了方便之门(马嫦娥,2000)。政府还在互联网上设立了跨境销售中小微企业产品的网站和窗口。

2. 对中小微企业创业创新的税收优惠

韩国政府对高技术小微企业的财税支持力度非常大,20世纪70年代初期,韩国政府为中小微企业提供"技术开发准备金",允许中小微企业在税前提取一定比例的准备金,进行研究开发和技术创新活动。韩国政府颁布了《创业造成资金》(1984)、《创业支援法》(1986)等一系列法律法规,政府通过增加财政投入,扶持中小微企业的技术创新和研究开发(闵京基、潜伟,2004)。韩国政府对中小微企业的税收优惠政策,降低了中小微企业开展创业创新活动的税收负担。根据《特别消费税法》和《关税法》等规定,对于科技型中小微企业研究开发的新产品在市场化的种子期阶段,给予享受特别消费税率的优惠政策。而对于因研制新产品、研究和开发新技术等需要从国外进口有关的原材料和相关产品给予关税减免的优惠措施。根据《租税减免法》的规定,科技型中小微企业在初创的5年间将获得政府在财产税、所得税以及综合土地税减半征收的税收优惠(尹磊、李大明,2006)。

3. 对中小微企业创业创新的金融支持措施

韩国对于科技型中小微企业的金融支持措施主要体现在四个方面:一是通过面向中小微企业的商业银行提供针对性强的融资服务。韩国的《特别银行法》明确规定了中小企业银行等银行对中小微企业提供服务的义务。二是在经济形势恶劣的情况下,对于开展技术创新活动、对外贸易拓展的科技型中小微企业提供融资服务。如1997年亚洲金融危机发生后的两年,韩国政府专门成立了政策性的金融扶持机构即小微企业投资公司,为中小微企业提供特色融资服务,鼓励中小微企业扩大出口和技术创新。该项融资服务结合了小企业集合债券和资产证券化的优势,通过债券分级发售、商业银行增信、风险阻隔等三个方面的措施,大幅降低小微企业发行债券的金融风险,为中小微企业融资提供了便利。三是政府为有稳定业务、处于尖端产业的中小微企业提供增信背书。韩国通过进出口银行给予科技型中小微企业在设备投资、组织运营方面的资金扶持,并为到海外投资的科技型中小微企业提供各类特色保险服务,如韩国的贸易保险公社等为科技型中小微企业提供在东道国投资因战争、金融风险、实施工程等原因遭受损失的保险服务(崔栢烈,郭化冰,2012)。四是韩国政府为扶持科技型中小微企业走向国外市场,制定和修订了《进出口银行法》等相关的法律法规,加大对科技型中小微企业进行金融方面的扶持力度(金晶,2013)。

4. 对中小微企业提供的政策性人力资源培育和保障政策

韩国政府高度重视中小微企业的培育,注重小微企业技术创新能力和信息技术的应用。而韩国中小微企业人力资源结构中,青年人和具备尖端专业技术能力的高技术人才普遍比较缺乏。韩国政府为扶持科技型中小微企业的发展,采取了系统性、针对性强的科技型中小微企业人力资源培育和保障政策。这些政策措施一是对于科技型中小微企业吸引、聘用人才给予了保障性的优惠政策,如 1997 年金融危机以后,为中小微企业用工提供政策性的"失业保障基金";设立面向中小微企业的"专业人员就业中心",为中小微企业人才招聘提供政策性的人力资源中介服务(马常娥,2000)。二是重点为科技型中小微企业提供专业技术人才服务方面政策便利。如 2003 年,韩国实施了《中小企业人力支援特别法》,以及增派留学生和科研人员出国深造和创业创新的政策措施。一方面大力鼓励国外优秀科研人员服务于韩国科技型中小微企业,另一方面积极鼓励高等院校科研人员创办企业,或者到企业开展技术创新和研究开发活动。三是为科技型中小微企业提供人力资源培训。2011 年开始,韩国政府授权中小企业厅投入近 900 亿韩元,与数百家具有职业教育、专业培训以及专业学科优势的高等职业技术学院合作,为科技型中小微企业提供人力资源培训和继续教育(金晶,2013)。韩国还实施了大型企业退休技术人员为科技型中小微企业提供技术顾问、组织管理支持等方面的人力资源共享制度,弥补了科技型中小微企业技术人员不足的问题。

5. 大力发展风险投资企业扶持中小微企业的孵化和成长

近年来,韩国政府通过多种法律政策发展能够开发和商业化高附加值技术的风险投资企业,以此推动中小微企业的孵化和发展。1994 年,韩国成立了高斯达克(KOSDQE)市场拓展了科技型中小微企业的融资渠道,并为韩国风险投资产业提供了退出机制,对韩国风险投资产业和高技术产业的发展起到了关键作用。20世纪 90 年代出台的《风险企业特别扶持法》鼓励处于发展初期的风险投资公司向科技型中小微企业进行投资;韩国政府通过成立技术转移中心、风险投资基金等措施(朱英明、兰茹佳、陈宥蓁等,2014),鼓励风险资本向高技术产业和科技型中小微企业的技术创新活动集聚。此外,韩国政府还通过设立技术信用担保基金等措施,为预期的高技术风险企业提供技术贷款的信贷担保。韩国政府还在高等院校和科研机构设立企业孵化器,加大对初创的风险企业的支持(杨树旺、肖建忠、易明,2009)。据统计,韩国风险企业的数量从1998年的2 042家增加到了2003年的7 702家。当前韩国关于风险投资企业的政策重心是,通过便利风险企业间的并购促进风险企业间的战略同盟及技术人员自由流动,目的是提高风险企业的质量和增强它们的竞争力。

二、韩国中小企业创业创新扶持政策演变趋势

韩国的中小微企业扶持政策的演变,是根据韩国的产业政策发展而来的,由于韩国的产业政策是从20世纪60年代的劳动密集型轻工业政策,到70年代的资本密集型重化学工业政策,到80年代以后的技术密集型工业政策,进入21世纪以后突出高新技术的产业政策。因此,韩国的中小企业扶持政策也经历了从20世纪60年代弥补中小企业缺点的经营稳定型政策转为70年代中小微企业行业保护和结构改善优化型政策,到80年代创业支援与扶持为主的政策,到90年代扶持技术创新和小微企业为主的政策,21世纪后重点扶持中小微企业的演变趋势。

20世纪60年代至80年代中期,韩国逐步开始重视对中小微企业的扶持,政策重点是保护中小微企业的稳定经营。

20世纪60年代,韩国政府发展经济的策略是不再单纯依赖进口,政府认识到发展中小微企业对于国家经济的重要支撑作用,逐渐开始注重对中小微企业的扶持。同时,伴随着出口导向的经济发展策略,韩国政府逐渐加大对中小微企业出口导向的政策扶持措施。韩国在国际工业经济深度调整和产业结构转化的过程中,抓住机遇,积极鼓励扶持发展纺织、机械等产业领域劳动密集型的中小微企业(綦鲁明,2011),并通过建立自由出口区的方式,将中小微企业的产品推向海外(邵擎峰、杨爽、孟广文,2015)。在此过程中,韩国在60年代后半期,出台了《中小企业基本法》,确立了发展中小微企业的法律基础,并逐步将发展中小微企业纳入韩国大企业经济体系之中,为韩国经济的健康发展开辟了新纪元。

20世纪70年代,韩国的小微企业扶持政策重点转变为中小微企业行业保护和结构改善优化。20世纪70年代,韩国经济步入高速增长时期,中小微企业在韩国经济发展中占据越来越重要的地位(王德侠,2005)。韩国政府将中小微企业扶持措施的重点放在融资方面。韩国将政策性资金注入专门面向中小微企业的商业银行,对中小微企业新产品研究和开发、工艺改进、发明专利产业化等技术创新活动给予资金的扶助。1975年,韩国颁布了《中小企业振兴法》,1976年成立了中小企业信用担保基金,此后又进一步颁布了《中小企业经营稳定与结构调整法》,

并于1973年和1979年先后成立了工业振兴厅和中小企业振兴工团。从1982年开始,韩国实施了长达十年的中小企业振兴长期计划。1984年,韩国政府设立了中小微企业创业资金,1985年明确了中小企业为首先扶持的行业。

20世纪80年代中后期至20世纪末,韩国开始重点扶持科技型中小微企业的发展。80年代后期,韩国的小微企业扶持政策重点转变为对技术密集型的中小微企业创业的支援与扶持。1986年,韩国颁布了《中小企业创业支援法》(崔和燮,2004)和新技术事业支援金融的法律,1989年进一步实施了大企业转让中小企业的相关规定。韩国政府开始从资金、税收和综合服务等三个方面对科技型中小微企业进行系统性的扶持。一是根据《创业支援法》的规定,设立专门扶持科技型中小微企业发展的政策性基金。该基金具有鲜明的产业导向性质,即对国家急需、政府中小微企业治理部门首长认为应重点发展的产业进行集中扶持。二是对于科技型中小微企业的发展进行系列税收减免。如所得税、法人税、土地综合利用税收等给予大幅度地减免。三是给予科技型中小微企业创业咨询和扶助。在组织管理、综合运营、对外出口、产品销售、法律咨询等各个方面,对科技型中小微企业提供全方位的咨询和服务。

20世纪90年代开始,韩国加大了对科技型中小微企业技术创新方面的扶持。1992年,韩国颁布了《科学技术振兴法》(朱妙芬、张茹茹、张炜,2012)。该法明确规定了给予科技型中小微企业开展最新技术成果市场化和产业化的商业活动,进行政策性的资金扶持,并规定对科技型中小微企业在开展技术创新活动中产生的人力资源、技术研究和开发经费给予特别的税收优惠措施和计提"储备金"的政策,以加强科技型中小微企业的资金控制能力。90年代,韩国先后启动了一系列鼓励和扶持高科技产业领域的科技型中小微企业的政策措施,如设立"产学研合作技术开发事业"和"技术创新开发事业"等专项政策性基金扶持科技型中小微企业的发展。1996年,韩国成立了为科技型中小企业融资的高斯达克资本市场(KOSDQE),进一步拓宽了科技型中小微企业的融资渠道。1997年,韩国颁布了《小企业扶持特别法》和《风险企业特别扶持法》,整合各类科技型中小微企业的政策性基金,进一步完善了对科技型中小微企业和风险企业融资等方面的扶持。

21世纪起,韩国将科技型中小微企业的扶持纳入国家发展战略,科技型中小微企业成为创造经济的重要组成部分。20世纪末,韩国进一步加大了科技型中小微企业的扶持力度。进入21世纪,韩国将科技型中小微企业的扶持重点集中在具有高风险、高价值回报的瞪羚企业。21世纪初,韩国政府将扶持科技型中小微企业的发展与经济自由区、国际自由城市等的建设紧密结合在一起,对科技型中小微企业进行集中扶持。通过实践,韩国政府构建起一套面向科技型中小微企业认定、评估和针对扶持的政策措施,并不断加以完善。韩国依托中央和地方两级中小微企业相关政府治理机构、政策性的基金组织,如技术保证基金会等(周松兰,2008),对科技型中小微企业和风险企业进行评估和认定,通过评估和认定的科技型中小微企业和风险企业被授予"确认证书",并由政府制定的科技型中小微企业政策性银行和金融机构,对企业进行针对性、适应性强的科技融资服务。韩国还设立了风险企业协会,对于科技型中小微企业进行集中评估、扶持。同时,韩国通过政府出资的方式,建立了科技型中小微企业的技术保证基金、风险企业投资基金等各类政策性的科技型中小微企业专项基金,为科技型中小微企业提供融资服务(杨志安、田英学,2004)。2007 年,韩国出台了《创新型中小企业支援方案》,该方案主要针对具有自主知识产权等创新能力和创新成果、较强的研究和开发能力以及良好发展前景的科技型中小微企业和风险企业(周松兰,2008)。近年来,韩国政府在扶持科技型中小微企业的过程中,一是重点扶持科技型中小微企业研究开发新技术和新产品,二是通过与大型企业合作,与科技型中小微企业订立新技术和新产品的优先购买协议,保障科技型中小微企业的新技术和新产品有良好、确定的市场化前景(罗奕,2012)。2011 年,韩国修订了《中小企业基本法》(綦鲁明,2011),将提升中小微企业的竞争力、加强科技型中小微企业的扶持力度、保障中小微企业长期稳定发展作为中小微企业扶持的重点内容。

　　从 20 世纪 60 年代开始,韩国经过四十多年的追赶发展,成功跻身经济发达国家(黄可、梁慧刚,2015)。2013 年,韩国提出发展"创造经济"的战略,期望为进一步提升国家经济和社会发展水平,提供新的增长点。韩国政府认为科技型中小微企业是"创造经济"生态系统中最有活力、最为活跃的创新组织,因此,致力于将科技型中小微企业纳入"创造经济"整体战略之中。韩国通过建立经济革新中心的方式,在大企业、科技型中小微企业和政府部门之间建立起合作平台,将科技型中小微企业作为最新技术成果市场化和商业化的主要力量。

第二节　创造经济革新中心:韩国中小企业新型孵化器

　　2013 年,"创造经济"的发展战略是由韩国总统朴槿惠在其竞选总统时提出的施政理念(黄可、梁慧刚,2015)。其战略目标是致力于产业融合和跨界创新,将产业发展的重点与韩国具有优势的文化产业、电子信息产业等紧密结合起来,在全球创意经济中建立韩国经济的利基市场。其实质是依托韩国大企业的力量,将资金、最新技术成果传导到中小微企业,激发韩国国民创业创新的新动力,为韩国经济和社会的发展提供新的驱动力量。

一、创造经济革新中心的政策措施是韩国扶持科技型企业的"创造经济"战略的重要组成部分

"创造经济革新中心",即韩国版的众创空间。成立创造经济革新中心是"创造经济"发展战略的核心政策措施,根据创造经济革新中心的初步建设方案,将建设18个区域型的创造经济革新中心。这18个创造经济革新中心将成为集聚科技型中小微企业和风险企业的创新发展平台,对韩国区域经济乃至国家经济的创新发展发挥示范性、放射性的效应。

二、韩国创造经济革新中心的运作模式

(一)创造经济革新中心设立方式

每一家创造经济革新中心都由中央(韩国未来创造科学部)和广域市、道等地方政府参与,联合一家大型企业作为主导企业共同成立。革新中心的组建架构是政府+大企业(中心企业)+若干科技型中小企业和风险企业,形成政府和大企业联合孵化科技型中小微企业和风险企业的格局。革新中心为创业者提供创业平台和成果转化平台。韩国未来创造科学部是2013年朴槿惠上台后设立的新部门,在政府中排名第二,是兼管科学技术、信息通信以及邮政事业本部的强大部门。

(二)每个创新中心都结合当地优势产业,突出自身的特点,着重推动相关特定领域的发展

比如,大邱创造经济革新中心以促进当地优势的化纤、汽配、机械等产业发展和提升为目标,忠清南道创造经济革新中心则重点打造本地区太阳能产业集群、扶持包括3D打印技术在内的新兴高科技企业。京畿创造经济革新中心重点培育游戏产业、金融科技和物联网产业等以软件业为基础的融合性新产业。济州创造经济革新中心将以智能观光和能源自主为发展方向,主打旅游、文化、互联网和新能源产业品牌。

(三)创造经济革新中心提供的服务

为入驻企业提供包括网络通信、办公场地、办公设备、展示空间、会议场所以及休息场所,工作环境宽敞,职能分区明确。入驻企业可免费享用工作区域和办公设备。除了硬件服务之外,来自政府和大型企业的金融、咨询、法律支援,都为创客们解决了在创业初期的各种困难。金融监督院、专利局等政府负责人常驻于此,创客们的构思在转化成商品的过程中出现问题的话,都可以第一时间得到解决。

(四)创造经济革新中心的申请方式

革新中心采取开放式、自主申请、网络审核认定的方式,对打算进入革新中心的科技型中小微企业和风险企业进行筛选。一旦获得通过,每个革新中心将根据

相应的扶持措施给予科技型中小微企业和风险企业资金、场地、技术、市场、出口贸易和组织运营方面的扶持。

三、中小企业孵化典型案例分析：京畿创造经济革新中心

（一）京畿创造经济革新中心概况

2015年，由京畿道政府与韩国电信公司（KT集团）联合成立了京畿创造经济革新中心（黄可、梁慧刚，2015）。京畿创造经济革新中心坐落在被称为韩国硅谷的盆唐区板桥科技谷产业园区内，这里聚集着韩国尖端IT技术和融合技术研究机构，约占韩国50%的IT企业和90%的电子游戏企业集中在京畿道地区。京畿创造经济革新中心以KT集团为核心企业。KT集团以生产全电子交换机起家，目前是韩国最大的网络运营商和国际一流的电信企业。京畿创造经济革新中心以IT产业为基础，致力于重点培育游戏产业、金融科技和物联网产业等以软件业为基础的融合性新产业。革新中心还设立了物联网公共实验室、3D打印公共实验室等顶尖的基础实验平台。

（二）京畿创造经济革新中心具体运作模式

京畿创造经济革新中心坐落于板桥公共支援中心大楼内。创造经济革新中心的主要设施分布在一层大厅和五层，一层主要用于进行展示和体验活动，设有中心舞台、大屏幕，配备音视频播放设备。五层则为入驻企业提供网络通信、办公场地、办公设备、展示空间、会议场所以及休息场所，工作环境宽敞，职能分区明确。入驻企业可免费享用工作区域和办公设备。除了硬件服务之外，来自政府和大型企业的金融、咨询、法律支援，都为创客们解决在创业初期的各种困难。金融监督院、专利局等政府负责人常驻于京畿创造经济革新中心，因此创客们的构思转化成商品的过程中出现问题的话，都可以第一时间得到解决。京畿创造经济革新中心的负责人主要来自KT集团公司，中心的运营资金来自京畿道政府和KT集团联合设立的基金。三十余家科技型中小微企业和风险企业入驻京畿创造经济革新中心。革新中心不仅为这些企业提供免费的创业空间、免费的3D打印服务等高端商业服务，并通过KT集团的商业网络对这些科技型中小微企业和风险企业进行集中扶持。

（三）新创中小微企业孵化：以Irience公司为例

京畿道创造经济革新中心中入驻和孵化的企业具有一个显著的共同点，就是拥有同行业领域中堪比国际一流企业的自主知识产权等核心竞争力要素。Irience公司是生物辨识服务供应商，其在生物识别产业领域与思科等国际一流公司同台竞技，拥有多项该领域的核心知识产权。该企业专注于将基于虹膜识别的生物识别技术应用于安防产业、商业组织运行、安全管理和政法警用产业领域，是未来IT产业与工业技术产业融合交叉产业领域所广泛需求的应用技术。Irience公司在

申请入驻京畿道创造经济革新中心之初,尚处于种子期,但由于具有专注和精深的产业拓展能力,被京畿道创造经济革新中心批准成为首批入驻的风险企业,并得到革新中心为期6个月的加速孵化服务。京畿道创造经济革新中心为科技型中小微企业和风险企业提供孵化和加速服务,以及法律咨询、融资等一站式服务。

(四)在国外成立中小企业的支援中心支持科技型中小微企业拓展海外市场

支持科技型中小微企业走向海外市场,是韩国政府的一贯做法。京畿道革新中心为支持科技型中小微企业走向国际市场,在海外设立了分支机构。京畿道中国中小企业的支援中心(办事处)是韩国京畿道政府在上海设立的非营利性机构,主要为韩国中小企业提供市场支援,为它们的产品开拓中国市场,现在办事处下有上千个韩国中小微企业,经营韩国各类产品。京畿道革新中心下属的科技型中小微企业和风险企业通过京畿道中国中小企业的支援中心(办事处)和KT集团的国际营销网络,能够顺利走向国际市场,其产品能够迅速形成国际影响力。京畿道政府不负责革新中心具体的运营,但是在助推科技型中小微企业和风险企业国际化的过程中,通过组织官方的展会和推介会等形式向国外政府和企业推介孵化企业的产品。

(五)京畿道创造经济革新中心倡导京畿道大企业·中小微企业同伴成长

京畿道正在努力构建大企业和小工商人、中小企业互赢的模型。计划明年构建一两个京畿道型同伴成长经济民主化模型,并扩大到全国。实现同伴成长的关键是大企业的主动性和在野党的支持。"中小企业密集的京畿道是最需要实现同伴成长的地区。"京畿道的同伴成长是韩国实现同伴成长的基石,因此京畿道要积极推进政策。京畿道具有全国中小企业的21%即70.5万个(2012年基准)中小企业和三星电子、LG、现代起亚车、SK、KT等韩国代表性企业,被举为同伴成长的核心地区。议员金俊贤提出的"京畿道大企业·中小企业同伴成长的相生合作支援条例案"已得到常任委员会的批准。"京畿道大企业·中小企业同伴成长的相生合作支援条例案"包括大中小企业的相生合作支援及政策开发、实况调查、设置相生合作委员会等推进同伴成长政策时所需责任和义务等。

第三节 借鉴与启示

韩国中小微企业服务政策体系的一系列方案对韩国培育创新型新兴产业、推动经济的转型发展具有重要的作用。目前,我国的经济增长也越来越多地依赖于技术创新和进步,特别是新兴的中小微企业的蓬勃发展对经济的转型和可持续发展具有重要作用,韩国的中小微企业的扶持政策对我国具有重要的借鉴意义。

一、推动大中小企业合作发展和同伴成长，为中小微企业创业创新营造良好的发展环境

韩国长期以来是以大财阀大企业经济垄断为主体的市场环境，但2008年金融危机后，韩国政府通过一系列措施促进大中小企业的合作发展和同伴成长，尤其是近年来在培育中小微企业的过程中，成效尤其显著，其相关政策值得我们借鉴。首先，在有利于大中小企业公平竞争的市场环境的培育中，韩国政府积极鼓励大中小企业的公平和良性竞争，通过一系列法律法规确立反垄断的公平竞争环境。此外，韩国政府还通过政府采购支持，优先扶持高新技术的中小微企业的相关产品和服务，尤其是那些小微企业新研发的商业化初期产品，通过政府采购鼓励中小微企业的后续研发，帮助企业解决研发和商业化资金困难。在政府采购支持中，政府还采取采购价下限限制、大企业竞标限制、小规模政府采购偏向等优惠政策，保护大中小企业的共同发展。其次，韩国通过建立"政企联盟"的方式对科技型中小微企业进行集中扶持。政府出政策、促环境，企业出资金、出技术，对于重点产业的科技型中小微企业和风险企业给予全方位的扶持。对于中小微企业的经营项目、经营范畴、核心技术等生产经营相关领域实施不同程度的扶持政策，形成由政府机构为主导，大企业集团为主力，科技型中小微企业共同参与的合作机制。最后，韩国在大企业和中小微企业之间建立意向性采购协定（简称MOU）制度，以保证科技型中小微企业和风险企业的产品的市场份额。在科技型中小微企业和风险企业进行新产品研发阶段，就规定大企业和这些企业签订产品购买的意向性采购协议，从而保证一旦这些新产品研制成功就有稳定的市场销量。MOU协定为小微企业的资金和发展提供了保障。

韩国大中小微企业协同发展和同伴成长的相关措施对我国中小微企业扶持的主要启示在于，大企业具有资金、人才和技术优势，而小企业在资金、人才、技术、市场和网络等方面相对不足，但中小微企业往往具有灵活的创新机制和强烈的创业意愿，需要获得外部尤其是相关的大企业提供创新创业资金支持、技术支撑和市场网络对接，中小微企业的信用和创新高风险使得众多合作和资助者望而却步，而大中小微企业在技术、资金、人才、市场、供应链等多方面的合作却有利于双方合作共赢。因此，我国应充分借鉴韩国扶持大中小微企业协同创新和共生发展的相关政策法律，充分发挥双方合作意愿的市场机制，政府的一系列引导性扶持基金等，促进大中小微型企业协同合作和共生发展。

二、扶持科技型风险投资，促进中小微企业的创业及发展

韩国实施了一系列扶持创新型风险投资小企业的相关政策。韩国政府从1996年开始通过立法手段进行风险企业的推广，1997年制定"风险企业扶持特别法"，重点扶持以IT行业为中心的风险企业，成为韩国经济发展的新发动机，推动

韩国从大企业主导向中小微企业的成功转型。为加强对风险投资产业的管理和长期可持续发展，韩国政府又出台了初创企业扶持特别法及小企业技术创新促进法等政策，推动新产业企业创业。其具体措施包括：首先，增加对新产业的风险投资的资金支持比例，提高基金出资比上限，将风险投资对初创企业的投资上限提高到50%；其次，重视技术创新和研发人员创业，促进高校研究人员的技术创业，鼓励大学或研究所设立创业企业；再次，提高技术创业人员的创业能力，通过风险投资创业课程提高研究人员的创业和企业管理能力；最后，提高风险投资企业的市场营销能力，通过政府采购提供对技术创业风险投资企业的倾斜和市场扶持。

韩国对风险企业的扶持是一种综合型的扶持方式。借鉴韩国的经验，高度重视对处于种子期和初创期的风险企业进行重点扶持。我国风险资本产业尚处于快速成长时期，风险资本市场的外部环境还有待进一步完善，政府应在法律上通过资金、技术、市场等多方面扶持、培育创新型风险投资企业，并发展创业投资基金及中小企业结构调整基金，发展风险资本市场，以风险投资支持中小微企业的发展。

三、实施中小微企业技术创新扶持政策，促进小微企业创新能力的提升

韩国政府高度重视小企业的创新水平及其技术研发能力，多年来制定了一系列促进小企业技术创新的政策法律。1972年、1981年、1986年、1993年、1997年及2001年韩国先后颁布了《技术开发促进法》《技术和培养人力费免税》《创业支援法》《新技术事业支援金融法》《产学研合作技术开发事业》《技术创新开发事业》《中小企业技术创新促进法》，对提高韩国中小微企业的技术水平起到了重要促进作用。第一，韩国政府实施了多项扶持中小微企业技术创新的项目，具体有：① 韩国版的SBIR，即中小微企业技术开发支援项目（KOSBIR）。该项目明确规定与中小微企业相关的国家、各广域市、道政府和相关职能部门，在研究与开发经费中需划定一定的比例，专门用于中小微企业的技术革新、新产品开发等技术创新活动，这一比例具有法律刚性；② 中小微企业技术创新支持项目，为自主创新的中小微企业提供75%以内的研发经费补贴。第二，韩国以市场推广支援的方式扶持中小微企业的最新技术成果转化和市场化。如国家实验室等国营研究机构以授权和合作的方式，与中小微企业共同开展技术攻关，并在后期购买新技术商业化后的市场产品。中小微企业市场支援政策还有中小企业厅支援中小微企业参加海外著名展览会和洽谈会的费用补贴形式以及介绍出口产品政策等，如科技中小微企业和风险企业赴海外办展或者开展出口贸易过程中所需要的样品制造、设备租用等相关费用由政府负责承担（林忠、鞠蕾、孙灵希，2009）。第三，韩国实施了"政府结队跟踪帮扶"的技术追踪扶持政策，即由政府为科技型中小微企业提供"一对一"服务来帮助企业提高技术创新的能力，具体包括中小企业厅对中小微企业新

产品创意、研制、中试到成品销售给予全过程指导、跟踪扶持,政府不仅会根据企业的需求及时派驻专业技术人员对企业技术开发过程中碰到的技术问题进行技术攻关和技术支持(金明玉,2001),也会对于希望提升和改良产品质量的中小微企业给予持续的跟踪支持和辅导,此外,中小企业厅也对中小微企业的投资、法规咨询及商业合作伙伴、政府批文等给予支援。第四,韩国政府扶持中小微企业的信息技术应用,鼓励小微企业加强信息技术投资,并选择特定的大学或研究院对小微企业的信息技术提供定制的咨询服务。韩国中小企业管理局还对小微企业信息系统的应用进行扶持和补助。

我国正处于新兴产业蓬勃发展和产业转型升级的关键时期,如何激发科技型中小微企业的创新活力,为我国经济和社会持续向好发展提供不竭的创新动力是重要课题。借鉴韩国经验,为加强对科技型中小微企业技术创新活动的扶持力度,政府应努力营造适合科技型中小微企业创新的外部法律、交易和服务环境,为科技型中小微企业创业创新提供政策保障。

韩国国家创新系统不仅依赖大型企业集团的技术赶超,在金融危机后,更依赖于国家政策推动下的以知识为基础、以创新为手段的中小微企业创业创新的发展和繁荣。韩国在向创新驱动型经济转型的过程中,主要是从国家立法、小企业行政治理机构、技术创新、企业组织结构高度化、人力资源结构高度化、金融资源扶持和风险投资发展等方面的公共政策,对中小微企业开展了全方位的扶持。其中,扶持中小微企业的政府行动、投资科技人力资源的培育,作为创新发电机的风险投资企业的促进政策等,是韩国扶持中小微企业的核心政策。

第二十五章　发达国家中小企业创业创新扶持政策比较及启示

世界主要发达国家的中小企业创业创新扶持政策各有特色,无论是以创新生态系统、先进制造业国家战略计划为特征的美国中小企业扶持政策体系,以培育中小企业隐形冠军、以智能制造见长的德国中小企业扶持政策体系,还是助推国家创新战略的日本、打造创造经济革新中心的韩国,各国的中小企业创业创新扶持政策对中小企业创业创新的扶持均有重要的推动作用,对我国的政策体系的完善都具有借鉴意义。

第一节　中小企业创业创新扶持政策演变趋势的国际比较

中小微企业扶持政策的适时调整、持续推进,为各国中小微企业的创立和成长提供了持续动力,同时也为推动国家经济社会的可持续发展和产业转型升级提供了重要的支撑。比较各国中小微企业的政策演变趋势,发现各国的政策演变呈现出以下特点:

一、中小企业创业创新扶持政策有三种典型模式

在市场作为资源配置主要手段的前提下,政府参与对经济的管理,可以补充市场的不足。在对国外中小微企业扶持政策的比较研究中,我们发现基本可以分为三类:第一类是以美国为典型代表的市场主导型;第二类是以日本和韩国为典型代表的政府主导型;第三类是以德国为典型代表的政府—市场平衡型(详见表25-1)。

表 25-1　发达国家中小企业创业创新扶持政策模式

政策模式	代表国家	主要特点	政策主张
市场主导型	美国	市场机制十分完善和成熟,政府的经济职能范围较小	强调扶持政策必须顺应市场经济的规律,采用法律法规和宏观财政、金融政策等手段

（续表）

政策模式	代表国家	主要特点	政策主张
政府主导型	日本、韩国、中国	经济起步时的市场机制还很不完善,政府力量相对强大	通过行政指导来说服中小企业服从政府的意志;有详尽、复杂的中小企业法律法规体系;通过控制或管制社会资源来诱使小微企业跟从政府的指挥
政府—市场平衡型	德国	市场成熟度介于以上二者之间	注重市场竞争与政府控制相结合,特别重视中介机构对科技小微企业的协调、监督与服务作用

资料来源:根据相关文献资料整理。

以美国为代表的市场主导型国家,在中小微企业扶持中市场机制十分完善和成熟,政府的经济职能范围则较小,强调扶持政策必须顺应市场经济的规律,美国通过实施《小企业投资奖励法》《小企业技术创新开发法》《加强小企业研究与发展法》等相关法律,注重采用法律法规和宏观财政、金融政策等手段进行扶持;以日本、韩国、中国为代表的政府主导型国家,由于经济起步时的市场机制还很不完善,政府力量相对强大,在中小微企业扶持中主要通过行政指导来说服中小企业服从政府的意志,有详尽、复杂的中小企业法律法规体系,通过控制或管制社会资源来诱使小微企业跟从政府的指挥;以德国为代表的政府—市场平衡型国家,市场成熟度介于以上二者之间,注重市场竞争和政府控制相结合,特别重视通过弗朗霍夫协会等中介机构加强对科技小微企业的协调、监督和服务作用。

二、突出中小微企业在国家经济发展和创新引领中的作用,各国对小微企业的普适性支持已转为对中小微企业的重点扶持

发达国家早期的小微企业扶持政策对于中小微企业采取普适性支持,但从20世纪70年代开始,各主要发达国家开始逐步重视中小微企业在创新方面的重要作用,将中小微企业纳入重点扶持的范畴。美国在20世纪70年代起联邦政府出台了重点针对信息经济、风险投资等新兴产业的系列扶持政策,对美国经济从工业经济向服务经济、信息经济、金融经济转型起到了关键作用。这期间美国小企业管理局从高技术产业领域挑选了部分高风险、高回报、发展前景良好的中小微企业进行重点针对性扶持;此外,1971年,美国专为具有高成长性的初创期科技型小企业提供融资服务的资本市场——纳斯达克(NASDAQ)成立。

日本政府从20世纪70年代开始,对新能源、电子信息、先进机械制造、生命科学等产业的科技型中小微企业进行针对性的重点扶持;90年代以后,进一步扶持电子信息、职能制造、机器人、生命科学、纳米技术与材料等前沿领域,重点领域的中小微企业,此外,日本加快风险资本在内的资本市场的建设,1992年,日本政府设立了为科技型中小企业提供融资的创业板。

20世纪70年代开始,德国也实施了一系列扶持和推动中小微企业技术创新和进步的相关政策,如《联邦政府关于中小微企业研究与技术政策总方案》(1977)、《中小微企业研究和研制工作基本设想》(1978);21世纪开始,德国主要通过四个项目扶持中小微企业,包括联邦教研部实施的中小微企业研发创新支持项目(支持中小微企业进行前沿技术研究,资助范围为政府高科技战略中的8个领域),联邦经济技术部实施的中小微企业创新核心项目,集群和网络建设(包括15个尖端产业创新集群),以及针对初创期中小微企业专门实施的融资支持项目。

1993年和1997年,韩国政府先后启动了"产学研合作技术开发事业""技术创新开发事业",1994年,韩国成立了高斯达克市场,为科技小微企业提供外源性融资,在高斯达克上市的中小企业5年内享受免税待遇。1998年,韩国政府筹集了320亿韩元帮助中小企业进行技术开发,同时对过去的《培育高科技企业特别措施法》进行修改,对创办高科技中小企业给予各种政策优惠条件,鼓励中小企业提高技术水平。1999年,韩国政府颁布了《科学技术创新特别法》,技术创新得到政府的重视。韩国政府还利用世界银行的400亿韩元贷款成立中小企业投资创业基金会,对创办高新技术的中小企业提供启动资金,使之能够顺利地进入企业发展的快车道。对于那些与高新技术相关的风险型中小企业,韩国政府更是大力提倡和多方支持,不但成立了数额高达1万亿韩元的风险企业投资基金,从资金上给予支持,而且还从税收、利息等方面给予相当的优惠,全面支持中小企业创办风险企业。

三、重视国家的顶层设计,以国家总体规划和科技发展战略为导向扶持中小微企业的发展

2008年国际金融危机以后,美国将中小微企业纳入先进制造业国家创新战略计划,进一步加强了对先进制造业领域中小微企业的扶持力度。美国明确了先进制造业的产业领域,对中小微企业进行针对性地扶持。例如,对利用或者生产信息、自动化、计算机、软件、传感和网络技术产品的产业,以及利用纳米技术、化学、生物技术等尖端材料、物理和生物领域新兴技术的产业等领域的中小微企业,实施如永久性税收减免等政策措施,政策针对性强,容易落地。美国通过建立"产业公地""制造业创新研究所"等举措,建立先进制造业领域共性技术和创新示范平台,大力支持最新技术成果面向中小微企业的辐射应用,为中小微企业加速发展提供了广阔空间。

德国以高技术战略规划明确产业发展布局和规划,明晰了对中小微企业扶持的重点和方向,尤其是"德国高技术战略2020",进一步明确了德国对小微企业扶持的重点集中在气候和能源、健康和营养、交通、安全、通信这五大领域,有效引导了对中小微企业在生物、纳米、微电子、纳米电子、光学、微系统、材料、装备、航天等领域和交叉领域的关键技术开发和商业化的财政和金融政策的扶持，对中小微企业的创业创新领域做出了明确的导向。

日本从 20 世纪 80 年代初至 21 世纪初，先后确立的"科技立国""科学技术创造立国"和"知识产权立国"国家创新战略，都积极贯彻落实"鼓励知识创造、促进知识创新"的法律和政策制定主线。

四、注重发挥大企业在中小微企业扶持中的作用，各国日益重视大中小微企业之间的分工协作和共同发展

韩国长期以来是以大财阀大企业经济垄断为主体的市场环境，但 2008 年金融危机后，韩国政府通过一系列措施促进大中小企业的合作发展和同伴成长：首先，韩国政府通过一系列法律法规确立了反垄断的公平竞争环境，积极鼓励大中小企业的公平和良性竞争。此外，韩国政府通过政府采购鼓励中小微企业的后续研发，帮助企业解决研发和商业化资金困难，以及采购价下限限制、大企业竞标限制、小规模政府采购偏向等优惠政策，保护大中小企业的共同发展。其次，韩国政府还积极推行由中央和地方两级政府与大型企业合作推进研究与开发技术共享等机制，政府出政策，企业出资金和技术，对于中小企业的经营项目、经营范畴、核心技术等生产经营相关领域实施不同程度的扶持政策。最后，韩国采取 MOU 协定，在正式合同之前，中小微企业与大企业之间签订协议，指定大企业购买该小微企业生产出来的产品，MOU 协定为小微企业的资金和发展提供了保障。

在德国"工业 4.0"战略中，德国利用本土市场促使国际化大企业和区域性中小微企业共同接入全新的价值链，推动中小微企业的智能转变。大企业与中小微企业构建的新的灵活价值网络能够使更多的小微企业获益。项目实施过程中，德国通过"官产学研"的聚合，突出中小微企业既是智能制造生产技术的使用者和受益者，也是先进生产方式和创新技术的创造者和提供者。

日本在重点扶持科技型中小微企业投入电子信息技术、新能源、新材料等技术密集化产业领域的过程中，高度关注以科技型中小微企业为中心的产业关联技术的发展，以及从大企业或者研究机构向中小微企业辐射的高技术产业领域关联技术。

五、转变小微企业的扶持方式，以生态化、立体化、网络化、系统化方式培育中小微企业创业创新

进入 21 世纪，美国高度重视通过构建国家创新生态系统，对中小微企业这一创新生态系统中的关键物种进行生态化、网络化的扶持。早在 2003 年，美国总统科技顾问委员会（PCAST）就提出构建国家创新生态系统。2008 年国际金融危机以后，美国通过实施"先进制造业国家战略计划"，逐步构建由顶尖大学、国立创新研究院、大型领军企业、中小微企业等组成的国家先进制造业创新网络支撑的创新生态系统。美国政府明确提出将中小微企业纳入先进制造业国家战略,并鼓励国立创新研究院、大学和大型企业将技术成果运用于中小微企业,重点加强应用研究和示范设施的投资。

德国的经验也表明,政府不仅要着力解决中小微企业发展及创新中面临的资金、管理等方面的问题,更重要的是为中小微企业营造公平、透明、开放的竞争环境,构建有利于大中小微企业协同发展的产业组织结构,有利于小微企业创新成果产出的"政产学研"长期合作的制度环境,有利于创新成果快速商业化的创新创业生态系统。

日本"产学官"联合的创新生态网络模式为科技型中小微企业提供了创新支撑,尤其是对生物技术、生命科学、信息通信、环境科学、纳米材料等尖端产业领域的技术成果产业化给予了强有力的支持。在"产学官"联合机制下,大学成为基础研究、基础科学领域创新成果的主要产出地,而民间科技型中小微企业将大学的最新技术成果进行产业化和商业化应用,将新产品、新工艺等推向市场后获利,又反哺大学的基础研究,政府在"产学官"联合机制中,充分发挥导向、引领、法律支撑、政策保障的作用,推动创新知识在学界和产业界进行自由流动,实现创新知识的价值增值,推动经济和社会的持续发展。在日本"产学官"联合体系下,科技型中小微企业得到快速发展。

第二节 国内外中小企业创业创新扶持政策的比较

本节系统比较了美、德、日、韩四国中小企业创业创新扶持政策体系和演变趋势的差异,全景式地研究和剖析了各国基于国家战略、产业政策和政策工具等层面对中小企业创业创新扶持政策的特色、发展演变趋势,以及国别间的政策模式、演变趋势和政策特色的比较分析,基于宏观、中观和微观上提出我国中小企业创业创新扶持政策的启示及建议,如在宏观层面上应从国家顶层设计的战略高度构建中小微企业的扶持,在中观层面应抢占智能制造等先进制造业、互联网+等新兴产业发展的制高点,在微观层面制定全方位的中小微企业政策体系,为中小企业的发展营造良好的外部环境,切实地促进中小微企业的健康持续快速发展。

一、各国从宏观层面对中小企业创业创新扶持的顶层战略的比较

21世纪以来,各国政府从国家顶层战略设计的层面,对中小微企业进行扶持,具体如下:

美国大力推进先进制造业国家战略,不仅将知名的高等院校、国立和公共科研院所、大型制造业标杆企业纳入计划的实施进程,而且将中小微企业作为重要主体纳入国家创新战略的整体政策体系。美国通过系列法规政策和国家层面的政策性机构保障该计划的落实。从该项计划的政策目标来看,明确了对科技型中小微企业的战略原则和具体措施,如永久性税收减免等政策对先进制造业领域中小微企业扶持的针对性非常强。从该项计划的运行构架来看,美国旨在建立国家先进制造业创新生态系统,而中小微企业作为最为重要的创新物种被纳入该创新生态系统。

德国以高技术战略规划和"工业4.0"计划从顶层战略明晰了对中小微企业扶持的重点和方向,"德国高技术战略2020""工业4.0"有效引导了对中小微企业在生物、纳米、微电子、纳米电子、光学、微系统、材料、装备、ICT产业、智能制造等领域和交叉领域的关键技术开发和商业化的财政和金融政策的扶持,对中小微企业的创业创新领域做出了明确的导向。在创新战略的引导下,金融和财政资源对小微企业的创新支持的流向有载体、有方向,为政府各部门扶持中小微企业提供清晰的重点领域。德国富有特色的公共技术研发体系为政策目标的实现提供了重要的平台支撑,大企业和小微企业协同发展的模式为价值链升级提供了保障,培育了一大批中小微企业的隐形冠军。

日本在实施国家创新战略的过程中,不仅积极引导和强化大学、大型企业在高技术领域的基础科学研究和产业应用研究,而且通过积极构建各类平台,将创新成果向科技型中小微企业进行辐射,形成了对科技型中小微企业的整体性的扶持格局,打造以筑波科学城为代表的"技术城市"集聚高技术产业,集成学术、产业和居住功能的"技术城市",加强"官产学研"的协同,扶持高技术产业的发展。

韩国"创造经济"的国家战略将科技、信息通信技术应用到全部产业上,促进产业和产业、产业和文化之间的结合,推动新产业发展,通过激励创业创新的社会环境,让风险投资企业和科技中小微企业成为创造经济的主力军并大力开拓全球市场。韩国通过创造经济革新中心这一特色平台,加强科学技术和信息通信技术的创新能力,以大中小微企业协同发展和同伴成长开拓新产业和新市场的新增长动力。

中国政府实施了转型升级、大众创业万众创新、智能制造2025、互联网+、一带一路等国家战略,高度重视和扶持中小微企业,促进传统产业转型升级,培育战略新兴产业。

二、各国从产业中观层面对中小微企业创业创新扶持的政策比较

产业政策可以弥补市场在调整产业结构方面的不足,由于市场机制不能预测国内外未来新需求的产生和行业的变动,政府通过制定产业政策,引导和重点扶持相关产业领域的中小微企业的创立和发展,缩短产业结构升级的时间,促进产业结构的合理化。20世纪70年代以来,各国纷纷加强了对中小微企业的扶持力度,重点发展产业的演变趋势及对中小微企业扶持的比较如下:

美国产业结构的演变反映了对中小微企业扶持的日益重视。20世纪70年代至21世纪初,美国逐步重视中小微企业在创新方面的重要作用,将中小微企业纳入国家创新系统。70年代起联邦政府对信息经济、风险投资等新兴产业实施一系列扶持政策,小企业管理局从高技术产业领域挑选了部分高风险、高回报、发展前景良好的中小微企业进行针对性的扶持。1971年,专为具有高成长性的初创期科技型小企业提供融资服务的资本市场——纳斯达克成立。纳斯达克成为计算机、生物技术、电子通信、医药等高科技产业科技型小企业融资的重要市场,成为美国高技术产业的摇篮,2008年国际金融危机以后,美国对中小微企业的政策扶持朝着生态化、网络化、系统化的方向发展。2012年年初,美国推出了"先进制造业国家战略计划",快速增加在新兴材料、综合型创新载体、先进制造业的创新技术以及大数据软硬件系统等领域的资金投入(左世全,2012)。

20世纪70年代,德国政府开始高度重视和扶持中小微企业的技术创新和技术进步。近年来,德国以高科技战略为基本导向,在2006年和2010年先后实施了《德国高技术战略》《德国2020高技术战略》,将节能环保、光学技术、生物智能、新能源、新材料等,气候与能源、健康营养、交通、安全、通信五大领域列为新兴战略产业进行重点扶持,2013年后进一步将工业信息通信技术纳入重点扶持领域。在这一系列高科技战略规划中,小微企业既是政府政策的重点扶持对象,又是项目合作的重要载体。德国政府引导中小微企业围绕五大高科技产业领域创新发展,并提供财政、金融等各种创新支撑,营造了中小微企业创业发展的良好环境。

日本的科技型中小微企业扶持政策与日本各个时期的产业政策紧密结合。日本的产业政策在战后经历了几次调整和升级,从战后的先进机械、重化工、纺织、电子信息,到70年代重点扶持新能源、电子信息、先进机械制造、生命科学等产业,70年代末80年代初的超高性能电子计算机、新能源、深海海底石油遥控开发设备、电动汽车、资源再生利用,至90年代的智能制造、机器人、生命科学等,日本政府也相应侧重于对相关产业领域的科技型企业进行重点扶持。因此,科技型中小微企业的扶持政策与产业政策表现出相似的延续性、承接性、发展性。

韩国的中小微企业扶持政策的演变,是根据韩国的产业政策而发展起来的,韩国的产业政策从20世纪60年代的劳动密集型轻工业政策,到70年代的资本密集型重化学工业政策,到80年代以后的技术密集型工业政策,到2000年以后突出高新技术的产业政策,推动了韩国小微企业扶持政策也经历了从60年代弥补中小企业缺点的经营稳定型政策转为70年代中小微企业行业保护和结构改善优化型政策,到80年代创业支援与扶持为主的政策,到90年代扶持技术创新和小微企业为主的政策,2000年以后重点扶持中小微企业的演变趋势。2013年以后,韩国进一步加大了"创造经济"的扶持力度。

三、各国从微观层面对中小企业创业创新扶持的政策比较

各国均使用了金融、税收、担保、专项基金等多种政策工具,为中小微企业的发展提供全方位的扶持。美国的中小企业政策体系涵盖了财税、金融、技术、专项基金、创业支持、市场拓展等各个方面;日本中小微企业扶持政策涉及各个方面,涵盖了金融政策、财税政策、组织化政策、创业支持政策、信息化政策、劳动政策、国际化政策等各个方面;美国、德国中小企业政策体系则包括了改善企业生存环境、税收、金融、国际化、技术创新等各个方面。中国中小企业发展政策亦涵盖了财政、税收、金融、技术创新、市场准入、国际化、社会化服务体系等各个方面。

各国中小微企业扶持政策都高度重视技术创新,重视产学研合作。各国中小微企业扶持政策体系中,包括金融政策、财税政策、信息政策、产业政策等,都特别注重通过政策聚焦,引导和推动中小企业技术创新。美国通过产业政策,引导企业的技术创新和创业发展,通过发达的创业生态系统催生中小微企业在新兴领域和新兴行业中的快速发展。日本全方位的科技小微企业扶持政策尤其注重"择优扶强",重点支持一批高新技术企业,量身定制扶持政策。德国的政策体系以企业技术创新为中心,建立从财政、金融、产学研协作、商业化服务等的完整的创新支持体系。中国政府高度重视中小微企业技术创新,先后出台了《关于加强技术创新,发展高科技,实现产业化的决定》《关于科技型中小企业技术创新基金的暂行规定》《关于加强中小企业技术创新服务体系建设的意见》等政策意见和法律法规,陆续实施了一系列诸如星火计划、火炬计划、成果推广计划和新产品计划等财政扶持项目支持中小微企业技术创新。

相比之下,各国科技型小微企业在微观层面的扶持政策均有其鲜明特色。各国中小企业政策措施的侧重点不同。在财政金融政策上,美国一方面通过政府以担保方式引导银行为小微企业提供贷款,另一方面,通过成熟的创业板市场和发达的风险投资为中小微企业提供资金支持。日本通过政府的专门的政策性金融机构为中小微企业提供直接的资金支持和贷款担保,民间金融机构也为地方的中小微企业提供融资服务。德国主要以各类专项基金的方式,为中小微企业的技术创新、商业化、产学研合作等提供资金支持。在经营指导政策措施方面,美国和德国侧重于提供信息、咨询和培训,而日本更侧重于对小微企业的诊断或辅导。在中小微企业扶持上,各国均有其特色的平台,如美国自上而下层级式的、开放性、生态化、网络化的创新生态系统,德国成熟的公共技术研发体系和培育细分市场隐形冠军的创新机制,日本集成学术、产业和居住功能的"技术城市"和韩国大中小微企业协同发展、同伴成长的创造经济革新中心。

第三节 借鉴与启示

发达国家中小微企业扶持政策的演变趋势给中国的政策设计提供了重要的启示，中国在制定和实施中小企业发展政策时，在宏观层面上应从国家顶层设计的战略高度构建中小微企业的扶持，在中观层面应抢占智能制造等先进制造业、互联网＋等新兴产业发展的制高点，在微观层面制定全方位的中小微企业政策体系，为中小企业的发展营造良好的外部环境，切实地促进中小微企业的健康持续快速发展。

一、宏观层面

（一）从国家顶层设计角度，将中小微企业创业创新纳入国家创新战略进行综合性扶持

金融危机以后，各个主要发达国家陆续把中小微企业作为重点，纳入国家创新战略进行综合性扶持。美国将中小微企业纳入先进制造业国家创新战略计划，德国以"高技术战略"和"工业4.0计划"国家战略为导向，日本实施知识产权国家创新战略和机器人战略，对中小微企业进行重点扶持。在创新战略的引导下，金融和财政资源对小微企业的创新支持的流向有载体、有方向。目前，我国先后实施了产业转型升级、大众创业万众创新、智能制造2025、互联网＋、一带一路等国家战略，如何借鉴发达国家的经验，将中小微企业的扶持纳入上述国家重大战略，通过一系列平台和载体，真正促进对中小微企业的创立和发展，培育未来我国经济发展的新增长点，具有重大的战略意义。

（二）构建创新创业生态系统，对中小微企业进行生态化、网络化、立体化的扶持

发达国家的经验表明，政府不仅要着力解决中小微企业发展及创新中面临的资金、管理等方面的问题，更重要的是为中小微企业营造公平、透明、开放的竞争环境，构建有利于大中小微企业协同发展的产业组织结构，有利于小微企业创新成果产出的"政产学研"长期合作的制度环境，有利于创新成果快速商业化的创新创业生态系统。目前，我国小微企业扶持的基本思路是阶段性、扶持性和援助性的，缺乏长期性、协调性和系统性。借鉴发达国家的经验，我国中小微企业的扶持应该以立体化、园区化和网络化的方式开展，扶持政策应从帮扶型政策向完善中小微企业公共服务体系转变，从招商引资类科技园区向合理布局构建创业企业群落、科研院所、产业共性技术平台、人才、风险资本、创业服务机构等要素模块完备的产业生态系统转变。发达国家在整体扶持上重视技术基础设施建设，提高创新资源向小微企业的开放程度，重视标准化对产业发展和国际竞争力的提升作用，

重视数据和信息安全，注重绿色环保，在中小微企业长期竞争力的培育中也具有重要作用，值得借鉴。

（三）以创新驱动引领转型发展，以开放导向促进全球布局，推动中小微企业创业创新的快速可持续发展

当前，我国经济发展中以要素投入驱动的发展模式难以为继，我国政府提出转型升级及一带一路等国家战略，以创新驱动替代要素驱动发展。发达国家坚持以创新战略应对各方面的挑战，美国、德国、日本通过强化创新驱动的发展模式，坚持引导企业走技术创新引领、提升产品质量的发展路径，发展了一大批创新型的中小微企业，实现产业转型升级。此外，各发达国家对中小微企业均通过开放和国际化导向对其市场开拓和研发国际化进行支持，美国积极扶持科技中小微企业跨国并购和全球布局，德国对中小微企业的国际市场开拓进行扶持，日本和韩国对中小微企业参加海外著名展览会和洽谈会的费用进行补贴、介绍出口产品政策等，以及赴海外办展或者开展出口贸易过程中所需要的样品制造、设备租用等相关费用进行补贴。借鉴发达国家经验，我国应在政策上对中小微企业的创新驱动转型升级战略进行整体扶持和政策落地，对中小微企业的国际市场开拓、获取战略性资产的跨国并购和全球布局予以更大力度的扶持。

二、中观层面

（一）以智能制造 2025 战略为导向，构建智能制造产业生态系统，重点扶持先进制造业产业领域中小微企业创业创新

当前，全球经济发展已经进入以信息技术为主导的第五次经济浪潮，物联网、大数据、云计算等新一代信息技术加速与新制造、新能源、新材料及新商业模式的融合，智能制造日益成为生产方式变革的重要方向。发达国家纷纷调整了其创新战略和企业扶持政策，美国进一步加强了对先进制造业领域中小微企业的扶持力度，明确了先进制造业的产业领域，德国实施了智能制造领域的中小微企业的一系列扶持政策。发达国家纷纷构建智能制造等先进制造业创新生态系统，对智造领域的中小微企业进行针对性扶持，通过"产业公地""制造业创新研究所"等举措，建立先进制造业领域共性技术和创新示范平台，大力支持最新技术成果面向中小微企业的辐射应用，对先进制造业产业领域的中小微企业进行扶持。当前，我国已出台"智能制造 2025"国家战略，如何借鉴国际经验，从核心产业、核心技术、人才支持、保障系统、辅助系统等方面构建扶持智能制造领域科技小微企业的系统政策，是我国需要应对的重要方向。

（二）以"互联网＋"国家战略为导向，打造互联网产业发展高地，助推中小微企业成为提升创新效率的核心驱动器

中小微企业是"互联网＋"战略背景下的核心承载，通过创新模式多元化和创

新过程变革成为提升创新效率的核心驱动器,这突出表现在信息技术的升级与迭代,技术创新—商业创新—产业创新以及三者之间的全面重构,通过没有时空限制的互联网与电子商务,让更多的科技小微企业在创意获取、精细化生产、平台运营和商业模式创新等过程中发挥积极的作用。各主要的发达国家高度重视互联网和信息技术产业的布局,美国通过国家创新战略和先进制造业国家战略等计划,重点扶持信息产业、互联网产业及工业互联网产业的中小微企业,德国通过"高技术战略2020"等国家战略,扶持信息产业、互联网产业、通信产业等领域的中小微企业,韩国将产业发展的重点与韩国具有优势的文化产业、电子信息产业等紧密结合起来,扶持全球创意经济中具有竞争力的中小微企业。当前,互联网产业在我国发展迅猛,尤其是移动互联网等新一代信息技术加速发展,技术驱动下的商业模式创新层出不穷,线上线下互动成为最具活力的经济形态之一。如何抢占全球互联网产业制高点,成为全球信息产业生态系统的关键枢纽,用"互联网+""大数据+""物联网+"改造传统制造业,是当前我国面临的重大战略机遇。

(三)以科技型中小微企业作为产业结构升级的重要推进器,积极助推传统产业的转型升级

当前,我国在"调结构、转方式、促升级"的过程中,传统产业中一大批原材料依赖型企业、传统低利润制造企业、需求萎缩产能过剩企业、环保不合格企业和落后产能企业遭遇发展瓶颈或陷入生存困境。我们看到多数发达国家在产业转型升级过程中以科技型中小微企业作为产业结构升级的重要推进器,以发展具有技术创新和转型升级能力的科技型成长性企业替代传统产业,当生产模式已不足以支撑制造业价值链的延伸和升级时,以制造业与生产性服务业融合发展为传统制造业中小企业创新升级的趋势,以信息化和工业化融合为产业转型升级的重要内容和具体表现。面对传统产业中小企业劳动力成本和环境成本的压力,我国应借鉴发达国家的经验,以绿色制造、个性化定制和柔性化生产的中小微企业引领传统产业转型升级,推动经济社会可持续快速发展。

三、微观层面

(一)推动中小企业成为"一带一路"战略下跨境合作的关键融合器,加快中小微企业国际布局和海外拓展

发达国家高度重视小微企业海外市场拓展和国际化布局,通过中小微企业"抱团出海",通过"平台型"大中小微企业协同方式"以大带小"合作,以全产业链走出去的方式进行海外拓展;引导企业转变传统的贸易方式,实行"产品+服务"走出去的发展模式。还要引导推动海外售后服务体系建设,实现既能"就地制造"又能"就近服务"的跃升;积极推动金融与贸易投资深度结合,鼓励金融机构为中小企业走出去开展包括国际并购等多项合作提供融资支持;鼓励政策性金融机构

扩大出口信用保险规模、创新信用保险险种,大力发展海外投资险;通过政府部门、行业协会和第三方机构积极协同为企业走出去提供服务。在"一带一路"国家战略背景下,我国应借鉴国际经验,立足于国际国内两个市场,推动中小微企业在跨境合作中快速整合和利用创新资源,加快国际布局,成为专业市场的隐形冠军。

(二)通过制度创新和市场机制,推动中小企业的持续创新和成果市场化

各发达国家高度重视中小微企业的创新和创新成果市场化,出台并实施了一系列健全中小微企业市场化的法律政策,充分发挥创新服务机构对创新成果市场化应用的推动作用,高度重视制度层面作用的发挥,切实保护中小企业的创新成果。美国通过国家技术转移网络和国家实验室技术转移联合体、国家标准技术研究院、国际技术信息中心、小企业创新研究计划中心、联邦技术利用中心、研究与技术应用办公室等技术创新机构,更加有效地推动技术创新与成果转化工作。德国通过建立产业联盟、行业协会等区域性或者全国范围的专业性产业组织机构,为中小微企业与大型企业、科研院所和高等院校之间建立稳定的创新合作关系,确保政府有关中小微企业的政策措施发挥最大效用。日本的技术转移工作通过政府、大学以及民间组织建立的技术转移中介机构来完成。发达国家依托中介机构和市场机制促进中小微企业创新成果转化的做法值得我国借鉴,目前我国对科技型中小微企业的扶持是通过政府部门开展的创新支持计划来进行的,如"火炬计划"等就是由国家相关部委直属或相关事业单位组织开展的。这些结构虽然具有较大的科技资源分配能力,但是在科技项目评估、鉴定和评审等方面缺乏完备的专业能力,不能完全满足对科技型中小微企业创新引领和服务的需求。我国应加快行业协会、产业联盟等中介机构的建设,进一步加大对科技型中小微企业创新扶持的力度和效率。

2016年中小企业大事记

1月

1月12日,2016全国中小企业股份转让系统挂牌企业年会在京隆重召开。本届年会以"效应、机遇、策略"为主题,由全国中小企业股份转让系统有限责任公司和中国投资协会股权和创业投资专业委员会主办。中国创投委常务副会长,国家发展和改革委员会财政金融司副司长,全国股份转让系统公司业务部总监等多位领导出席。近千家挂牌企业的代表,百余家金融投资机构代表、券商银行等中介代表,及六十余家媒体代表出席了此次盛会。

1月14日,辽宁省人民政府办公厅发布《关于建设全省小微企业名录促进小微企业加快发展的意见》(辽政办发〔2016〕12号),进一步推动小微企业政策扶持的全面落实。

1月29日,科技部、财政部、国家税务总局联合发布《关于修订印发〈高新技术企业认定管理办法〉的通知》(国科发火〔2016〕32号)。该通知旨在加大对科技型企业特别是中小企业的政策扶持,推动大众创业、万众创新,培育创造新技术、新业态和提供新供给的生力军,促进经济升级发展。通知就认定条件与程序、监督管理等方面做了认定与规范。

2月

2月14日,国务院办公厅发布《关于加快众创空间发展服务实体经济转型升级的指导意见》(国办发〔2016〕7号)。该意见明确在重点产业领域发展众创空间等五项重点任务,要求加大政策支持力度并组织实施。

2月26日,国务院印发《关于实施〈中华人民共和国促进科技成果转化法〉若干规定的通知》(国发〔2016〕16号)。该通知旨在促进研究开发机构、高等院校技术转移,激励科技人员创新创业,营造科技成果转移转化的良好环境。

3月

3月5日,国务院总理李克强在主持第十二届全国人民代表大会第四次会议上做政府工作报告,表示全面实施"营改增",从5月1日起,将试点范围扩大到建筑业、房地产业、金融业、生活服务业,并将所有企业新增不动产所含增值税纳入抵扣范围,确保所有行业税负只减不增。

3月14日,2016 APEC中小企业跨境电商峰会在深圳召开。本次大会核心议题主要围绕"全球观察""立足本土""正视痛点""把握变革"四大内容,就跨境电子商务国际市场环境、产业发展痛点、互联网＋时代下传统外贸的转型之路以及政策环境等热门话题进行深度探讨,不仅从宏观方面解读跨境电商的产业格局和环境,还在微观层面探讨传统企业转型的成功路径。

3月25—27日,2016海峡两岸(山东)创业创富项目博览会暨中小企业展洽会在济南开幕。展会期间,组委会同时举办海峡两岸优秀创业创富项目评选活动、"一带一路"海峡两岸专场投资对接会、台湾精品创业项目推介会、创富大讲堂、"连锁品牌中华行——济南站"等多场配套活动,为投资者带来全新招商加盟政策、投资创业分析等全方位的免费指导。

4月

4月10日,中小企业"债股结合"战略发布会在人民大会堂举行。此次发布会由冠群驰骋投资管理(北京)有限公司主办,中国中小企业协会会长李子彬、国务院发展研究中心原副主任侯云春等政企领导参会。会议现场正式启动冠群驰骋"债股结合"战略,冠群驰骋电商平台、征信公司、咨询公司正式成立。同时,会议就"债股结合"的创新模式将如何帮助中小微企业解决融资难题进行了探讨。

4月17日,2016年全国企业管理创新大会在北京召开。会议主题为"践行五大发展理念,推动企业提质增效",发布《互联网＋时代我国企业管理变革研究》和《企业智能制造进展和趋势研究》报告,推广201项"国家级企业管理现代化创新成果",其中一等成果31项、二等成果170项。来自全国各地国资委、工业和信息化主管部门、中小企业主管部门、企业联合会、全国性行业协会、中央企业和中国500强等企业代表300多人参加大会。

4月20日,财政部和国家发展改革委发布《关于扩大18项行政事业性收费免征范围的通知》(财税〔2016〕42号),旨在落实《国务院关于落实〈政府工作报告〉重点工作部门分工的意见》(国发〔2016〕20号)。该通知明确农业部门、质量监督检验检疫部门、林业部门的18项免征行政事业性收费。

4月22日,重庆市财政局、市中小企业局、市工商局联合发布新版《重庆市政府采购促进中小企业发展若干规定》(渝财采购〔2016〕1号)。该规定通过鼓励小微企业与大中型企业组成联合体进行投标,并且享受相关优惠政策等,切实促进中小企业发展。本次出台的规定是修订版,主体内容与原规定没有太大变化,只是在部分条款上根据当地政府采购的实际发展情况做了完善和补充。同时,《规定》还增加了根据采购项目的实际需求,鼓励大中型企业与小型、微型企业组成联合体,共同参加非专门面向中小企业的政府采购活动。

4月25日,浙江省工商局对外发布《2016年浙江省小微企业成长指数报告》。报告显示,2016年,浙江省小微企业成长指数上升趋势明显,综合贡献力、核心竞争力、成长活跃度、制度供给力指数均有不俗表现。

4月26日,中小企业政策大讲堂全国巡讲报告会暨2016年首讲式在京召开。本次活动由工信部中小企业发展促进中心举办,是工信部"扶助小微企业专项行动"重点活动,自2012年起共举办现场巡讲活动近两百场,服务中小企业家超四万人次。工信部副部长冯飞出席报告会并做主旨报告。

4月28日,2016年中小企业创业创新实践研讨会在工信部中小企业发展促进中心召开。来自园区、企业、院校、服务机构等五十余人出席会议,围绕推动中小企业创新发展进行了探讨。会议由工信部中小企业发展促进中心副主任张晓峰主持。

4月29日,甘肃省出台《2016年扶助小微企业专项行动实施方案》(甘工信发〔2016〕190号),进一步释放政策红利。2016年甘肃省开展以"激发创业创新活力、提升企业内在素质"为主题,以"政策落实、优化环境、贴近服务、交流合作"为重点的扶助小微企业专项行动。与此同时,甘肃省还将强化引导全省中小企业公共服务平台提升市场化运营能力,大力开展"互联网+中小微企业"行动,推动提质增效;鼓励中小微企业利用电子商务等互联网信息化营销手段来拓展市场。

5月

5月1日起,我国全面实施营改增试点,试点范围扩大到建筑业、房地产业、金融业、生活服务业,并将所有企业新增不动产所含增值税纳入抵扣范围,确保所有行业税负只减不增。这是1994年财税体制改革以来的一次重大税制改革。本次营改增全面实施,减税力度空前,全行业税负只减不增;优化税制,消除重复征税、打通抵扣链条;提质增效,利于发挥市场在资源配置中的决定性作用。

5月5日,国务院发布《关于促进外贸回稳向好的若干意见》(国发〔2016〕27号),指出要充分发挥出口信用保险作用,大力支持外贸企业融资,进一步提高贸易便利化水平,调整完善出口退税政策,减免规范部分涉企收费,进一步完善加工贸易政策,支持边境贸易发展,实行积极的进口政策,加大对外贸新业态的支持力度,加快国际营销服务体系建设,加快培育外贸自主品牌,发挥双向投资对贸易的促进作用,加强外贸知识产权保护并加强组织实施。

5月5日,2016中小企业信息化服务信息发布会在北京举办,总结2015年中小企业信息化推进工作并部署2016年工作任务。本次发布会由工业和信息化部主办,来自地方政府部门、信息化服务商和服务机构、行业协会,以及在京部分新闻媒体的代表参加发布会。发布会上,工信部信息中心、中国联通、北京金和网络公司、中国中小企业信息网、中小企业协会、中国网库分别与部分地方的人民政府、经信委、中小企业主管部门、工业园区、经济技术开发区等签署合作协议。

5月7日,2016安徽中小企业转型互联网领袖峰会在合肥顺利召开。会议由安徽省经济和信息化委员会、安徽省中小企业局等共同指导,由安徽省智迈科技股份有限公司主办。会上，京东集团副总裁路骋分享了在创新2.0业态下互联网的发展现状及趋势。

5月13日，国务院发布《关于深化制造业与互联网融合发展的指导意见》（国发〔2016〕28号），明确了深化制造业与互联网融合发展的七项主要任务及七个方面的政策支撑和保障措施，部署深化制造业与互联网融合发展，协同推进"中国制造2025"和"互联网＋"行动，加快制造强国建设。

5月13日，2016中小企业跨境投资与贸易合作洽谈会在西安举行。本次会议陕西省人民政府和中国银行主办，以"跨境撮合新平台，助力中小新发展"为主题，是中国银行全球中小企业跨境撮合服务在2016年举办的首场现场洽谈会。共有来自美国、英国、韩国、马来西亚等19个国家和地区的100余家境外企业以及陕西省内近500家中小企业参会，涵盖现代农业、高端制造、高新科技、工程承包、新能源、环境保护、进出口贸易等多个行业和领域，共举办800余场次的"一对一"企业现场对接，是陕西省近年来规模最大的企业洽谈会。特别是来自西班牙、爱尔兰和以色列的一些企业通过中国银行的跨境撮合服务与陕西企业现场对接，达成合作意向。

5月16日，国家工信部正式批复同意创建中欧（江门）中小企业国际合作区。这是工信部批复成立的全国第5个中外中小企业合作平台。合作区以实施"市级统筹＋分园建设"为抓手，构筑"一心（中欧国际服务中心）＋一区［中欧（江门）中小企业国际合作区（核心区）］＋N基地"格局，加强与欧洲各国在装备制造、新能源、新材料、现代服务等先进制造和现代服务业领域的合作，打造国内一流的开发开放功能平台。

5月24日，黑龙江省与瑞士西北应用科学与艺术大学签署合作备忘录，继续开展为期五年的中小企业培训。未来五年，瑞士将为黑龙江省培养至少500名中小企业管理者。

5月25日，四川省经济和信息化委员会、四川省中小企业局联合印发《2016年推进中小企业加快发展重点工作》（川经信企业〔2016〕145号）。该重点工作明确，总体要求是按照国家工信部和省委省政府对中小企业工作的总体要求和部署，推动实施"优化发展环境，企业梯度培育，提升创新能力，促进集约发展，加强质量管理，强化服务支撑，人才队伍建设，支持市场开拓、促进专精特新，开展维权降负"十大工程，促进四川省中小企业持续健康稳定发展。该重点工作部署了十大重点工程和三项保障措施。

5月25日，携手行动2016——湖南省企业家志愿者助力小微企业大型公益活动在湖南省经济和信息化委员会启动。该活动由湖南省经济和信息化委员会、省人社厅、省工商联共同指导，省中小企业服务中心、省人力资源服务中心联合主办。该活动的最大亮点在于召集了一批知名企业家、行业专家,组建了导师团,以"导师制"的方式,通过"导师面对面""导师下企业""企业登门求教"等形式,帮助小微企业解决具体问题,突破成长瓶颈和困难,进行转型升级,朝"专精特新"方向发展。61名企业家、专家志愿者被聘任为本次活动的导师,将定点结对帮扶中小微企业。

5月26日,2016(第二届)中国互联网领袖大会暨中国互联网企业竞争力高峰论坛在京召开。本次大会以"跨界融合,提振经济"为主题,500余位企业代表、创投领袖共同探讨新形势下互联网行业如何实现跨界融合、塑造核心竞争力。另外,大会颁布了"2016年度中国互联网企业优势竞争力榜单",并举办"创业路演秀",大会组委会联合金葵花资本等相关投融资机构,设立了总额3500万元的投资意向基金。

5月27日,全国中小企业股份转让系统有限责任公司发布《全国中小企业股份转让系统挂牌公司分层管理办法(试行)》。该办法总共4章19条,包括总则、分层标准和维持标准、层级划分和调整、附则等。自2016年6月27日起,全国股转公司正式对挂牌公司实施分层管理。

5月30日,第二届中俄中小企业实业论坛在俄罗斯索契拉开帷幕。中国国务院副总理张高丽、俄罗斯副总理德维尔科维奇、中国驻俄大使李辉、俄罗斯保护企业家权利总统全权代表季托夫以及两国政府官员和企业家代表等出席了开幕式,两国副总理分别致开幕词。凤凰国际智库在此次论坛上承办主题为"寻找中俄经贸新的增长极"的分论坛。

6月

6月7—10日,2016中非中小企业大会在上海、宁波、义乌举办。本次会议以"合作共赢——构建中非中小企业的命运共同体"为主题,由全球中小企业联盟、浙江省中小企业协会、尼日利亚阿布贾商会、肯尼亚商会、加纳商会等机构联合举办。非洲联盟前首席秘书官纳塔马担任本次大会主席。会议旨在探讨中非中小企业合作与发展大计,推动中非中小企业的全方位合作,促进中非经济的可持续发展,400余家中非企业报名参会,150多家非洲企业(主要为采购商)来华参加中非企业对接会。

6月16日,陕西省中小企业电子商务导师团成立大会在西安召开。陕西省中小企业服务中心精心挑选了13名省内知名电商导师组建"电商导师团",专门为全省中小微企业提供电商咨询、策划、运营、品牌包装、设计等服务,全力打造全省电子商务一条龙服务平台。电商导师团成立后,陕西省中小企业服务中心还将联合市、县中小企业服务平台共同为全省中小微企业提供电商培训、指导、咨询及专业项目实操等电商类全方位服务。

6月17日,2016粤港知识产权与中小企业发展(深圳)研讨会成功举办。本次研讨会由广东省知识产权局、深圳市人民政府、香港特别行政区政府知识产权署、香港贸发局联合主办,由深圳市知识产权局承办,以"知识产权推动深港企业创新发展"为主题。会上,深港两地多位知识产权专家围绕知识产权相关话题展开专题演讲,深入探讨在推进"一带一路"战略中的知识产权法律、中小企业知识产权海外布局、知识产权纠纷的仲裁解决机制、海外展会知识产权保护等问题。

6月18日,2016年第四届中国中小企业产业园投资与建设年会在北京人民大会堂隆重举行。本届大会由中国中小商业企业协会产业园区工作委员会主办,中国商业联合会常务副会长等领导出席会议并讲话。会议以"十三五"产业园区的机遇、产业园区模式创新与变革、产业园区的升级与价值体现、产业园区招商之辩、产业资本与创业孵化器的深度融合、三四线城市产业园区的布局与定位、创业孵化器的顶层结构设计七个方面为议题。

6月24日,2016年全国部分省区市中小企业(乡镇、民营企业)协会合作交流会在成都开幕。来自北京、上海、辽宁、黑龙江、广东、天津等全国40余家中小企业(乡镇、民营企业)协会代表及四川、成都本地各商协会及企业代表100多人参加会议。四川省工商联、成都市经济和信息化委员会等单位相关负责人出席交流会。

6月24日,2016年成都市中小企业金融服务博览会在蓉城举办。此次活动由成都市经济和信息化委员会、成都市金融工作办公室指导,由成都市中小企业服务中心、中科招商云投汇投资管理有限公司、四川创客汇企业管理咨询有限公司联合举办,旨在搭建创业企业与金融机构交流对接的平台,宣传中小企业融资扶持政策,帮助企业解决融资难题。包括成都银行、浦发银行、浙商银行等近30家金融机构参加,同时开放15个金融机构展位供企业咨询,涵盖银行、小贷、融资租赁、商业保理、股权众筹、股权交易市场等多个类别。

6月27日,海南省中小企业公共服务平台启动仪式在省中小企业服务中心隆重举行,这标志着海南省中小企业公共服务平台正式投入运行。平台将充分利用现代信息技术,为海南省中小微企业提供融资担保、人才培训、信息服务、创业辅导、技术创新、市场开拓、检验检测、管理和法律咨询等多项服务。

6月27日,浙江省促进中小企业发展工作领导小组办公室、浙江省经济和信息化委员会正式发布《浙江省中小企业发展"十三五"规划》,提出今后五年的主要目标、重点任务与工程。《规划》具有可持续、可操作、可落地等特点,全面深化落实"创新、协调、绿色、开放、共享"五大发展理念,对促进浙江省中小企业转型升级、打造全国中小企业创业创新示范区具有重要的指导意义。

6月28日,工信部正式发布《促进中小企业发展规划(2016—2020年)》(工信部规〔2016〕223号）。该规划明确了以提质增效为中心，以提升创业创新能力为主线，推动供给侧结构性改革，优化发展环境，促进中小企业发展的指导思想，从创业兴业、创新驱动、优化结构、推进改革等方面提出了基本原则。《规划》指出推进创业兴业、提升创新能力、拓展内外市场、推进职能转变等主要目标，明确"互联网+"小微企业专项行动、"专精特新"中小企业培育工程、服务能力建设工程、产业集群发展能力提升工程、中小企业管理能力提升工程、中小企业国际化促进专项行动等关键工程与专项行动并提出相应保障措施。

6月28日，陕西省中小企业促进局与韩国世宗市来陕访问团举行了中小企业交流洽谈会，签订了经济合作意向书。

7月

7月6日，天津市科委出台《科技小巨人"走出去"战略实施方案》，将大力发动科技小巨人企业、科技领军企业和优势产业中的龙头企业，加速"走出去"融入全球创新网络的步伐，使天津成为全国科技企业"走出去"领航区和国际高端研发资源集聚地。到2020年，将支持天津市科技企业并购海外企业100家；支持天津市科技企业在海外设立研发中心100个；聚集国内外高水平研发机构及产业化基地100家；支持天津市科技企业在"一带一路"沿线国家设立研发中心、技术推广中心、国际技术转移中心、国际企业孵化器、科技园区等50个。

7月13日，浙江省政府出台《关于补齐科技创新短板的若干意见》（浙政办发〔2016〕75号）。该意见指出，在研发机构建设、引进培育重大创新项目等方面给予重大财政支持，最高3000万元，同时将设立20亿元省科技成果转化引导基金，全力支持科技创新补短板。该意见于2016年8月12日起实施。

7月18日，"产业升级 云领趋势"云端扶持中小企业中期评审会在京举行，旨在有效解决中小微企业创业过程中研发成本和信息化成本负担过重的问题。

7月20日，第四届中国中小企业投融资交易会在北京举行。本届投融会以"金融创新激发双创活力"为主题，在国家发改委批准指导下，由中国中小企业协会、中国银行业协会等国家级协会共同主办，目前已经成功举办三届。第四届投融会延续了前三届的举办形式，继续采取"展+会"相结合的模式，展会同期举办了"小企业、大梦想"系列论坛、全国中小企业创业创新服务典型案例颁奖仪式、资本项目对接会等配套活动。

7月21日，2016年中国新三板高峰论坛在北京举行。会议由中国中小企业协会主办，中国新三板联盟和天星资本承办，来自政府、投资机构、上市公司和新三板优秀企业家的代表约500人参会。中国新三板高峰论坛是"第四届中国中小企业投融资交易会"的重要组成部分。

7月25日，2016年中小企业工作电视电话会议在北京召开。会议由工信部

中小企业局副局长马向辉主持,全面总结回顾了"十二五"促进中小企业发展的工作成效,分析了当前中小企业发展面临的形势,部署落实了《促进中小企业发展规划(2016—2020年)》和下一阶段的重点工作任务。会上,副部长冯飞同志做了重要讲话,天津、浙江、广西、陕西中小企业主管部门的负责人做了交流发言。

7月28日,国家工商总局、国家发改委、人力资源与社会保障部、统计局、国务院法制办公室联合发布《关于贯彻落实〈国务院办公厅关于加快推进"五证合一"登记制度改革的通知〉的通知》(工商企注字〔2016〕150号)。通知指出,要全面实施"五证合一、一照一码"登记制度,有序做好"五证合一"改革的过渡衔接工作,继续升级完善信息共享交换平台,建立顺畅高效的信息共享和应用机制,进一步推进"一照一码"营业执照的互通互认,同时强化措施,确保落实。

7月28日,李克强主持召开国务院常务会议,确定有针对性加强小微企业金融服务的措施,缓解融资难融资贵。会议指出,缓解小微企业融资难融资贵,更好地服务"三农",是金融支持实体经济的重要任务。会议确定,一是狠抓政策落实,确保小微企业贷款增速;二是合理设定小微企业流动资金贷款期限,不得随意抽贷、压贷、断贷,推广无还本续贷;三是坚决清理整顿融资过程中的各种不合理收费,为小微企业和"三农"减费让利;四是鼓励金融机构创新大额存单、可转换票据、集合债券等产品,引导更多社会资金投向小微企业,拓宽直接融资渠道。

7月28日,宁夏中小企业公共服务平台正式上线运行,平台为全区中小微企业提供公共服务。该平台以1个自治区平台为枢纽、6个市级综合窗口平台和8个产业集群窗口平台为节点,依托网络资源实现平台间的互联互通,最终形成统筹全区的服务平台网络。

8月

8月1日,工信部发布《关于印发〈促进中小企业国际化发展五年行动计划(2016—2020年)〉的通知》(工信部企业函〔2016〕314号)。通知旨在推进各地中小企业主管部门和中国银行各分支机构建立政银企合作机制,强化信息共享和政策协同,发挥中国银行"中小企业跨境撮合服务平台"的作用,创新金融支持方式,改善金融服务,促进中小企业融入全球市场,利用全球要素。

8月1日,工信部、财政部、人民银行、银监会发布通知,决定开展产业与金融合作试点城市工作。主要目标是通过3年左右的时间,产业信息与金融机构对接机制基本建立并有序运转,金融服务产业的能力进一步提高,产业与金融互动良好,重点产业健康发展,企业核心竞争力有效提升。试点的主要内容包括积极创新金融产品和金融服务,探索各类基金合作的新模式,完善产业链金融服务。

8月10日,工信部同意安徽省设立中德(芜湖)中小企业合作区,这是继太仓、连云港、揭阳后获批的国内第四家、中部地区首家国家级中德合作区。该合作区由工信部和安徽省共建,将立足芜湖实际,突出德国元素,高起点规划,高标准建设。

8月11日,财政部、国家税务总局发布《关于科技企业孵化器税收政策的通知》(财税〔2016〕89号),对科技企业孵化器以及享受相关税收优惠的政策进行规范。

8月16日,重庆市中小企业服务云平台初步建成并投入试运行,标志着重庆中小企业服务迈入云时代。服务云平台采用云计算、大数据等先进技术,以市场需求为导向,集聚重庆全市各类服务和产品资源,搭建为中小企业提供各类专业服务和产品的"云服务超市",实现全价值链业务的整合。服务云平台包括四个核心模块:企业信息化、企业服务、企业协同和政策咨询。

8月31日,吉林省政府出台《关于进一步促进全省民营经济加快发展的实施意见》(吉政发〔2016〕36号)。该意见支持民间资本进入金融领域,扩大企业贷款抵(质)押物范围,针对中小企业人才短缺的问题,要求进一步落实科研人员"松绑"政策,并支持创新型科技企业加快发展。

9月

9月6日,四川省财政厅、四川省经济和信息化委员会、中国人民银行成都分行联合印发《关于印发〈四川省政府采购促进中小企业发展的若干规定〉的通知》(川财采〔2016〕35号)。通知要求采购人、采购代理机构应当积极支持中小企业自由进入本地区和本行业的政府采购市场,同时强调30%以上政府采购项目预算专门面向中小企业,并引入信用担保手段为中小企业提供专业化的融资担保服务。

9月9日,2016APEC中小企业峰会暨全球社交电商峰会在广州召开。本次峰会由敦煌网和广东电子商务协会联合主办,从企业转型升级、社交电商、品牌出海三个议题深度解析传统外贸企业的转型之路。此次峰会是APEC中小企业峰会第二次在广州举办,是跨境电商领域具有重要影响力的峰会。广东省政府领导、华南电商联盟行业专家、两岸三地电商人、敦煌网、腾讯、Facebook、中国邮政等多家知名企业高层参会并发表主题演讲。

9月12—14日,2016全球中小企业峰会在上海举办。本次峰会以"合作共赢,构建跨国公司与中小企业命运共同体"为主题,由全球中小企业联盟、中国国际广播电台国际在线、上海市企业联合会等多家机构联合主办,来自世界各地的1000多位政商领袖、专家学者以及中小企业代表出席了大会。峰会期间,同时举办跨国公司与中小企业合作论坛、第八届绿色财富(中国)论坛,发布《"一带一路"商业机会与投资风险白皮书》并启动"一带一路"国际产业合作基金,启动全球商会合作组织筹委会相关工作,为帮助中国企业解决走出去发展过程中所面临的有效信息获取难、国际融资难和未知风险防范难等问题提供参考。

9月13日,2016跨国公司与中小企业合作论坛在上海举行。该论坛由全球中小企业联盟协同中国国际跨国公司促进会、环球时报等机构共同主办,多位国际前政要及世界500强企业家受邀出席会议。全球中小企业联盟是由美中国际合作交流促进会于2009年联合G20国家100个主流商会发起,经美国政府批准成立的一个非营利性国际组织。

9月15日,第四届中国中小企业全球发展论坛暨中小企业知识产权保护与发展高峰论坛在湖北举办。本次论坛以"大时代大战略大平台,构建企业合作大平台,实施'一带一路'大战略"为主题,探讨"一带一路"国家战略,交流利用互联网+思维,加快中国中小企业转型、升级、解决当下中小企业困境。

9月16日,国务院发布《关于促进创业投资持续健康发展的若干意见》(国发〔2016〕53号)。意见要求,培育多元创业投资主体,多渠道拓宽创业投资资金来源,加强政府引导和政策扶持,完善创业投资相关法律法规,进一步完善创业投资退出机制,优化创业投资市场环境,推动创业投资行业双向开放,完善创业投资行业自律和服务体系并加强各方统筹协调。

9月18日,《甘肃省中小企业发展基金管理办法》正式下发,标志着甘肃省将正式设立中小企业发展基金,发挥财政资金引导作用,拓宽企业融资渠道。

9月22日,2016辽宁大小企业协作配套对接活动在大连举行。本次对接活动由辽宁省企业服务局与辽宁省国资委、大连市中小企业局、大连市国资委联合举办,以大连市中小企业为主,组织沈阳、大连、鞍山、本溪、营口、锦州、阜新、葫芦岛等部分针对性较强的120多家中小企业与20多家大企业进行配套对接。

9月26日,北京市开展"专家问诊中小企业劳动关系"专项服务活动,启动仪式在中关村领创空间举行,近50家企业参加。北京市法学会社工部、市劳动和社会保障法学会劳动法分会的专家现场为企业提供了问诊服务,解答了企业提出的相关问题。

9月28日,2016世界互联网工业大会智能制造中小企业分论坛在青岛举行。该分论坛是本次世界互联网工业大会拟设的重点版块之一,由工信部、中国工程院联合指导,青岛市人民政府、中国机械工程学会共同主办。论坛主旨紧扣中小企业互联网工业最佳实践这一主题,解读制造行业新业态新模式。会议同时设置"高端对话"环节,与会者还可以与分享嘉宾充分对话交流,共商互联网智能制造改革之路。

10月

10月10—13日,2016年第十三届中国国际中小企业博览会在广州举行。本次博览会由工信部、国家工商行政管理总局和广东省人民政府、科特迪瓦商务部、印度中小微企业部联合主办。本次博览会首次与非洲国家科特迪瓦和金砖国家印度联合主办,加强与"一带一路"沿线国家的经贸互动,至此联合主办国已涵盖了五大洲。展期为三期,共13天,分别为2016年10月10—13日在广州保利世贸博览馆举行;10月16—20日、10月24—27日在广州国际采购中心展馆举行。印度、科特迪瓦、波兰、保加利亚、俄罗斯、日本、墨西哥、马来西亚、德国、土耳其等20多个境外国家报名参展参会。

10月14日,2016中德制造业峰会在北京隆重召开。本次峰会由中国中小企业协会、中国人民大学商学院和经理人传媒共同主办,以"新动力、新活法、新生态"为主题,旨在搭建中德制造业产学研各领域的合作交流平台,为双方提供技术对接、投资合作、市场拓展的机会,推动我国制造业成功转型升级。

10月26日,贵州省中小企业公共服务平台网络正式上线。该平台聚集贵州省10个市州、6个产业共16个窗口平台、100多家机构的服务资源,形成1+10+6的服务协同、形象统一、源共享、覆盖广泛的一体化、开放式的中小企业服务平台网络体系。

10月27日,深圳市中小企业发展促进会第五届第五次会员代表大会暨第五届自主创新百强中小企业评选活动启动仪式在深圳成功举办。本次会议由中国中小企业协会指导,深圳市中小企业发展促进会主办。深圳中小企业发展促进会秉承"为中小企业献全面服务的宗旨",在中小企业融资、国内外市场开拓、企业管理培训等三大服务上取得较大成效。

11月

11月3日,十二届全国人大常委会第二十四次会议对《中小企业促进法(修订草案)》进行分组审议。审议期间,修订草案引发热议。据统计,共有70余名全国人大常委会组成人员和列席会议同志为修订草案的进一步完善踊跃发言。会议就明确政府采购份额、加强对服务型融资机构的支持力度、保护中小企业合法权益等方面提出建议。

11月10日,2016中国国际智能制造大会暨中德中小企业合作交流会开幕,会议由济南市人民政府、中国人工智能学会、全国智能机器人创新联盟主办,以"创新融合、促进智能制造产业健康发展;开放合作、共创中德协同发展美好未来"为主题。大会现场聚焦中德合作,中外专家共话"智能制造"。

11月14—16日,2016中国(洛阳)小微双创企业商品交易博览会在洛阳举办。本次博览会由中国服务贸易协会专家委员会、中国服务网主办,河南省服务外包协会协办,是全国首个小微企业"双创"主题博览会。展会主题为"让世界发现你",旨在汇集国内外优秀创业企业与创新成果,打造展示、交流、合作共赢的国家级平台展会品牌,形成"大众创业,万众创新"良好氛围。11月14日博览会开幕当天,还举行了中国(洛阳)小微双创企业发展峰会暨万人创业大会,多名国内知名企业高管、双创行业专家受邀来洛分享经验、共话双创发展。

11月18日，2016长三角中小企业投融资交易会暨中小企业金融科技峰会在上海世博展览馆拉开帷幕。长三角投融会以"金融科技激发双创活力"为主题，沿用"展＋会"相结合的模式，展会同期举办了"小企业、大梦想"系列论坛、全国中小企业创业创新服务典型案例颁奖仪式、资本项目对接会等配套活动。

11月19日，第四届中小企业赴澳上市及资本市场对接会在北京举行。本次对接会由澳大利亚工商联合会主办。华澳控股集团创始人董事长陈钧博士、华澳控股集团澳洲上市专家团队发表讲话。澳大利亚工商联合会与和灵（北京）投资管理有限公司共同发起成立华澳和灵澳洲上市私募基金，专项投资拟在澳洲上市企业，一致推动国内企业赴澳洲上市。

11月26日，第三届长安论坛暨2016中国·西安中小企业家年会组委会招商新闻发布会成功举办，近两百多家驻陕企业参加此次活动，年会于12月23日在西安举办。本届年会由中国中小商业企业协会、西安市工商业联合会、西安市商务局、西安市民政局作为指导单位，由西安市中小企业联合会主办，以"2017中国经济形势分析暨中小企业发展思路"为主题，为西安中小企业家剖析2017年经济形势，并通过金融、众筹、商业模式等内容为中小企业发展提供实战思路。

11月26—28日，2016第十一届中小企业家年会在人民大会堂举办。该次会议经国务院国资委批准，由中国中小商业企业协会、中国商业联合会、中华职业教育社、民革中央、民盟中央等社会服务部共11家单位共同主办。

12月

12月5日，第十届中国中小企业节新闻发布会在深圳召开。发布会由中国中小企业协会和深圳市人民政府召开，中国中小企业协会会长、深圳市人民政府副市长等出席，深圳市中小企业署署长顾宏伟主持发布会。自2007年12月11日，中国中小企业协会策划并成功举办首届中国中小企业节举办以来，先后在北京、天津、上海、大连、成都、义乌、西安、南通、长春举办了九届。

12月8日，2016中小企业服务高峰论坛暨"互联网＋"中小企业平台上线活动在京举办。本次论坛在工信部中小企业局的指导下，由工信部电子科学技术情报研究所举办。工信部总工程师张峰出席活动并致辞，中小企业局副局长秦志辉、中小企业局相关人员以及各省市中小企业主管部门、园区、相关专家、服务机构、企业及40余家媒体代表共300余人参加了本次活动。

12月8日，山东省临沂市中小企业协会成立大会暨临沂中小企业高峰论坛召开。山东省中小企业局局长、临沂市副市长、市政府各相关部门等领导及500余家会员企业代表出席了此次会议。卫康生物集团董事长当选临沂市中小企业协会首任会长。

12月26日,全国工商总局发布《关于全面推进企业简易注销登记改革的指导意见》(工商企注字〔2016〕253号)。意见指出,自2017年3月1日起,在全国范围内全面实行企业简易注销登记改革。意见要求,持续深化商事制度改革,充分认识推进企业简易注销登记改革的重大意义,规范简易注销行为,为企业提供便捷、高效的市场退出服务,加强组织保障,确保企业简易注销登记改革各项工作的有序开展。

12月27日,财政部、海关总署和国家税务总局联合发布《关于"十三五"期间支持科技创新进口税收政策的通知》(财关税〔2016〕70号)。通知旨在深入实施创新驱动发展战略,发挥科技创新在全面创新中的引领作用,规范科学研究、科技开发和教学用品免税进口行为。本通知自2016年1月1日起实施,2020年12月31日截止。

12月28—29日,2016年中国中小企业服务大会在北京举行。本次大会由工信部中小企业发展促进中心、中国中小企业国际合作协会等共同承办,以"服务提升经济"为主题,围绕行业热点领域,聚焦"大众创业、万众创新""互联网+"和"中国制造2025""一带一路""走出去"等重大战略举措背景下,中国中小企业服务领域迫切需要解决的问题,以及如何多渠道、多层次促进中小企业服务体系发展,营造更加有利于中小企业的发展环境。来自中小企业服务机构、中小企业首选服务商、中小企业、海内外客商和新闻媒体代表等300余人参加了会议。会上发布了"2016中国中小企业首选服务商"。

12月30日,2016年第四季度上海中小企业信贷工作例会举行。2016年,上海全年四次信贷例会共帮助近400家中小企业对接融资超过30亿元。会上揭晓了"2016年度上海中小企业融资服务合作伙伴"评选结果,上海市中小企业办和上海银行同业公会签订合作协议。

参 考 文 献

[1] Blumentritt, T. P. , A. D. Keyt and J. H. Astrachan, 2007, "Creating an environment for successful non-family CEOs: An exploratory study of good principals", *Family Business Review*, 20.

[2] Bonaccorsi, A. and A. Piccaluga, 1994, "A theoretical framework for the evaluation of university-industry relationships", *R&D Management*, 3.

[3] Bond, S. , 2002, "Dynamic panel data models: A guide to micro data methods and practice", *Portuguese Economic Journal*, 2.

[4] Bozeman, B. and E. Corley, 2004, "Scientists' collaboration strategies: Implications for scientific and technical human capital", *Research Policy*, 33.

[5] Brannon, D. L. , J. Wiklund and J. M. Haynie, 2013, "The varying effects of family relationships in entrepreneurial teams", *Entrepreneurship Theory and Practice*, 1.

[6] Bromiley, P. , 1991, "Testing a causal model of corporate risk taking and performance", *Academy of Management Journal*, 1.

[7] Brunel, J. et al. , 2010, "Investigating the factors that diminish the barriers to university-industry collaboration", *Research Policy*, 39.

[8] Cabrera-Suárez, K. , P. De Saá-Pérez and D. García-Almeida, 2001, "The succession process from a resource-and knowledge-based view of the family firm", *Family Business Review*, 1.

[9] Caloghirou, Y. , I. Kastelli and A. Tsakanikas, 2004, "Internal capability and external knowledge sources: Complements or substitutes for innovative performance?", *Technovation*, 24.

[10] Carlson, D. , N. Upton and S. Seaman, 2006, "The impact of human resource practices and compensation design on performance: An analysis of family-owned SMEs", *Journal of Small Business Management*, 44.

[11] Carney, M. , 2005, "Corporate governance and competitive advantage in family-controlled firms", *Entrepreneurship Theory and Practice*, 3.

[12] Carpenter, M. A. and J. D. Westphal, 2001, "The strategic context of external network ties: Examining the impact of director appointments on board involvement in strategic decision making", *The Academy of Management Journal*, 4.

[13] Carr, D. L. , J. R. Markusen and K. E. Maskus, 2001, "Estimating the knowledge-cap-

ital model of the multinational enterprise", *The American Economic Review*, 3.

[14] Cassiman, B., M. G. Colombo, P. Garrone and R. Veugeler, 2005, "The impact of M&A on R&D process: An empirical analysis of the role of technological-and market-relatedness", *Research Policy*, 2.

[15] Chang, E. P., J. J. Chrisman, J. H. Chua and F. K. Kellermanns, 2008, "Regional economy as a determinant of the prevalence of family firms in the united states: A preliminary report", *Entrepreneurship Theory and Practice*, 32.

[16] Chao, M. C. H. and V. Kumar, 2010, "The impact of institutional distance on the international diversity: Performance relationship", *Journal of World Business*, 1.

[17] Chen, H. L. and W. T. Hsu, 2009, "Family ownership, board independence, and R&D investment", *Family Business Review*, 4.

[18] Chen, W. R., 2008, "Determinants of firms' backward-and forward-looking R&D search behavior", *Organization Science*, 4.

[19] Cheng, L. K. and Y. K. Kwan, 2000, "What are the determinants of the location of foreign direct investment? The Chinese experience", *Journal of International Economics*, 2.

[20] Chesbrough, H. W., 2003, "The era of open innovation", *Sloan Management Review*, 3.

[21] Chirico, F. and M. Nordqvist, 2010, "Dynamic capabilities and trans-generational value creation in family firms: The role of organizational culture", *International Small Business Journal*, 28.

[22] Chittoor, R. and R. Das, 2007, "Professionalization of management and succession performance: A vital linkage", *Family Business Review*, 20.

[23] Chrisman, J. J. and P. J. Patel, 2012, "Variations in R&D investments of family and non-family firms: Behavioral agency and myopic loss aversion perspectives", *Academy of Management Journal*, 4.

[24] Chrisman, J. J., J. H. Chua, A. W. Pearson and T. Barnett, 2012, "Family involvement, family influence, and family centered noneconomic goals in small firms", *Entrepreneurship Theory and Practice*, 2.

[25] Chrisman, J. J., E. Memili and K. Misra, 2014, "Non-Family managers, family firms, and the winner's curse: The influence of non-economic goals and bounded rationality", *Entrepreneurship Theory and Practice*, 38.

[26] Chrisman, J. J., J. H. Chua and R. Litz, 2004, "Comparing the agency costs of family and non-family firms: Conceptual issues and exploratory evidence", *Entrepreneurship Theory and Practice*, 28.

[27] Christensen, C. M. and J. L. Bower, 1996, "Customer power, strategic investment, and the failure of leading firms", *Strategic Management Journal*, 3.

[28] Chua, J. H., J. J. Chrisman and E. B. Bergiel, 2009, "An agency theoretic analysis of the professionalized family firm", *Entrepreneurship Theory and Practice*, 33.

[29] Chua, J. H., J. J. Chrisman and E. P. C. Chang, 2004, "Are family firms born or made? An exploratory investigation", *Family Business Review*, 17.

[30] Chua, J. H., J. J. Chrisman and P. Sharma, 1999, "Defining the family business by behavior", *Entrepreneurship Theory and Practice*, 4.

[31] Chua, J. H., J. J. Chrisman and P. Sharma, 2003, "Succession and non-succession concerns of family firms and agency relationship with non-family managers", *Family Business Review*, 16.

[32] Chua, J. H., J. J. Chrisman, F. Kellermanns and Z. Wu, 2011, "Family involvement and new venture debt financing", *Journal of Business Venturing*, 26.

[33] Chua, J. H., J. J. Chrisman, L. P. Steier and S. B. Rau, 2012, "Sources of heterogeneity in family firms: An introduction", *Entrepreneurship Theory and Practice*, 36.

[34] Colombo, M. G., A. De Massis, E. Piva, C. Rossi-Lamastra and M. Wright, 2014, "Sales and employment changes in entrepreneurial ventures with family ownership: Empirical evidence from high-tech industries", *Journal of Small Business Management*, 52.

[35] Connell, J., A. Kriz and M. Thorpe, 2014, "Industry clusters: An antidote for knowledge sharing and collaborative innovation?", *Journal of Knowledge Management*, 18.

[36] Cruz, C. and M. Nordqvist, 2012, "Entrepreneurial orientation in family firms: A generational perspective", *Small Business Economics*, 1.

[37] Cruz, C. C., L. R. Gomez-Mejia and M. Becerra, 2010, "Perceptions of benevolence and the design of agency contracts: CEO-TMT relationships in family firms", *Academy of Management Journal*, 1.

[38] Cummings, J. L. and B. S. Teng, 2003, "Transferring R&D knowledge: The key factors affecting knowledge transfer success", *Journal of Engineering Technology Management*, 1.

[39] Cyert, R. M. and J. G. March, 1963, *A Behavioral Theory of the Firm*, Englewood Cliffs, NJ: Prentice-Hall Press.

[40] David, J. and Teece, 1996, "Firm organization, industrial structure, and technological innovation", *Journal of Economic Behavior & Organization*, 31.

[41] De Massis, A., F. Chirico, J. Kotlar and L. Naldi, 2014, "The temporal evolution of proactiveness in family firms: The horizontal s-curve hypothesis", *Family Business Review*, 1.

[42] De Massis, A., F. Frattini and U. Lichtenthaler, 2013, "Research on technological innovation in family firms: Present debates and future directions", *Family Business Review*, 1.

[43] De Massis, A., J. Kotlar, J. H. Chua and J. J. Chrisman, 2014, "Ability and willingness as sufficiency conditions for family-oriented particularistic behavior: Implications for theory and empirical studies", *Journal of Small Business Management*, 52.

[44] Delios, A. and P. W. Beamish, 2001, "Survival and profitability: The roles of experience and intangible assets in foreign subsidiary performance", *Academy of Management Journal*, 5.

[45] Dikova, D., P. R. Sahib and A. Van Witteloostuijn, 2010, "Cross-border acquisition abandonment and completion: The effect of institutional differences and organizational learning in the international business service industry, 1981—2001", *Journal of International Business Studies*, 2.

[46] Dixit, A. K. and J. E. Stiglitz, 1975, "Monopolistic competition and optimum product diversity", *American Economic Review*, 67.

[47] Donckels, R. and E. Fröhlich, 1991, "Are family businesses really different? European experiences from STRATOS", *Family Business Review*, 2.

[48] Dunn, B., 1996, "Family enterprises in the UK: A special sector?", *Family Business Review*, 2.

[49] Dunning, J. H., 1977, "The eclectic paradigm of international production: A restatement and some possible extensions", *Journal of International Business Studies*, 1.

[50] Duysters, G., K. Heimeriks and B. Lokshin et al., 2012, "Do firms learn to manage alliance portfolio diversity? The diversity performance relationship and the moderating effects of experience and capability", *European Management Review*, 3.

[51] Glynn, M. A. and R. Abzug, 2002, "Institutionalizing identity: Symbolic isomorphism and organizational names", *Academy of Management Journal*, 45(1): 267—280.

[52] Greenwood, R. and R. Suddaby, 2006, "Institutional entrepreneurship in mature fields: The big five accounting firms", *Academy of Management Journal*, 49(1): 27—48.

[53] Greenwood, R., R. Suddaby and C. R. Hinings, 2002, "Theorizing change: The role of professional associations in the transformation of institutionalized fields", *Academy of Management Journal*, 45(1): 58—80.

[54] Greve, H. R., 1996, "Patterns of competition: The diffusion of a market position in radio broadcasting", *Administrative Science Quarterly*, 29—60.

[55] Greve, H. R., 2000, "Marketing niche entry decisions: Competition, learning, and strategy in Tokyo banking, 1894—1936", *Academy of Management Journal*, 43(5): 816—836.

[56] Guennif, S. and S. V. Ramani, 2012, "Explaining divergence in catching-up in pharma between India and Brazil using the NSI framework", *Research Policy*, 41(2): 430—441.

[57] Guillén, M. F., 2002, "Structural inertia, imitation, and foreign expansion: South Korean firms and business groups in China, 1987—1995", *Academy of Management Journal*, 45(3): 509—525.

[58] Guillén, M. F., 2003, "Experience, imitation, and the sequence of foreign entry: Wholly owned and joint-venture manufacturing by South Korean firms and business groups in Chi-

na, 1987—1995", *Journal of International Business Studies*, 34(2): 185—198.

[59] Hadjimanolis, A. and K. Dickson, 2001, "Development of national innovation policy in small developing countries: The case of Cyprus", *Research Policy*, 30(5): 805—817.

[60] Haleblian, J. J. et al., 2012, "Exploring firm characteristics that differentiate leaders from followers in industry merger waves: A competitive dynamics perspective", *Strategic Management Journal*, 33(9): 1037—1052.

[61] Haleblian, J. J., J. J. Kim and N. Rajagopalan, 2006, "The influence of acquisition experience and performance on acquisition behavior: Evidence from the US commercial banking industry", *Academy of Management Journal*, 49(2): 357—370.

[62] Hall, T. E. and L. J. O. Toole, 2000, "Structures for policy implementation an analysis of national legislation, 1965—1966 and 1993—1994", *Administration & Society*, 31(6): 667—686.

[63] Hannan, M. T. and J. Freeman, 1977, "The population ecology of organizations", *American journal of sociology*, 929—964.

[64] Hargadon, A. B. and Y. Douglas, 2001, "When innovations meet institutions: Edison and the design of the electric light", *Administrative Science Quarterly*, 46(3): 476—501.

[65] Hargrave, T. J. and A. H. Van de Ven, 2006, "A collective action model of institutional innovation", *Academy of Management Review*, 31(4): 864—888.

[66] Hart, M. and S. McGuinness, 2003, "Small firm growth in the UK regions 1994—1997: Towards an explanatory framework", *Regional Studies*, 37(2): 109—122.

[67] Haunschild, P. R. and A. S. Miner, 1997, "Modes of interorganizational imitation: The effects of outcome salience and uncertainty", *Administrative Science Quarterly*, 472—500.

[68] Haunschild, P. R., 1993, "Interorganizational imitation: The impact of interlocks on corporate acquisition activity", *Administrative Science Quarterly*, 564—592.

[69] Haveman, H. A., 1993, "Follow the leader: Mimetic isomorphism and entry into new markets", *Administrative Science Quarterly*, 593—627.

[70] Hayward, M. L., 2002, "When do firms learn from their acquisition experience? Evidence from 1990 to 1995", *Strategic Management Journal*, 23(1): 21—39.

[71] Hedges, L. V. and I. Olkin, 1982, *Statistical Method for Meta-analysis*, Academic press.

[72] Henisz, W. J. and A. Delios, 2001, "Uncertainty, imitation, and plant location: Japanese multinational corporations, 1990—1996", *Administrative Science Quarterly*, 46(3): 443—475.

[73] Henisz, W. J. and A. Delios, 2002, "Learning about the institutional environment", *New Institutionalism in Strategic Management*, 19: 339—372.

[74] Hirsch, P. M. and M. Lounsbury, 1997, "Putting the organization back into organization

theory action, change, and the 'New' institutionalism", *Journal of Management Inquiry*, 6(1): 79—88.

[75] Holm, P., 1995, "The dynamics of institutionalization: Transformation processes in Norwegian fisheries", *Administrative Science Quarterly*, 398—422.

[76] Hsu, C. L., 2006, "Market ventures, moral logics, and ambiguity: Crafting a new organizational form in post-socialist china", *Sociological Quarterly*, 47(1): 69—92.

[77] Hwang, H. and W. W. Powell, 2005, "Institutions and entrepreneurship", in *Handbook of Entrepreneurship Research*, Springer, 201—232.

[78] Hymer, S. H., 1976, *The International Operations of National Firms: A Study of Direct Foreign Investment*, 14, MIT Press Cambridge, MA.

[79] Ireland, R. D., C. R. Reutzel and J. W. Webb, 2005, "Entrepreneurship research in AMJ: What has been published, and what might the future hold?" *Academy of Management Journal*, 48(4): 556—564.

[80] Jain, S. and G. George, 2007, "Technology transfer offices as institutional entrepreneurs: The case of wisconsin alumni research foundation and human embryonic stem cells". *Industrial and Corporate Change*, 16(4): 535—567.

[81] Jarzabkowski, P., 2004, "Strategy as practice: Recursiveness, adaptation, and practices-in-use", *Organization Studies*, 25(4): 529—560.

[82] Karo, E. and R. Kattel, 2011, "Should 'open innovation' change innovation policy thinking in catching-up economies? Considerations for policy analyses", *Innovation: The European Journal of Social Science Research*, 24(1—2): 173—198.

[83] Kindleberger, C. P., 1973, *Oligopolistic Reaction and the Multinational Enterprise*, Cambridge, Harvard University Press.

[84] Li, S. and H. Scullion, 2006, "Bridging the distance: Managing cross-border knowledge holders", *Asia Pacific Journal of Management*, 1.

[85] Li, Y., I. B. Vertinsky and J. Li, 2014, "National distances, international experience, and venture capital investment performance", *Journal of Business Venturing*, 4.

[86] Lichtenthaler, U., 2009, "Outbound open innovation and its effect on firm performance: Examining environmental influences", *R&D Management*, 4.

[87] Lichtenthaler, U., 2010, "Technology exploitation in the context of open innovation: Finding the right 'Job' for your technology", *Technovation*, 7.

[88] Lieberman, M. B., and S. Asaba, 2006, "Why do firms imitate each other?", *Academy of Management Review*, 2.

[89] Lin, Xingzhi, 2011, "Design and realization of the logistic storage temperature control unified information system based on internet of things", 2011 International Conference on Business Management and Electronic Information (BMEI).

[90] Liu, J. S., W. M. Lu and H. C. H. Mei, 2015, "National characteristics: Innovation

systems from the process efficiency perspective", *R&D Management*, 4.

[91] López-Duarte, C. and M. M. Vidal-Suárez, 2013, "Cultural distance and the choice between wholly owned subsidiaries and joint ventures", *Journal of Business Research*, 66.

[92] Lumpkin, G. T. and K. H. Brigham, 2011, "Long-Term orientation and intertemporal choice in family firms", *Entrepreneurship Theory and Practice*, 35.

[93] Lumpkin, G., L. Steier and M. Wright, 2011, "Strategic entrepreneurship in family business", *Strategic Entrepreneurship Journal*, 4.

[94] Manuel, L., E. Uyarra and K. Flanagan, 2008, "Policies for science, technology and innovation: Translating rationales into regional policies in a Multi-level setting", *Research Policy*, 5.

[95] Maria, I., B. Freitas and N. Tunzelmann, 2008, "Mapping public support for innovation: A comparison of policy alignment in the UK and France", *Research Policy*, 9.

[96] Maria, K., 2011, "How to implement innovation policies through projects successfully", *Technovation*, 12.

[97] Matsuyama, K., 2011, "Growing through cycles in an infinitely lived agent economy", *Journal of economic theory*, 2.

[98] Melin, L. and M. Nordqvist, 2007, "The reflexive dynamics of institutionalization: The case of the family business", *Strategic Organization*, 5.

[99] 陈劲、戴凌燕、李良德:《突破性创新及其识别》,《科技管理研究》,2002年第5期。

[100] 陈劲、李飞:《中小企业全面创新管理模式关键维度的研究》,《管理工程学报》,2009年增刊。

[101] 陈良文、杨开忠:《产业集聚、市场结构与生产率——基于中国省份制造业面板数据的实证研究》,《地理科学》,2008年第3期。

[102] 陈涛、王铁男、朱智洺:《知识距离、环境不确定性和组织间知识共享——一个存在调节效应的实证研究》,《科学学研究》,2013年第10期。

[103] 陈晓华、刘慧:《国际分散化生产约束了我国出口技术结构升级?基于省级动态面板数据GMM方法》,《科学学研究》,2013年第8期。

[104] 陈钰芬:《探求与企业特质相匹配的开放式创新模式》,《科研管理》,2013年第9期。

[105] 程聪、谢洪明、杨英楠、曹烈冰、程宣梅:《理性还是情感:动态竞争中企业"攻击—回应"竞争行为的身份域效应》,《管理世界》,2015年第8期。

[106] 程惠芳、阮翔:《用引力模型分析中国对外直接投资的区位选择》,《世界经济》,2004年第11期。

[107] 池仁勇、周丽莎、张化尧:《企业外部技术联系渠道与技术创新绩效的关系》,《技术经济》,2010年第10期。

[108] 池仁勇:《区域中小企业创新网络的结点联结及其效率评价研究》,《管理世界》,2007年第1期。

[109] 池仁勇:《区域中小企业创新网络形成、结构属性与功能提升:浙江省实证考察》,《管理世

界》,2005年第10期。
[110] 戴小勇、成立为:《财政补贴政策对企业研发投入的门槛效应》,《科研管理》,2014年第6期。
[111] 杜晓君、刘赫:《跨国并购战略类型、组织因素与企业成长——基于中国海外上市公司的实证研究》,《国际贸易问题》,2010年第6期。
[112] 樊霞、赵丹萍:《技术属性对中小企业技术获取策略选择影响的实证研究》,《科学学与科学技术管理》,2012年第10期。
[113] 范德成、孙丹:《产学研结合的技术创新权变模式的构建》,《科技进步与对策》,2009年第15期。
[114] 范钧、郭立强、聂津君:《网络能力、组织隐性知识获取与突破性创新绩效》,《科研管理》,2014年第1期。
[115] 范如国、叶菁、李星:《产业集群复杂网络中的信任机制研究——以浙江永康星月集团与双健集团合作创新为例》,《学习与实践》,2012年第2期。
[116] 方红生、张军:《中国地方政府竞争、预算软约束与扩张偏向的财政行为》,《经济研究》,2009年第12期。
[117] 方远平、谢蔓:《创新要素的空间分布及其对区域创新产出的影响》,《经济地理》,2012年第9期。
[118] 付玉秀、张洪石:《突破性创新:概念界定与比较》,《数量经济技术经济研究》,2004年第3期。
[119] 盖文启、王缉慈:《论区域的技术创新型模式及其创新网络——以北京中关村地区为例》,《北京大学学报(哲学社会科学版)》,1999年第5期。
[120] 高丽娜、蒋伏心:《创新要素集聚与扩散的经济增长效应分析—以江苏宁镇扬地区为例》,《南京社会科学》,2011年第10期。
[121] 郭晓川:《企业网络合作化技术创新及其模式比较》,《科学管理研究》,1998年第5期。
[122] 韩晓琳、马鹤丹:《面向新产品开发的企业间合作知识创造机理研究》,《科技进步与对策》,2014年第4期。
[123] 郝莹莹、陈洁:《芬兰国家技术研究中心的发展与运行机制》,《中国科技论坛》,2009年第2期。
[124] 何伟:《基于网络经济条件下的公司治理》,《企业经济》,2003年第8期
[125] 何郁冰:《产学研协同创新的理论模式》,《科学学研究》,2012年第2期。
[126] 贺灵、单汨源、邱建华:《创新网络要素及其协同对科技创新绩效的影响研究》,《管理评论》,2012年第8期。
[127] 贺中辉:《经济新常态下民营经济的发展策略探讨》,《管理观察》,2015年第3期。
[128] 洪进、洪嵩、赵定涛:《技术政策,技术战略与创新绩效研究——以中国航空航天器制造业为例》,《科学学研究》,2015年第2期。
[129] 胡军燕、刘炜、朱璟莹:《中小企业产学研合作存在的问题及对策》,《科技管理研究》,2010年第14期。

[130] 胡明勇、周寄中:《政府资助对技术创新的作用理论分析与政策工具选择》,《科研管理》,2001年第1期。

[131] 胡志国、严成樑、龚六堂:《政府研发政策的经济增长效应与福利效应》,《财贸经济》,2013年第9期。

[132] 黄鲁成:《关于区域创新系统研究内容的探讨》,《科研管理》,2000年第2期。

[133] 黄元生:《技术创新社会动因的经济分析》,华北电力大学,2005年。

[134] 季丹、郭政:《破坏性创新概念比较与识别》,《经济与管理》,2009年第5期。

[135] 季松磊、朱跃钊、汪霄:《产业技术研究院:一种新型的产学研合作组织模式》,《南京工业大学学报(社会科学版)》,2011年第1期。

[136] 贾军、张卓:《企业技术范围选择:技术多元化还是技术专业化》,《科学学与科学技术管理》,2012年第11期。

[137] 贾显维:《民营企业对外直接投资模式选择》,《商品与质量》,2011年第2期。

[138] 江兴:《德国开展"CoSiP"研究项目》,《半导体信息》,2010年第2期。

[139] 蒋冠宏、蒋殿春:《中国对外投资的区位选择:基于投资引力模型的面板数据检验》,《世界经济》,2012年第9期。

[140] 瞿强:《信息经济学与现代金融理论的发展》,《经济学动态》,2000年第2期。

[141] 雷宏振、刘海东:《网络嵌入性、粘滞知识转移与企业合作创新》,《经济与管理》,2012年第9期。

[142] 李柏洲、周森:《企业外部知识获取方式与转包绩效关系的研究——以航空装备制造企业为例》,《科学学研究》,2012年第10期。

[143] 李纪珍:《共性技术供给与扩散的模式选择》,《科学学与科学技术管理》,2011年第10期。

[144] 李明珍、宁建荣:《构建综合性工业技术研究机构助推地方经济转型升级——浙江省工业技术研究院构建思路及路径研究》,《科技管理研究》,2014年第3期。

[145] 李善民、毛雅娟、赵晶晶:《高管持股、高管的私有收益与公司的并购行为》,《管理科学》,2009年第6期。

[146] 李善民、周小春:《公司特征、行业特征和并购战略类型的实证研究》,《管理世界》,2007年第3期。

[147] 李世杰、胡国柳、高健:《转轨期中国的产业集聚演化:理论回顾、研究进展及探索性思考》,《管理世界》,2014年第4期。

[148] 李维安、周建:《网络治理:内涵、结构、机制与价值创造》,《天津社会科学》,2005年第5期。

[149] 李伟铭、崔毅、陈泽鹏、王明伟:《技术创新政策对中小企业创新绩效影响的实证研究——以企业资源投入和组织激励为中介变量》,《科学学与科学技术管理》,2008年第9期。

[150] 李新春:《专业镇与企业新网络》,《广东社会科学》,2000年第6期。

[151] 刘金全、刘志刚:《我国经济周期波动中实际产出波动性的动态模式与成因分析》,《经济研究》,2005年第3期。

[152] 刘兰剑:《网络嵌入性与技术创新间关系实证研究》,《工业技术经济》,2012 年第 7 期。

[153] 刘立、李正风、刘云:《国家创新体系国际化的一个研究框架:功能—阶段模型》,《河海大学学报(哲学社会科学版)》,2010 年第 3 期。

[154] 刘林峰、刘业、庄艳艳:《高效能耗传感器网络的模型分析与路由算法设计》,《电子学报》,2007 年第 3 期。

[155] 刘强:《应用技术公共研究机构:作用、特征与构建》,《科学学研究》,2002 年第 6 期。

[156] 刘群慧、李丽:《关系嵌入性、机会主义行为与合作创新意愿》,《科学学与科学技术管理》,2013 年第 7 期。

[157] 刘小鲁:《知识产权保护,自主研发比重与后发国家的技术进步》,《管理世界》,2011 年第 10 期。

[158] 刘迎秋、张亮、魏政:《中国民营企业"走出去"竞争力 50 强研究——基于 2008 年中国民营企业"走出去"与竞争力数据库的分析》,《中国工业经济》,2009 年第 2 期。

[159] 刘志迎、单洁含:《技术距离,地理距离与大学—企业协同创新效应——基于联合专利数据的研究》,《科学学研究》,2013 年第 9 期。

[160] 刘志迎、李芹芹:《产业链上下游链合创新联盟的博弈分析》,《科学学与科学技术管理》,2012 年第 6 期。

[161] 柳卸林:《不连续创新的第四代研究开发兼论跨越发展》,《中国工业经济》,2000 年第 9 期。

[162] 卢仁山:《不同产学研合作模式的利益分配研究》,《科技进步与对策》,2011 年第 17 期。

[163] 鲁明泓:《制度因素与国际直接投资区位分布:一项实证研究》,《经济研究》,1999 年第 7 期。

[164] 鲁若愚、张鹏、张红琪:《产学研合作创新模式研究——基于广东省部合作创新实践的研究》,《科学学研究》,2012 年第 2 期。

[165] 陆辉、陈晓峰:《民营企业对外直接投资战略决策与东道国的博弈分析》,《江苏商论》,2008 年第 11 期。

[166] 马继洲、陈湛匀:《德国弗朗霍夫模式的应用研究——一个产学研联合的融资安排》,《科学学与科学技术管理》,2005 年第 6 期。

[167] 宓红:《"一带一路"战略背景下的宁波民营企业"走出去"》,《宁波经济:三江论坛》,2015 年第 3 期。

[168] 欧庭高、邓旭霞:《创新系统的要素与纽带》,《系统科学学报》,2007 年第 3 期。

[169] 潘松挺、郑亚莉:《网络关系强度与企业技术创新绩效——基于探索式学习和利用式学习的实证研究》,《科学学研究》,2011 年第 11 期。

[170] 潘镇、殷华方、鲁明泓:《制度距离对于外资企业绩效的影响——一项基于生存分析的实证研究》,《管理世界》,2008 年第 7 期。

[171] 彭正银、杨静、汪爽:《网络治理研究:基于三层面的评述》,《第八届(2013)中国管理学年会——公司治理分会场论文集》,2013 年第 12 期。

[172] 彭正银:《网络治理:理论与模式研究》,经济科学出版社 2003 年版。

[173] 綦建红、李丽,杨丽:《中国OFDI的区位选择:基于文化距离的门槛效应与检验》,《国际贸易问题》,2012年第12期。

[174] 綦建红、杨丽:《中国OFDI的区位决定因素——基于地理距离与文化距离的检验》,《经济地理》,2012年第12期。

[175] 綦建红:《中小企业"产业集群式"投资——现阶段我国企业对外投资的理想模式》,《山东社会科学》,2003年第5期。

[176] 钱丽娜:《奥的斯:为中国高度而造》,《商学院》,2014年第115期。

[177] 钱学锋、陈勇兵:《国际分散化生产导致了集聚吗:基于中国省级动态面板数据GMM方法》,《世界经济》,2009年第12期。

[178] 秦辉、傅梅烂:《渐进性创新与突破性创新:科技型中小企业的选择策略》,《软科学》,2005年第1期。

[179] 秦剑:《高绩效工作实践系统知识扩散与突破性创新》,《科研管理》,2012年第1期。

[180] 邱立成、杨德彬:《中国企业OFDI的区位选择——国有企业和民营中小企业的比较分析》,《国际贸易问题》,2015年第6期。

[181] 任胜钢、胡春燕、王龙伟:《我国区域创新网络结构特征对区域创新能力影响的实证研究》,《系统工程》,2011年第2期。

[182] 盛济川、吉敏、朱晓东:《内向和外向开放式创新组织模式研究——基于技术路线图视角》,《科学学研究》,2013年第8期。

[183] 石小琼:《泰国的食品业——赴泰国考察见闻与感想》,福建省绿色食品暨冷藏技术研讨会论文资料集,2002年。

[184] 史伟、李申禹、陈信康:《国家距离对跨国零售企业东道国选择的影响》,《国际贸易问题》,2016年第3期。

[185] 寿涌毅、孙宇:《集群企业创新来源、技术能力及创新绩效关系研究》,《管理工程学报》,2009年增刊。

[186] 苏敬勤、刘静:《中国企业并购潮动机研究:基于西方理论与中国企业的对比》,《南开管理评论》,2013年第2期。

[187] 孙凯:《基于DEA的区域创新系统创新效率评价研究》,《科技管理研究》,2008年第3期。

[188] 孙玉涛、苏敬勤:《G7国家创新体系国际化模式演化及对中国的启示》,《科学学研究》,2012年第4期。

[189] 王大洲:《企业创新网络的进化与治理:一个文献综述》,《科研管理》,2001年第5期。

[190] 王道平、李树丞:《论区域创新网络与湖南中小企业技术创新》,《湖南社会科学》,2001年第5期。

[191] 王发明、蔡宁、朱浩义:《基于网络结构视角的产业集群风险研究——以美国128公路区产业集群衰退为例》,《科学学研究》,2006年第6期。

[192] 王飞:《"中国与拉美:投资机遇与企业社会责任"国际研讨会综述》,《拉丁美洲研究》,2014年第6期。

[193] 王会龙、李桑桑:《浙江民营企业对外直接投资问题探讨》,《绍兴文理学院学报》,2012年

第 5 期。
[194] 王会龙:《浙江民营企业对外直接投资的模式及其策略》,《经济研究导刊》,2011 年第 28 期。
[195] 王庆喜:《多维邻近与我国高技术产业区域知识溢出——一项空间面板数据分析(1995—2010)》,《科学学研究》,2013 年第 7 期。
[196] 王赛芳、汤英汉:《网络嵌入性对企业创新能力的影响研究》,《特区经济》,2012 年第 10 期。
[197] 王诗翔、魏江、路瑶:《跨国技术并购中吸收能力与技术绩效关系研究——基于演化博弈论》,《科学学研究》,2014 年第 12 期。
[198] 王文岩、孙福全、申强:《产学研合作模式的分类、特征及选择》,《中国科技论坛》,2005 年第 2 期。
[199] 王志玮:《企业外部知识网络嵌入性对破坏性创新绩效的影响机制研究》,浙江大学,2010 年。
[200] 王忠宏:《把握全球技术创新的机遇》,《经济日报》,2013 年 9 月 15 日。
[201] 卫龙宝、史新杰:《浙江特色小镇建设的若干思考与建议》,《浙江社会科学》,2016 年第 3 期。
[202] 魏后凯、贺灿飞、王新:《外商在华直接投资动机与区位因素分析——对秦皇岛市外商直接投资的实证研究》,《经济研究》,2001 年第 2 期。
[203] 魏江、寿柯炎、冯军政:《高管政治关联、市场发育程度与企业并购战略》,《科学学研究》,2013 年第 6 期。
[204] 吴宝、李正卫、池仁勇:《社会资本、融资结网与企业间风险传染》,《社会学研究》,2011 年第 3 期。
[205] 吴建国:《国立科研机构经费管理效益比较研究》,西南交通大学,2011。
[206] 吴金希:《论公立产业技术研究院与战略新兴产业发展》,《中国软科学》,2014 年第 3 期。
[207] 吴伟伟、梁大鹏、于渤:《不确定性条件下企业技术管理运作的过程模式研究》,《科学学与科学技术管理》,2009 年第 10 期。
[208] 吴晓波、高钰、窦伟:《中国民营企业跨国投资距离对海外子公司多元化影响的实证分析》,《浙江学刊》,2012 年第 6 期。
[209] 吴玉鸣:《县域经济增长集聚与差异:空间计量经济实证分析》,《世界经济文汇》,2007 第 2 期。
[210] 肖文、陈益君:《中国民营企业国际化影响因素及模式选择》,浙江大学出版社,2008。
[211] 肖文、樊文静:《中国民营企业与欧盟经济互动》,浙江大学出版社,2013 年。
[212] 肖文、韩沈超:《产业结构调整速率对 OFDI 的静态影响与动态效应——基于 2003—2013 年省级面板数据的检验》,《国际贸易问题》,2016 年第 11 期。
[213] 肖文、韩沈超:《地方政府效率变动对企业"走出去"的影响——基于 2004—2012 年省级面板样本的检验》,《浙江大学学报》,2016 年第 1 期。
[214] 肖文、谢文武:《小微金融创新发展:路桥样本》,浙江大学出版社,2014。

[215] 肖文、周君芝:《国家特定优势下的中国OFDI区位选择偏好——基于企业投资动机和能力的实证检验》,《浙江大学学报》,2014年第1期。

[216] 谢攀、李静:《劳动报酬、经济周期与二元劳动力市场——基于周期性反应函数的估计》,《数量经济技术经济研究》,2010年第9期。

[217] 谢运:《跨国并购的知识溢出效应分析》,《财经科学》,2012年第12期。

[218] 熊小奇、吴俊:《我国对外投资产业选择与区位布局》,《亚太经济》,2010年第4期。

[219] 胥慧颖:《提升民营企业在"一带一路"中的作为》,《中小企业管理与科技》,2016年2期。

[220] 许庆瑞、蒋健、郑刚:《各创新要素全面协调程度与企业特质的关系实证研究》,《研究与发展管理》,2005年第3期。

[221] 薛哲:《我国民营企业对外直接投资分析》,《商业文化》,2011年第5期。

[222] 阎大颖、洪俊杰、任兵:《中国企业对外直接投资的决定因素:基于制度视角的经验分析》,《南开管理评论》,2009年第6期。

[223] 阎大颖:《制度距离、国际经验与中国企业海外并购的成败问题研究》,《南开经济研究》,2011年第5期。

[224] 杨东奇、张春宁、徐影等:《企业研发联盟伙伴选择影响因素及其对联盟绩效的作用分析》,《中国科技论坛》,2012年第5期。

[225] 杨蕙馨、王硕、王军:《技术创新、技术标准化与市场结构——基于1985—2012年"中国电子信息企业百强"数据》,《经济管理》,2015年第6期。

[226] 杨汝岱、朱诗娥:《企业、地理与出口产品价格——中国的典型事实》,《经济学》,2013年第4期。

[227] 杨叔子、丁洪:《机械制造的发展及人工智能的应用》,《机械工程》,1988年第1期。

[228] 杨挺、田云华、李欢欢:《2014年中国对外直接投资特征及趋势研究》,《国际经济合作》,2015年第1期。

[229] 杨万平、袁晓玲:《从FDI看美国经济波动对我国经济增长的影响——基于广义脉冲响应函数法的实证研究》,《国际贸易问题》,2009年第8期。

[230] 杨兴全、曾义:《现金持有能够平滑企业的研发投入吗?——基于融资约束与金融发展视角的实证研究》,《科研管理》,2014年第7期。

[231] 叶初升、闫斌:《新常态下的中国对外直接投资:特征事实、大逻辑与理论启示》,《湖北社会科学》,2015年第5期。

[232] 易加斌、张曦:《国际并购逆向知识转移影响因素研究述评与展望》,《外国经济与管理》,2013年第7期。

[233] 易江玲、陈传明:《心理距离测量和中国的国际直接投资》,《国际贸易问题》,2014年第7期。

[234] 殷越男:《后危机时代民营企业对外直接投资的机遇与对策》,《当代财经》,2012年第7期。

[235] 于明洁、郭鹏、张果:《区域创新网络结构对区域创新效率的影响研究》,《科学学与科学技术管理》,2013年第8期。

［236］余浩、陈劲:《基于知识创造的技术集成研究》,《科学学与科学技术管理》,2004年第8期。
［237］余永泽、刘大勇:《创新要素集聚与科技创新的空间外溢效应》,《科研管理》,2013年第1期。
［238］原长弘、孙会娟:《政产学研用协同与高校知识创新链效率》,《科研管理》,2013年第4期。
［239］张宝建、胡海青、张道宏:《企业创新网络的生成与进化——基于社会网络理论的视角》,《中国工业经济》,2011年第4期。
［240］张乐才、杨宏翔:《企业资金担保链的风险传染机制》,《经济体制改革》,2013年第1期.。
［241］张泽旭、李鹏翔、郭菊娥:《担保链危机的传染机制》,《系统工程》,2012年第4期。
［242］郑海英:《上市公司对外担保及其风险分析》,《中央财经大学学报》,2004年第8期。